성격분석

❷ 정신분석에서 오르곤 생체신체학으로

성격분석

❷ 정신분석에서 오르곤 생체신체학으로

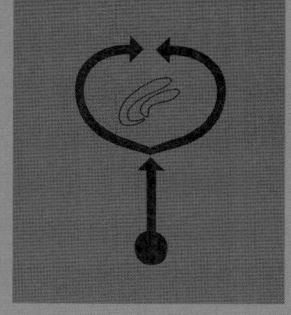

빌헬름 라이히 지음 윤수종 옮김

문학들

사랑, 일, 지식은 우리 삶의 원천이다.
이것들이 또한 우리의 삶을 지배해야 한다.
– 빌헬름 라이히

옮긴이 메모

『성격분석』 2권은 1933년판(독일어본) 『성격분석』을 발간한 이후에 쓴 글들을 묶은 것이며, 영어본 2판(1945)과 영어본 3판(Wilhelm Reich, *Character Analysis*, New York: Orgone Institute Press, 1949)에 라이히가 독일어로 쓴 글들이 번역되어 추가되고 영어로 쓴 글도 포함되었다.

이 번역본에서는 저자가 독일어로 쓴 글은 독일어본에서 번역하고 영어로 쓴 것은 영어본에서 번역하였으며, 영어본(2판과 3판)의 서문을 앞에 넣었다. 영어본 2판은 Theodore P. Wolfe가 독일어에서 번역하였는데, 1972년 3판 증보판을 내면서 Vincent R. Carfagno에 의해 새로 번역되었다. (Wilhelm Reich, *Character Analysis*, New York: Farrar, Straus and Giroux, 1972.)

1권의 1부, 2부에 이어 2권은 3부로 '정신분석에서 오르곤 생체신체학으로'라는 제목을 달고 있다. 1933년 판 『성격분석』 이후 성격분석에서 오르곤 생체신체학으로 나아가고 있는 라이히의 학문적 변화의 내용을 담고 있다. 또한 오르가즘이론에 입각한 설명에서 오르곤이론에 입각한 설명으로 나아가고 있다.

1장 '정신접촉과 생장흐름'은 1934년에 독일어로 발표한 글을 다듬은 것이고, 라이히는 1935년 2월에 짧은 머리말을 추가하였는데 이 머리말이 영어본 2판에 실렸고, 여기서는 이 머리말을 포함한 글 내용을 독일어본 (Wilhelm Reich, *Charakteranalyse*, Fischer Taschenbuch Verlag, 1972)에서 번역하여 넣었다.

  2장 '살아있는 것의 언어표현'은 출판한 적이 없는 독일어로 쓴 글인데 영어본 3판(1949)에 처음 영역되어 실렸다. 이 글도 독일어본에서 번역하였다.

  3장에는 라이히가 1940년부터 구상하여 1948년에 영어로 쓴 '정신분열증 균열'이라는 글이 추가되었다. 영어본 3판에 실리기 시작하였는데, 오르곤 생체신체학에 입각하여 정신분열증 환자를 치유한 내용을 담고 있다.

  4장에는 1943년에 작성되어 1945년 잡지에 출판되었고 『성격분석』에 포함되기 전에 라이히가 약간 수정한 '감정전염병'을 실었다. 이 글은 1권의 '성기성격과 신경증성격'에 이어지는 내용을 담고 있기도 하다. 그래서 독일어본(1972)에서는 1권 '피학성격' 뒤에 넣기도 하였는데. 성격분석에서 오르곤 생체신체학에 이르기까지 라이히의 발전을 보여주는 글이기도 해서 여기서는 영어본대로 2권에 넣었다.

그리고 마지막 5장에는 영어판이나 독일어판에는 없는 '악마 영역'을 이 번역본에 추가하였다. 라이히가 영어로 쓴 '악마 영역'은 〈오르곤연구소 연보〉(The Annals of the Orgone Institute) 2권으로 1949년에 발간된 『**에테르, 신 그리고 악마**』(Wilhelm Reich, *Ether, God and Devil*, Annals of the Orgone Institute, 1949)에 실렸다. 선악 문제에 대한 라이히의 견해가 잘 드러나는 글로서 『**성격분석**』이 개인의 성격분석에 초점을 맞추었다면 이 글은 '감정전염병'과 함께 사회적 정신에 대한 분석으로 나아가고 있다.

라이히가 1945년 영어본 2판(1945년)과 영어본 3판(1949년)에 추가한 주는 '주, 1945. …', '주) 1948. …'로 표기되어 있는데 그대로 번역하였다. 그리고 설명이 필요한 간단한 용어나 관련 저서에 대해서는 [옮긴이 주]를 달았으며, 본문 내용에서 간단한 설명이나 교체 가능한 번역용어를 [ ]로 표기하여 넣었다.

1권과 마찬가지로 2권에도 용어해설을 덧붙였다. 2권에서는 오르곤이론[오르고노미]에 입각한 설명에서 필요한 용어들을 중심으로 정리하였다.

그리고 1권과 2권을 관통하고 있는 오르가즘이론과 그 발달과정에 대해서는 『**오르가즘의 기능**』(그린비, 2005)을 참조하기 바란다. 덧붙여 감정전염병에 대해서는 '인류의 감정전염병'이라는 부제를 달고 있는 『**그리스도의 살해**』(전남대출판부, 2009)에서 더 설명해 나가고 있으니 참고하시기 바란다.

2024년 2월
옮긴이 윤수종

2판 서문

『성격분석』의 첫 출판 이후 12년 동안 성격분석기법은 생장치료법으로 발전했다. 하지만 현재 판본(1945년)에서는 변경사항이 없다. 여기에는 그럴만한 이유가 있다.

성격분석기법은 1925년에서 1933년 사이에 임상적으로 연구되고 시험되었다. 당시 성경제학은 아직 초기 단계에 있었다. 오르가즘의 기능이 지닌 개인적, 사회적 중요성은 불과 몇 년 전에 인식하게 되었었다. 당연히 이러한 인식은 정신분석치료의 이론과 기법에 상당한 영향을 미쳤다. 12년 전과 마찬가지로 오늘날(1945년)에도 성격분석은 확실히 프로이트 정신분석의 틀 안에 있다. 이 틀 안에서 1권을 썼고, 오늘날에도 여전히 타당성을 주장할 수 있는 것은 오직 이 틀 안에서다. 1권은 정신분석을 하는 사람 뿐만 아니라 학생을 대상으로 했다. 원래 목적과 의도를 바꾸고 싶지 않았다. 따라서 나는 아무것도 추가하지 않았으며 수정하지 않았다.

그러나 시간이 지남에 따라 인간의 성격구조, 특히 병리적으로나 치료상 매우 중요한 '**성격갑옷**'에 대한 분석개념이 계속 발전했다. 성격갑옷은 현재 **오르곤 생체신체학**과 이에 상응하는 치료기법, **생장치료법**, 그리고 **오르곤치료법**의 출발점을 나타내며, 그 기본특징에 관해서는 내 책 『**오르곤의 발견 1 : 오르가즘의 기능**』(1942) 그리고 특히 오르곤 신체학을 다루는 다양한 에세이에서 제시하였다. 모든 정신과의사가 인간 성격의 외피라는 원래의 정신의학 문제가 어떻게 생물학 에너지와 생체병리의 길을 열었는지 이해하는 것은 흥미롭고 중요하다. 오르곤 생체신체학은 1권에서 제시한 성격분석 주장을 반박하지 않고 오히려 성격분석 주장에 견고한 자연과학 기반을 제공한다.

『성격분석』의 현재 판(2판)에는 1934년 루체른(Lucerne)에서 열린 13차 국제정신분석학회의에서 내가 국제정신분석협회에 전달한 마지막 논문을 추가하였다(1장. 정신접촉과 생장흐름). 이 논문은 프로이트의 심층심리학에서 생물학으로 그리고 나아가 오르곤 생체신체학으로의 전환을 나타낸다. 오르곤 문제는 이 책에서는 다루지 않는다. 그러나 나의 후기 글에 익숙한 독자라면 오르곤 생체신체학이 성격구조 문제의 실마리를 드러내는 구절들을 찾는 데 어려움이 없을 것이다. 각주를 넣어서 심층심리학에서 오르곤 생체신체학으로 전환을 나타내는 구절들을 지적하려고 했다.

공식 정신분석에서 성경제학과 오르가즘이론을 배제하게 만든 금을 그은 책임은 나를 추방한 국제정신분석협회 회원들에게 있다. 나중에 그들은 양심의 가책을 느끼기 시작했고, 마치 내가 나의 이론을 정신분석에서 떨어져 나가게 하는 사람인 것처럼 보이게 하려고 했다. 그러나 여기에서 이 점을 분명히 해야겠다. 성경제학은 프로이트의 기본적인 과학적 발견에서 결코 떨어져 나오지 않았다. 지난 10년간 사회혁명의 결과로 무의미하게 된 잘못된 사회적 사유들이 정신분석운동을 성경제학에서 멀어지게 한 원인이 되었다. 뉴턴의 만유인력법칙이 케플러의 조화법칙의 라이벌인 것처럼 성경제학이 정신분석의 라이벌인 것은 아니다. 성경제학은 프로이트 정신분석을 계승하고 생체신체학 및 사회성학 영역에 자연과학 기반을 제공한다. 오늘날 프로이트가 최초로 기술한 인간의 성기능의 토대를 이루는 명확한 신체법칙에 의해 지배되는 생물학 에너지인 오르곤의 발견을 성공적으로 이루어냈다고 주장할 수 있는 것은 성경제학이다. 오르곤 생체신체학이 **유기적** 영역에서 탐지할 수 있었던 '**생체병리**'는 심리학 영역에서 프로이트의 '정신신경증'의 상관물이다.

요약하자면, 나는 '성격분석'이 심층심리학과 그것에 관련된 **정신**치료기법의 이론준거들 안에서 여전히 유효하다고 말하고 싶다. 성격분석은 또한 생장치료와 오르곤치료에 없어서는 안 될 보조기법으로 여전히 유효하다. 그러나 시간이 지남에 따라 우리는 계속 전진한다. 성경제학자와 생장치료사는 본질적으로 **생체치료사**이며 더는 단순한 정신치료사가 아니다.

1944년 11월
빌헬름 라이히
뉴욕

3판 서문

『**성격분석**』 2판(영어본, 1945)은 곧 매진되었고 2년이 넘도록 엄청난 수요를 충족시킬 수 없었다. 언론은 오르곤 생체신체학이라는 새로운 분야에 대한 출판물들에 관여하느라 바빴다(『**오르곤의 발견 2: 암 생체병리**』, 1948 등). 더군다나 나는 『**성격분석**』의 새 판을 발행하는 것을 주저했다. 이 책은 여전히 정신분석 용어와 신경증에 대해 심리학적으로 묘사한다. 초판이 출간된 후 15년 동안 나는 감정전염병에 대한 우리의 그림을 다시 그리고 다시 써야 했다. 이 기간에 많은 중요한 발전이 이루어졌다. '성격'은 전형적인 **생체신체** 행동을 나타내는 용어가 되었다. '감정'은 점점 더 유기체 오르곤에너지, 만질 수 있는 **생체[바이오]에너지**의 표현을 의미하게 되었다. 천천히 우리는 현재 '의료 오르곤치료법'이라고 불리는 방법으로 생체에너지를 실질적으로 다루는 법을 배웠다. 2판 서문에서 나는 '성격분석'이 자신이 기원하고 속해 있는 심층심리학의 영역에서 여전히 유효하다고 지적했다. 우리는 더는 이 책에서 설명하는 성격분석을 실천하지 않는다. 그러나 일정한 상황에서는 여전히 성격분석방법을 사용한다. 우리는 여전히 성격태도에서 인간경험의 심층으로 나아간다. 그러나 오르곤치료법에서 우리는 더는 심리학에 따라 진행하는 것이 아니라 **생체에너지에 따라** 진행한다.

그렇다면 이 책의 3판을 원본 형태로 출판하는 이유는 무엇인가? 가장 큰 이유는 20~25년 전 인간의 감정병리학 연구에서 발달한 오르고노미[오르곤이론]와 의료 오르곤치료법에 대해 잘 알지 못하면 인간의 감정병리를 이해하는 길을 쉽게 찾을 수 없기 때문이다.

성격분석은 여전히 정신의학에서 유효하고 유용하지만, 감정기능의 **생체에너지 핵심**에 대처하기에는 충분하지 않다. 성격분석은 정신분석을 공부하지 않고 1940년대의 오르곤 생체신체학을 직접 만나는 의료 오르곤 치료사에게 필수 불가결한 것이다. 감정의 생체에너지기능을 연구하지 않은 정신과의사는 유기체 그 자체를 간과하고 문자[언어]와 연상의 심리학에 집착하는 경향이 있으며, 온갖 유형의 감정이 지닌 **생체에너지** 배경과 기원으로 가는 길을 찾지 못할 것이다. 반면 무엇보다도 환자를 생물학 유기체로 보도록 훈련받은 오르곤치료사는 근육무장, 신체감각, 오르고노틱 흐름, 무오르곤 발작, 횡격막차단 또는 골반차단 외에도 결혼에 대한 불신, 특히 사춘기의 성기기능에 대한 왜곡된 생각, 일정한 사회적 불안정과 불안, 무의식적 의도, 합리적인 사회적 불안 등과 같은 광범위한 기능분야가 있다는 것을 쉽게 잊을 수 있다. 감정의 '정신 영역'이 감정의 '생체에너지 영역'보다 훨씬 좁고, 혈관성 고혈압과 같은 어떤 질병은 심리학적 수단으로 공격할 수 없으며, 언어와 사유연상은 언어 발달단계에 즉 생후 2년 즈음에 더 깊이 침투할 수 없을지라도, 감정전염병의 심리학적 측면은 여전히 중요하고 없어서는 안 되지만 더는 오르고노미 생체정신의학의 가장 중요한 측면이 아니다.

『성격분석』 3판은 상당히 확대되었다. 나는 1945년 〈국제 성경제학 및 오르곤연구 잡지〉에 발표되었던 '감정전염병'을 추가했다. 또한 전에 발표한 적이 없는 논문 '살아있는 것의 표현언어'를 추가했다. 이 논문은 의료 오르곤치료의 주요 영역인 **생체신체** 감정표현 영역을 다룬다. 마지막으로 편집성 정신분열증의 광범위한 병력은 인간본성 연구자에게 불과 몇 년 전에 유기체 오르곤에너지(=생체에너지)의 발견으로 열린 **생체병리학**이라는 새로운 분야를 소개할 것이다. 이 사례기록은 유기체 오르곤에너지가 '정신에너지'라는 고전적이며 단순히 심리학적인 개념에 해당하는 **신체적 현실**임을 독자에게 확신시켜 줄 것이다.

'생장치료법'(vegetotherapy)이라는 낡은 용어는 '오르곤치료법'으로 대체되었다. 다른 점에서는 책의 주요 구조를 수정하지 않은 채 그대로 두었다. 생장치료법은 1928년부터 1934년까지 정신분석에서 감정에 대한 생체에너지 연구(오르곤 생체신체학)로 향하는 필수적인 첫 단계를 나타내며 그 자체로 보존할 가치가 있다.

대기[우주] 오르곤에너지의 발견은 우리의 기본적인 신체학 개념과 심리학 개념에 큰 수정을 강요했는데, 이 책에서는 이 내용은 다루지 않는다. 오르곤의 발견 이후 발전한 주요 경향을 밝히는 데는 오랜 시간이 걸릴 것이다. 예를 들어 '정신관념'과 같은 것은 오늘날 오르고노미 실험을 통해 밝혀진 결과 완전히 다른 관점에서 나타난다. 그러나 이것이 정신치료사와 오르곤치료사를 감정으로 환자들과 함께 하는 일상업무에서 흐트러지게 해서는 안 된다. 현재 보편적인 일차적 에너지인 오르곤에너지의 발견으로 인해 주로 자연과학자와 자연철학자가 도전받고 있다.

1948년 12월
빌헬름 라이히

차례

옮긴이 메모 06
2판 서문 10
3판 서문 13

정신분석에서 오르곤 생체신체학으로

1장 정신접촉과 생장흐름 23
머리말 23
1. 충동과 외부세계의 대립에 관해 좀더 알아보기 25
2. 몇 가지 기법상의 전제 27
3. 충동의 기능변화 34
4. 방어기능으로서의 지성 43
5. 충동방어의 중첩 46
6. 비접촉성 48
7. 대체접촉 59
8. 유기체의 정신표현 65
9. 쾌락, 불안, 분노, 그리고 근육무장 74
10. 자연스러운 발달에서 두 가지 커다란 도약 88

2장 살아있는 것의 표현언어 91
1. 오르곤치료에서 감정의 기능 91
2. 혈장 표현움직임과 감정 움직임표현 94
3. 무장의 분절배열 104
4. 오르가즘반사의 움직임표현과 성합성 125

3장 정신분열증 균열 133
   1. 정신분열증 과정에서 '악마'   133
   2. '힘들'   150
   3. 눈의 원격 정신분열증 표현   168
   4. 이인화의 발발과 정신분열증 균열에 대한 첫 번째 이해   171
   5. 의식과 자기지각의 상호의존   180
   6. '악마적인 악'의 합리적 기능   195
   7. 긴장상태의 무오르곤 영역   200
   8. 정신분열증에서 자해의 기능   202
   9. 위기와 회복   223

4장 감정전염병 250
   성기성격, 신경증성격 그리고 감정전염병 반응의 차이   257

5장 악마 영역 288

용어설명   306

1권 차례

역자 서문   11
서문   12

1부 기법

1장 정신분석기법의 몇 가지 문제   23

2장 분석치료이론의 경제적 관점   30

3장 해석기법과 저항분석기법에 대하여   41
    1. 해석기법의 몇 가지 전형적인 오류와 그 결과   41
    2. 체계적 해석과 저항분석   48
    3. 저항분석의 일관성   57

4장 성격분석기법   61
    1. 입문   61
    2. 성격무장과 성격저항   62
    3. 수동여성 성격 사례   105
    4. 요약   136

5장 성격분석의 사용여부와 위험   138

6장 전이처리에 대하여   143
    1. 성기 대상리비도의 추출   143
    2. 이차적 자기애, 부정전이 그리고 질병통찰   153
    3. 금욕규칙의 취급에 대하여   155
    4. 긍정전이를 '푸는' 문제에 대하여   158
    5. 역전이에 대한 몇 가지 언급   160

2부 성격형성론

1장 성격형성을 통한 어린 시절 성갈등의 극복 — 167
    1. 정신반응의 내용과 형식 — 168
    2. 성격형성의 기능 — 169
    3. 성격분화의 조건 — 174

2장 성기성격과 신경증성격(성격의 성경제적 기능) — 183
    1. 성격과 성울혈 — 183
    2. 성기성격과 신경증성격의 리비도경제 차이 — 190
    3. 승화, 반응형성, 그리고 신경증 반응기반 — 199

3장 어린 시절 공포증과 성격형성 — 207
    1. '귀족'성격 — 207
    2. 성격을 통한 어린 시절 공포증 극복 — 211

4장 몇 가지 특기할 만한 성격형식 — 217
    1. 히스테리성격 — 217
    2. 강박성격 — 222
    3. 남근자기애성격 — 230

5장 피학성격 — 237
    머리말 — 237
    1. 견해 요약 — 239
    2. 피학성격의 무장 — 249
    3. 노출억제와 자기비하 중독 — 262
    4. 성흥분 증가에 대한 불쾌한 지각 : 피학성격의 특정한 기반 — 267
    5. 피학성향 치료에 대한 고찰 — 278

6장 욕구와 외부세계 사이의 원 갈등에 대한 몇 가지 언급 — 281

용어 설명 — 294
해설 오르가즘과 정신건강 — 322

정신분석에서
오르곤생체신체학으로

1장
정신접촉과 생장흐름
– 정서이론과 성격분석기법에 대한 기여

머리말

이 장은 1934년 8월 루체른에서 열린 제13차 국제정신분석학회의에서 내가 발표한 것을 확대하고 가다듬은 것이다. 이 장은 1권(나의 책 『**성격분석**』(1933))에서 아주 상세히 고찰한 어려운 성격분석·임상재료와 문제점에 대한 논의를 이어가고 있다. 무엇보다도 이 장은 1부에서 다루지 않은 **대체접촉**을 확립함으로써 접촉을 보상하고자 하는 **정신적 비접촉성** 및 정신기제 그리고 **정서생활에서 생장표현과 정신표현**의 대립적 **통일성**이라는 두 가지 사실을 이해하려는 시도이다. 정서생활에서 생장표현과 정신표현의 대립적 통일성은 1934년 〈정치심리학 및 성경제학 잡지〉[1] 2호와 3/4호에 인쇄된 '생장적 삶의 원대립'[2]이라는 나의 작업과 직접 연결된다.

다시 말하지만, 이 장은 이미 알려져 있고 확립된 것의 영역에서 정신-신체 관계라는 어둡고 어려운 문제로 나아가는 임상적으로 잘 입증된 작은 진전일 뿐이다. 내 성격분석기법을 적용하면 누구나 일단 처음의 기법

---

1) *Zeitschrift für politische Psychologie und Sexualökonomie.* [옮긴이 주]
2) "Urgegensatz des vegetativen Lebens." [옮긴이 주]

상 어려움을 극복한 뒤에 결과를 확인할 수 있다.

'전체성(Ganzheit)' 문제와 정신기능과 신체기능의 통일성에 대한 다른 저자들의 문헌에서 제시된 견해와의 대결은 의도적으로 피했다. 성경제학은 그동안 무시되었던 현상인 오르가즘의 관점에서 문제영역에 접근하고 그렇게 함으로써 의식적으로 변증법적 유물론의 방법을 적용한다. 이러한 이유만으로도 비판적 토론은 시기상조일 것이다. 왜냐하면 비판적 토론은 나 자신의 견해로는 어떤 완전성을 전제로 하고 다른 저자들이 이미 오르가즘 문제에 관한 입장을 정했다는 것을 전제로 하는데, 둘 다 사실이 아니기 때문이다.

프로이트의 죽음충동이론에 대해 임상적으로 부정해야 했던 충분한 이유가 있었다. 특히 이른바 열반추구에 대한 심층분석은 죽음충동 가설이 아직 설명할 수 없는 사실을 설명하려는 시도이며, 더 나아가 잘못된 방향으로 그렇게 하려고 했다는 나의 견해를 강화했다('죽음관념에 관한 질문' 절(이 책 66쪽) 참조).

아마도 이 논문은 변증법적 유물론[3] 지향을 지닌 정신분석가, 젊은 성경제학자와 성격분석가에게 성격분석기법을 적용하는 데 이론적 명확성과 진료상의 도움을 제공하기에는 이전 논문들보다 덜 적합할 것이다. 정신장애를 다루는 성격분석의 개념과 기법은 정신적 비접촉성과 접촉불안의 발견으로 다시 유동적으로 변하고 있다. 이 논문에서 설명한 것이 곧 불완전하거나 심지어 여기저기서 부정확한 것으로 판명될 수도 있다. 이는 생생한 진료를 통해서만 새로운 생각의 발전을 따라갈 수 있다는 것을 보여줄 뿐이다. 성격분석기법을 배우기 위해 진지하게 노력하는 사람은 여기에서 처음으로 제시된 정신적 접촉행동과 생장흥분 사이의 관계를 자신의 임상작업에서 인식하고 평가하는 데 어려움을 느끼지 않을 것이다.

---

3) 오르곤에너지를 발견한 후 라이히는 더 이상 이 용어를 사용하지 않았다. "엥겔스가 『반-뒤링』에서 설명한 변증법적 유물론은 생체신체 기능주의로 발전했다."(빌헬름 라이히) 메리 히긴스. [영어본 편집자 주].

이러한 관계는 현재 정신치료의 신비로운 분위기에서 우리의 정신치료 작업을 이끄는 데 적합할 뿐만 아니라 다른 방법으로는 달성할 수 없는 가장 커다란 성공을 이루도록 하는 가장 유리한 조건을 보장하는 데 적합하다. 동시에 지나친 치료열정을 경계해야 한다. 성격분석의 우월성은 오늘날 이미 의심의 여지가 없다. 그러나 성격분석 치료의 마지막 단계, 특히 오르가즘 접촉불안의 회복과 극복에 대해서는 아직 너무 이해하지 못하고 충분히 숙달하지 못하고 있다. 친구들 사이에서도 오르가즘이론은 가장 심한 오해를 받고, 무엇보다도 일반적으로 전-성기 흥분과 혼동되는 오르가즘 헌신이 지닌 억제할 수 없는 비자발성[무의지성]에 대한 무지에 직면하게 된다. 그러나 오르가즘 문제에 대한 확신 없이 성격분석 치료를 올바로 완료한다는 것은 우연에 의한 것일 수밖에 없다는 것은 확실하다.

이 논문의 바탕이 된 정신분석학회의에서 한 강의로 나는 국제정신분석협회 회원자격을 박탈당했다. 협회지도부는 더는 내 견해에 동의하지 않았다.

1935년 2월 빌헬름 라이히.

1. 충동과 외부세계의 대립에 대해 좀더 알아보기

우선 내 작업이 정신분석에 대한 어떤 오래된 견해에 기초하고 있는지 상기하는 것으로 시작하고 싶다. 이러한 출발점을 알지 못하면 성격분석 연구의 결과를 이해할 수 없다.

최초의 정신분석 견해는 **충동**과 **외부세계** 사이의 갈등에 기초를 두고 있었다. 오늘날의 이론에 의해 이 기본견해가 완전히 모호해졌다고 해도 여전히 타당하며, 모든 분석심리학의 가장 풍부한 정식화이며, 모든 사례에서 모든 임상의가 틀림없이 이해할 것이라는 점은 변함이 없다. 이러한 관점에 비추어 볼 때, 정신과정은 충동요구와 외부 충동부정 사이의 갈등의 결과인 것으로 보이며, 이 모순은 이차적으로 욕망과 자기부정 사이의 내부갈등이 된다. 자기부정은 이른바 '내부도덕성'의 기본특징이다. 나는 적절한 기회가 있을 때마다 이 정신갈등 정식에서 비롯된 기본적인 이론 견해를 반복하고 싶다. 충동부정의 기원에 관해 묻는다면 심리학의 경계를 넘어 사회과학 분야로 넘어가 심리학이 제시하는 것과 근본적으로 다른 문제에 직면하게 된다. 왜 사회가 충동탄압과 충동억압을 요구하는가라는 질문은 더는 심리학으로 답할 수 없다. 일정한 시대에 그러한 탄압과 억압을 불러일으키는 것은 **사회적** 이해관계, 특히 직접적인 경제적 이해관계이다.[4] 내 반대자들이 내가 과학과 뒤섞였다고 비난하는 정치는 바로 유일하게 과학적이라고 말하고 싶은 이 질문과 가장 밀접하게 연결되어 있다. 젊은이는 자신의 타고난 성노력을 억제하는 것이 자연스러운 것이 아니고 죽음충동 때문도 아니며, 오늘날 사회 권력자들의 특정 이익에서 비롯되고 부모와 교사는 이 사회권력을 무의식적으로 실행하는 기관일 뿐이라는 것을 알게 된다. 젊은이는 이것이 매우 흥미로운 과학적 테제라는 입장을 지니지는 않을 것이며, 자신의 인생의 종말로 파악하고 인생의 신성한 기원을 부정하고 부모와 그들의 후원자에게 반항하기 시작할 것이다. 젊은이는 아마도 처음으로 비판하고 생각하기 시작할 것이다. 바로 이것이 내가 성정치라는 개념 아래 요약한 많은 결과 중 하나이다.[5]

우리는 자아가 나중에 도덕이나 내부충동 억제로 내면화되는 그러한 사회적 영향과 생물학적 욕구 사이를 중재해야 한다는 것을 알고 있다. 생물학적 욕구의 정신 발현 즉 이드현상을 계속 추적하면 우리는 생리학 영역

---

4) 참조. Raich, 『강제적 성도덕의 침입(Der Einbruch der Sexualmoral)』, 2, 1934.
5) 성정치는 성억압이 **사회적**으로 기원한다는 인식에서 비롯된 사회적, 즉 정치적 실천이다. 베른펠트(Bernfeld)가 제13차 정신분석학회의에서 주창한 청소년의 성교가 열악한 교육조건 탓이라는 견해는 단순히 청소년의 신경증적 죄책감만 확인시켜 줄 뿐이며, 확실히 '객관적 정신'을 지닌 모든 사제와 옹호자들을 기쁘게 할 수는 있어도, 사춘기 문제를 해결하기는커녕 모호하게 할 뿐이며 청소년에게 긍정적인 성경제적 도움을 주는 데 적대적일 것이다. 하지만 청소년의 사춘기 발달이 성생활의 사회적 방해를 통해 중심적으로 결정된다는 사실에 대해 모두 침묵하고 '객관적 과학적으로' 무시했음에도 불구하고, 사춘기 발달의 문제는 확실히 생장흥분과 정신행동 사이의 관계라는 틀에 속한다. 생장적으로 생산된 성에너지의 조절이 경제적인지 비경제적인지는 주로 사회가 청소년을 구조적으로 물질적으로 어떻게 갖추어 주는지에 달려있다.

과 생물학 영역의 경계에 도달하게 되는데, 이 경계는 사회학적 탐구방법과 마찬가지로 심리학적 탐구방법을 가지고는 더 이상 파악할 수 없는 영역이다. 여기에 내 반대자들과 중요한 대립이 있다. 나는 심리학적 방법의 한계를 인정해야 한다고 생각하지만, 나의 반대자들은 사회학과 생물학을 심리학화한다. 그 뒤 내 조사연구의 주제가 바로 성격형성에서 생장흥분 즉 정신형성의 발달이며 심리학적 절차를 통해 이를 달성하려는 것이 다소 이상하게 보일 것이다. 여기서 나는 나 자신의 원칙을 위반하는 죄를 짓고 있는가? 대답은 나중으로 미루고 싶다.

2. 몇 가지 기법상의 전제

내가 여기서 제시하려고 하는 정신장치와 생장흥분 사이의 관계는 우리의 이론적 인식방법에 내재하는 오류의 근원에서 먼저 벗어나지 않으면 이해할 수 없을 것이다. 우리의 작업에서 이론과 실천[진료]은 뗄 수 없게 얽혀 있다. **잘못된 이론태도는 필연적으로 잘못된 기법을 낳고 잘못된 기법은 잘못된 이론견해를 낳을 수밖에 없다.** 죽음충동이론이 생겨난 근원을 찾으려고 하면, 내가 다른 곳에서 논의한 사회적 정당성 외에도 무엇보다도 기법적 정당성을 찾을 수 있다. 정신분석치료를 위한 비엔나세미나의 작업에 참여한 많은 사람은 이론과 실천에서 환자의 **잠재적인 부정전이** 문제를 다루는 작업에 얼마나 어려움을 겪어야 했는지 확실히 기억한다.

프로이트가 부정전이를 임상사실로 이론으로 정식화한지 오랜 뒤에 우리가 **진료에서** 부정전이를 파악한 것은 1923년부터 1930년까지의 시기였다고 말할 수 있다. 프로이트가 죽음충동이론을 세운 임상근거는 이른바 '부정적 치료반응'이다. 이 정식은 일부 환자가 분석적 해석작업에서 치유의 진행에 반응하지 않고 오히려 신경증 반응을 더 강하게 발달시킨다는 것을 의미한다. 프로이트는 이제 이것이 무의식적 죄책감 또는 그가 지금 부르는 것처럼 '처벌욕구'라고 가정하여 환자로 하여금 치유작업에 저항하고 신경증, 즉 고통 속에서 행동하도록 강제한다고 가정했다. 나는 『**자아와 이드**』(1923)[6])가 출판된 뒤 처음 몇 년 동안 같은 확신을 지니고 있었고 점차 이 진술을 의심하기 시작했다고 고백한다. 비엔나세미나에서 이루어진 기법에 관한 발표에서 다음 세 가지 사항이 분명해졌다. (1) 환자의 부정경향 즉 억압된 증오에서 비롯된 경향을 전혀 분석하지 않았거나 매우 부적절하게 분석하였다. (2) 가장 경험이 풍부한 분석가라도 거의 배타적으로 환자의 긍정전이 즉 사랑노력을 가지고 작업하였다. (3) 분석가는 보통 단지 비밀스럽고 은폐되고 억압된 증오에 불과한 것을 긍정전이라고 간주했다. 이러한 사항이 분명해지자 부정적 치료반응의 비밀이 드러나기 시작했다. 나는 1934년 오슬로에서 열린 스칸디나비아 정신분석학회의 직전에야 사실을 정확하게 정식화할 수 있었다. 분석작업을 통해 우리는 방출하고자 하는 정신에너지를 해방한다. 환자의 전이를 오로지 또는 압도적으로 또는 처음부터 **긍정**전이로 분석하고 부정징후를 **미리** 철저히 밝히지 않으면 다음과 같은 결과가 나타난다. 해방된 사랑요구는 만족을 요구하는데 분석에서 단호한 부정을 만나며, 또한 부분적으로는 사랑대상에 대한 억압된 증오자극으로 인해 형성되는 내부억제의 장벽에 부딪힌다. 간단히 말해서, 우리는 사랑자극을 '해방'했다고 믿지만 실제로 환자는 여전히 사랑할 수 없는 상태로 남아 있다.

정신장치의 법칙에 따르면 부정된 사랑은 증오로 변한다. 무의식 속에 남아 있는 미발달한 증오자극은 이 인위적으로 생성된 증오에 자석처럼 작용한다. 둘이 합쳐지면 두 번째[인위적으로 생성된] 증오도 무의식적이며 어떤 방출도 경험하지 못하기 때문에 **자기파괴 의도로 변한다.** 따라서 내가 1926년에 알렉산더와의 논쟁[7])에서 설명했듯이, 우리가 사례들에서 확인하는 처벌욕구는 신경증 갈등의 원인이 아니라 산물이다. 그리고 **부정적 치료반응은 잠재적인 부정전이를 다루는 기법이 개발되지 않아서**

---

6) Sigmund Freud, *Ego und Es*, 1923. [옮긴이 주]

생긴 결과였다. 이 견해가 옳다는 증거로, 다음 두 가지 규칙을 따르면 부정적 치료반응이 생기지 않는다는 점을 지적할 수 있다. 첫째 환자의 숨겨진 부정태도를 무엇보다 먼저 알아내고 환자에게 이러한 태도를 의식하게 하는 것이다. 모든 자유로워진 공격을 격퇴하고 모든 피학자극을 자기절멸하려는 일차적 의지의 표현이 아니라 실제로는 외부세계의 대상을 향한 공격으로 취급하는 것이다. 두 번째 규칙은 환자의 긍정적인 사랑표현은 증오로 그러므로 실망반응으로 변하거나 최종적으로 성기 근친성관계 생각에 집중될 때까지 분석하지 않고 그대로 두라고 말한다. 이 시점에서 프로이트에게 성격분석기법에 대한 나의 첫 아이디어를 제시했을 때 그에게서 들은 반대의견은 거의 모든 동료가 상당히 반복적으로 제기한 것으로, 재료를 선별해서는 안 되며 모든 재료를 있는 그대로[나온 순서대로] 다루어야 한다는 것이었다. 나는 1권(**『성격분석』**(1933))에서 이러한 반대에 대해 답하였으므로 여기서 반복하지는 않겠다. 그러나 이러한 반대는 내가 최근 몇 년 동안 옹호해 온 기법이론에 대한 근본적인 해명으로 이어진다. 이론적 결과와 그 결과를 달성하는 수단을 이해하려면 이에 대한 지식이 필요하므로 여기에 간략히 요약하겠다.

우리의 기법작업은 먼저 무의식을 의식화해야 한다. 우리는 이것을 해석작업이라고 부른다. 이것은 **지형적** 관점[이드, 자아, 초자아 구도]에서 결정된다. 또한 프로이트가 약 20년 전에 만든 기법이 변해서 우리는 해석작업에서 무의식 정신재료와 우리의 해석 사이에 저항이 있으며, 해석이 치유기능을 수행하려면 이러한 저항을 제거해야 한다는 것을 고려해야 한다. 이 관점은 정신과정의 **역동성**에 해당한다. 통제[제어]분석과 기법세미나의 경험에 따르면 분석가는 이론적으로 이 두 가지 관점을 알고 있지만, 진료에서는 대부분 첫 번째 지형적 관점에 따라 진행했으며 여전히 진

---

7) Franz Alexander, *Psychoanalyse der Gesamtpersönlichkeit*, 1927. 베를린정신분석연구소에서 조수로 있으면서 강연을 하였고 이를 묶어 이 책으로 발간하였다. 그는 이 책에서 초자아의 정신분석이론을 발전시켜 프로이트로부터 칭찬을 받았다. [옮긴이 주]

행하고 있다고 말할 수 있다. 분석작업에 대한 슈테켈과 랑크[8]의 관점은 모두 이것을 가장 순수한 형태로 제시한다. 그러나 진료작업에서 우리 모두 다루는 방법을 모른다는 이유로 역동적 관점을 어느 정도 소홀히 했다는 사실을 인정하지 않는다면 자기비판이 부족한 것이다.

이제 **성격분석** 작업은 기법과 관련하여 지형적 관점과 역동적 관점에 **구조적** 관점과 **경제적** 관점을 추가한다. 정신과정에 대한 모든 관점을 우리 작업방법에 포함한 것은 적어도 나에게는 무의식내용의 직접해석에서 저항기법으로 전환한 것보다 진료에서 훨씬 더 광범위한 변화를 가져왔다. 구조적 관점과 경제적 관점을 고려하면 분석가가 더는 앞으로 일어날 모든 상황을 처리해야 한다고 주장할 수 없다. 나는 몇 가지 기본원칙을 인용하며 1권의 1부에서 자세히 임상근거를 마련하고자 했던 것만 반복할 것이다.

분석 진료만남 과정에서 환자가 제공하는 재료는 다양하며, 다양한 정신지층 뿐만 아니라 다양한 역사적[병력] 발달단계에서 나온다. 따라서 치료상으로나 역동적으로나 재료는 같은 가치를 갖지 않는다. 성경제 측면에서 우리는 환자의 전-성기 태도와 부정태도에 대한 분석에서 시작하여 모든 방출된 정신에너지를 성기장치에 집중하는 것으로 끝나는 엄격하게 규정된 경로를 따라야 한다. 오르가즘이론에서 논리적으로 뒤따르는 오르가즘능력의 확립이 치료의 가장 중요한 최종목표이다.

또한 환자의 행동에 관한 일관된 분석을 통해 현재의 형식적인 행동양식에서 역사적으로 혼돈스러운 정서를 걸러내 어린 시절 생각의 내용과 다시 연결하고 그렇게 해서 그 정서를 해소할 수 있다는 사실은 여전히 경제적으로[경제적 관점에서] 결정된다.

따라서 성격분석은 환자의 그때그때 구조에 상응하는 일정한[구체적인] 계획에 따라 진행되는 정신작용이다.

---

[8] Wilhelm Stekel, *Sadimus und Masochismus*, 1929. Otto Rank, *Das Trauma der Geburt und seiner Bedeutung für die Psychoanalyse*. Leipzig, Vienna, and Zürich: Internationaler Psa. Verlag, 1924. [옮긴이 주]

내용, 갈등, 구조의 무한한 다양성을 모두 포함하여 올바르게 수행한 성격분석은 다음과 같은 전형적인 단계를 보여준다.

① 성격분석을 통한 갑옷 풀기[벗기기, 완화]
② 성격무장의 돌파, 또는 달리 말하면 신경증 균형의 최종파괴
③ 가장 깊고 풍부하게 정서충전된 재료의 출현, 유아히스테리의 재활성화
④ 발굴된 재료를 저항에서 벗어나게 하는 작업. 전−성기 속박에서 리비도추출
⑤ 유아성기불안(울혈신경증) 및 성기성의 재활성화
⑥ 오르가즘불안의 출현과 오르가즘능력의 확립. 완전에 가까운 성취능력의 확립은 이것에 달려있다.

오늘날 많은 분석가가 성기성 확립은 자명하다고 보지만, 오르가즘능력은 알지 못하며 인정하지도 않는다. 1923년까지 '충동비난'과 승화만이 유일하게 인정된 치료목표였다. 불능[발기부전]과 불감증을 신경증 유기체의 특정한 증상으로 간주하지 않고 임의로 나타나거나 사라질 수 있는 다른 증상 가운데 하나로 간주하였다. 오르가즘과 절정이 있다는 것은 확실히 알려져 있었지만, '완전히 방해받지 않는 오르가즘'을 가진 수많은 심각한 신경증이 있다고 주장하였다. 오르가즘의 본질과 성경제적 성격은 알려지지 않았으며, 신경증은 일반적으로 성장애의 표현으로 간주되었는데 성경제적 관점에서 볼 때 성기성 장애 없이는 발생할 수 없으며 이러한 장애를 제거하지 않고는 치료할 수 없었다. 프로이트, 작스(Sachs), 눈베르크, 도이취, 알렉산더와 대부분 다른 분석가는 성기성의 정신경제상 중요성과 치료상 중요성에 대한 나의 견해를 거부했다. 프로이트의 『정신분석입문강의』(1933)[9]는 성기오르가즘과 관련한 복잡한 질문에 대해 전혀 언급하지 않았으며, 눈베르크의 『신경증이론』도 전혀 언급하지 않았다. 따라서 신경증이 어디에서 에너지를 끌어오는가 하는 질문에 대해서는 여전히 답

---

9) 1922년 판과 1933년 판이 있는데 여기서는 1933년 판을 말한다. [옮긴이 주]

하지 않고 있었다. 사람들은 예전부터 오르가즘의 기능을 신경증이론에 포함하는 것을 방해라고 느꼈으며 그래서 포함하지 않았다. 사실 오르가즘의 기능에 대한 탐구는 순전히 정신분석 연구분야에서 나온 것이 아니라 생리학적 경계영역에서 나온 것이다.[10] 성기성이론에 도달하려는 페렌치의 시도는 단지 생리학적 현상과 생물학적 현상의 심리학화에 불과했다.[11] 오르가즘은 정신현상이 아니라 오히려 모든 정신활동을 생장적 원 기능으로 **환원**시켰을 때, 즉 정신환상과 상상활동을 중단했을 때만 나타나는 현상이다. 하지만 오르가즘은 정신경제의 핵심 질문이다. 오르가즘을 심리학에 포함함으로써 정신적인 것의 양 요소를 구체적으로 다룰 수 있을 뿐만 아니라, 정신적인 것과 생리적인 것 즉 생장적인 것의 관계를 확립할 수 있었다. 오르가즘은 신경증과정에 대한 정신분석의 관점을 필연적으로 크게 바꾸게 했다. 이전에는 현대인이 오이디푸스 콤플렉스를 지니고 있다는 사실이 그의 신경증질환을 설명하는 것으로 생각되었지만, 이제는 이 주제가 무효화된 것이 아니라 상대화되었다. 자녀–부모 갈등 자체는 자녀의 성경제를 방해하기 때문에 병원성이 될 뿐이며 따라서 성인기에 리비도경제 조절능력을 교란하는 추가 내부장애가 되며, 이 장애를 가져왔던 것 즉 성기성적 에너지 울혈에서 정확히 자신의 에너지를 끌어온다.[12]

이런 식으로 강조점은 경험내용에서 생장에너지 경제로 옮겨갔다.

따라서 환자가 처음에 생산한 재료가 많았는지 적었는지, 환자의 과거에 대해 얼마나 많이 또는 적게 아는지는 덜 중요해졌다. 반면 결정적인 질문은 생장에너지 **힘농축**으로 작동하는 그러한 경험들을 실제로 올바른 방식으로 겪었는지였다.

신경증이론에서 균열이 이렇게 진행된 줄 모르고 오르가즘 문제의 핵

---

10) 참조. Raich, "충동 역동성에 대하여(Zür Triebenergenetik)", *Zeitschrift für Sexualwissenchaft*, 1923.
11) Sandor Ferenczi, *Versuch einer Genitaltheorie*, Leipzig, Wien, Zurich: Internationaler Psychoanalytischer Verlag, 1924. [옮긴이 주]
12) 『오르가즘의 기능』(1927)에서 정신신경증과 현실신경증 사이의 관계에 대한 설명도 참조하라. 또한 『오르가즘의 기능』 1942, 1948 판도 참고.

심적 중요성을 이해하지 못한 채 성경제학에 동조하는 많은 분석가가 있다. 더 나아가 성격분석기법만이 오르가즘장애의 생리현상과 그 정신재현에 성공적으로 침투한다는 사실, 분석가들이 이 기법을 부분적으로는 거부하고 부분적으로는 숙달하지 못하고 있다는 사실을 추가하면, 피학자들이 본질적으로 오르가즘 감각작용에 대한 특수한 종류의 불안이라는 특징을 지닌다는 사실을 발견하고 놀란다는 것은 놀라운 일이 아니다. 그러나 여기서는 정신분석의 확신 일반에 대해서도 마찬가지이다. 성격분석을 경험하지 않은 사람은 단지 성격분석에 대한 감각과 경험이 부족하므로 성격분석의 실상을 비판할 수 없으며, 기껏해야 성격분석을 지성적으로 이해할 수 있지만 오르가즘이론의 핵심을 이해하기 어려운 상태로 남아 있다. 잘 알려진 회의론이나 "이 모든 것을 오랫동안 알고 있었다"라는 확신을 지닌 채 나를 찾아온 훈련되고 경험이 풍부한 분석가들을 분석할 기회가 있었다. 그들은 일정한 기법을 적용하지 않으면 표면에 드러나지 않기 때문에 성격분석에서 경험한 것을 이전에는 알 수 없었다는 것을 한결같이 인정해야 했다. 이것은 특히 성기 근육조직의 자동수축과 함께 처음 나타나는 진정한 오르가즘 감각작용에 대해 그러하다.

나는 몇 가지 개괄하는 요약으로 만족할 것이다. 분석작업에 환자의 정신구조[구조적 관점]와 리비도경제[경제적 관점]를 포함함으로써 그림, 작용방식, 심지어 기법의 기본관점이 상당히 바뀌고 복잡해졌다. 분석작업이 문제설정에서 훨씬 더 풍부해졌지만 이는 확실히 단점이 아니며, 복잡해진 대가로 성격분석의 해명이 성공할 때마다 더 확실하고 더 실행가능하고 포괄적인 결과를 제공한다. 안타깝게도 이 접근방식이 아직 모든 사례에서 성공한다고 말할 수는 없다.

기법의 혁신과 정신장치의 역동성에 대한 많은 기본견해의 혁신으로 안타깝게도 약 12년(1933~1945) 동안 이러한 발전과정을 주의 깊게 따르지 않은 분석가들은 더는 나의 기법과 이론에 대한 견해를 이해할 수 없다는 단점이 생겼다. 안타깝게도 사람들이 내 견해를 공유한다고 주장하는 곳에서조차 그 격차를 좁히기 어려워질까 두렵다.

나는 내 견해를 설명하려고 할 때마다 생기는 오해를 이번 기회에 바로잡고 싶다. 분석가들은 두 집단으로 나뉘는 경향이 있는데, 그중 한 분석가 집단은 내가 말하는 모든 것이 진부하고 오랫동안 자신들이 알고 있었다고 주장하고, 다른 집단은 내 기법이 더는 정신분석과 관련이 없으며 오해의 소지가 있고 오류가 있다고 주장한다. 어떻게 이럴 수 있는가? 새로운 과학적 결과의 발전을 근본에서 이해하면 수수께끼가 풀린다. 나의 성격분석기법은 한편으로는 프로이트의 저항기법에서 성장했고 다른 한편으로는 현재까지 가장 [프로이트로부터] 일관되게 발전한 기법이라고 생각한다. 따라서 성격분석기법은 틀림없이 프로이트의 기법과 근본적으로 유사점을 지니고 있다. 이러한 유사성 때문에 첫 번째 집단은 자신들이 나와 같은 기법을 사용하고 있다고 믿는다. 수많은 후속분석에 근거하여 나는 이에 대해 전혀 의문의 여지가 없음을 확신할 수 있다. 내가 짊어지고 있는 책임상 이 말을 해야 한다. 하지만 유사점 외에도 광범위하고 근본적인 차이점이 있으며, 무엇보다도 새로운 관점의 도입으로 즉 오르가즘능력을 일차 치료목표로 설정함으로써 두 번째 집단이 더는 분석기법을 인식하지 못할 정도로 기법이 바뀌었다. 이 설명은 흠잡을 데 없으며 모든 과학역사에 들어맞는다. 새로운 결과, 견해, 방법은 결코 무에서 자라지 않으며 다른 연구자들의 고된 작업의 확고한 토대 위에 놓여 있다. 의견충돌에서 발생하는 차이와 개인편차는 지식의 양과 질에서 풍요로움이 일정시점에서 전체의 질 변화로 바뀐다는 사실이 지닌 불행하지만 분명히 피할 수 없는 결과이다.

3. 충동의 기능변화

기법탐구는 아직 갈 길이 멀다. 내가 최종적으로 도달한 이론적 결과는 단순한 저항기법이나 낡은 직접해석기법이 아니라 성격분석기법을 사용해야만 달성하고 입증될 수 있다는 것이 분명해질 것이다.

성격분석기법의 기본원칙은 억압된 것은 결코 충동에서 풀리고 의식화되는 것이 아니라 항상 방어에서 풀리고 의식화된다는 것이다.[13]

따라서 여기서 가장 중요한 이론적 질문은 방어가 생겨나는 자아구조의 구성·기능·기원에 관한 것이다. 우리가 자아방어를 이해하는 만큼 우리의 치료작업도 효과가 있기 때문이다. 반대로 오늘날 우리는 이드지식이 아니라 자아지식을 통해 기법능력을 완성한다.[14] 이런 점에서 성격분석의 문제

---

[13] 내 비평가들, 그중에서도 눈베르크(Nunberg)가 나에게 성격과 방어가 동일하며 따라서 내가 성격개념을 부당하게 제한한다는 취지로 이해할 수 없을 정도로 이 원칙을 오해하였다. 이것이 사실이라면 즉시 수정해야 할 것이다. 그러나 나는 가장 중요하고 가장 눈에 띄는 성격특성이 **어린 시절에 방어 목적을 위해 발달한 것처럼 분석상 방어목적에서 가장 본질적인 저항이 된다**고 말했으므로, 그가 내 가정을 상당히 부당하게 정식화했다고 생각한다. 성격이 또한 다양한 기능을 지니고 있다는 사실, 무엇보다도 성경제적 기능, 외부세계와의 관계유지와 정신평형 유지에 모두 기여한다는 사실은 1권(『성격분석(1933)』)에 자세히 설명하고 근거짓고 있다. 따라서 이러한 비판은 객관적인 동기에 근거한 것 같지 않다.

[14] 주, 1945. 이 정식화는 일방적이어서 잘못된 것이었다. 자아무장 연구는 필요한 첫 번째 단계에 불과했다. 이론과 실천 모두에서 갑옷을 제압하는 데 성공한 후 유기체와 우주에서 오르곤을 발견하면서 생물학적 에너지의 광대한 영역이 열렸다. 정신분석 이론이 '이드'라고 부르는 것은 실제로 생체체계 안의 물리적 오르곤기능이다. 형이상학적인 방식으로 '이드'라는 용어는 그 기능이 개인을 넘어 결정되는 생체체계 안에 '무엇인가'가 있음을 의미한다. **'이드'라고 불리는 이것은 물리적 실재, 즉 우주오르곤에너지이다.** 살아있는 '오르고노틱 체계', '생체장치'는 단지 농축된 오르곤에너지의 특수한 구현체를 나타낸다. 한 정신분석가가 최근에 '오르곤'이 프로이트의 '이드'와 '동일한' 것으로 묘사한 비평을 작성했다. 이것은 아리스토텔레스와 드리쉬(Driesch)의 '엔텔레키'(entelechy)가 '오르곤'과 같다고 말하는 것만큼 정확하다. '이드', '엔텔레키', '엘랑 비탈'(élan vital) 그리고 '오르곤'이라는 개념이 **같은 것을** 설명하는 것은 사실이지만, 이는 관련성을 지나치게 단순화한 것이다. **'오르곤'은 가시적이고 측정할 수 있고 적용할 수 있는 우주적 본성의 에너지이다.** 반면 '이드', '엔텔레키', '엘랑 비탈'은 그러한 에너지의 존재에 대한 인간의 **직관**을 표현한 것일 뿐이다. 맥스웰(Maxwell)의 '전자파'는 헤르츠(Hertz)의 '전자파'와 같은가? 확실히 그렇다. 그러나 헤르츠파동을 사용하면 바다를 가로질러 메시지를 전송할 수 있지만 맥스웰파동으로는 전송할 수 없다.
실천적인 차이점에 대한 언급이 없는 이러한 '올바른' 유추는 자연과학 분야의 큰 발전을 구두로 위장하는 기능을 한다. 이러한 유추는 오르곤을 나의 '가설' 중 하나로 묘사한 사회학자만큼 비과학적이다. '가설', '이드', '엔텔레키' 등으로 혈액을 소생시킬 수 없고 암종양을 파괴할 수 없지만, 오르곤에너지로는 분명히 할 수 있다.
이 텍스트에서 심리학적 문제를 파악하는 것은 **심층심리학의 틀 안에서** 정확하고 중요하다. 오르곤 생체신체학은 이 틀을 초월한다. 유기체의 오르곤기능에 대한 지식으로 심층심리학의 문제는 중요성이 줄어든다. 심리학적 문제에 대한 해결책은 심리학의 영역 밖에 있다. 예를 들어, 목구멍의 단순한 오르고노틱 맥동차단은 구강 가학성향의 가장 복잡한 기제를 간단한 방식으로 이해할 수 있도록 해준다. 돌이켜보면, 진지한 정신분석가가 생

설정은 약 14년 동안 정신분석연구의 주요 관심사였던 문제, 즉 **'자아는 어떻게 기능하는가'**와 일치한다. 우리 모두 프로이트가 지금까지 우리는 억압된 것을 연구하고 이해해 왔으며 억압이 어디서 오는지, 자아방어가 어떻게 구축되는지에 대해 충분히 알지 못한다고 말했을 때 얼마나 큰 감명을 받았는지 기억한다. 자아에 대해서 아는 것이 너무 적고 억압된 것을 이해하는 것보다 자아를 이해하는 것이 훨씬 더 어렵다는 것은 이상했다. 하지만 훨씬 더 어렵다는 점에는 의심의 여지가 없으며 여기에는 나름의 이유가 있을 것이다. 그 이유를 심리학적인 이해의 어려움에서만 찾을 수는 없다.

프로이트는 『**자아와 이드**』(1923)에서 자아충동 에너지의 기원에 대해 질문했는데, 1922년 당시 이 질문은 우리에게 큰 뉴스였다. 프로이트는 이 질문에 대답하면서 죽음충동이론을 사용했는데, 환자의 자아가 억압을 제거하고 치유하는 데 어려움을 겪기 때문에 이 이론에 도달하게 된 것이다. 이 견해에 따르면, 억압제거 및 치유의 어려움은 처벌욕구 내지는 무의식적 죄책감, 궁극적으로는 일차적 피학성향 즉 고통의지에서 비롯된다. 하지만 죽음충동에 대한 정보는 자아방어의 구조와 인간의 리비도 힘[에너지]의 억압에 관한 질문에 대답하지 않은 것만큼이나 **'자아충동이란 무엇인가?'**라는 질문에 결코 대답하지 않았다.

자아충동의 본성과 관련하여 분석이론에 어떤 모호한 점이 항상 우세해 왔는지를 기억하며 간단히 되새겨 보자. 원래 배고픔[굶주림]은 성과 반대로 자기보존을 위해 봉사하는 자아충동으로 이해되었다. 이 견해는 성에 **적대하는 것**으로서 자아충동이 지닌 기능과 모순된다. 그리고 몇 가지 성경제적 고려사항은 배고픔충동은 성처럼 에너지 과잉생산의 표현이 아니라 반대로 유기체의 에너지수준이 낮다는 표현이기 때문에 엄밀한 의미에서 충동으로 다룰 수 없다는 통찰로 이어졌다. 더욱이 우리는 음식욕구를 (구조적 의미에서) 자아가 아니라 이드에 속한 것으로 오래전부터 이해해

체신체 문제의 핵심에 도달하지 못한 채 얼마나 힘들게 고군분투해야 했는지 이해한다. 심층심리학에서 충동으로 작업하는 것은 거울에 비친 유리잔에 물을 마시는 것만큼 어렵다.

왔다. 따라서 배고픔은 우리가 찾는 자아충동 에너지를 구성할 수 없었다.

쉴더[15]는 자아충동을 묘사하면서 붙잡아두려는 충동으로 성과 대비시키려고 한 적이 있었다.

A ↓
↑
T

1. 충동(T)과 외부세계(A) 사이의 **원갈등**.

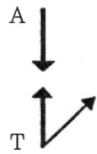

2. 외부세계의 영향 아래 통일 노력의 **해리**.

3. 해리된 노력들의 대립.
   I = 자아충동기능 속의 이드(방어, 기능 변화).

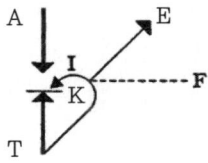

4. 이중 기능하는 충동 (T) (I = 방어 그리고 E = 대체접촉)
   F = 충동이 기능변화하는 장소.
   K = 구조적 비접촉성(다음 절 참조).
방어 I와 현재 외부세계 상황은 하나가 된다(내면 도덕 = 사회 이데올로기).

충동, 내부 해리 그리고 대립의 기능변화를 보여주는 도표

---

15) Paul Ferdinand Schilder(1886~1940). 오스트리아 정신분석학자. [옮긴이 주]

붙잡아두려는 충동은 의심할 여지 없이 근육조직의 기능에 속하며 그래서 생장에너지 저장소에도 속하기 때문에, 자아충동과 성충동을 대비하는 견해는 유지할 수 없었다. 신비한 자아충동 대신에 죽음충동을 성의 적대자로 도입하려는 프로이트의 마지막 시도는 자아와 이드의 적대를 이드 자체의 두 가지 경향의 적대로 대체했을 뿐이며, 문제는 그 어느 때보다 복잡해졌다.

자아방어에 대한 성격분석작업을 자세히 들여다보면, 그 출발점이 분석이론에 풍부하게 제시되어 있음에도 불구하고 왜 이론연구에서 숨겨져 있었는지 스스로 물어보면 사실 자명한 답을 얻을 수 있다.

정신갈등의 기본도식인 충동-외부세계에 다시 초점을 맞춰 보자. 세계의 대상을 향한 충동자극 T는 외부세계 금지 A(도식 1)의 반대하고 부정하는 힘과 대립한다. 다음 질문은 외부세계의 금지가 그 기능을 수행할 힘을 어디에서 얻는가 하는 것이다. 간단히 살펴보면 금지의 내용만 외부세계에서 오고, 금지가 스스로 주장하는 에너지 또는 집중은 사람 자신의 에너지 저장소에서 가져온다는 것을 알 수 있다. 외부세계의 압력의 영향으로 **사람 내부에서 대립**이 발생한다. **단일한 경향의 해리 또는 분열**은 하나의 충동이 다른 충동에 대립하거나 심지어 하나의 같은 충동이 세계를 향해 더 노력하는 방향과 자신에게 대립하는 방향으로 나뉘도록 한다. 프로이트는 『충동과 충동운명』[16)]에서 충동이 스스로에 반대하는 방향으로 전환되는 것에 대해 설명한 바 있다. 그러나 새로운 문제는 내면의 **해리**와 **대립**의 과정에 직면하는 곳에서 시작된다. 구체적인 예를 들어 보자. 근친성관계 환상을 가진 어린 소년이 자위하고 싶을 때, 이 상태에서 그의 자기애와 대상리비도 노력은 일치하거나 오히려 어머니를 향한 노력이 자기애와 같은 방향을 향해 있고 서로 모순되지 않는다. 어머니 쪽의 자위금지는 대상리비도 노력에 대한 부정으로 작용하고 거세처벌로 자기애 통합성을 위협한다. 그러나 외부의 부정이 효과를 발휘하기 시작하는 순간, 자기

---

16)   Freud S., *Triebe und triebschiksale*, 1915. [옮긴이 주]

보존을 위한 자기애 노력은 대상리비도 자위노력과 충돌하게 된다(도식 2 및 3). 이것의 변형은 원래 부드러운 속박[유대]과 통일성을 형성했던 감각적인 성자극에 대항하여 어머니에 대한 부드러운 속박에의 의존, 사랑 상실 불안이다. 따라서 통일된 투쟁의 해리 뒤에는 분열된 투쟁의 한 부분이 다른 부분에 대항하는 대립이 뒤따른다. 이제 외부세계의 금지는 이 **병치된** 에너지의 도움으로만 그 효과를 달성할 수 있음이 분명해졌다.

이 도식적 표현을 완성하기 위해 여기서 우리가 관련된 기법문제에 더 가까이 다가갈 수 있는 또 다른 예를 들어 보자. 도움을 주려는 과도한 준비, 공격태도를 취할 수 있는 능력의 부족, 성격상 사람들에게 달라붙으려는 욕구, 본질적으로 수동적인 행동이 특징인 한 환자를 예로 들어 보자. 그의 수동여성 성격의 모든 특성은 다른 사람들과 지속해서 접촉하고 유지하는 데 도움이 되는 어떤 뻔뻔스러운[추근대는] 태도에 집중되어 있었다. 이러한 태도의 원동력이 그의 수동항문동성애라는 것을 알기는 어렵지 않았다. 따라서 환자의 자아는 대상관계를 유지하기 위해 이드자극을 사용했다. 이것은 그의 항문성의 **대상리비도적**이고 세계를 향한 기능, 즉 **이드기능**이었다.

분석에서 이 환자의 성격은 분석작업에 대한 가장 강력한 저항으로 판명되었다. 성격분석의 관점에서 볼 때, 이러한 행동은 사실 '그 자체'로는 무의식적인 항문동성애 노력의 표현일지라도 그렇게 해석될 수 없으며 해석되어서도 안 된다. 경제적이고 구조적인 관점은 다른 방향을 가리킨다. 분석치료에서 가장 본질적인 성격특성이 가장 본질적인 성격저항이 된다는 내 정식이 맞는다면, 환자가 항문수동여성 대상노력을 실천했다는 진부한 사실보다 **방어에너지가 어디에 있는가** 하는 질문이 더 중요해졌다. 자아방어의 해석은 여기서 아무 도움도 줄 수 없다. 이 태도의 방어에너지에 대한 탐색이 별난 방식으로 끝나기까지 시간이 좀 걸렸다. 한때 하나의 외부세계 관계를 유지했던 같은 수동항문동성애 노력이 다른 때나 동시에 자아방어기능을 수행할 수도 있는 것으로 밝혀졌다. 따라서 하나의 같은 노력은 부분적으로 번갈아 가며 부분적으로 동시에 대립하는 기능을 수행했다. 하나는 대상노력으로 다른 하나는 방어적인 자아충동으로 부분적으로 번갈아 가며 기능했다. 이전에 동시에 분석한 다른 사례들에서 이 특수한 사실을 가장 주의 깊게 살펴본 결과, 이러한 **기능변화 내지는 기능교체**가 하나의 같은 충동요구이며, 이드와 방어하는 자아를 위해 **동시에** 기능하는 것은 보편적인 현상이라는 것을 알 수 있었다. 이에 대한 이론적 결론을 내리기 전에 모든 분석가에게 잘 알려진 몇 가지 임상사례를 살펴보자. 성교태 또한 기능의 변증법적 이중성을 보여준다. 한편으로 교태는 억압된 성기욕망의 표현 즉 세계를 향한 표현이며, 동시에 성기성에 대한 방어, 마치 성기위험이 어디에서 올 수 있는지 확인하려는 것처럼 사물을 불안하게 훑어보는 표정이다. 이것은 성기불안이 가장 심한 히스테리성격을 가진 여성의 풍부한 성생활을 설명하는 유일한 방법이다. 이것은 예를 들어 사랑대상에 대한 공격과 함께 가학 대상관계를 동시에 만족시키지만 실제 질 성교욕망을 막는 강박신경증 여성의 가학태도에도 동일하게 적용된다.

따라서 자아충동은 자신의 방어기능에 대한 전체 생장요구에 지나지 않는다. 우리는 자아충동이 자신이나 다른 충동에 대항하는 이드충동라고 말할 때 오래되고 친숙한 생각에만 연결된다. 전체 정신과정은 먼저 단일한 경향의 분할과 병치를 특징으로 하는 것처럼 보이지만, 이것은 자세히 설명되어야 한다. 이러한 발견은 학문적 관심사에 불과하며, 어떤 결과가 따르지 않는다면 정신장치에 대한 우리의 지식을 이론적으로 개선할 뿐이다.

먼저 이론 결과가 있다. 자아의 변증법적 구조와 방어기능에 대한 우리의 생각이 옳다면, '자아'와 '이드'라는 체계는 정신장치[17]의 다양한 기능으로만 나타나며 정신의 분리된 영역이 아니다. 이전에 비슷한 질문이 유아의 역사적 경험이 **현재** 보존되는 형식에 대한 답변을 요구했다. 임상정보에 따르면 유아의 역사적 경험은 명상하듯이 쉬고 있는 것이 아니라 성

---

17)   주, 1945. "생체정신장치", "인간 오르고노틱 체계."

격적이고 본질적으로 공식적인 행동양식으로 처리되고 활동 중이며, 예를 들어 화합물 염화나트륨의 나트륨처럼 과거 경험의 내용을 다시 증류할 수 있다는 것이다. 정신체계에서도 상황은 완전히 같지는 않지만 비슷하다. 억압하는 것과 방어하는 것은 서로 장소상 두 개의 별개 영역이나 세력을 형성하는 것이 아니라 동시에 대립하는 기능적 통일을 이룬다. 따라서 정신장치에 대한 지형적 관념은 보조가정에 불과하며, 프로이트가 우뇌체계[18]를 신경계 심층에 할당하는 것을 거부했을 때 옳았다. 예를 들어 자아가 수행하는 지각은 충동 못지않게 생장적인 것의 기능이다.

기법 결과는 이렇다. 경험에 따르면 이드기능을 먼저 해석하면 억압된 충동의 원래 에너지를 보존하지 않거나 불충분하게만 보존한다. 이 경우 환자는 때때로 훌륭한 지성적 이해와 분석작업의 이론적 정확성에 대한 깊은 확신을 얻는다. 그러나 실제 목표인 억압에서 충동 해방은 매우 불만족스러운 정도까지만 달성된다. 충동구조는 거의 변하지 않는다. 기본적으로 먼저 동일한 충동의 방어기능을 파괴하면 얘기가 달라진다. 많은 임상관찰에 따르면 이 경우에 그리고 이런 식으로**만** 인성의 생장원천이 새롭게 흐르기 시작한다. 따라서 피할 수 없는 결론은 우리가 이드해석으로 작업할 때 실제로 억압을 제거하지 **못한다**는 것이다. 억압된 충동을 억압된 것으로서가 아니라 **억압하는 것**으로서 먼저 성격의 방어형성에서 분리해 내면, 우리는 오늘날 이미 이해할 수 있는 방식으로 억압을 제거할 수 있다. 위에서 언급한 환자의 예를 계속 들자면, 그의 관대한 태도가 사랑, 애착, 도움, 동성애를 나타내는 것이 아니라 무엇보다도 다른 무언가에 대한 방어라는 것을 완전히 깨닫지 못하는 한, 그는 정서적으로 전혀 영향을 받지 않았다. 이 다른 무언가는 추측하기 어렵지 않고, 강한 질투, 맹렬한

---

[18] 우뇌는 다양한 감각기관의 신호를 받아 뇌 속의 현재 상황을 재처리하는 역할을 하며, 아름다운 색, 냄새, 맛, 풍경소리 등의 신호를 받아 뇌 속에서 즉각적으로 재상하는 체계를 갖추고 있다. 반면 좌뇌는 지식 기반의 정보 처리, 즉 언어와 문자를 이해하고 해석하는 능력을 담당한다. 라이히는 이렇게 분리된 것으로 파악하는 것을 비판하고 있다. [옮긴이 주]

공격, 절멸의도, 그리고 유사한 것 등이었다.

또 다른 환자는 자신도 모르게 갑작스럽고 조화롭지 않은 자세변화로 고통받았다. 의심할 여지 없이 일종의 틱이었다.[19] 내가 그에게 이러한 움직임의 리비도동기를 직접 설명했거나 자위의미를 설명했더라면, 다음과 같은 일이 일어나지 않았을 것이다. 나는 먼저 그 동작들이 부끄러움 즉 그의 외모에 대한 부끄러운 감각에 대한 방어에서 비롯된 것이라고 설득했다. 그의 허영심은 일정한 신체특징에 대한 인식에 저항하고 있었다. 이 방어에 대한 나의 해석은 즉시 큰 흥분을 불러일으켰고 틱과 당혹감을 증가시켰으며, 놀랍게도 복부 근육조직의 격렬한 경련을 일으켰다. 이 경련은 그의 '임신한' 배를 강타하는 상상의 충격에 대한 방어로 밝혀졌다. 복부 근육경련의 해석은 어머니동일시의 표현이 아니라 대상 공격자극에 대한 방어로서 즉시 첫 번째 다리 발차기를 촉발한 다음 진료만남 중에 자위와 오르가즘을 동반한 격렬한 골반움직임을 촉발했다. 틱과 같은 움직임이 자위행위를 대체했다는 사실을 굳이 설명할 필요가 전혀 없었다. 그는 그 연관을 직접 그리고 틀림없이 경험했다. 자세를 일관되게 방어로 취급한다는 규칙에서 조금이라도 벗어났더라면 이러한 성공을 거둘 수 없었다.

이제 두 사례 모두에서 정서재편성의 본질이 무엇인지 묻는다. 이것은 충동의 방어기능에 대한 올바른 분석과 함께 충동의 이드기능에 대한 해석을 피하면 환자가 이전에 알지 못했던 일정한 시간에 생장흥분상태와 생장긴장상태가 발생하는 경향이 있으며, 이드해석을 사용하면 법칙에 따라 예측할 수 있게 발생하지 않고 우연히만 발생하는 경향이 있다는 사실로 이루어져 있다. 예를 들어, 위에서 언급한 환자는 사춘기에 심한 억압을 받은 이후 처음으로 머리에 피가 쏠리고 심한 심장압박을 느꼈으며, 복

---

19) 주, 1945. 1933년 당시에 나는 환자의 이러한 자발적인 움직임이 오르가즘반사의 분리된 일부분이라는 것을 아직 알지 못했다. 나는 이러한 움직임의 생체신체 기능을 이해하지 못했지만 그 움직임의 '정신적 의미'만은 이해했다. 이것은 오늘날 전부는 아니더라도 대부분 정신분석가들에게 여전히 해당된다.

강 신경절의 흥분을 나타내는 횡격막 부위의 특징적인 감각을 경험했다. 이러한 감각은 그네를 타거나 리프트를 타고 내려갈 때 느끼는 것과 같은 감각이다. 다른 사례에서는 이러한 신체감각이 근육감각(떠다니는 느낌, 떨어지는 느낌 등)의 변화와 함께 발생한다.

    나타나는 생장흥분 신호는 요약하면 다음과 같다. 심장 부위의 압박감, 근육 특히 허벅지와 두개골의 긴장감, 만족스럽게 행동한 후에 느끼는 흐름감각과 기본적인 원초적 욕망감각, 두개골 내부의 압력감각, 홍조, 뜨겁고 차가운 감각, 등의 차가운 오한, 특히 요로와 회음부에서 자주 발생하는 가려움증, 입안의 침분비나 마름, 질식감각, 호흡곤란, 현기증감각, 메스꺼운 느낌, 성기의 '당김'(넘어질 때처럼), 명치에서 시소감각, 모든 기관근육의 무의지적 경련, 평활근[내장의 벽을 구성하는 근육] 집단이 경련할 때 가려움증이나 '달콤한' 수축감각 등.

    이런 종류의 풍부한 현상을 통해 이론적으로 길을 찾으려고 하기 전에 우리는 출발점 즉 성격무장의 구조로 돌아가야 하며, 이제 명확하게 알 수 있듯이 성격분석기법으로 무장구조에서 생장에너지를 해방해야 한다.

4. 방어기능으로서의 지성

    우선, 최근 성격행동이 일정한 어린 시절 상황의 기능을 얼마나 정확하게 보존하고 방어하는지 보여주는 임상사례이다.

    속류 의견은 인간 이해의 기능이 전적으로 사실적이고 세계를 향한 것이라고 가정한다. 특히 도덕과 철학은 이해와 지성에서 정서와 절대적으로 대립하는 활동만을 보고 현실을 '확고하게' 파악한다. 여기서 간과하는 두 가지가 있는데, 첫째는 지성기능 자체가 생장활동이라는 점이고 둘째는 이해활동에는 단순한 정서자극보다 강도가 떨어지지 않는 어떤 느낌에 대한 강조가 있다는 점이다. 성격분석작업은 또한 앞서 논의한 반전 및 대립과 완벽하게 일치하는 지성의 또 다른 기능을 우리에게 보여준다. 왜냐하면 지성활동은 현실을 **외면하는** 활동처럼, 인식을 **피하려고** 정확하게 작동하는 극도로 세련된 장치처럼 보이도록 구조화되고 방향지워질 수 있기 때문이다. 따라서 지성은 정신장치의 두 가지 기본방향, 즉 세계를 향하는 방향과 세계에서 멀어지는 방향으로 활동할 수 있으며, 가장 활발한 정서와 같은 방향으로 올바르게 기능할 수 있을 뿐만 아니라 정서에 비판적으로 대립하는 방향으로도 기능할 수 있다. 지성과 정서 사이에는 기계적이고 절대적으로 대립하는 관계가 아니라 변증법적 기능관계가 있다.

지금까지 생장기능에서 지성기능을 도출하는 것이 어려워 보였다. 그러나 일정한 성격분석 경험은 이 문제를 이해할 수 있는 길도 열어준다. 이것은 세련되고 교활한 이해기능이 정서적으로 매우 흥미로운 방식으로 나타난 사례로 설명할 수 있다.

성격분석에서 강력한 공격을 대체하고 방어하기 위해 성격상의 예의와 분명한 헌신을 먼저 드러내고 제거한 환자는 이제 다음과 같은 방어를 발달시키기 시작했다. 놀랍도록 지능적으로 그는 무의식 기제를 통해 자신이 하는 모든 것을 추측하려고 노력했고 실제로 대부분 정서상황을 미리 추측하여 위조하는 데 성공했다. 마치 그는 비밀 은신처에서 어떤 것에 대해서도 놀라지 않도록 지성을 지니고 모든 것을 끊임없이 조명하고 검토하는 것 같았다. 지성이 불안에 대한 방어기능을 수행하고 극심한 기대공포에 의해 움직인다는 것이 점점 더 분명해졌다. 예를 들어, 그는 항상 내가 자신에 대해 생각하는 것을 알아내는 방법을 잘 알고 있었고, 치료과정에서 조합하여 추론했으며, 때때로 무슨 일이 일어날지 예측할 수도 있었다. 성격분석작업은 이 행동을 즐거운 협력으로 보기는커녕 극도로 정교한 회피행동으로 공격했다. 다음 과제는 이 무기를 환자에게 쓸모없게 만드는 것이었으며, 이는 의사소통을 극도로 제한할 뿐만 아니라 의사소통 기능을 지속해서 해체함으로써만 달성할 수 있었다. 환자는 한동안 이해하는 태도를 유지하다가 점차 불편해하고 불안해졌고, 마침내 내가 자신을 이해하고 싶어하지 않는다. 자신의 준비상태의 상당 부분이 자신의 지성적 도움에 있다고 말하면서 나에게 격렬하게 항의하기 시작했다. 나는 지성활동이 놀라움에 대한 방어라는 분석을 더욱 날카롭게 했다. 점차 그의 행동에 대한 이름이 떠올랐다. 나는 그의 행동을 **교활한 여우**나 **스라소니**의 행동이라고 불렀다. 그러던 어느 날, 잠시 흥분한 후 이 방어태도는 순식간에 무너져 내렸다. 처음에 그는 내가 더는 자신을 이해하지 못한다는 사실에 다시 괴로워했다. 점차 그의 관심은 세부사항이나 정서 없이 아무렇지도 않게 이야기했던 세 살 때의 한 장면으로 바뀌었다.

그는 넘어져서 왼팔을 심하게 다쳐 수술을 받아야 했다. 그의 아버지는 길 건너편에 있는 어떤 집에서 그를 품에 안고 수술할 병원으로 데려갔다. 그는 펑펑 울면서 다음과 같은 세부사항을 기억해 냈다. 그는 박제된 동물들이 전시된 가게를 지나쳤으며 그중 두 마리를 분명히 기억했다. 커다란 뿔을 가진 여우와 순록이었다. 이 관찰과 수술 사이의 시간에 무슨 일이 일어났는지는 그 당시에는 알 수 없었다. 그러나 그는 수술대에 누워 팔이 결박되고 어깨를 긴장한 채 밝은 기대감에 부풀어 있는 자신의 모습을 볼 수 있었다. 그리고 잠시 클로로포름 냄새를 환각으로 느낀 후 순간적으로 **클로로포름 마스크**를 떠올렸다. 마스크를 씌우려는 순간 그는 '이게 바로 여우 얼굴이구나!'라고 생각했다. 여우의 머리 모양은 실제로 클로로포름 마스크의 모양과 매우 비슷했다. 환자가 어렸을 때 알고 있던 여우도 어떤 경우에는 고향에서 동물의 다리 중 하나를 찢어서 '뼈를 부러뜨리는' 이빨이 있는 경첩이 달린 덫에 걸렸다. 그래서 병원으로 가는 길에 소년은 어떻게 하면 재앙을 피할 수 있을까에 대해 긴장하였고, 그때 처음으로 그의 지성이 임박한 중대한 위험을 막는 일에 뛰어들었다. 그리고 같은 방식으로 교활하게 '여우같은' 방식으로 분석치료를 위험으로 보아 방어하였다. 환자는 격렬하게 구조를 요청한 후 어떤 결론에 도달했는지 분명히 기억해 냈다. "쓸데없어, 다 쓸데없어! 나는 갇혀 있어." 이제 그의 가장 본질적인 약점 중 하나가 어떻게 시작되었는지 이해할 수 있을 것이다. 그는 너무 교활하고 조심스러워서 자신의 정치신념에 따라 행동할 수도 없었고 불안으로 인해 확실한 행동계획을 세울 수도 없었다. 그는 평생 덫에 걸린 여우였으며, 교활한 여우로서 자신이 덫에 걸린 여우가 될지 모른다는 어린 시절 불안을 **능동적으로** 묶었다.

5. 충동방어의 중첩

방어층이 느슨해지거나 제거됨으로써 리비도흐름의 조건이 이미 확립되었다고 생각하거나 심지어 환자가 자유롭게 연상할 수 있다고 생각하는 것은 매우 오해의 소지가 있다. 방어장치의 한 층이 제거된 후 방출된 정서가 관련된 유아 경험재료와 함께 흘러나오기 시작하는 경우가 종종 발생하는 것은 사실이다. 그러나 흘러나오는 재료를 현재 전이상황에 직접 속한 부분에만 연결하는 것보다 이 중간단계에서 더 많은 작업을 수행한다면, 무장을 **남김없이** 해체할 수 있는 더 많은 기회를 가질 것이다. 결과적으로 발생한 틈이 다시 빠르게 닫히고 무장이 마치 손대지 않은 것처럼 그대로 작동한다고 사람들은 믿는다. 고립된 개별 방어층을 제거한 후의 작은 돌파들을 무장의 **최종돌파**와 혼동해서는 안 된다. 그리고 이것은 **방어력의 중첩**이라고 부르고 싶은 무장된 정신장치의 구조적 현상에 기초하고 있다. 도식으로 이를 설명하겠다.

예를 들어, 최상층을 나타내는 지나치게 공손한 태도를 방어기능이라고 밝히고 파괴하면, 방어된 것은 성격태도를 공격과 같은 것으로 바꿔 표면으로 나온다. 이 공격이 명백하게 드러나지 않는데도 환자가 여기서 자신의 유아공격을 표출하고 있다고 이해시키는 것은 성격분석 측면에서 잘못된 것이다. 이전에 말한 바에 따르면, 이것은 세계에 대한 어린 시절 관계의 표현일 뿐만 아니라 동시에 항문수동 노력과 같은 심층에 대한 방어이기도 하다. 이제 이 방어층을 제거할 수 있다면 예상되는 수동성이 아니라 표면에서 비접촉성, 분석가에 대한 무관심 등이 나타날 수 있다. 이러한 비접촉성은 분명히 두려운 실망불안에 대한 방어다. 비접촉성을 분해하여 실망불안을 표면으로 가져올 수 있다면, 그것은 그 자체로 사랑대상을 잃는 것에 대한 깊은 유아불안의 모습을 띨 수 있지만 동시에 한때 사랑을 철회한 사랑대상에 대한 심층 공격충동의 방어이기도 하다. 우리의 여는 유형에 따라 다양하고 복잡하거나 단순화될 수 있다. 예를 들어, 지금 나타나는 심층 공격층은 그 자체로 **원래** 파괴충동의 표현일 수 있지만 동시에 매우 강렬한 구강자기애 사랑요구에 대한 방어기능도 할 수 있다. 성격분석 관점에서는 이것을 방어로만 해석해야지 생장충동 표현으로 해석해서는 안 된다. **따라서 각각의 방어된 충동이 동시에 더 깊은[심층] 무언가를 방어하기 위해 사용된다는 점에서 무장의 층은 서로 중첩되어 있다.** 여러 방어기능을 돌파하는 작업을 한 후에야 최종돌파가 이루어진다. 우리의 도식에서, 아마도 구강 또는 성기 종류의 진정으로 강렬한 사랑요구에 대한 방어로서 **구강자기애** 사랑요구를 분해해야만 생장흥분의 돌파를 가져올 수 있을 것이다. 방어형성의 중첩을 돌파해 나가려면 특별한 인내와 더는 방어기능을 하지 않는 원래 충동이 마침내 전면에 나타날 것이라는 확신이 필요하다. 이런 일이 발생하면 환자는 일반적으로 이미 자신의 성기성에 다시 집중한다. 그러나 방어의 중첩은 여전히 매우 광범위한 임상 세부작업을 필요로 한다.

이러한 맥락에서 해석이 전혀 필요 없다고 믿는 카이저[20]의 관점에 대해 논의해야 한다. 우선, 카이저가 해석을 방어된 것을 의식하는 것으로만 이해한다는 사실에서 오해하고 있는데, 내 책 『**성격분석**』(1권)에서는 모든 종류의 분석정보에 대해 이 용어를 사용한다. 카이저가 **해석**의 의미를 제한한 것은 일리가 있을 수도 있다. 피상적인 분석연관을 만들어 내거나 성격특성을 구별해내는 것은 엄밀한 의미에서 해석이 아닐 것이다. 그러나 이러한 제한이 있더라도 일관된 저항분석은 모든 해석을 불필요하게 만들 뿐만 아니라 심지어 오류로 배제한다는 카이저의 말에 원칙적으로 동의할 수 있다. 하지만 그는 우리가 방어기제를 통해 우리의 길을 완전히 찾을 수 있을 정도로 성격분석기법이 완성되지 않은 한 '해석은 마지막에'라

---

20) Kaiser, "기법문제(Probleme der Technik)," *Internationalen Zeitschrift für Psychoanalyse*, IV(1934).

는 나의 정식화가 **진료상** 필요하다는 것을 잊어버린 것 같다. 따라서 그의 주장은 성격분석작업의 이상적인 사례에만 적용된다. 나는 아직 여기에서 한참 멀고 현재 방어형성의 해체로 특히 비접촉성과 중첩으로 어려움을 겪고 있음을 고백해야 한다. 현재 올바른 성격분석작업을 가장 어렵게 만드는 것은 아마도 카이저가 놓친 고려사항, 즉 가능한 한 많은 성흥분이 성기성에 집중되어 거기에서 **오르가즘불안**으로 나타나는 방식을 다루는 성경제적 관점의 고려사항일 것이다.

6. 비접촉성

지금까지 성격분석 관점에서는 정신무장이 모든 억압하는 방어력의 합계를 나타내며 공식적인 행동방식을 분석함으로써 정신무장을 역동적으로 해체할 수 있다고 말했다. 나중에 이 생각은 정신무장 전체를 파악하지 못했고 아마도 가장 중요한 사실을 간과했다는 것이 분명해졌다. 공식적인 행동방식을 철저히 해체한 후에 생장에너지의 심층 돌파가 이루어져도 항상 이해할 수 없는 것처럼 보이는 정의할 수 없는 잔류물이 남아 있다는 것이 점차 분명해졌다. 환자는 자신의 '자기애 입장'의 마지막 유보사항을 밝히지 않았고 자신과 분석가로부터 그것을 잘 숨길 수 있다는 느낌을 받았다. 능동적 방어력과 성격 반응형성에 대한 분석은 틈이 없는 것처럼 보였지만 이 정의할 수 없는 나머지 부분의 존재에 대해 의심의 여지가 있을 수 없었기 때문에, 어려운 질문에 직면하게 되었다. 무장에 대한 이론적 생각은 정확했다. 외부세계를 향한 억압된 충동요구의 합은 억압을 유지하는 방어력의 합과 대립하며, 이 둘은 해당 인물의 특정한 성격 안에서 **기능통일**을 **이룰** 것이다. 방어하는 쪽과 방어되는 쪽이 모두 파악되었다면, 알 수 없는 나머지는 어디에서 찾아야 할까?

하나의 같은 충동이 세계를 향하고 동시에 방어기능으로 자신의 자아를 향한다는 설명은 자아구조에 대한 지식을 완성했지만, 처음에는 이 수수께끼를 풀지 못했다. 우리가 찾고 있는 나머지 무장은 **정신적 비접촉성**으로 파악할 수 있음을 임상사례를 통해 설명하겠다.

앞서 언급한 환자의 경우, 분석결과 반응성 수동여성 태도 뒤에는 세계, 세계의 대상 및 목표와의 연결부족이 드러났으며, 이는 **무관심**과 **영향력없음**으로 표현되었다. 환자 자신은 이것을 즉각적으로 느끼지 못했다. 반대로 다른 사람에게 의지하려는 수동여성 의탁준비는 그를 속여서 특히 강렬한 외부세계 관계를 맺는 것이라고 여기도록 만들었다. 사람들은 해결이 어려운 모순에 직면하게 되었다. 한편으로는 리비도 끈적임, 도움 준비, 봉사, 즉 분명히 매우 강렬한 대상관계가 있었고, 다른 한편으로는 의심할 여지 없이 비접촉성이 있었다. 애착과 기대려는 의지가 억압된 공격경향을 억제하는 기능을 했을 뿐만 아니라 세계와의 내면적 관계결핍을 보충하는 기능도 했다는 것을 역사[병력]적으로 이해할 수 있게 되었을 때, 수수께끼는 풀렸다. 따라서 다음을 구별해야 한다.

첫째, 억압된 요구

둘째, 억압하는 방어력 그리고

셋째, 둘 사이의 정신구조 층인 비접촉성, 언뜻 보기에 역동적인 힘 구조처럼 보이지 않고 정신유기체의 벽처럼 단단하고 정적인 형성처럼 보이는 비접촉성. 이것은 반대 방향으로 당기는 두 개의 리비도 흐름 사이의 모순이 가져온 결과이다.

이 구조는 그 역사를 알면 가장 잘 이해할 수 있다.

환자의 이러한 특별한 비접촉성 형식은 밝혀진 후 임상경험을 검토한 결과, 충동기능의 변화인만큼이나 일반적인 신경증 현상이라는 것이 밝혀졌다. 먼저 비접촉성에 대한 이론적 개념을 요약한 다음 다른 임상사례를 통해 이 구조형성의 발달을 설명하겠다. 리비도경향이 외부세계를 향해 흐르고 우리가 의도적으로 이 이미지를 고수하며 외부세계의 금지가 흐름을 방해한다면, 일정한 상황에서 리비도 힘과 부정하는 힘 사이에 힘의 균형이 이루어질 것이다. 이는 사람의 리비도흐름에서 걸보기에 정적인 상태로 **제동**에 해당한다고 말할 수 있다. 아마도 초기 발달단계에서 충동고착과 일반적인 정신억제의 기초가 되는 것은 바로 이러한 역동적인 상태일 것이다. 이것은 나중에 훨씬 더 명확해질 것이다. 우리는 이것을 별 의미 없이 다르게 설명할 수도 있다. 자아가 충동만족을 위해 집중하고 부정에 직면하면 앞서 말했듯이 분열되거나 분리될 수 있다. 한 부분은 스스로에 반대하고(반응형성) 다른 부분은 외부세계를 향한 원래 **방향**을 유지한다. 그러나 이제 해리와 대립의 결과로 역동적인 관계가 바뀌었다. 외부로 향하는 흐름과 자아로 향하는 흐름이 갈라지는 지점에서 두 힘이 서로 대립하는 방향으로 작용하는 결과로 틀림없이 마비 또는 강직 상태가 발생한다. 이것은 단순히 가설적인 보조적 생각이 아니라 그 이상이다. 이 과정의 원리를 파악하고 환자에게 자신의 상태를 정확하게 설명하도록 지시하면, 환자가 모든 대상관계에서 이러한 제동을 매우 명확하고 직접 느끼는 것을 볼 수 있다. 증상은 매우 다양하다. 이 역동적-구조적 상태가 지닌 특히 흔한 임상증상을 몇 가지 언급하겠다.

    가장 먼저 때때로 풍부한 사회적, 물질적 관계에도 불구하고 **내면고립**감이 있다. 다른 경우에는 '**내면이 죽었다**'고 묘사되는 감각을 만난다. 의심할 여지 없이 강박증이나 정신분열증의 이인화가 여기에 속한다. 분열증 환자의 경우, 이 상태는 분열된 느낌으로 즉시 나타난다. 환자가 자신을 낯설게 또는 고립되어 있다고 느끼거나 무관심하다고 느낄 때, 앞서 언급한 모순이 대상리비도 흐름과 자기 자신으로 다시 도피하려는 경향 사이에 존재한다. 분열은 양면성과 마찬가지로 즉각적인 표현이며, 무관심은 힘 균형의 결과이다. 따라서 앞에서 비접촉성을 벽으로 생각한 것은 완전히 정확하지는 않다. 비접촉성은 수동적인 행동이라기보다는 역동적인 힘의 작용에 가깝다. 긴장성 강직과 강박증환자의 정서차단도 여기에 포함될 수 있다. 여기서는 이러한 예로 만족하겠다.

    갑옷이 돌파된 후 우리는 환자에게서 생장흐름과 정서차단이 **교대**로 나타나는 것을 관찰한다. 흐르는 상태에서 얼어붙은 상태로 전환하는 것은 생장흐름 능력의 회복을 목표로 진지하게 설정한다면 가장 중요한 치료이론 문제 중 하나이다. 전쟁 중에 사람들은 정서차단이나 관계부재라는 유사한 상태를 경험했으며, 정치적 테러리스트로 구금되었던 사람들도 이러한 상태를 묘사한다. 여기서 공격적인 분노정서는 외부폭력의 제등효과에 의해 분명히 상쇄된다. 정신장치가 한 방향에서 다른 방향으로 지속해서 흔들리는 것은 비경제적이기 때문에, 즉 견딜 수 없기 때문이다. 그러나 이것은 수동적인 행동이나 역동적 상태의 최종동결이 아니라 이미 말했듯이 힘 모순의 결과이다. 이것이 사실이라는 것은 두 가지에 의해 입증된다. 첫째, 외부조건이나 성격분석식 고려사항은 무감각을 역동적 구성요소로 다시 분해할 수 있다. 둔감함이 사라지는 것과 같은 방식으로 성노력이나 공격, 불안, 즉 구심성 도피경향이 나타난다. 따라서 성과 불안을 두 가지 상반된 흐름으로 보는 성경제 견해는 더욱 가치 있다는 확인을 받게 된다. 우리가 나중에 환자들에게서 억압된 충동, 억압하는 힘, 그 사이에 있는 내부관계의 결핍이 나란히 그리고 동시에 작용하는 것을 발견하게 되는데, 이것들은 역사적으로 일정한 순서로 발생했다. 다음의 대표적인 예가 이를 잘 보여준다.

내면이 죽었다는 느낌으로 특히 고통받는 한 환자는 (이런 상태를 느끼지 않았던 앞의 환자와는 반대로) 형식적인 예의와 절제를 지나치게 강조하는 외부행동이 특징이었고, 자유로운 생장움직임을 가진 사람들은 그를 경직되고 생기 없는 사람으로 느꼈다. 그가 보여준 어떤 위엄이 그림을 완성했다. 그 자신도 은밀히 '세계를 느끼고 싶다,' '흐르고 싶다'는 것보다 더 강렬한 욕망은 없었다. 이러한 행동에서 그의 정서를 성격분석을 통해 분리하면 비접촉성과 정신적 활력갈망이 모두 나타나는 어린 시절 상황이 완전히 재활성화되었다. 그의 신경증증상 중에는 물건을 잃어버리는 것에 대한 심한 불안, 여성과 키스할 때 즉시 발기가 되지 않으면 생기는 강한 우울반응 등이 두드러졌다. 분석결과 이러한 증상의 현재 상태는 우선 살아있는 대상관계에 대한 갈망 외에도 첫 만남에 대상을 포기하는 경향 즉 내부적으로 강한 철수준비가 되어 있다는 것이 밝혀졌다. 이 준비는 그가 '흐르고 싶어하는' 바로 그 대상에 대한 자신의 증오불안에서 비롯되었다. 달리 표현하자면 그는 반드시 자지마비, 즉 **생장성 접촉감각** 결핍으로 고통받았다. 이러한 조건은 특히 강박성격에서 두드러진다. 끊임없이 '새로운 삶'을 시작해야 한다는 그들의 정식, 자신들이 '다른' 즉 딱딱하고 생명이 없는 '죽은' 것이 아니라 살아있고 생산적인 능력을 지니고 싶어 한다는 자기감각은 남아 있는 생장운동성의 마지막 흔적이며 일반적으로 회복의지의 가장 강력한 동기를 표현한 것일 뿐이다. 우리의 사례로 돌아가자면, 자지마비가 제거되었을 때 비접촉성 감각도 사라졌고 성기장애가 다시 나타나면 자지마비도 즉시 다시 나타났다. 정신적 비접촉성이나 접촉가능성과 생리적 감각부족이나 생장과민성 사이의 이러한 연관은 유아초기 병력에 뿌리를 두고 있었다. 요약하면 다음과 같다.

환자는 성기성적 힘이 증가하면서 어머니에게 집착했으며 어머니와의 관능적인 성기접촉을 처음 시도했을 때 부정당했다. 어머니와의 성기를 통하지 않은 피부접촉, 즉 어머니와 몸을 맞대고 누워있거나 단순히 껴안는 등의 행위는 금지된 것이 아니라 오히려 어머니 쪽에서 특별히 요구했다는 점에 유의하는 것이 중요하다. 성기부정이 그를 강타했을 때, 그는 처음에는 성기흐름과 함께 그 자리에 부정과 처벌불안으로 인해 억압해야 했던 어머니에 대한 심각한 공격가학 태도를 발달시켰다. 이제 그는 어머니와의 신체접촉을 위해 절정에 달했던 부드러운 어머니사랑과 사랑대상을 잃은 후의 성기노력 만큼이나 어머니증오 및 증오불안 사이의 모순에 빠졌다.

그가 나중에 여성에게 다가갈 때마다 어느 정도 억압된 가학노력이 성기노력을 대신했고, 이로 인해 그는 물러날 수밖에 없었다. 어린 시절에 억압을 수행하기 위해 그는 자지의 성기감각을 죽여야 했다. 그러한 일이 어떻게 가능한가는 오늘날 우리에게도 여전히 해결되지 않은 문제이다. 아마도 이 경우 공격충동이 성충동을 억제했고 그 반대의 경우도 마찬가지일 것이다. 그러나 사실은 발기력이 있는 상태에서 성기무감각(여성 질마비는 동일함)은 접촉능력상실을 **직접** 표현한 것이며 그것의 가장 뚜렷한 특징이다. 이것은 정신과정일 뿐만 아니라 자지피부의 전기생리학적 기능의 변화일 것으로 예상된다.[21] 환자에게 심층에서 죽었다는 느낌은 페니스가 없거나 페니스를 느끼지 못한다는 것과 같은 것을 의미한다. 자

지감각을 실제로 상실한 데는 합리적 이유가 있었다. 그의 심한 우울증은 이 상태에서 비롯되었다.[22]

자연스럽고 본원적인 성기노력이 대상에 대한 공격과 그에 따른 철수준비로 상쇄되는 지점에서 세계와의 비접촉성이 발생했다. 우리는 이 과정을 일반화하여 다음과 같이 말할 수 있다. 자연스럽고 적절한 충동이 세계 대상과의 직접 관계를 부정당할 때마다 자기자신 속으로 기어들어가는 표현으로서 불안이 발생할 뿐만 아니라 비접촉성의 모습도 발생한다. 이것은 성기억압이 급증한 어린이에게서 또는 외부적인 이유나 내부 무능력으로 인해 대상에 도달할 수 없는 청소년 모두에게서 발견할 수 있다. 성기관계가 무디어지고 다른 성만족이 억압되는 오래 결혼한 부부의 사례에서도 마찬가지다. 이 모든 사례에서 정신적 둔감함이라는 그림이 발전하며 그 특징은 체념, 무관심, 고립감, 그리고 활동 및 사실에 관한 관심의 심각한 결핍이다.

성격의 역동성을 파악하려고 할 때 단계마다 언어표현의 어려움에 직면하게 된다. 제동과 비접촉성의 기능을 가능한 한 사실적으로 설명하기 위해 우리는 이전의 이해를 더욱 수정해야 한다. 이를 위해서는 정신장치에 대한 우리의 사유에 광범위한 변화가 필요하다. 우리는 억압된 것의 층과 억압하는 것의 층(방어) 사이에 비접촉성의 층이 있다고 말했다. 이것은 두 개의 충동이 대립하거나 단일 충동자극이 분할되어 나타나는 제동에 해당한다.

---

21) 이 문제는 실험적 해결을 기다리고 있다.
22) 각주, 1945. 시간이 지남에 따라 비접촉성의 임상증상은 오르곤 생체신체 장애를 찾는 지침이 되었다. 비접촉성은 신체 기관의 운동성의 막힘(성불감증)(안오르고니아, Anorgonia)에 기초를 두고 있다. 자지 마비의 경우 피부에는 오르가즘 충전이 부족하고 오르곤에너지 장이 축소된다. 자지를 만지면 촉각만 얻을 수 있지 감미로운 감각은 없다. 에너지 수준의 변화만이 쾌락을 만들어내기 때문에 혈장 운동성이 막히면 비접촉성이 발생한다고 할 수 있다. 1942년 우리는 필라멘트의 발광을 통해 오르곤에너지 장의 물리적 존재를 증명하는 데 성공했다. 또한 참조 "쾌락과 불안의 생체-전기 기능", 『오르가즘의 기능』 1927, 317페이지 이후.

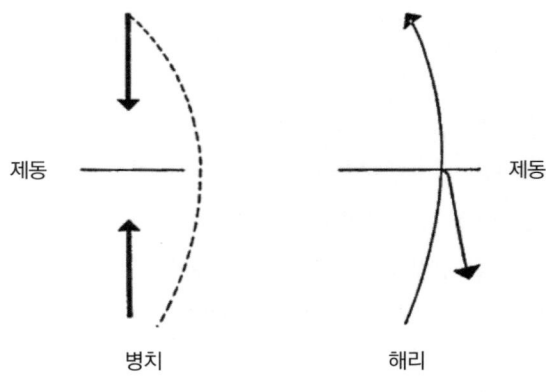

제동 도식

　그러나 우리는 신경증 정신장치가 **하나의** 방어하는 충동과 **하나의** 방어되는 충동이 아니라 무한히 풍부한 노력으로 구성되어 있으며 그중 일부는 해리되고 일부는 다른 것과 대립하고 있다는 사실을 무시했다. 충동방어의 **중첩**에서 갑옷 심층에서 나온 충동이 표면에서 방어기능을 행사할 수 있다는 사실이 우리에게 더 뚜렷하며, 실제로 모든 정신경향은 '세계를 향한' 방향과 '세계에서 멀어지는' 방향으로 어느 정도 해리되어 있으며 동시에 대립한다는 사실이 밝혀졌다. 요컨대, 우리는 복잡한 힘의 **그물망**(갑옷구조)이라는 그림을 얻게 되는데, 여기서 방어하는 것과 방어되는 것은 우리가 편의상 원하는 것처럼 외견상 미세하게 분리되어 있지 않으며 오히려 극도로 '법칙에 따르지 않는' 방식으로 뒤섞여 있다. 우리의 성격분석 작업만이 구조의 역사에 상응하는 질서를 문제 자체로 삼는다. 어떤 경우에도 이러한 구조적 관점은 지형적 층화개념[이드, 자아, 초자아]과 양립할 수 없다. 방어하는 것과 방어되는 것은 기능적 통일 속에 결합해 있다. 예를 들어 Na와 Cl이 NaCl(염화나트륨)으로 또는 양전기와 음전기가 '중성' 상태로 결합해 있듯이 성격 제동에 결합해 있다. 전체 삶현실에서 나타나는 이러한 다양한 통일과 통일경향 분열의 무한한 다양성을 생각하면, 모든 기계적이고 체계적인 사유로는 그것을 파악하지 못하며, 필요한 것은 기능적이고 구조적인 사유와 상상력이다. 성격발달은 단순한 생존기능의 점진적인 전개, 분할, 대립처럼 보인다. 다음과 같은 힘 방향 그림이 이를 설명할 수 있다.

갑옷구조의 도식

따라서 비접촉성은 두 개의 대립하는 힘의 층들 사이에 있는 층에 있는 아니라 대립 및 해리의 **집중** 지점이나 특수한 **밀도**에 해당하는 현상이다. 성격분석에서 우리가 조밀하고 질기고 두껍고 광택 없는 모습으로 인식하는 것은 대립하는 힘들의 이러한 **성격농축**에 지나지 않으며, 해체 중에 '맨 마지막'에 이러한 성격모습을 파악하는 것이 얼마나 중요한지 이미 강조했다.

예를 들어 성격철수와 성격태도는 반항적이고 불안한 침묵의 형식으로 치료에서 조밀한 성격저항이 된다. 촉구, 요구 또는 설득을 통해 그러한 침묵을 극복하는 방법은 성격분석과는 완전히 맞지 않다. 성격침묵은 일반적으로 내면충동을 말로 표현하지 못하기 때문에 발생한다. 촉구하거나 설득하는 것은 자신을 표현하는 능력장애를 해결하지 않고 오히려 증가시키기 때문에 반항을 강화한다. 환자는 말하고 의사소통하고 **싶지만** 어떻게든 제지당해 말하는 과제에 직면하고 바로 그 이유로 단념한다. 그는 자신이 말할 수 없다는 것을 알지 못하며 일반적으로 말하고 싶지 않다고 생각한다. 그는 의사소통할 수 없어도 분석가가 자신을 이해해 주기를 은밀히 기대한다. '이해받고 싶다'는 이러한 갈망은 일반적으로 반항형식으로 어떤 도움에 대해서도 방어를 동반한다. 이로 인해 작업이 어려워지지만 불가능한 것은 아니다. 촉구, 설득 또는 심지어 유명한 '침묵기법'을 사용하는 대신, 자신의 억제를 이해하고 먼저 의사소통하려는 노력을 자제하라고 안심시켜 환자를 진정시킨다. 이런 식으로 '과제'의 압박감이 그에게서 제거되고 동시에 실제 반항기회가 제거된다. 이제 즉시 아무것도 바꾸고 싶지 않고 자신의 태도를 간단하고 정확하게 **묘사하는** 데 성공하면 환자가 즉시 '이해된다'고 느끼고, 처음에는 대항해 싸웠던 감정이 동요하기 시작하여 침묵이 흔들리고 불안해지는 것을 한결같이 경험한다. 그러나 지금 발생하는 불안은 무기력함에서 벗어나는 첫 번째 움직임이다. 며칠 또는 길게는 몇 주 동안 참을성 있게 환자의 자세를 설명하고 환자가 자신의 태도에서 거리를 둔 후에 서서히 말을 하기 시작한다. 대부분 사례에서 성격침묵은 환자가 인식하지 못한 채 흥분이 '일어나는' 것을 억제하는 인후 근육조직의 경련으로 인해 발생한다.

따라서 기법상 비접촉성을 진지하게 파괴하고 싶다면 단순히 그 기원의 역사를 재구성하거나 그 근원이 되거나 구성하는 원동력과 방어를 밝히는 데 만족하는 것으로는 결코 충분하지 않다. 오히려 모든 성격태도와 마찬가지로 비접촉성을 분석하여 해체하기에 **앞서 거리를 두고 객관화**해야 한다. 이는 사안에 따라 다양한 방식으로 이루어진다. 무엇보다도 행동에 대한 가장 정확한 묘사가 필요하다. 또한 그 사람의 이상적인 열망과 실제 존재방식에 대한 찬가 사이의 차이를 지속해서 강조함으로써, 일에서의 실패나 모순으로 표현되는 실제적인 무관심에 대한 전방위 증거를 통해, 겉보기에 강렬해 보이는 연애생활의 배경에서 느낄 수 있는 정신경험에 대한 찬가를 밝혀냄으로써 이루어진다. 이런 식으로 비접촉성은 가장 극심한 고통을 겪는 방식으로 경험된다. 비접촉성의 완전한 발달과 이후의 해체는 일반적으로 성흥분이 풀린 결과로 현실과 생생한 접촉요구가 증가한 경우에만 성공한다. 환자가 신체 특히 성기에서 약하게나마 처음으로 오르가즘 흐름감각을 느끼게 되면 더는 그것을 참을 수 없다. 어떤 정신 층에서 발견되든 일반적인 정신적 비접촉성은 **오르가즘 접촉불안**의 일반적인 방사일 뿐인 것처럼 오르가즘 접촉능력이 확립되면 완전히 사라진다.

완전한 경험상태에서 내면 공허함이나 차단상태로 이어지는 정신신체 기제에 관한 연구는 아직 완전하다고 말할 수 없다. 여기에는 많은 것이 여전히 어둠 속에 있으며, 특히 성관심의 철회나 외부로 향하는 충동의 제동이 어떻게 '추위', '얼어붙음', '얼어 죽는'("내 영혼은 얼어붙은 호수와 같다"고 환자가 말한 적이 있다) 것으로 직접 경험될 수 있는지 하는 질문이 있다. 두 가지 대립하는 힘의 결과로 발생하는 '제동'현상에 대한 우리의 이전 설명은 정확하지만 불완전하다. 리비도가 철회된다는 설명도 아무 의미가 없다. 역동적인 이해를 말로 대체할 수 없다. 요컨대 우리는 아직 모른다. 그러나 살아있는 상태에서 차갑게 식어버린 상태로 **이행**하는 것을 이야기에서 다시 경험하도록 하고 치료에서 한 상태에서 다른 상태로의 이행을 정확히 묘사하면, 이 생명을 파괴하는 현상을 조사하는 방법을 찾을 수 있다. 예를 들어, 한 환자는 "소용없어, 아무 소용없어"라는 말을 기계적으로 반복함으로써 그 이행을 경험했다. 상대방은 결국 나를 이해하지 못하기 때문에 노력하고 구애하고 희생하고 자신을 사랑하는 것은 아무 소용이 없다는 것을 의미한다. 나는 특히 가장 비극적인 어린 시절의 경험을 언급하고 싶다. 어린 나이에는 모든 감각과 욕망을 표현할 수 있고 말할 수 있는 것은 아니다. 아이는 표현할 수 없는 정신상태에 대해 어떤 형식으로든 교육자[부모]에게 이해를 구하지만, 부모와 교육자는 아이와 완전히 공감하는 자질을 발전시키지 **못했다**. 아이는 성공하지 못한 채 애쓰고 애쓰며 마침내 이해를 위한 투쟁을 포기하고 "결국 아무 소용없어"라고 하며 차갑게 식어간다. 살아있는 경험과 내면죽음 사이에는 대개 가장 심각한 사랑실망이 있으며, 이것이 내면죽음의 가장 빈번하고 가장 강력한 원인이다. 이를 통해서 차갑게 식어버리는 기제에 대해서는 여전히 명확히 밝히지는 못했다.

종종 얼어붙거나 얼어붙은 상태를 유지하는 동기는 사물, 경험, 사람과의 접촉불안이며 그 중심에는 내 경험에 따르면 오르가즘 **접촉불안**이 있다. 이것은 대개 유아자위 불안에서 비롯된 것이다. **따라서 오르가즘 접촉불안은 사람 및 현실과정과 실제적이고 직접적인 정신접촉 불안의 핵심을 이룬다.** 이 불안을 극복하는 것은 성격분석치료의 가장 중요한 과제 중 하나이자 가장 어려운 과제이다. 환자는 유아고착에서 완전히 해방되었다 하더라도 성기오르가즘 접촉능력을 실현하는 과제에 직면하자마자 즉시 이전 신경증상태로 되돌아가는 것을 반복해서 경험한다. 접촉능력을 실현하기 위해서는 오르가즘불안을 극복해야 한다. 올바른 성격분석치료를 하면 이 단계가 나타나며, 대부분 사례에서 무장이 돌파된 후 얼마 지나면 명확하게 정의된다. 그 징후는 다음과 같다. 분석에서 의사소통의 피상성, 추락꿈과 추락환상, 그리고 성기욕망 주제에 대한 고의적 회피, 신체붕괴에 대한 다소 명확한 관념(거세관념과 혼동해서는 안 됨), 이전 치료의 모든 치료성과 상실, 세계와의 모든 성이나 사실관계에서 도피, 유아초기 반응방식의 활성화, 내면 공허감과 황량함 그리고 찬가의 재출현 등과 같은 일반적으로 유보된 태도가 선명해진다. 이 단계에서는 자위나 성행위 중의 태도와 감각에 대한 가장 정밀한 분석이 필요하다. 그런 다음 환자가 일정한 순간에 어떤 방식으로 흥분증가를 억제하는지를 확인한다. 환자들은 흥분파도가 상승하는 것을 허용하지 않는다. 빠르고 짧은 움직임으로 흥분을 깨고, 자신도 모르게 골반에 경련을 일으키고, 생각으로 인해 무의식적으로 주의가 산만해지고, 골반을 앞으로 쫙 펴고 싶은 충동에 굴복하지 않으며, 오르가즘이 시작되는 순간에 자신을 풀어주고 자발적인 리듬 마찰로 방출을 증가시키는 대신 매우 자주 움직임을 멈추고 가만히 있는 경우가 많다. 지금까지 언급한 종류의 외부징후가 없는데 흥분이 단순히 사라질 때 오르가즘억제를 해소하기가 가장 어렵다. 이렇게 '차가워지는 것'은 종종 이해하기 어렵다.

성행위 중 특히 눈에 띄는 (그리고 한결같이 간과되는) 자세를 여기서 강조해야겠다. 오르가즘 접촉불안과 그에 상응하는 정신적 비접촉성이 있으면, 전-오르가즘 접촉감각을 완전히 느끼면서 자동으로 발생하는 마찰운동을 하려는 생장충동이 항상 사라진다. 비접촉성을 극복하고 여전히 이완을 달성하기 위해 감정적 감각작용에 의해 유도되는 부드럽고 스스로 작용하는 마찰리듬은 종종 강제적이고 폭력적이며 의식적인 마찰로 대체된다. 이러한 유형의 마찰을 감각에 대한 방어와 해방에 대한 경련성 해소의지라고 하며 해체하지 않으면 성기접촉불안을 밝히고 제거할 수 없다. 환자들은 일반적으로 이 마찰불안을 버리고 생장적 마찰에 빠지는[헌신하는] 것에 극도로 저항한다. 그들은 오르가즘 쇼크의 놀라움을 피한다.

일반적으로 정확하고 성공적인 성격분석은 다음 세 가지 현상으로 특징지어진다고 말할 수 있다.

① 무장의 집중적인 돌파
② 오르가즘 접촉불안의 완전한 발달
③ 오르가즘억제의 완전한 극복과 절정의 순간에 완전히 속박되지 않은 운동성의 확립

오르가즘불안에 흥분을 올바로 집중하고 대부분 사례에서 이 불안을 극복하여 자유롭게 흐르는 생장운동성 측면에서 전반적인 행동의 빠르고 완전한 변화를 가져오는 것은 노력해 볼 만한 가치가 있다.

7. 대체접촉

어린이의 생장성, 리비도운동성이 더 광범위하게 억압될수록, 나중에 사춘기에 이 나이 단계의 삶에 상응하는 세계, 사랑대상, 일, 현실전반에 대한 관계를 발전시키는 것이 더욱 어려워지고 더 쉽게 비접촉 체념상태에 빠지며, 형성된 대체관계는 훨씬 더 부자연스럽다. 공식적인 청소년 연구에서 '사춘기 특성'이라고 부르는 대부분 것은 자연스러운 성생활 장애

로 인해 인위적으로 만들어진 효과로 밝혀졌다. 이것은 열등감 뿐만 아니라 환각증에도 적용된다. 열등감은 지나치게 야심찬 이상과 상상된 열등함의 표현일 뿐만 아니라 구조의 구체적인 모순에 해당한다. 열등감은 성·사회 측면에서 실제 성취와 생장운동성의 성격마비로 인해 억압되는 잠재능력 및 가능성 사이의 틈에 대한 내부인식이다. 대부분 사람은 꿈속에서 상상하는 것보다 현실에서 능력이 훨씬 약하며, 동시에 자신이 실제로 실천하는 것보다 훨씬 더 큰 자질과 능력을 지니고 있다. 현대인의 구조에 존재하는 이러한 기괴한 모순은 그가 처해 있는 사회의 파괴적인 성경제의 결과이다. 이를 제거하는 것은 사회주의사회가 완수해야 할 가장 중요한 과제 중 하나가 될 것이다. 생산력인 '노동력'은 무엇보다도 실제 성취를 잠재적 성취능력에 동화시키는 것, 즉 생장 생산성의 회복에 달려있기 때문이다.

장기적으로 이러한 상태는 정신적으로 견딜 수 없고 사회적으로 위험하다. 끊임없는 생장에너지 흐름에 의해 공급되는 정신장치는 그 흐름에 대해 긴장하고 그것을 심각한 삶장애로 다소 의식적으로 느끼고 매우 다른 방식으로 대처하려고 노력한다. 우리는 성울혈로 인한 신경증증상에 대한 언급은 자제할 것이다. 우리의 맥락에서 이 투쟁에서 처음으로 발생하는 성격기능에 대해 알아내는 것이 더 중요하다. 일단 세계와의 즉각적인 생장접촉이 어느 정도 파괴되고 남은 잔재가 더는 외부세계와의 관계를 적절하게 유지하기에 충분하지 않을 때, **대체기능** 또는 **대체접촉**을 확립하려는 시도가 발생한다. 우리는 몇 가지 임상사례를 통해 대체접촉과 즉각적인 생장접촉을 구분하는 것으로 방향을 잡고자 한다. 어려운 점은 대체접촉도 생장충동에너지에 의해 공급된다는 것이다. 이것이 자연스러운 생장접촉과의 공통점이다. 그러나 차이점은 유사점보다 훨씬 더 중요하다. 따라서 수동여성 성격의 수동여성 행동은 항문흥분을 사용하지만 부정상황으로 인해 자연스러운 접촉을 대신한 대체접촉을 나타낸다. 해당 청년은 성인 나이가 되어 아버지의 오만함과 권위로부터 자신을 방어하고 독립성을 확보하며 자신의 능력을 완전히 펼쳐가야 할 것이다. 이에 필요한 공격이 억압되어 있어서 자신의 능력을 펼칠 수 없다. 공격을 억압하기 위해 그는 수동여성 행동양식을 형성하고 승화된 공격으로 세계를 지배하는 대신, 엄청난 개인적 희생을 치르면서 신경증적 애착을 통해 자신의 존재를 확보하려고 한다. 강박신경증적이고 성적으로 방해받는 여성이 남성에 대해 보이는 가학태도는 자신의 성기성을 보호하는 기능 뿐만 아니라 그 과정에서 발생하는 리비도관계 결핍을 보완하며 다른 형태이긴 하지만 원래 사랑대상과의 접촉을 유지하는 기능도 한다. 같은 방식으로 배우자가 서로에 대한 인위적이고 가식적이며 종종 과장된 것처럼 보이는 부드러운 표현은 실제 성관계가 없어서 하는 대체접촉 기능이다. 같은 이유로 화를 잘 내는 커플의 신경증적 공격행동은 남성에 대한 수동여성 자극이나 여성에 대한 자연스러운 성기자극에 대한 방어와 보상일 뿐만 아니라 직접적인 생장관계가 없어서 세계와 접촉을 유지하려는 시도이기도 하다. 피학행동은 일정한 방식으로 억압된 가학공격을 표현하고 방어하는 것일 뿐만 아니라 외부세계와의 자연스러운 관계를 대체하는 기능이기도 하다. 피학성격은 사랑을 직접 표현할 수 없다.

자유롭게 흐르는 직접적인 생장접촉의 표현과 가식적이고 이차적이며 우회하는 대체관계의 표현의 차이를 근본적으로 파악하고 나면, 사람들의 삶에서 가장 다양한 방식으로 대체관계를 식별하는 방법을 빨리 배울 수 있다. 여기서는 전형적이지 않지만 중요한 가식행동의 몇 가지 예를 언급하고 싶다. 시끄럽고 거슬리는 웃음, 강제로 하는 단호한 악수, 항상 꾸준하고 나른한 친절함, 획득한 지식의 교만한 표시, 자주 반복되는 의미 없는 놀라움·경악 또는 기쁨, 일정한 견해·계획·목표의 엄격한 고수(예: 편집적 체계, 강박적인 부동성), 외모에서 눈에 띄는 겸손함, 말할 때의 웅장한 제스처, 사람들의 호의를 구하는 사랑스러운 어린아이 같은 구애, 성적인 것에 대한 자랑, 성매력의 강요와 과시, 무차별적인 희롱, 성적으로 비경제적이고 무차별적인 성관계, 현저하게 품위 있는 거드름 피우는 태도, 비뚤어지거나 한심하거나 지나치게 선택된 말투, 권위주의적이고('보스 같은') 냉담하거나 생색내는 행동, 용솟음치는 알랑거림, 전통적인 대화어조 고수, 말괄량이 같은 또는 음탕한 행동, 성적 낄낄거림이나 놀림, 돈 후 앙식 행동, 벨벳처럼 부드러운 행동 등이다. 같은 방식으로 대부분 부적절한 동작은 자기애경향 외에도 대상과의 대체관계를 표현한다. 예를 들어 눈에 띄는 방식으로 머리를 흔들다가 제자리에 놓는 것, 빈번하고 전형적인 방식으로 손으로 이마를 쓰다듬는 것, 말할 때 상대방의 눈을 유도하듯이 쳐다보는 것, 엉덩이를 억지로 흔드는 것, 억지로 벌리고 걷거나 운동하는 듯한 걸음걸이 등.

행동에서 어떤 특징이 두드러지거나 성격 전체와 분리되거나 모순되는 경우, 그 이면에는 다소 심각한 관계결핍이 작용하는 대체기능이 있다고 일반화하여 말할 수 있다. 부정하고 싶어도 성격분석진료에서는 이런 것이 아주 분명하다. 대중적으로 '나쁜', '불쾌한' 또는 '불안한' 것으로 인식되는 성격특성은 이른바 '더 나은 사람들'의 삶을 지배하는 대부분 행동, 즉 내용보다 형식을 우선시하는 행동처럼 일반적으로 신경증행동과 같다. 반면 대중적으로 '단순한', '자연스러운', '호감 가는', '매력적인' 등으로 묘사되는 대부분 성격특성은 '성기성격'의 신경증적이지 않은 행동과 일치하는 것 같다. (여기서 '신경증'은 명확히 충동자극의 억압을 통해 발생하고 에너지를 소비하는 대항집중의 존재로 인해 계속 존재하게 되는 정신상태를 의미한다.)

우리는 사람들이 할 수밖에 없는 이중생활에 항상 깊은 인상을 받는다. 사회상황과 계급에 따라 달라지는 외부태도는 생장적으로 직접 결정된 진정한 존재와 끊임없이 충돌하는 인위적 구조이며 종종 그 존재를 거의 숨길 수 없다. 가장 당당하지만 두려워하는 경찰, 매우 저명한데 내성적인 학자, 우아하지만 냉담한 '사교계 여인', 기계처럼 기능하는 '성실한' 관료, 그들은 모두 같은 방식으로 가장 단순한 갈망과 불안, 증오흥분을 지닌 해롭지 않은 존재로 드러난다. 이른바 '일반인'이 성격가면에 대해 갖는 놀라운 존경심을 고려할 때 여기에서 이것을 명시적으로 강조하는 것은 쓸모없지 않다.

성격분석에 따르면, 생동감 넘치는 성리듬과 꾸며진 성매력, 자연스럽고 강요받지 않은 품위와 인위적인 품위, 실제 부끄러움과 인위적인 부끄러움, 즉각적인 삶표현과 의도적인 삶표현, 생장성 근육리듬 및 엉덩이 흔들거림과 그것을 대체하는 어깨조임 사이에는 차이가 있다. 성만족에서 비롯된 충실함과 불안 및 양심에서 비롯된 충실함 사이의 차이, 즉 발달을 잉태한 혁명적인 정신구조와 지속적이고 보수적인 정신구조 사이의 차이, 살아있는 삶과 삶을 대체하는 부스럼 사이의 차이 등 무한히 계속해서 말할 수 있다. 이러한 차이에서 '세계관'의 물질적, 정신구조적 토대가 직접 제시되어 우리는 인간의 실천[경험]에 ― 처음에는 원칙적으로만 ― 접근할 수 있다.

모든 권위주의 사회조직의 이데올로기에서 동물적-원시적인 것으로서의 생장적 삶은 분화되고 고도로 발달한 '문화적' 대체삶과 절대적으로 대립하였다. 실제로 문화적 삶은 생장적 삶에서 뜯겨 나와 대체기능만을 나타내며 생장적 삶의 지속이 아니기 때문에, 비생산적이며 딱딱한 형식과 모양으로 눌려 시든 식물처럼 열매가 없다. 반면에 생장적 삶은 만성적인 경직성과 에너지속박이 없으므로 그 자체로 생산적이며 무한한 발전가능성을 지닌다. 문화를 창조한 것은 생장의 대체물이 아니며, 모든 진보는 세계와의 직접 생장접촉의 흔적에서 비롯되었다. 이런 식으로 인간구조를 대체기능에서 해방하고 자연 및 사회와의 관계의 직접성을 회복하는 데 성공하면 어떤 힘들이 발전을 기다리고 있는지 측정할 수 있다. 이것이 '직접 접촉기능을 수행하는' 이차 요가운동[23])과 같은 새로운 종교로 이어질 수 없다는 것은 다행이다. 이러한 구조변화는 요가애호가로서는 이해할 수 없는 사회질서와 경제의 변화를 전제로 한다.

반면에 유일한 생명체로서 인간이 삶의 자연스러운 기반을 실현할 가능성을 부정당하고 모든 사람을 자살로 이끌 죽음충동이 없으며 사회관계를 맺어야 할 필요성이 궁극적으로 생장적으로 주어진다면, 인간이 맺는 대

---

23) 전통 요가는 명상과 호흡을 위주로 하는 데 비해 현대 요가는 치유에 초점을 맞추어 이루어진다. [옮긴이 주]

체접촉은 삶의지와 사회적으로 조건지어진 삶불안 사이의 타협의 표현일 뿐이다. 정신적 구성물로서 대체접촉은 직접적인 생장접촉과 달리 신경증 증상과 똑같은 방식으로 구성된다. 대체접촉은 다른 것에 대한 대체기능을 나타내며 방어역할을 하고 에너지를 소모하며 서로 모순되는 힘을 통합하려고 시도한다. 증상과 마찬가지로 대체접촉의 결과는 소비되는 에너지의 양과 일치하지 않는다. 따라서 대체접촉은 무질서한 사회적 성경제와 그에 의존하는 불안정한 개인적 성경제의 많은 징후 가운데 하나이다. 이와 같은 대체접촉의 기능이 알려지지 않았고 그 표현이 인간의 사회생활에서 전통으로 자리 잡았기 때문에 자연스럽고 변할 수 없다는 생각이 그와 관련된다. 하지만 사회현상으로서 그리고 오늘날 인간의 구조적 요소로서 대체접촉은 역사적 구성물, 즉 일생에 한 번 생겨나는 일시적인 구성물이다. 그러나 형편없는 기차를 타고 여행하는 동안 목적지까지 안전하게 실어다 줄 더 나은 새로운 기차가 오지 않는 한 내리기로 결정하기가 어려우므로, 대체접촉은 이상한 관성 뿐만 아니라 기차의 본질에 대한 환상을 발달시키기 시작하며 그 때문에 일시적인 실체임이 분명하다. 인간 삶의 조절된 성경제라는 생각은 조절되지 않은 성경제의 불변성이라는 생각만큼이나 의식화되어야 하나의 삶형식을 다른 삶형식으로 바꾸는 데 충분한 힘을 방출할 수 있다.

 이 지점에서 질문이 제기된다. 오늘날 사람들의 삶이 대체삶이고, 그들의 노동이 강제의무이며, 그들의 사랑이 대체사랑이고, 그들의 증오가 대체증오이고, 성격분석으로 정신무장을 해체하는 것이 이러한 대체기능을 파괴하고, 이처럼 주로 반응적으로 기능하는 인간구조가 오늘날 부르주아 사회생활 질서의 결과이자 필수품이라면, 성격분석이 성공한 후에 이런 종류의 정신기능을 대체하는 것은 무엇일까? 이 구조는 어떻게 변할까? 그렇다면 사회적 노동과 성의 관계는 어떠한가? 확실히 어렵고 중요한 질문이다! 오르가즘이론과 성격분석진료는 이미 이러한 질문에 대한 몇 가지 답변을 제공했으며, 이는 '신경증성격'과 '성기성격'의 대조에 요약되어 있다. 그러나 정신적으로 건강한 인간의 기능방식에 관한 연구는 이제 막 시작되었으며, 도덕적 권위주의적 통제를 통해 혼돈스럽게 자신을 유지하는 세계로부터의 매우 날카로운 저항을 고려해야 한다. 모든 제도, 윤리규범, 국가조직에서 하는 건강한 인간기능에 관한 연구는 도덕이 아니라 성경제에 따라 움직이는 정신구조와 모순되며, 생장원천이 자유롭게 흐르고 우리가 환경에 직접 접근하는 성경제적으로 이룩한 작업성취는 의무에서 비롯되는 것이 아니라 객관적인 관심에서 비롯된 것이다. 임상근거는 아직 제공되지 않은 한 준비 중이다. 무엇보다도 개인의 성격분석식 구조화를 대중의 집단교육 구조화에 적용하는 것은 가장 어려운 성취 중 하나로서 이론적이고 실천적인 구현을 기다리고 있다.

8. 유기체의 정신표현

1) '터진다'는 생각

생체생리 상태가 정신 행동양식에 반영되거나 나타난다는 사실은 전적으로 정신신체 맥락에 대한 우리의 지식의 선 안에 있는 현상이다. 반면 언어사용과 다른 사람의 행동에서 얻는 감각이 겉으로 보기에 법칙에 따른 방식으로 그리고 완전히 무의식적으로 문제의 생리상태를 비유적으로뿐만 아니라 오히려 직접 반영한다는 것은 매우 이상하고 여전히 완전히 이해할 수 없는 일이다. 몇 가지 예시를 통해 이를 설명할 수 있다.

누군가가 "접근하기 어렵다", "딱딱하다"고 말하는 경우, 분석경험에 따르면 이런 식으로 설명되는 유형은 신체적으로도 고혈압이 있음을 보여준다. 많은 환자가 자신의 성격이 '끈적끈적하다'고 '기름기가 많다'고 느끼면 분석결과 그들의 성격을 형성하는 에너지가 본질적으로 항문에서 비롯된 것으로 나타났다. '자유로운', '흐르는', '직접적인', '편안한', '자연스러운' 등의 언어사용으로 성기성격을 설명할 때, 이것은 해당 사람의 생장장치의 생체신체 구조와 완전히 일치한다. '가식적' 본성을 가진 사람은 분석에서 대체접촉 기제가 잘 발달했고 자유로이 흐르는 성기리비도가 아주 약간만 남아 있음을 보여준다. 상대방의 생장특성에 대한 인지와 언어정식화 사이의 이러한 독특한 연관을 자세히 연구하는 것은 가치 있을 것이다. 이것을 나중으로 미루고, 언급한 연관에서 나타나는 한 가지 방향만 추적할 것이다.

성격분석진료에서는 단순한 저항기법과 달리 전형적인 상황을 만나게 된다. 환자는 처음에 자신의 성격무장에 대한 분석가의 공격을 자신에 대한 위협으로 느낀다. 결과적으로 분석상황은 신체상해에 대한 불안(거세불안)과 한결같이 연관되며, 성격분석의 승리를 신체재앙으로 두려워한다. 지성적으로 그리고 성기회복 경향과 관련된 한, 환자는 위협공격의 성공을 즉 정신강직 돌파를 정서적으로 원한다. 따라서 그는 동시에 극도의 불안을 가장 생생하게 원한다. 성격갑옷이 뚫리는 것을 붕괴와 재앙으로 예상하고 두려워할 뿐만 아니라 여기에 자신의 지위를 잃는 것에 대한 불안이 더해져, 이는 앞서 설명한 욕망과 두려움이 동시에 일어나는 전형적인 저항이 된다. 여기서 의미하는 것은 자신의 충동에 대한 자아태도가 아니라 분석가에게 기대하는 도움에 대한 자아태도이다. 성격갑옷이 뚫리지 않는 한 환자 자신은 흐름에 연결할 수도 없고 자신이 살아있다고 느낄 수도 없다. 따라서 그는 마술처럼 분석가가 자신을 위해 모든 것을 해주기를 기대하므로 수동 상황에 있음에도 능동 내용을 지니고 있다. 우리는 이미 이 순간 환자가 자신의 **피학**자극을 동원하여 이를 저항에 활용한다고 짐작했다. 저항의 정신내용은 "당신은 나를 돕지 않고 아무것도 할 수 없으며 나를 사랑하고 이해하지 못하여, 나는 반항과 은밀한 비난을 통해 나를 도와달라고 강요하고 싶다"는 것이다. 그러나 실제로는 환자 자신이 분석의 영향에 저항한다. 대부분 사례에서 그러한 상황은 결국 지금까지 자신에게 숨겨져 있던 특이한 상황에 집중되는 경향이 있다. **갑옷을 산산조각 내는 것 즉 환자의 무의식적인 비밀로 침투하는 것은 무의식적으로 뚫리거나 터지는 것으로 표현된다.** 이러한 맥락에서 뚫리고 찔리는 수동여성 환상이 남성환자와 여성환자 모두에서 완전히 발달한다는 것은 말할 필요도 없다. 특히 남성환자에게는 다음과 같이 나타나는 무의식적 환상의 변형이 있다. 환자는 성기자신감이 부족해서 무력감을 느낀다. 그는 이제 분석가가 처음에는 표면적으로 자신에게 분석가의 [성]능력, 분석가의 성취능력, 궁극적으로 분석가가 자지를 빌려주는 환상을 형성한다. 심층에서는 때때로 환자가 여성과 성관계를 갖는 동안 분석가가 환자의 항문을 관통하고 환자의 페니스를 채우고 단단하고 뻣뻣하게 만들어 여성과의 관계에서 자신이 강력하다고 증명할 수 있다는 생각이 있다. 이 무의식적인 환상이 분석가와의 동일시와 그가 자신을 도와야 한다는 비난을 설명한다면 동시에 이 도움에 대한 방어도 설명한다. 결국 그 환상은 무의식적으로 상처 입고 찔린다는 것을 의미한다.

이제 우리가 알다시피, 피학노력의 정확한 특징은 환자가 쾌락증가를 녹거나 터질 위험으로 느끼기 때문에 스스로 생리적 이완을 달성할 수 없다는 사실이다. 그러나 그가 자연스러운 이유로 바로 이 두려운 상황을 가장 치열하게 추구하기 때문에, 그는 다른 사람들이 자신을 이완시키는 데 도움을 줄 것을 기대하고 요구하는 태도, 즉 파열을 두려워하고 동시에 방어하는 태도를 발달시킨다. 이 사실은 분석이 근육 성기기관의 최초의 오르가즘자극을 가져왔을 때만 드러난다. 그때까지는 이러한 충동은 오르가즘흥분 능력의 확립이라는 기법을 채택하지 않은 분석가들에게는 숨겨져 있고 이해할 수 없는 상태로 남아 있다.

임상분석사실에 대해서는 이쯤 하겠다. 이것으로부터 광범위한 질문이 제기된다. 녹거나 녹아내리는 느낌은 의심할 여지 없이 오르가즘을 느끼는 동안 근육계 및 혈관계의 흥분과정을 직접 표현한다. 사정 자체는 부풀어 오른 방광을 뚫음으로써 달성할 수 있는 과정과 유사한 배출이다. 이 과정에서 오르가즘을 느끼는 환자들은 불안으로 가득 차 있다. 정신장치의 생리적 기능이 어떻게 그렇게 직접 행동으로 주어지고 표현될 수 있는가? 나는 이 연결이 중요하면서도 수수께끼처럼 보인다는 것을 고백해야겠다. 이에 대한 설명은 생리기능과 정신기능 사이의 연관에 대한 우리의 지식을 상당히 발전시킬 것이다. 당분간은 이 연결에 대해 말할 것이 없다.[24)] 그러나 이 임상관찰은 **죽음에 관한 생각은 정신적으로 어떻게 표현되는가**라는 매우 중요한 질문으로 이어진다.

2) 죽음관념에 관한 질문

생체생리 사건이 어떻게 정신으로 표현되는가? 라는 질문은 일정한 지점에서 죽음의지가 존재하는가? 라는 질문과 만난다. 이 영역은 접근하기 가장 어려울 뿐만 아니라 가장 위험한 영역 중 하나이기도 하다. 왜냐하면 왜곡된 추측이 여기와 같이 구체적인 사실규명을 가로막는 곳은 어디에도 없기 때문이다. 죽음충동가설은 앞서 말했듯이 지식의 상태와 방법에 따라서는 아직 설명할 수 없는 현상을 설명하기 위해 형이상학적 정식을 사용하려는 시도이다. 모든 형이상학적 개념과 마찬가지로 죽음충동가설에는 아마도 합리적 핵심이 포함되어 있을 것이지만, 신비화가 오해의 소지가 있는 사유과정을 포함하기 때문에 그 합리적 핵심을 밝히기 어렵다. 따라서 일차적 피학성향 이론은 고통의지와 소멸의지가 이른바 열반원리에 의해 생물학적으로 주어진다고 주장하지만, 쾌락생성 및 쾌락억제 기제에 대한 성경제적 조사는 오르가즘이론으로 이어졌다. 이 지점에서 '피학성격' 장에서 제시한 **잠정적** 정식화를 요약하겠는데, 나는 이러한 정식화가 완전하다고 결코 주장한 적이 없다.

① 쾌락원칙을 깨트리는 불쾌를 향한 노력으로 이해되는 피학성향은 정신유기체의 **이차적**이고 신경증적인 형성이고 분석을 통해 구성요소로 나눌 수 있으며, 이러한 이유로 일차적인 생물학적 조건이 아니다. 라도(Rado)[25)]가 최근에 모든 불안을 '일차적 피학성향의 발발' 탓으로 돌리는 '새로운' 신경증 이론을 내놓았을 때, 그는 리비도이론을 오해했을 뿐만 아

---

24) 주, 1945. 이 가정은 3년 후에 확인되었다. 쾌락과 불안에 대한 생체전기 실험은 **감각작용의 강도가 생체에너지 자극의 양과 기능적으로 같다**는 것을 보여주었다.
25) Sandor Rado, *Obsessive Behavior: So-called Obsessive-Compulsive Neurosis*, by Silvano Arieti and Eugene B. Brody, 1974(1929). [옮긴이 주]

니라 살아있는 유기체가 어떻게 불쾌나 죽음(사라지는 것)을 욕망할 수 있는가 하는 질문이 실제로 시작되는 곳에서 설명을 중단함으로써 당시 알프레드 아들러가 했던 것[26])과 같은 실수를 저질렀다.

② 명백히 불쾌를 추구하려는 노력은 원래 유쾌한 목표와 이것을 위한 노력 사이에 일정한 조건 아래 일정한 형식으로 부정이 개입되어 있다는 사실에서 비롯된다. 쾌락노력에서 환자는 고착된 부정상황에 반복적으로 직면하고 주체적으로 그것을 원하는 것처럼 보이지만, 실제로는 그 뒤에 있거나 그 안에 숨겨진 유쾌한 목표를 위해 노력한다. 따라서 피학자가 받는 고통은 주체적으로 원하는 것이 아니라 객관적으로 주어진 것이므로 이를 혼동해서는 안 된다.

③ 피학자는 쾌락을 불러일으키는 과정에서 특정한 장애로 고통받고 있으며, 이는 성격분석을 통한 정신무장 해체의 도움으로만 밝혀진다. 이 장애는 환자가 근육경련의 결과로 오르가즘감각이 일정 수준 이상으로 증가할 때마다 그것이 불쾌하다고 인식하고 '녹아내릴' 위험으로 두려워한다는 사실로 이루어져 있다. 피학자는 오르가즘방출을 신체 의미에서 파열하고 사라지거나 녹아내리는 것으로 파악하여 경련으로 방어한다. 수동 구타환상은 죄책감 없이, 즉 스스로 해내지 않고 갈망하는 동시에 두려워하는 이완을 달성하는 기능을 지니고 있다. 이것은 관능적 피학성향의 모든 사례에서 반박 불가능하게 확인할 수 있으며, 더 큰 위험을 피하려고 더 작은 위험을 유도하는 것이 매개기제일 뿐이다.

④ 쾌락을 추구하는 노력에 대한 외부억제와 내부파괴의 결과로 내외부 정신현실이 100% 불쾌한 상황이 되었다면, 유기체는 자신을 파괴할 때 여전히 쾌락불쾌 원칙을 따른다. 이것은 불쾌한 긴장에서 벗어나는 마지막 수단인 자살에 의지하는 우울증에서 나타난다.

쾌락불쾌 원칙에 모순되지 않고 현상을 정신장치에 대한 우리의 일반적

---

26) Alfred Adler, *Problems of Neurosis*, K. Paul, Trench, Trübner, 1929. [옮긴이 주]

인 지식으로 분류하는 데 적합한 몇 가지 정식을 피학성향 진료에서 얻은 것이 기뻤지만 만족할 수 없었다. 무엇보다도 죽음불안과 죽음관념에 **관한** 많은 질문이 해결되지 않은 채로 남아 있었다. 성격분석에 따르면 '죽음충동'은 생체정신적 제동현상이며 일차적 피학성향은 없다는 것이다. 실제로 피학성향을 불쾌를 추구하는 고유한 충동이라고 말하는 것이 옳은지 의심스럽다. 그러나 최근 이 문제는 다른 측면에서 다시 복잡해졌다.

열반원리를 가능한 한 완전하게 이해할 수 있게 해주는 사실을 찾는 과정에서 나는 환자들에게서 해체, 무의식, 무(無), 소멸 등을 향한 노력, 즉 죽음을 향한 진정한 원래 노력의 존재를 다시 말하는 것처럼 보이는 정신재료를 발견했다. 나는 언제든지 죽음충동에 대한 내 입장을 수정하고 임상재료에 따라 그렇게 하는 것이 정당하다면 반대자들과 동의할 준비가 되어 있었다.

그러나 죽음충동이론에 대한 임상증거를 찾으려는 나의 열렬한 노력은 허사였다. 죽음충동이론에 대한 나의 날카로운 거부가 흔들리기 시작할 무렵, 죽음충동이론에 대한 반박할 수 없는 또 다른 주장이 등장했다. 우선, 붕괴 등을 향한 이러한 강렬한 노력은 주로 치료가 끝날 때, 즉 환자가 오르가즘불안을 극복해야 할 때 주로 나타난다는 것이 눈에 띄었다. 물론 이것은 매우 혼란스러웠다. 더욱이 이러한 노력은 피학자에게는 거의 나타나지 않지만, 피학기제가 매우 낮게 발달하고 성기기제는 매우 높게 발달한 피분석가들에게서 종종 나타났다. 이것은 혼란을 가중했다. 회복과정에 있고 피학기제가 거의 발달하지 않은 환자, 부정적인 치료반응으로 치유에 반대하지 않은 환자, 즉 무의식적으로 처벌욕구가 없는 환자, 왜 이 환자들은 '조용한' 죽음충동이 그토록 특별히 강하게 작용하도록 허용했는가?

이전 이론적 주장을 살펴보던 중 나의 책 『오르가즘의 기능』에서 힌트를 발견했는데, 이미 1926년에 나도 모르게 임상재료에서 이제야 만족할 만한 설명을 찾을 수 있는 한 가지 사실을 계속해서 강조했다는 것을 알 수 있었다. 거기에서 나는 오르가즘불안이 종종 죽음불안으로 가장하고, 완전한 성만족 관념이 일부 신경증적인 사람들에게서 종종 죽음관념과 연결되어 있다는 매우 특이한 사실을 언급했다.

나는 전형적인 임상사례를 통해 지금까지 간과한 사실이 일반적으로 여기에 나타난 것처럼 보인다고 설명하고 싶다. 생장흥분을 완전히 풀어주는 성격분석기법을 적용하지 않고는 이러한 임상현상을 제어할 수 없다는 점을 다시 강조할 필요가 있다. 한 히스테리성격 환자는 치료가 끝날 무렵 무장이 풀린 지 얼마 지나지 않아 심한 성기불안을 보였다. 그녀는 성행위를 자신의 질에 잔인하게 삽입되는 것으로 상상하고, 큰 자지가 너무 작은 질에 삽입되어 터질지도 모른다는 생각을 발전시켰다. 이러한 환상은 어린 시절 초기부터의 두려움과 성놀이에 기반을 두고 있었다. 성기불안이 사라지면서 그녀는 성기기관과 허벅지 근육조직에서 이전에는 경험하지 못했던 오르가즘감각을 경험했다. 그녀는 이를 '흐르는 듯한', '솟구치는', '달콤한 감각', '감전된 것 같은', 그리고 마지막으로 '뚜렷한 **녹는** 쾌락 느낌'이라고 묘사했다. 그러나 성기불안의 정의할 수 없는 잔류물이 남아 있었다. 어느 날 그녀는 자신을 고통스럽게 하는 것을 **유쾌**한 것으로 수술해주는 의사에 대한 환상을 갖기 시작했고, 이와 관련하여 그녀는 두세 살 때 의사에 대해 가졌던 극심한 불안을 기억해 냈다. 성기수술에 대한 유아 불안을 방어수단으로 삼아 분석가를 향한 불안에 찬 왜곡된 성기노력임이 분명했다. 지금까지 상황에서 눈에 띌 만한 일은 없었다. 그러나 이제 그녀는 성기수술을 잔인한 삽입으로 생생하게 환상화하기 시작했다. "너무 멋져요, 그 과정에서 녹고 죽고 마침내 평화를 얻어요." 이런 맥락에서 그녀는 마취 중에 경험하는 감각에 대해 거의 황홀한 환상을 품었다. 그 과정에서 자신을 잃고, "세계와 하나"가 되고, "하지만" 소음이 들리고, 자신 속으로 물러나 해소되는 과정을 묘사했다. 죽음충동을 이보다 더 잘 표현하는 것은 상상할 수 없다. 그러나 추가분석을 통해 이 눈에 띄는 행동의 진정한 기능이 밝혀졌다. 환상은 점차 더 구체화하여 불쾌한 것과 유쾌한 것의 두 가지 계열로 명확하게 구분될 수 있었다. 불쾌한 환상계열은 내용상 유쾌한 환상계열을 실현하기 위한 전제조건이었다. 처음에는 불안한 경험,

즉 피학성향으로 보였던 것은 두 가지 사실로 나뉘었다. **불안환상**은 그 자체로 이러했다. "의사가 내 페니스를 또는 내 성기에서 '뭔가'를 빼앗아 갈 거야." 숨겨진 유쾌한 환상은 "의사는 나에게 그것 대신 다른 것을, 더 나은 것 즉 남성성기를 줄 거야"라는 것이었다. 이 연관을 더 잘 이해하기 위해 환자에게 그녀보다 두 살 많은 오빠가 있었는데, 그녀는 그의 성기를 매우 부러워했다는 사실을 말하고 싶어 했다. 그녀는 소녀로서 소년만큼 많은 쾌락을 얻을 수 없다는 생각을 지니고 있었고, 자신의 성기를 제거하고 남성성기를 붙이는 수술을 원했다. 이렇게 하면 행위 중에 남성기관에 의해 분쇄되거나 아이가 태어나거나 대변이 통과할 때 터질지도 모른다는 일련의 불안을 가질 필요가 없다고 그녀는 믿었다. 그녀가 진정으로 추구했던 것은 가능한 최고의 오르가즘감각이었으며, 남성성기의 도움을 받아야만 원하는 정도까지 달성할 수 있다고 믿었다. **그러나 그녀는 죽음을 향한 노력을 표현한 것과 완전히 같은 방식으로 오르가즘감각 자체를 경험했다.** 따라서 오르가즘과 죽음은 둘 다 자기붕괴, 사라짐, 자기상실, 녹는 것으로 표현되며, 어떤 조건에서는 가장 심층 노력의 대상이 될 수 있고 다른 조건에서는 가장 강렬한 불안의 원인이 될 수 있었다.

오르가즘관념과 죽음관념의 이러한 연관을 일반화할 수 있다. 이러한 전형적인 임상사례에서 나오는 결론은 **비존재(무), 열반, 죽음을 향한 노력은 살아있는 것의 가장 본질적인 경험 즉 오르가즘해소를 향한 노력과 같다**는 것이다. 따라서 유기체의 실제 죽음에서 비롯된 죽음관념은 이미 경험한 것만 반영할 수 있을 뿐 아직 죽음을 경험한 사람은 아무도 없으므로 존재하지 않으며 존재할 수도 없다. 우리가 분석에서 만나는 죽음과 죽는다는 관념은 지금까지의 조사에 따르면 두 가지 종류가 있다. 정신신체 유기체의 가장 심각한 손상이나 파괴에 관한 관념으로 주어지면 가장 심각한 불안을 동반하고, 성기거세 관념을 중심으로 모이거나 신체붕괴, 해체 등의 형식으로 최고의 오르가즘만족과 쾌락관념으로 주어지면 기본적으로 성목표 관념이다. 피학자와 같은 특수한 조건에서는 오르가즘감각 자체가 **불안한** 것으로 느껴지고, 죽음충동이론가에게는 역설적으로 들릴지 모르지만 열반욕망은 거의 발견되지 않는다. 따라서 바로 피학자-[마조히스트]는 울혈[현실]불안과 죽음관념을 거의 만들어내지 않는다.

형이상학적 죽음충동이론과 정신분석의 임상적 오르가즘이론을 처음으로 어렵게 구분한 지 약 12년이 지난 지금(1945년), 둘 사이의 차이의 본질은 이제야 분명해지기 시작했다. 상반되는 이 두 가지 견해는 환자의 부정적 치료반응에서 증상의 직접 해석으로 시작되었으며, 같은 문제에 대해 동시에 병행하며 발전했다. 두 견해 모두 생체생리 방향으로 나아갔다. 죽음충동이론은 고통과 죽음에 대한 절대적인 의지를 가정하는 것으로 끝났고, 오르가즘이론은 풍부한 성격분석·생리·정신생리 문제를 열었다. 아마도 근본 사실을 정확하게 파악하는 것에 대한 이 중대한 논쟁은 언젠가 삶과정 자체에 영향을 미치는 연관을 밝혀냄으로써 끝날 것이다. 그러나 죽음충동이론이 삶[생명]의 해소라고 묘사하려던 것이 바로 오르가즘연구가 점점 더 생명의 가장 본질적인 특성으로 파악하려고 하는 것임을 이미 예측할 수 있다.[27] 이 논쟁은 기본적으로 생물학 논쟁이기 때문에 심리학에서 결정되지 않을 것이다. 논쟁결과에 많은 것이 달려있고, 이 논쟁은 중요하지 않은 문제에 대해서가 아니라 자연과학의 절대적으로 결정적인 질문에 대한 논쟁이라는 것은 이미 확실하다. 이것은 모든 생물을 지배하고 지금까지 '열반원칙'이라는 모호한 용어 아래에 포함해 온 이완을 향한 노력의 본질과 기능에 관한 문제이다.[28]

---

27) 나는 좀 더 구체적으로 두 배우자가 녹아드는 것(융합)을 기억한다. 녹는 오르가즘 감각과의 깊은 연관을 짐작할 수 있을 뿐이다.
28) 주, 1945. '파열', '죽음', '해소' 등의 개념에 대한 성경제학적 이해의 결정적인 중요성은 이 가설에 기초하여 대기 중의 비온과 생물학적 에너지가 발견된 1936~1940년까지는 명확하지 않았다. 오늘날 우리는 파열에 대한 신경증적인 두려움이 생체체계의 오르고 노틱 확장이 **막힌** 것을 표현한다고 알고 있다.

9. 쾌락, 불안, 분노, 그리고 근육무장

성격분석진료에서 우리는 만성적인 무장기능, 경직된 근육자세 형태의 무장기능을 만나게 된다. 우선 이러한 다양한 무장기능의 동일성[정체성]이 눈에 띄는데, 이것은 **생체정신 체계의 주변부가 무장된다**는 **한 가지** 원칙에서만 이해할 수 있다.

성경제학은 무장의 정신기능을 통해서만 이러한 질문에 접근할 수 있으며 여기서 할 말이 많다. 성경제학은 환자에게 생장운동의 자유를 돌려주려는 실천[진료]적인 요구에서 시작된다.

성과 불안이라는 두 가지 원 정서에 **분노** 또는 **증오**라는 세 번째 정서가 추가된다. 앞의 두 가지와 마찬가지로, 분노가 해소되지 않는 한 '끓어오르는 분노' 또는 '가슴에서 끓어오르는 것'을 말할 때 언어사용은 실제 과정을 반영한다고 가정해야 한다. 우리는 원칙적으로 이 세 가지 기본정서를 나열함으로써 정서영역을 완전히 파악했다고 생각한다. 이 세 가지 정서로부터 모든 복잡한 정서자극이 파생될 수 있다. 그러나 분노정서가 처음 두 정서자극의 일정한 운명에서 파생될 수 있는지와 그 정도를 알아낼 필요가 있다.

우리는 성흥분과 불안을 두 가지 대립하는 방향의 흐름으로 파악할 수 있음을 발견했다. 증오는 이 두 가지 원 정서와 기능적으로 어떤 관계가 있을까?

성격무장의 임상연구에서 시작하겠다. 성격무장 개념은 역동적-경제적 측면에서 성격의 기본기능을 파악하기 위해 만들어졌다. 성경제학 개념에 따르면 인간의 자아 자체는 충동(본질적으로 리비도욕구)과 처벌불안 사이의 갈등과정에서 일정한 형상을 띤다. 오늘날 세계가 요구하는 충동제한을 수행하고 그로 인한 에너지울혈을 극복하기 위해서 자아는 스스로 변해야 한다. 우리가 목적론적으로 표현하고 있어도 이는 철저하게 인과적 과정을 의미한다. 사람의 노출된 부분인 자아는 우리가 말했듯이 불안을 유발하는 외부세계와 욕구[충동] 사이의 동일하거나 유사한 갈등에 지속해서 노출될 때 스스로 굳어지며, 그 결과 만성이고 자동으로 기능하는 반응방식인 '성격'을 얻게 된다. 마치 외부세계의 충격과 내부욕구의 요구가 양성된 단단한 껍질 위에서 납작해지고 약해지는 것처럼 정서적 인성이 무장하는 것 같다. 이러한 무장은 사람이 불쾌에 덜 민감하게 만들고 리비도적이고 공격적인 운동성을 제한하여 성취능력과 쾌락능력을 감소시킨다. 우리는 자아가 더 움직이지 않고 더 단단해져 있으며 에너지경제를 조절하는 능력은 무장의 정도에 달려있다고 말한다. 오르가즘능력은 생장운동성의 직접 표현이기 때문에, 우리는 오르가즘능력을 에너지경제 조절능력의 척도로 간주한다. 성격무장은 리비도 힘 또는 생장 힘의 지속적인 소비를 통해 유지되기 때문에 에너지가 필요하며, 그렇지 않으면 (운동억제 조건 아래) 불안을 유발할 수 있다. 이런 식으로 성격무장은 생장에너지를 처리하고 소비하는 기능을 수행한다.

성격분석을 통한 무장해체는 한결같이 먼저 묶인 공격을 불러일으킨다. 하지만 많이 언급되는 공격이나 불안의 속박[묶임]은 **구체적으로 어떻게 나타날까?**

성격분석을 통해 무장에 묶인 공격을 풀어내는 데 성공하면 불안은 자유로워진다. 따라서 공격이 불안으로 바뀔 수 있는 것처럼 불안도 공격으로 '바뀔' 수 있다. 성흥분과 불안의 관계와 비슷한 관계가 있을까? 이 질문은 대답하기 쉽지 않다.

우선 임상조사는 우리에게 몇 가지 특이한 사실을 보여준다. 공격억제와 정신무장은 종종 사지근육과 몸통근육의 경직과 함께 긴장증가를 동반한다. 정서차단된 환자는 판자처럼 딱딱하고 완전히 뻣뻣하고 움직이지 않고 누워있다. 이러한 근육긴장을 바꾸기는 쉽지 않다. 환자에게 의도적으로 이완하도록 하면 안절부절못하면서 근육긴장이 불안으로 대체된다. 다른 사례들에서는 환자가 무의지적으로 다양한 움직임[동작]을 수행하는 것을 볼 수 있으며, 그 움직임을 억제하면 즉시 불안감각이 나타난다. 페렌치는 훌륭한 직관을 지니고 이러한 관찰을 바탕으로 '능동적 기법 개입'[29]을 시도했다. 그는 만성 근육반응을 막으면 울혈이 증가한다는 것을 알았다. 우리는 이에 동의하지만, 여기서 흥분의 단순한 양 변화 이상의 것을 추론할 수 있다고 생각한다. 이는 성격무장과 근육긴장이나 근육경직의 기능적 동일성이라는 문제이다. **근육긴장도가 경직방향으로 증가하면 생장흥분, 불안 또는 성이 잡혀서 묶여있다는 신호다.** 성기감각이 발생하면 일부 환자는 운동불안을 통해 이를 제거하거나 완화하는 데 성공하는데, 이는 불안감각에 대해서도 마찬가지이다. 우리는 여기서 어린 시절의 운동불안을 에너지발산 수단으로 습득하는 것이 매우 중요하다고 생각한다.

종종 우리는 급성 억압이 풀리기 **전**의 근육긴장상태가 풀린 **후**의 근육긴장상태와 **다르다**는 것을 발견한다. 환자들은 저항할 때 즉 생각이나 충동자극이 의식화되는 것을 부정할 때 대개 두개골, 허벅지, 엉덩이근육 등에서 긴장을 느낀다. 해결책을 찾거나 분석가가 올바르게 해석하면 그들은 갑자기 편안함을 느낀다. 이러한 상황에서 한 환자는 "마치 성만족을 경험한 것처럼 느껴져요"라고 말했다.

우리는 억압된 생각의 내용을 기억할 때마다 정신적 안도감이 생긴다는 것을 알고 있으며, 이는 정통하지 않은 사람들이 믿는 것처럼 그 자체로 치유를 의미하지는 않는다. 이 안도감은 어디에서 오는 것일까? 우리는 그것이 이전에 묶여있던 정신에너지의 방출이라고 항상 주장해 왔다. 새로운 깨달음과 관련된 안도감과 만족감을 빼고 생각해 보자. 긴장과 이완은 생체신체 상태여서 정신의 긴장과 이완에는 신체영향이 없을 수 없으며, 지금까지 우리는 분명히 이러한 개념을 정신적인 것으로 옮겼다. 이제 우리가 그렇게 한 것이 옳았다는 것을 증명해야 하며, 생리적 개념을 정신적인 것으로 "옮긴다"고 말해서는 안 되고, 비유가 아니라 다시 실제 동일성을, 즉 정신기능과 신체기능의 통일을 의미한다는 것을 증명해야 한다.

---

29) Sandor Ferenczi, aktiven technischen Eingriffe. 1919년부터 산도르 페렌치가 주창한 이 능동적 기법은 치료가 정체되는 특정 순간에 정신장치 안에서 긴장을 유발하는 방식으로 환자의 행동에 관한 금지 또는 제재를 환자에게 알려 과정을 재가동하고 억압된 자료를 드러내는 것을 목표로 하는 기법이다. [옮긴이 주]

모든 신경증환자는 근육긴장이상으로 나타나며 모든 치유는 근육관습의 '완화'나 강화로 직접 나타난다. 우리는 이 과정을 강박성격에서 가장 잘 관찰한다. 강박성격을 지닌 사람의 근육경직은 특히 성행위에서 리드미컬하지 않은 움직임, 모방[의태] 움직임의 부족, 종종 약간 가면 같은 표정을 띠는 전형적으로 찡그린 안면근육으로 표현된다. 전형적인 것은 코 위에서 입가까지 주름이 생기고 눈꺼풀근육의 경직으로 인해 눈표정이 약간 경직되는 현상도 있다. 엉덩이근육은 거의 항상 긴장되어 있다. 전형적인 강박성격이 전반적인 근육경직을 일으키는데, 우리는 다른 환자에게서 이완과 일치하지 않는 다른 근육 부위의 늘어짐(긴장저하)과 결합된 근육경직을 발견한다. 이것은 수동여성 성격에서 매우 자주 볼 수 있다. 우리는 완전한 정신무장을 동반하는 긴장성 혼미의 경직에 대해 이미 생각하고 있었다. 우리는 그 설명을 추체외로 신경분포[30] 장애에서 찾는다. 관련된 신경분포가 항상 근육긴장도 변화에 관여한다는 것은 의심의 여지가 없지만, 신경흥분에서 우리는 그 경직을 통해 표현되는 일반적인 기능의 표현만 볼 수 있다. 신경분포나 그 경로를 확인했을 때 무언가를 설명했다고 믿는 것은 순진한 것이다.

후뇌염[뇌염증] 환자의 정신강직은 근육경직의 '표현'도 아니고 그 결과도 아니지만, 정신강직과 근육경직은 함께 하나의 통일체이며 전체 생물학 체계의 생장운동성 장애의 신호이다. 그리고 추체외로 신경분포의 교란이 그 자체가 성기기관을 공격하지 않고 이미 생장장치를 파괴적으로 공격하는 일차적인 무언가의 작용결과가 아닌가 하는 의문은 여전히 열려 있다. 기계론적 신경학은 예를 들어 항문괄약근 경련을 항문에 속한 신경의 지속적인 흥분으로 설명한다. 여기서 기계론적 해부학 관점과 기능적 관점의 차이를 쉽게 보여줄 수 있다. 성경제학[기능적 관점]은 신경을 일반적인 생장흥분의 도관으로만 간주한다.

여러 가지 매우 심각한 내장장애의 원인인 항문괄약근 경련은 어린 시

---

30) 무의식적인 운동신경분포. [옮긴이 주]

절에 얻은 배변불안으로 인해 발생하며 하나의 차단을 의미한다. 배변을 참으려는 쾌락에서 그것을 설명하는 것은 문제의 핵심에 다가가지 못하는 것 같다. 베르타 본스타인[31]은 한 살 반 된 아이의 배변행동에 대해 설명했는데, 이 아이는 유아용침대를 더럽힐까 봐 끊임없이 심한 경련을 일으켰고 손을 꽉 쥐고 앉아 있는 것 외에는 다른 방법으로 잠을 잘 수 없었다고 한다. 근육이 장 내용물을 뒤로 밀어내거나 억제하는 것은 일반적인 억압행위의 모델이며 항문 부위에서 시작된다. 구강 및 성기 부위에서 억압은 입의 수축을, 후두근육·목근육·흉부근육의 경련 내지는 골반근육의 영구적인 긴장을 근육조직에 가져온다.

머리, 목, 인두, 후두 등의 근육조직의 긴장속박에서 생장흥분을 푸는 것은 일반적으로 구강고착을 푸는 데 없어서는 안 될 전제조건 중 하나이다. 성격분석 경험에 따르면 구강경험과 욕망기억도 성기불안 논의도 이 작업을 치료로 대체할 수 없다. 해소하지 않으면 흥분하지 않고 기억만 할 수 있다. 이것들은 대부분 잘 숨겨져 있으며, 자연스러운 태도로 눈에 띄지 않게 위장되어 있으므로 사람들의 시선을 피한다. 어조가 없고 나른하거나 높은 목소리, 말할 때 거의 움직임이 없는 입, 약간 가면 같거나 뻣뻣한 얼굴표정, 종종 '젖먹이 같은' 희미한 표정, 눈에 띄지 않는 이마주름, 반쯤 감긴 눈꺼풀, 두개골 상단의 긴장, 후두의 숨겨진 발견되지 않은 반사민감도 증가, 서두르고 충동적이고 긴장한 말투, 잘못된 호흡, 말할 때 분명히 관련 없는 소리나 움직임, 머리를 기울이고 흔들고 볼 때 하는 일정한 방식 등…. 일반적으로 생장에너지의 병리적 변화와 속박의 가장 중요한 비밀을 포함한다. 또한 머리와 목 부분의 이러한 증상을 드러내고 파괴하면 성기접촉불안이 나타나지 않을 것이라고 확신한다. 특히 성기불안은 대부분 사례에서 위쪽으로 이동하고 긴장된 목근육에 묶여있다. 예를 들어 한 어린 소녀는 성기수술 불안이 있었는데 소파에 누워 머리를 움켜쥐고 있는 모습에서 표현되었다. 그녀는 그 자세를 취한 후 다음과 같이

---

31) Berta Bornstein, *Eine Kinderanalyse*, 1933. [옮긴이 주]

설명했다. "저는 마치 머리가 지지대에 못 박힌 것처럼 여기 누워있어요." 실제로 그녀는 머리카락에 있는 보이지 않는 힘에 눌려 움직일 수 없는 것처럼 보였다.

이러한 파악이 다른 가정과 모순되지 않는지 묻는 것은 정당하다. 물론 근육조직의 긴장증가는 **부교감**-성 기능인 반면 근육조직의 피로와 운동마비는 **교감**-불안 기능이다. 이것은 어린이의 불안한 대변참기나 언어표현 억제가 근육**수축**을 동반한다는 사실과 어떻게 양립할 수 있을까? 이러한 사실과 관련된 이론을 검토하면서 나는 스스로 이 질문을 던져야 했고 오랫동안 설명을 찾을 수 없었다. 그러나 관련조사에서 그러한 어려움이 발생할 때 항상 그렇듯이 여기에서도 이의제기는 통찰을 넓히는 데 도움이 되었다.

우선 성흥분의 근육긴장과정과 불안의 근육긴장과정은 같을 수 없다는 것을 깨달아야 했다. **위험을 예상**하면 근육조직은 마치 **행동할 준비가 된** 것처럼 긴장한다. 도망갈 준비가 된 사슴을 상상해 보라. **공포상태**에서는 근육조직에서 갑자기 흥분이 **사라지는** 것을 발견할 수 있다('공포로 마비된다'). 또한 공포상태에서 항문괄약근이 갑자기 느슨해져 대변설사가 발생한다는 것은 불안과 교감신경기능 사이의 연관에 대한 우리의 견해와도 일치한다. 이런 식으로 우리는 공포 중에 교감불안설사와 성흥분 중 발작적 쾌락흥분설사를 구별할 수 있다. 불안설사는 장근육의 운동기능(미주[부교감]기능)의 증가 때문이고 쾌락흥분설사는 괄약근이완(교감기능) 때문이다. 성흥분 동안 근육조직은 긴장상태에 있다. 즉 운동작용 다시 말해 추가 수축 및 이완을 위한 준비가 되어 있다. 반면 불안한 기대감으로 근육조직은 어떤 운동작용으로도 완화되지 않을 때 **영구적인 긴장**에 빠지게 된다. 그런 다음 놀람반응이 뒤따를 때 이완되거나 운동도피 반응으로 이어진다. 그러나 이것은 두 가지 형식 중 하나로 해소되지 않고 남아 있을 수도 있다. 그러면 **공포마비**와 달리 ('겁에 질려 뻣뻣한') **공포강직**이라고 할 수 있는 상태가 발생한다. 관찰에 따르면 공포**마비**에서는 근육조직이 느슨해지고 흥분이 사라지는데, 혈관운동 체계는 심한 두근거림, 발한, 창백함과 같은 온전한 흥분상태에 들어간다. 반면 공포**강직**에서는 말초 근육조직이 경직되고 불안감각이 없거나 초보적으로만 발달하며, '겉보기에 침착'하지만 실제로는 움직일 수 없고 자신 안에서 국지적으로도 생장적으로도 도피할 수 없다.

이 사실은 무엇을 가리킬까? **근육강직은 생장불안반응을 대체할 수 있다.** 달리 표현하자면, 공포**마비**에서는 내부로 달아나는 동일한 흥분이 공포**강직**에서는 근육조직으로부터 **유기체의 주변무장**을 형성한다.[32]

국소마취를 하고 수술하는 중에 동일한 근육경직성이 관찰된다. 임의로 이완하면 발한과 두근거림 형식으로 불안이 즉시 심해지는 것을 관찰할 수 있다. 지속되고 있으며 운동활동으로 해소되지 않는 근육긴장은 불안으로 나타날 수 있는 흥분을 소비하여 불안정서를 줄인다. 이 과정에서 우리는 신경증형성에서 그 자체가 억제되어 **정서차단**으로 이어지는, 우리에게 잘 알려진 바와 같이 공격을 통해 불안을 묶는 것의 원형을 인식한다.

이러한 임상사실은 정서이론에 매우 중요하다. 이제 우리는 다음 내용이 동시 발생하는 것을 더 잘 이해하게 되었다.

① **성격차단이나 성격무장과 근육강직**
② **근육강직완화와 불안해소**
③ **불안속박과 근육경직 확립**
④ **리비도이완과 근육이완**
⑤ **근육긴장과 리비도억제**

이것으로부터 이론적 결론을 도출하기 전에 근육긴장과 성긴장 사이의 연관에 관한 추가 임상사실을 살펴보자. 성격분석에서 근육긴장이 풀리기 시작하면 이미 설명했듯이 불안이나 공격충동 내지는 리비도충동이 나타난다. 우리는 리비도충동을 주변(말초)지향 충동으로, 불안을 중추지향 흥분(액체상태)흐름으로 이해한다. 공격흥분은 주변으로 향하는 흥분에

---

[32] 진화론은 예를 들어 거북이의 생물학적 무장이 같은 방식으로 발달되었는지 여부를 결정해야 한다.

해당하며 팔다리 근육조직에만 영향을 미친다. 이 두 가지 흥분흐름 방향이 근육강직에서 **만성 근육긴장증가에서 파생될 수 있다면, 만성 근육고도긴장은 모든 종류의 흥분흐름(쾌락, 불안, 분노)의 억제, 적어도 생장흐름의 광범위한 감소를 나타낸다**는 결론을 내릴 수밖에 없다. 마치 인간의 생물학적 핵심에 근육갑옷이 형성되어 삶기능(리비도, 불안, 공격)의 억제가 일어난 것처럼 보인다. 성격형성이 근육조직의 긴장과 밀접한 관계가 있다면, 우리는 신경증성격과 근육긴장이상증의 기능적 통일을 가정할 수 있다. 이제 이 가정을 확인해 주는 추가사실 뿐만 아니라 성격무장과 근육경직의 기능적 통일의 타당성을 제한할 수 있는 일부 사실도 수집해 보자.

순전히 현상적인 관점에서 볼 때, 우리는 **매력** 즉 사람의 성가치는 무엇보다도 흐르는 정신적 민첩성을 동반하는 그 사람의 근육조직의 느슨함으로 설명할 수 있다는 것이 분명하다. 움직임의 리듬, 움직임에서 근육긴장과 이완의 **교대**[번갈아 나타남]는 말의 변조능력과 전반적인 음악성과 함께 가며 그러한 사람들은 직접 정신접촉 감각도 지니고 있다. 아직 너무 심한 억압, 특히 상당한 규모의 항문억압을 겪지 않은 어린이들의 매력도 같은 것을 기반으로 한다. 반면 뻣뻣하고 어색하고 리듬이 없는 사람들은 정신적으로 뻣뻣하고 나무 같고 움직이지 않으며 말이 거의 변조되지 않는 경향이 있으며 종종 음악적이지 않다. 많은 사람이 결코 '풀리지' 않고, 다른 사람들은 친밀한 우정을 통해서만 '자신을 조금 놓아줄' 수 있다. 이 경우 훈련된 관찰자는 근육조직의 긴장태도변화를 즉시 알아차릴 수 있다. 따라서 정신강직과 신체강직은 예를 들어 대립적 표현이 아니라 통일적 기능이다. 이 유형의 사람들은 관능적이지 않고 불안하지 않아 보인다. 이러한 무장의 깊이에 따라 강직은 다소 강렬한 내부흥분을 동반할 수 있다.

우울하거나 침울한 환자를 관찰하면 마치 모든 움직임이 저항을 극복해야만 가능한 것처럼 말과 얼굴표정이 경직되어 있음을 알 수 있다. 반면 조증환자의 경우 모든 충동이 성격 전체에 급격하게 넘쳐나는 것으로 보인다. 무감각한 긴장증에서는 긴장상태가 풀리면 정신과 근육의 운동성이 회복되는 것처럼 정신강직과 근육강직이 완전히 하나로 합쳐진다[일치한다].

여기에서 웃음('즐거운' 표정)과 슬픔('우울한' 표정)에 대한 이해의 길이 열릴 수 있다. 안면근육은 웃을 때는 수축하고 우울할 때는 이완된다. 이는 근육수축(웃을 때 횡격막의 간대성 경련)이 '배꼽 잡는 웃음'에서처럼 부교감적이고 리비도적인 반면, 근육이완은 교감적이고 반리비도적이라는 사실과 완벽하게 일치한다.

사람들은 흥분울혈이나 만성 흥분억제를 겪지 않는 이른바 '성기성격'의 경우 근육무장이 발생하지 않거나 발생할 수 없는지 궁금해한다. 이것은 성격무장이 본질적으로 근육무장과 기능적으로 같다는 내 논제에 대한 이의제기가 될 것이다. 성기성격에도 '성격'이 발달하기 때문이다. 성기성격을 조사하면 여기서도 무장이 생길 **수 있으며**, 주변을 껍질로 둘러쌈으로써 불쾌로부터 자신을 차단하고 불안을 피할 수 있는 능력이 존재할 수 있음을 알 수 있다. 그러나 자세와 표정의 긴장감이 증가하는 상태에서는 성흥분성과 성향유능력이 저하되지만 노동성취가 항상 저하되는 것은 아니며, 보통 기계적이고 즐겁지 않은 성취가 즐거운 마음으로 수월하게 수행하는 노동을 대신한다. 따라서 행복한 성생활은 생산적인 성취를 위한 최상의 구조적 기반을 제공한다. 성기성격의 무장과 신경증성격의 무장의 차이는 신경증성격의 무장에서 근육강직은 만성적이고 자동적인데 성기적 인간은 근육강직을 마음대로 생성하고 비활성화시킬[기능하지 않게 할] 수 있다는 것이다.[33]

다음 예는 성격태도와 근육긴장상태 및 생장 성흥분체계 사이의 기능적 관계를 보여주는 데 적합하다. 한 피분석자는 자신이 말한 모든 것이 피상

---

33) 성경제적으로 중요한 것은 생체정신 에너지가 속박되는 것이 아니라 속박이 어떤 형태로 이루어지는지, 그것이 에너지의 유용성을 제한하는지 여부다. 정신위생의 목표는 성격이 갑옷을 형성하는 능력을 막는 것이 아니라 자유로운 운동성과 생장에너지의 가능한 최대 가용성, 즉 갑옷의 느슨함을 보장하는 것일 뿐이며, 이것은 기존의 교육 및 도덕 제도와 양립할 수 없는 작업이다.

적이며 가장 심각한 일에 관한 것이라도 '수다'로 스스로 인식했다는 사실이 성격분석에서 드러났다. 이 피상성이 모든 정서자극을 파괴할 수 있다는 것을 의미한다면 그의 성격의 중심저항이 되어야 한다는 것이 곧 분명해졌다. 분석결과 우선 '수다'와 '피상성'은 같은 성격특성을 지닌 계모와의 동일시와 일치하는 것으로 나타났다. 따라서 이 어머니동일시에는 아버지에 대한 수동여성 태도가 포함되어 있으며, 수다떨기는 동성애대상을 획득하고 즐겁게 하고 위험한 사자에게 하듯이 '애무'하려는 경향을 지니도록 만들려는 시도였다. 그러나 이것은 또한 대체접촉기능을 지니고 있었는데, 다른 한편으로 환자는 아버지와 아무 관계도 없었기 때문에 아버지에 대해 접촉이 없다고 느꼈고 이것은 분석 후반에야 밝혀졌다. 비접촉성의 이면에는 강력한 아버지공격에 대한 억압이 작용하고 있었다. 따라서 수다떨기는 수동여성 구애의 표현(생장기능), 공격경향에 대한 방어(갑옷기능), 비접촉성에 대한 보상을 동시에 나타낸다. 피상성의 정신내용은 다음과 같이 정식화할 수 있다. "나는 아버지를 내 편으로 끌어들이고 싶고 아버지를 기쁘게 해드리고 아버지를 즐겁게 해드리고 싶고 그렇게 함으로써 나는 꽤 기분이 좋을 것이지만, 아버지는 나에게 완전히 무관심하고 나는 실제로는 아버지를 미워하고 견딜 수 없으며 기본적으로 아버지와 아무 관계도 맺지 않는다." 이 환자는 설명한 정신태도와 별도로 어색함과 근육강직으로 인해 즉시 눈에 띄었다. 그는 진료에서 성격분석가에게 잘 알려진 방식으로, 즉 판자처럼 딱딱하고 뻣뻣하며 움직이지 않고 누워있었다. 이 근육무장을 먼저 돌파하지 않으면 분석노력은 무의미하다는 것이 분명했다. 환자는 불안한 인상을 보였지만 명시적 질문에는 불안을 느끼지 않았다. 설명한 특징 외에도 그는 심각한 이인화 상태를 보였고 마치 자신이 살아있지 않은 것처럼 느꼈다. 매우 흥미로운 어린 시절 경험은 그 자체로 또는 신경증증상과의 관계에서 중요한 것이 아니었고, 처음에는 이러한 무장과 관련해서만 중요했다. 무장을 돌파하고 무장요소에서 어린 시절의 경험과 사라진 것처럼 보이는 생장흥분을 추출하는 것이 중요했다.

    우선 피상성은 '심층불안' 또는 추락불안으로 밝혀졌다. 이러한 맥락에서 환자는 추락불안이 자신을 매우 지배했다는 설득력 있는 보고를 했다. 그는 익사하는 것, 산 협곡에 떨어지는 것, 배 갑판에서 바다로 떨어지는 것을 두려워했다. 그는 터보건[바닥이 평평한 썰매] 등을 타는 것을 두려워했다. 이러한 불안이 엘리베이터에서 흔들리며 내려갈 때 횡격막 부위에서 경험하는 전형적인 감각의 회피와 연결되고 그것에 뿌리를 두고 있다는 것이 곧 분명해졌다. 『오르가즘의 기능』에서 나는 많은 사례에서 오르가즘흥분불안이 추락불안으로 구체적으로 경험된다는 것을 보여줄 수 있었다. 따라서 환자가 정확히 이러한 종류의 심각한 오르가즘장애를 겪었다는 것은 놀라운 일이 아니다. 간단히 말해서, 피상성은 수동 태도나 '선천적' 성격특성 이상이었다. 피상성은 환자의 정신작용에서 매우 명확한 기능을 가졌는데 '심층불안'과 생장흥분의 감각작용을 피하는 **능동** 태도였다. 이 두 가지 방어된 상태 사이에는 반드시 어떤 관련이 있었다. **나는 추락불안이 생장흥분불안과 같아야 한다**고 생각했다. 하지만 어떻게?

환자는 어려서 그네를 탈 때 횡격막감각을 느끼자마자 즉시 뻣뻣해졌고 근육경련이 일어났다고 회상했다. 리듬감 부족, 서투름, 산만함이 특징인 그의 근육습관은 이 시기에 생겨났다. 그가 완전히 음악적 재능이 없는 것처럼 보였다는 것이 음악이론가에게는 흥미로울 것이다. 그러나 음악성 부족은 역사도 지니고 있다. 그의 성격 비접촉성 및 근육무장의 역사와 관련하여 분석은 이 결함이 생장흥분에 대한 방어와도 일치한다는 증거를 제공했다. 그가 어렸을 때 어머니가 감상적인 노래를 불러주곤 했는데, 이는 자신을 엄청나게 흥분시키고 긴장상태에 빠뜨리고 운동불안을 유발했다고 회상했다. 어머니와의 리비도관계를 억압한 결과 그의 음악성 또한 억압의 희생양이 되었다. 어머니와의 관계가 주로 음악적 경험에 기반을 두고 있었을 뿐만 아니라 음악적 생장흥분을 견딜 수 없었기 때문에, 음악성부족은 심한 불안을 겪었던 어린 시절의 자위를 포함한 흥분경험과 관련된다.

환자는 종종 꿈에서 무의식재료를 발견하는 것에 대한 저항을 지하실에 들어가거나 구덩이에 빠지는 것을 불안해하는 방식으로 표현한다. 이러한 의미관련은 확실할지라도 이해할 수는 없다. 왜 무의식이 심층과 연관되어야 하고 무의식불안이 추락불안과 연관되어야 하는가? 이 수수께끼는 다음과 같은 방식으로 풀렸다. 무의식은 억압된 생장흥분의 저장소, 즉 자유롭게 발산하고 떠다니는 것이 허용되지 않는 흥분의 저장소이다. 생장흥분은 건강한 사람들에게서처럼 성흥분과 만족감 형식으로 정신유기체 내지는 자기인식에 알려져 있거나, 생장운동성 장애로 고통받는 사람들의 대장 신경절 부위에서 불쾌해지는 불안감과 중압감 형식으로 알려져 있다. 이러한 생장흥분은 급격한 하강 중에 경험하는 심장 부위와 횡격막 부위에서 그리고 근육조직에서의 감각과 매우 유사하다. 이러한 맥락에서 가파른 벼랑 끝에 서서 아래를 내려다볼 때 성기 부위에서 느껴지는 감각도 언급해야 한다. 이 상황에서 추락한다는 생각은 대개 성기수축감각을 동반한다. 이것은 유기체가 단지 위험하다는 생각만으로도 위험한 상황이 실제인 것처럼 행동하고 스스로 물러나는 표현에 지나지 않는다. 다른 곳에서 설명했듯이 공포의 경우 체액형태의 에너지가 유기체의 중심으로 흘러 들어가 성기와 횡격막 부분에 울혈을 일으키고, 추락의 경우 이 과정이 생리적으로 유기체의 자동반응으로 주어지기 때문에 **심층관념과 추락관념은 유기체의 중심 흥분감각과 기능적으로 같다**는 것이 분명하다. 여기에서 우리는 수많은 사람이 불안감각과 쾌락감각이 뒤섞인 흔들림, 급격한 하강 등을 경험한다는 다른 방법으로는 이해할 수 없는 사실을 더 잘 이해할 수 있다. '생장적 삶의 원대립'[34])이라는 작업에서 확립한 성경제학 개념에 따르면 불안과 쾌락은 한 줄기에서 자라며 서로 대립하는 일란성 쌍둥이일 뿐이다. 따라서 우리 환자에게 돌아오면, 무의식불안은 심층불안과 동일해야 한다. 우리 환자의 피상성은 이제 성경제학 용어로 불쾌하고 불안한 것으로 경험되는 불안을 피하고 쾌락이라는 생장흥분을 피하기 위한 능동 성격태도라고 이해할 수 있다.

---

34) 참조. 라이히, "생장적 삶의 원대립"(Der Urgegensatz des vegetativen Lebens), *Zeitschrift für Politische Psychologie und Sexualökonomie*, 1934.

여기에는 정서차단도 포함된다. 근육강직과 성격의 피상성 및 비접촉성 사이의 연관은 여전히 의문이다. 근육무장은 생리태도에서 비접촉성과 성격정신 태도에서 피상성으로 인해 같은 기능을 수행한다고 말할 수 있다. 성경제학은 생리장치와 정신장치 사이의 원관계를 상호의존관계로 생각하지 않고 오히려 동시에 대립하는 기능적 동일성 즉 **변증법적** 관계라고 가정하기 때문에, 근육경직이 성격무장, 비접촉성, 정서차단 등과 기능적으로 같은지에 대한 추가질문도 제기된다. 생리태도가 정신태도를 결정하고 그 반대의 경우도 마찬가지이기 때문에 **대립**관계는 분명하다. 그러나 이 두 가지가 서로 영향을 미친다는 사실보다 둘의 기능적 동일성을 뒷받침하는 모든 것이 정신신체 관계를 이해하는 데 훨씬 더 중요하다.

이제 생장에너지가 법칙에 따라 정신무장과 근육무장에서 벗어날 수 있는 분명한 방법을 보여주는 임상사례를 추가하고자 한다.

또 다른 환자는 수동동성애 충동에 대한 강렬한 남근자기애 방어가 특징이다. 이 중심적인 정신갈등의 외형은 다음과 같았다. 신체는 뻣뻣하고 과도하게 긴장되어 있었으며, 성격은 보상받으려는 방식으로 공격적이었다. 분석은 그에게 이 갈등을 보여주는 데 가장 큰 어려움을 겪었다. 왜냐하면 그는 통상적이지 않은 방식으로 항문동성애 흥분의 발발과 인식에 저항했기 때문이다. 하지만 항문동성애 흥분이 발발했을 때 환자는 놀랍게도 생장쇼크를 겪었다. 그는 어느 날 뻣뻣한 목, 심한 두통, 동공 확장, 얼룩덜룩한 피부창백함과 발진이 번갈아 나타나고 심한 압박감을 느껴 분석하러 왔다. 머리를 움직이면 머리에 가해지는 압력이 줄고 휴식을 취하면 늘어났다. 심한 메스꺼움과 현기증은 교감신경 항진증[긴장]의 그림을 완성했다. 환자는 곧 회복되었다. 이 사례는 성격·성울혈과 생장장치 사이의 관계에 대한 나의 견해의 타당성을 강력하게 확인시켜 주었다. 정신분열증 문제는 이 방향에 놓여 있는 것 같다. 정신병의 경우 생장적인 것과 성격적인 것 사이의 매우 전형적이고 눈에 띄는 기능연관에 대해서는 여기에 제시된 방식으로 한 번은 일관되고 만족스러운 설명을 해야 한다. 그 기능연관에서 새로운 점은 정신장치와 생장체계가 서로 연관되어 있고 기능 관계에 있다는 지식이 아니라 다음과 같은 것이다.

첫째, 정신적인 것의 기본기능은 성경제적 성격을 지닌다.

둘째, 성흥분과 불안흥분은 생체정신 유기체의 대립적 흥분 및 유동적 움직임과 동일하며 신체에서만 끌어낼 수 있는 생장기능의 원 대립을 나타낸다.

셋째, 성격형성은 생장에너지의 **속박**결과이다.

넷째, 성격무장과 근육무장은 기능적으로 같다.

다섯째, 일정한 기법의 도움으로 성격무장과 근육무장에서 생장에너지를 추출할 수 있다, 즉 현재로는 이 기법을 통해서만 재활성화시킬 수 있다.

여기서 성격분석 임상진료에서 나온 이론은 변증법적 정신신체 관계에 관한 포괄적인 관념에 대한 첫 접근일 뿐이며, 여전히 해결해야 할 문제가 지금까지 해결한 문제보다 비교할 수 없을 정도로 더 복잡하고 많으며 어렵다는 점을 강조하고 싶다. 그러나 전체 문제영역에 대한 몇 가지 기본정식을 만드는 데 확실히 성공한 것으로 보이며, 이 기본정식은 아마도 정신신체 관계에 대한 우리의 인식을 발전시키는 데 적합할 것이다. 변증법적 유물론[기능적] 조사방법을 적용하려는 시도는 성공했으며 결과를 통해 정당화되었다. 이는 형이상학적–이상주의적 방법이나 기계론적–인과적–유물론적 방법을 통해 정신신체 관계에 대한 유용한 지식에 도달하려는 시도와 첨예하게 대립한다. 그러나 이 시점에서 후자의 방법에 대한 근본적인 인식론적 반박을 제시하는 것은 너무 멀리 나아가는 것이다. 성경제학적 견해는 변증법적 사유를 하고 문제설정을 오르가즘의 기능에 집중한다는 점에서 정신신체에 관한 새로운 '전체적 파악' 및 '통일적 파악'과 다르다.

10. 자연스러운 발달에서 두 가지 커다란 도약[35]

지금까지 우리는 풍부한 임상관찰에 근거하여 정신적인 것과 유기체의 관련에 대한 이론적 관점을 형성할 수 있었다. 이러한 관점을 바탕으로 이 분야에서 추가작업에 대한 가설을 세우는 것은, 성과가 없거나 오해의 소지가 있는 것으로 판명되면 기꺼이 다시 폐기할 의지만 있다면 확실히 위험하지 않다.

자연스러운 발달에서 우리는 **점진적인** 발달과정을 시작하는 두 가지 갑작스러운 도약을 볼 수 있다. 첫 번째 도약은 비유기적[무기적] 존재에서 유기적 삶 또는 생장적 삶으로의 도약이다. 두 번째 도약은 유기적-생장적 발달에서 정신장치, 특히 중심적인 **자기지각** 능력을 지닌 의식의 발달로의 도약이다. 유기물은 무기물에서, 정신은 생장에서 성장함에 따라 두 발달의 산물은 기능과 과정에서 모체의 기본법칙을 이어받는다. 원칙적으로 우리는 유기물에서는 무기물에서와 같은 화학·물리 법칙을 발견하고 정신적인 것에서는 생장적인 것에서처럼 긴장과 이완, 에너지 울혈과 방출, 과민성 등의 같은 기본반응을 발견한다. 우리가 성격발달에서 관찰할 수 있고 해리와 새로운 형성의 대립으로 묘사한 변증법적 현상은 분명히 무기물에서 유기물로, 유기적-생장적인 것에서 정신적인 것으로라는 두 가지 더 포괄적이고 일반적인 발달을 지배한다. 유기체 안에서 유기적인 것이 무기적인 것과 대립하고 마찬가지로 정신적인 것은 생장적인 것과 대립한다.[36]

무기적인 것과 유기적인 것은 통일적이면서도 동시에 대립한다. 의식생활, 특히 의식의 가장 독특하고 수수께끼 같은 기능인 정신장치의 자기지

---

35) 주, 1945. 1942~1945년 〈국제 성경제학 및 오르곤연구 저널〉(International Journal of Sex-economy and Orgone-Research)에서 나의 오르곤 생체신체학 관련 출판물을 보라.
36) 이러한 발언은 부정확하다. 그러나 '정신적인 것'과 생장적인 것의 관계와 그 두 가지와 의식의 관계에 대해 지금 구속력 있는 진술을 하는 것은 시기상조일 것이다.

각능력에서 우리는 위에서 언급한 대립의 **직접** 표현을 볼 수 있다. 이인화 현상에서 자기지각기능은 병리적으로 왜곡될 뿐이다. 변증법적 유물론[기능적] 조사방법의 도움으로 이인화 및 관련 현상에 대한 우리의 지식을 심화시키면 아마도 의식문제를 해결하는 데 중요한 단서를 제공할 수 있을 것이다.

나는 이러한 단서를 우선 올바른 접근방식을 찾아야 하는 매우 어두운 영역에 대한 거친 개괄[스케치]로만 받아들일 것을 요청한다. 이 다략적인 개괄은 신체기능과 정신기능 사이의 관계를 바라보는 이전 방식과는 근본적으로 다르지만, 지금까지 사물을 바라보는 다른(기계적-유물론적, 이상주의적 등) 방식이 우리가 완전히 속지 않는 한 접근할 수 없고 앞으로도 접근할 수 없는 상태로 남을 수밖에 없는 문제들을 성공적으로 해결하지 못한다면, 진지하게 받아들여 달라고 요구할 수 없을 것이다.

이러한 삶의 근본질문은 현재 깊은 어둠 속에 있으며, 이 질문에 접근하기 위해서는 두 가지가 필요하다. 첫째, 새로운 관점을 형성하는 데 극도의 주의가 필요하고 둘째, 한 단계 더 나아가지 못하고 아직 달성할 수 없는 문제에 대한 해결을 성급하게 기대하는, 사물을 보는 모든 다른 방식과의 단절이 필요하다. 변증법적 유물론 심리학 앞에 놓인 길은 불확실하고 오류의 원천으로 가득 차 있다. 성경제학은 이제 막 몇 가지 기본정식에 도달하였으며 실험적인 오르가즘연구를 기다리고 있다. 한 가지 확실한 것은, 자연과학이 신체와 영혼의 관계에 관한 문제를 실제로 해결하는 데 성공한다면 즉 살롱철학 뿐만 아니라 인간의 실천에도 영향을 미치는 방식으로 그 문제를 파악하는 데 성공한다면, 초월적 신비주의, '객관적 절대정신'의 시대, 따라서 좁은 의미와 넓은 의미에서 종교 아래서 이해되는 모든 이데올로기의 시대를 물리칠 것이다. 인간의 생장적 삶은 일반적인 자연과정의 일부일 뿐이다. 인간은 자신의 생장흐름 속에서 동시에 자연의 일부를 경험한다. 이에 대한 현실적 파악은 그 근원에 대한 우리의 불완전한 지식으로 이내 삶을 파괴하고 (생장에너지의 생산적인 발전을 방해하여 질병과 고통을 유발하며) 더욱이 자신의 존재를 운명으로 여기며 변함없이 철학적으로 깊이 정당화되는 정신구성물이 존재할 여지를 남기지 않을 것이다. 사람들은 자신의 존재에 대처하는 대신 어두운 '대양'감정에 감동하여 슬퍼하고 꿈에서 파괴된다. 우리는 그들이 꿈꾸는 삶의 정치적 경제적 수혜자가 누구인지 알고 있다. 그러나 그들의 꿈은 다가오는 생장적 삶의 생산성을 예고하는 것일 뿐이다. 언젠가 과학이 인류의 지상 행복이라는 꿈을 이루는 데 성공할 수도 있고, 과학이 정치가 되고 정치가 과학이 되는 데 성공할 수도 있다. 그러면 삶의 의미에 대한 영원히 풀리지 않는 질문은 삶의 진정한 성취로 바뀔 것이다.

2장
살아있는 것의 표현언어

1. 오르곤치료에서 감정의 기능

'오르곤치료법'이라는 용어는 생물학 에너지인 오르곤을 사용하는 모든 의료 및 교육 기법을 포괄한다. 오르곤치료법이라는 용어가 유래된 우주오르곤에너지는 1939년에야 발견되었다. 그러나 이 발견이 이루어지기 훨씬 전에 성격분석의 목표는 성격무장과 근육무장에서 '정신에너지'를 방출하고 오르가즘능력을 생성하는 것이었다. 오르곤 생체신체학에 정통한 사람들은 성격분석(1926년에서 1934년까지)에서 '생장치료법'(1935년부터)의 발전에 대해 잘 알고 있다. 하나의 같은 과학분야에서 그렇게 다양한 이름이 생겨난 것은 과도한 선정주의 때문이 아니었다. 오히려 정신생활과정에 에너지라는 과학적 개념을 일관되게 적용했기 때문에, 다양한 발달단계에서 새로운 기법에 대한 새로운 용어를 만들어야 했다.

우주오르곤에너지에 대한 접근을 열어 준 것이 성경제적 정신의학이었다는 점은 **에너지기능주의**의 위대한 승리라고 생각할 수 있다. 오르곤에너지는 엄밀히 말하면 물리적 형식의 에너지이지만 물리학자가 아닌 정신과의사가 그것을 발견했다는 것은 잘 알려진 사실이다. 생체정신의학 분야에서 이 발견의 논리는 나의 책 『오르곤의 발견 1: 오르가즘의 기능』에서 묘사한 그 발견의 발달과정으로 알 수 있다.

1935년 오르가즘반사를 발견하였을 때 성격분석의 강조점은 신체로 옮겨갔다. '생장치료법'이라는 용어는 이러한 변화를 반영하기 위한 것이었는데, 그때부터 내 의료기법은 **생리**영역의 성격신경증에 영향을 미쳤기 때문이다. 따라서 우리는 정신장치**와** 신체장치에 대한 작업을 하나로 결합하기 위해 '성격분석적 생장치료법'이라고 말했다. 이 표현에는 당시에는 해결할 수 없었던 몇 가지 단점이 있었다. 용어가 너무 길었다. 또한 독일어로는 정확하지만 영어로는 '야채(vegetable)'를 연상시키는 '생장(vegetative)'이라는 단어가 포함되어 있었다. 마지막으로 이 용어는 유기체를 정신부분과 신체부분으로 구분하기 때문에 유기체의 통일이라는 틀에서 파악하려는 우리의 견해와 모순되었다.

오르곤의 발견은 이러한 개념상의 어려움을 없앴다. **우주오르곤에너지는 살아있는 유기체에서 특정한 생물학 에너지로 기능한다.** 이처럼 오르곤은 그 자체로서 전체 유기체를 제어하며 순수한 생체신체 기관운동으로 뿐만 아니라 감정으로도 표현된다. 이런 식으로 정신의학은 존재 이후 처음으로 자체 수단으로 객관적인 자연과학 과정에 뿌리내렸다. 이것은 더 자세한 설명이 필요하다.

오르곤이 발견되기 전까지 정신의학은 자신의 심리학적 주장을 **객관적**이고 정량적으로 정당화하려고 할 때 항상 무기물리학에서 근거를 빌려야 했다. 기계적 뇌병변이나 유기체의 물리[신체]화학 과정도 그리고 확실히 감각과 관념의 대뇌국소화라는 구식 방법도 감정과정을 만족스럽게 이해할 수 없었다. 이와는 반대로 오르곤 생체신체학은 처음부터 정신의학의 핵심질문인 **감정**과 아주 잘 맞아떨어졌다. '감정(Emotion)'이라는 단어는 문자 그대로 '밖으로 움직인다' 또는 '솟아난다'를 의미한다. 우리는 감각작용과 움직임에 대해 말할 때 '감정'이라는 단어를 문자 그대로 받아들여야 한다. 우리가 작은 전기자극의 영향을 받아 흘러 다니는 아메바를 현미경으로 관찰하는 것은 감정이라는 용어의 의미를 분명하게 전달한다. **감정은 본질적으로 혈장움직임일 뿐이다.** 즐거운 자극은 '원형질이 중심에서 주변으로 향하는 감정'을 불러일으킨다. 반대로 불쾌한 자극은 원형질이 주변에서 유기체의 중심으로 향하는 '감정' 또는 더 정확하게는 '재운동(Remotion)'을 불러일으킨다. 생체신체 혈장흐름의 이 두 가지 기본방향은 이제 정신장치의 두 가지 기본정서인 쾌락과 불안에 각각 해당한다. 오실로그래프[37] 실험을 통해 알 수 있듯이 신체 혈장움직임과 그에 상응하는 감각은 기능적으로 완전히 같다. 이것들은 서로 분리될 수 없고 서로 상대가 없이는 생각할 수 없으며, 우리가 알다시피 기능적으로 같을 뿐만 아니라 동시에 대립하기도 한다. 혈장흥분은 생체신체로 감각작용을 전달하고 감각작용은 혈장운동으로 표현된다.

이러한 사실은 이제 오르곤 생체신체학의 확고한 기초가 되었다.

우리가 '성격분석'을 통해 성격무장에서 감정을 동원하든 '생장치료법'을 통해 근육무장에서 감정을 동원하든 상관없다. 이 각각의 경우에 우리는 혈장흥분과 움직임을 유도한다. 이 과정에서 움직이는 것은 다름 아닌 체액에 결합된 오르곤에너지이다. **따라서 혈장흐름과 감정의 동원은 유기체에서 오르곤에너지의 동원과 같다.** 이 징후는 혈관운동 기능의 변화를 통해 임상에서 명확하게 알 수 있다. 따라서 우리가 기억을 불러일으키거나 방어기제를 해제하거나 근육긴장을 제거하는 모든 경우에 우리는 항상 유기체의 오르곤에너지에 대해 작업하는 것이다. 다양한 방법의 차이는 효과의 차이일 뿐이다. 기억은 횡격막블록의 해소만큼 정서분출을 가져올 수 없다.

이제 내가 '오르곤치료법'이라고 표현할 때 성격분석과 생장치료법을 포함하자고 제안하는 이유를 독자들은 충분히 이해할 수 있다.[38] 이들의 공통점은 환자의 혈장흐름을 동원하여 환자를 치료한다는 목표에 있다. 다시 말해 진료에서 유기체에 대한 우리의 **통일된** 파악에 대해 진지하게

---

37) 전기흐름이나 전압과 같이 시간에 따라 변하는 전기의 양을 나타내고 기록하는 장치. [옮긴이 주]
38) 오르곤축적기를 이용한 순수한 생리적 오르곤치료는 『오르곤의 발견, 2권』(『암 생체병리』)에서 논의한다.

생각한다면, 어떤 상황에서도 살아있는 유기체를 여기에서는 성격특성으로 저기에서는 근육으로 또 다른 곳에서는 혈장기능으로 나눌 수는 없다.

오르곤치료법은 **생물학적 심층**, 혈장체계 또는 기법적으로 말하자면 유기체의 **생물학적 핵심**에 작업을 집중한다. 따라서 우리가 결정적인 단계를 밟았다는 것이 독자에게 분명해질 것이다. 우리는 심리학, 심지어 '심층'심리학 연구분야를 떠나 신경과 근육의 생리학을 넘어 원형질기능 분야까지 나아갔다. 이러한 진전은 매우 진지하게 받아들여져야 하며, 우리의 생체정신의학 관행을 근본적으로 바꾸기 때문에 진료와 이론에서 중요한 결과를 가져온다. 우리는 더는 개인의 갈등과 특정한 무장이 아니라 **살아있는 것** 자체에 대해 작업하고 있다. 우리가 점차 이러한 살아있는 것을 이해하고 영향을 미치는 법을 배우면서 순전히 심리적, 생리적 기능이 그 자체로 작업의 영역에 들어온다. 도식적 전문화는 더 이상 불가능하다.

2. 혈장 표현움직임과 감정 움직임표현

'살아있는 것'을 기능적으로 엄밀하게 정의하기는 어렵다. 이전의 심리학 및 심층심리학의 생각은 문자형성에 묶여있다. 그러나 살아있는 것은 모든 문자관념과 문자개념을 넘어서 기능한다. 문자언어는 이미 고도로 발달한 생물학적 표현형식이다. 살아있는 것은 언어와 문자가 형성되기 훨씬 이전부터 기능했기 때문에 문자언어는 살아있는 것의 필수 속성은 아니다. 따라서 심층심리학은 [문자형성에 묶여 있어서] 나중에 발달한 삶 기능과 함께 작동한다. 동물에게는 소리를 통한 표현이 있다. 그러나 살아있는 것은 또한 모든 소리형성 이전과 이후에도 하나의 표현형식으로 기능한다.

문자형성 자체는 살아있는 것이 어떤 방식으로 자신을 표현하는가라는 문제에 대한 접근방식을 드러낸다. 표현을 의미하는 독일어 아우스드루크(Ausdruck)와 이에 상응하는 영어 '익스프레션(expression)'은 분명히 기관감각을 기반으로 살아있는 것의 언어를 정확하게 묘사한다. **살아있는 것은 움직임으로 자신을 표현**하므로 우리는 '표현움직임'이라고 이야기한다. 표현움직임은 원형질의 속성과 밀접하게 관련되어 있다. 이것은 살아있는 것을 모든 무생물체계와 구별한다. 이 단어는 말 그대로 살아있는 체계에서 무언가가 '표현된다'거나 '밖으로 밀어내 움직인다'고 말하며, 우리는 문자 그대로 받아들여야 한다. 이것은 원형질의 사전 팽창, 즉 팽창 또는 수축 외에는 아무것도 의미할 수 없다. '감정'의 문자 그대로의 의미는 '움직임'이다. 동시에 '표현움직임'이다. 원형질의 감정 또는 표현움직임의 물리[신체]적 과정은 우리가 **'움직임표현'**이라고 부르는 데 익숙한 직접 이해할 수 있는 **의미**와 뗄 수 없는 관계에 있다. 따라서 원형질 움직임은 감정의 의미에서 표현되며 유기체의 모든 감정이나 표현은 움직임과 연결된다. 이 문장의 두 번째 부분은 약간의 수정이 필요하다. 우리는 오르곤 치료법을 통해 인간에게 움직이지 않거나 경직된 표정이 있다는 것을 알고 있기 때문이다.

우리는 여기서 말장난을 하는 것이 아니다. 문자[단어]형성에서 언어는 내면의 움직임상태와 기관감각에 대한 인식에 기초하고 있으며 감정상태를 설명하는 단어는 살아있는 사람의 해당 표현움직임을 **직접** 반영한다는 것이 분명하다.

언어가 혈장의 감정상태를 직접 반영한다고 해도 이 상태 자체에 접근할 수는 없다. 살아있는 것은 문자언어 **이전**과 **이후**에도 기능할 뿐만 아니라 **문자로는 전혀 파악할 수 없는 고유한 움직임표현 형식을 지니고 있다.** 음악을 좋아하는 사람이라면 누구나 훌륭한 음악이 불러일으키는 감정상태를 알고 있다. 이러한 감정상태를 말로 표현하려고 하면 음악 감각이 긴장된다. 음악은 말이 없으며 말없이 남아 있으려고 한다. 하지만 음악은 살아있는 것의 움직임을 표현하며 듣는 사람에게 '표현'이나 '감동'을 불러일으킨다.

음악의 말 없음[무언]은 일반적으로 신비로운 영성[정신성](Geistigkeit)의 표시이거나 말로 표현할 수 없는 가장 심오한 느낌의 표현으로 묘사된다.

자연과학 관점에서는 음악표현이 살아있는 것의 궁극적 심층과 연결되어 있다는 해석을 인정한다. 따라서 위대한 음악의 '영성'으로 간주되는 것은 감정의 진지함이 **언어한계를 넘어선** 살아있는 것과의 접촉과 같다는 단순한 사실을 또 다른 방식으로 말하는 것일 뿐이다.

지금까지 과학은 음악적 움직임표현의 본질에 대해 어떤 결정적인 것도 말할 수 없었다. 예술가 자신은 의심할 여지 없이 삶기능의 심층에서 말 없는 표현움직임 형식으로 우리에게 말한다. 그러나 예술가는 자신이 음악으로나 회화로 표현한 것을 더는 우리만큼 말로 잘 표현할 수 없다. 실제로 그는 예술의 표현언어를 인간의 문자언어로 번역하려는 모든 시도에 반대한다. 그는 자신의 표현언어의 순수성에 매우 관심이 많다. 이런 식으로 그는 살아있는 것은 모든 문자언어 이전에, 너머에, 그리고 문자언어와 독립적으로 고유한 표현언어를 지니고 있다는 오르곤신체학의 주장을 확인한다. 이 문제에 대해 오르곤치료작업이 무엇을 말해주는지 살펴보자.

오르곤치료법의 일상경험을 살펴보자.

환자들은 고통으로 가득 찬 채 오르곤치료사를 찾아온다. 훈련된 눈으로는 이 고통을 신체의 표현움직임과 움직임표현에서 직접 읽을 수 있다. 환자가 마음대로 말하게 하면 말이 고통에서 멀어지고 이런저런 방식으로 고통을 감추게 된다는 것을 알 수 있다. 올바른 결정을 내리려면 환자에게 당분간 말을 하지 말라고 해야 한다. 이 조치는 매우 유익한 것으로 판명되었다. 환자가 말을 멈추자마자 신체 움직임표현이 명확해진다. 몇 분의 침묵이 지나면 일반적으로 가장 두드러진 특성 또는 더 정확하게는 혈장 움직임표현을 파악하게 된다. 환자가 말하는 동안 다정하게 웃고 있는 것처럼 보이지만 침묵하면 그 미소는 공허한 미소로 바뀌고, 이는 환자 자신이 쉽게 인식할 수 있는 가면 같은 성격이다. 환자가 말하는 동안 자신의 운명에 대해 차분하고 진지하게 말하는 것처럼 보이면, 침묵하는 동안에는 턱과 목에 절제된 분노표정이 분명하게 나타난다.

이러한 예는 **문자언어가 한결같이 방어로도 기능한다**는 것을 보여주기에 충분하다. 문자언어는 생물학적 핵심의 표현언어를 은폐한다. 많은 사례에서 문자언어의 기능이 퇴화하여 문자는 아무것도 표현하지 않고 목근육과 음성근육의 지속적이고 무의미한 활동에 불과하게 된다. 나는 진지한 경험을 바탕으로 수년간의 많은 정신분석에서 치료가 이러한 병리적 문자언어의 희생양이 되었다고 믿는다. 이 임상경험을 사회영역으로 옮길 수 있고 심지어 옮겨야 한다. 무수한 강의, 출판물, 정치토론은 삶의 중요한 질문을 드러내는 것이 아니라 문자홍수 속에 숨기는 기능을 한다.

오르곤치료법은 주로 문자언어를 제거함으로써 환자가 자신을 **생물학적으로** 표현하도록 장려한다는 점에서 유기체에 영향을 미치는 모든 다른 방법과 다르다. 이런 식으로 이 접근방식은 환자가 끊임없이 도망치는 심층으로 그를 이끈다. 따라서 오르곤치료법에서 사람은 살아있는 것의 언어를 알고 이해하고 영향을 미치는 법을 배운다. 살아있는 원형질의 주요 표현언어를 환자에게서 '순수한' 언어로 쉽게 얻기는 거의 불가능하다. 그의 움직임표현이 생물학적으로 '순수'했다면 그가 오르곤치료사를 찾을 이유가 없었을 것이다. 우리는 **진정한** 생물학적 움직임표현에 도달하기 위해 삶과정 자체에는 존재하지 않는 수많은 병리적이고 부자연스러운 표현 움직임을 거쳐야 한다. 인간의 생체병리는 살아있는 것의 자연스러운 표현형식에 대한 모든 왜곡의 합계에 지나지 않는다. 병리적인 표현형식을 드러냄으로써 우리는 문자언어로 작동하는 치유방법을 통해서는 접근할 수 없는 깊이 있는 인간의 생체병리를 알게 된다. 이것은 이러한[문자언어로 하는 치료] 방법이 부적절하기 때문이 아니다. 이러한 방법은 자신의 분야에서 완벽하다. 불행히도 **왜곡된 삶의 표현을 지닌 생체병리는 언어와 관념의 영역 밖에 있다.**

따라서 인간 생체병리에 대한 오르곤치료작업은 본질적으로 문자언어의 영역을 벗어난다. 물론 우리도 구어를 사용하는데 그 문자는 일상생활의 생각에 호소하는 것이 아니라 기관감각에 호소한다. 예를 들어, 환자가 자신의 상태를 생리 측면에서 이해하도록 하는 것은 무익할 것이다. 우리는 그에게 "당신의 저작근육은 만성 수축상태에 있으므로, 말할 때 턱이 움직이지 않고 목소리가 단조로우며 이 같은 이유로 울 수 없으며, 울고 싶은 충동에 맞서기 위해 끊임없이 삼켜야 한다"라고 말하지 않는다. 환자는 그러한 문장을 정말 지성적으로 이해하겠지만 그 상태를 전혀 바꿀 수 없다.

우리는 생물학적 심층수준을 이해하려고 노력한다. 어떤 **개별**근육이 수축하는지 정확히 말할 수 있는가는 전혀 중요하지 않다. 예를 들어 저작근육을 누르는 것은 아무 소용이 없으며 일반적인 통증 외에는 반응이 없을 것이다. **우리는 몸짓[제스처]언어를 다룬다.** 환자의 얼굴**표정을 느낄** 때만 우리는 그것을 이해할 수 있다. 그리고 여기서 '그를 이해한다'는 것은 엄밀히 말하면 그에게서 어떤 감정이 '표현'되는지 아는 것을 의미한다. 감정이 움직이면서 활발하든 움직이지 않고 절제되든 아무 차이가 없다. 우리는 움직이는 감정과 절제된 감정의 차이점이 무엇인지 이해해야 한다.

우리는 환자의 '움직임표현'을 '느낄' 때 일차적인 **생물학적 기능**을 가지고 작동한다. 참새 무리에서 한 마리의 참새가 불안하여 위험을 감지하고 날아가면 다른 참새들이 위험의 원인을 알아차리든 못 하든 전체로 무리지어 날아간다. 동물영역의 공황반응은 불안의 움직임표현을 무의식적으로 재현하는 데 기반을 두고 있다. 상공에서 흥미로운 것을 관찰하는 척하면 길거리에 있는 수많은 사람이 걸음을 멈추고 하늘을 유심히 쳐다보게 만들 수 있다. 이 예로 충분하다.

환자의 움직임표현은 우리 유기체에서 무의지적 **모방**으로 이어진다. 모방을 통해 우리는 우리 자신의 표현과 환자의 표현을 느끼고 이해한다. 모든 움직임에는 표현이 있고 따라서 원형질의 감정상태를 드러내기 때문에 몸짓언어와 표현언어는 환자의 감정과 접촉하는 필수적인 소통수단이 된다. 이미 강조했듯이 문자언어는 몸짓언어를 방해한다. '성격태도'를 우리는 유기체의 '**전체 표현**'이라고 이해한다. 이것은 말 그대로 유기체가 우리에게 주는 '**전체 인상**'에 해당한다.

다양한 사람들의 움직임표현은 사람마다 매우 다를 수 있다. 똑같은 말투나 숨고르기나 걸음걸이를 지닌 두 사람은 존재하지 않는다. 하지만 우리는 일반적으로 유효한 몇 가지 표현형식을 구분할 수 있다. 심층심리학에서 우리는 원칙적으로 근육무장과 성격무장을 기준으로 **'신경증'**성격과 **'성기'**성격을 구분한다. 우리는 유기체가 관련자가 임의로 변경하거나 제거할 수 없는 단단한 갑옷에 의해 지배되는 경우 **'신경증'**성격이라고 말한다. 감정반응이 경직된 자동화에 의해 제한되지 않을 때, 즉 해당 관련자가 자신이 처한 각 상황에 따라 생물학적으로 반응할 수 있을 때 우리는 **'성기'**성격이라고 말한다. 이 두 가지 기본 성격유형은 이제 생물학적 기능 분야에서도 매우 선명하게 구분할 수 있다.

무장, 무장종류, 무장의 강직 정도 그리고 감정 움직임표현의 한계는 생물학적 표현언어를 습득하면 쉽게 판단할 수 있다. 무장한 유기체의 총체적 표현은 **'억제'**[뒤로 잡아당김, Zurückhaltung]이며, 이 표현은 문자 그대로 받아들여야 한다. **신체는 억제하고 있다는 것을 표현한다.** 어깨를 뒤로 젖히고, 가슴을 높이 들고, 턱을 집어넣고, 얕고 절제된 호흡, 움푹 들어간 등, 뒤로 당기고 '가만히' 있는 골반, '무표정'하거나 뻣뻣하게 뻗은 다리는 총체적 억제의 가장 핵심적인 자세 기제이다. 다음 그림에서 이를 개략적으로 파악할 수 있다.

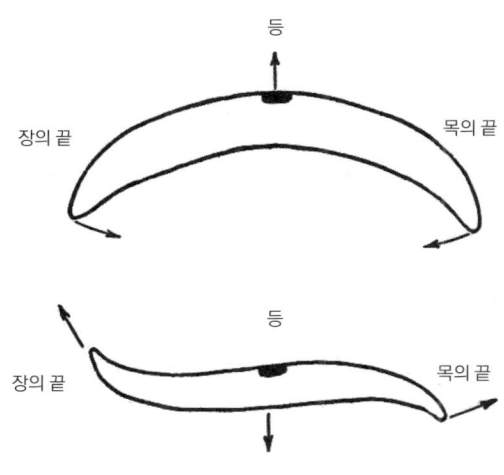

무장한 유기체의 생체신체적 기본자세 : '억제'

임상에서 '신경증'성격의 이 기본적인 신체태도는 히스테리의 '원호(圓弧)'[39]와 긴장성 혼미의 '활모양 강직'[40]에서 가장 명확하게 표현된다.

무장한 신체의 기본자세가 임의로 만들어진 것이 아니라 자율적으로 만들어지는 것임을 납득하기는 어렵지 않다. 무장한 사람은 무장자세를 무장자세라고 느끼지 않는다. 당신이 그에게 그것을 말로 설명하려고 하면 그는 대개 당신이 무슨 말을 하는지 이해하지 못한다. 그는 무장 자체를 느끼지 않고 내면의 삶감각이 왜곡되는 것을 느낀다. 그는 자신을 무관심하고 뻣뻣하고 갑갑하고 공허하다고 묘사하거나, 심장 두근거림, 변비, 불면증, 내면의 신경불안, 메스꺼움 등을 호소한다. 무장이 오랫동안 지속되어 장기조직에도 영향을 미치면 환자는 위궤양, 류머티즘, 관절염, 암, 협심증으로 인해 우리에게 온다. 순수 임상사실에 대해서는 다른 곳에서 자세히 설명했기 때문에 이 개요로 제한할 수 있다. 여기서 우리는 무엇보다도 **생물학적 심층의 기능**에 침투하고 그로부터 **살아있는 것**의 기능작용을 도출하는 데 관심이 있다.

무장한 유기체는 자신의 갑옷을 벗을 수 없으며 원시적인 생물학적 감정도 표현할 수 없다. 간지러운 감각은 알지만 오르고노틱 쾌락이 무엇인지 모른다. 그는 쾌락의 탄식을 내쉬거나 임의로 모방할 수 없다. 탄식 대신 일반적으로 신음소리, 억압된 울부짖는 소리 또는 구토충동을 방출한다. 분노하여 비명을 지르거나 주먹을 내리칠 수 없다. 그는 숨을 완전히 내쉴 수 없다. 횡격막 움직임이 매우 제한되어 있다. (이것은 엑스레이 기계로 쉽게 확인할 수 있다.) 그는 골반을 앞으로 움직일 수 없다. 종종 무장한 사람은 (골반을 앞으로 움직이라는) 요구를 이해하지 못하거나 잘못된 움직임, 즉 억제방향의 움직임을 수행한다. 말초 근육신경계의 과도한 스트레스는 압력에 매우 민감하게 반응한다. 고도로 긴장된 불안현상이나

---

39) arc de cercle. 원호. 원둘레의 일부분 또는 기타 곡선 위의 두 점에 의하여 한정된 부분. [옮긴이 주]
40) Opisthotonus. 활모양강직. 몸이 활처럼 뒤로 젖혀지는 증상을 의미한다. [옮긴이 주]

신경과민현상을 일으키지 않고는 일정한 신체 부위에 있는 무장한 유기체를 만질 수 없다. 아마도 일반적으로 '신경과민'이라고 불리는 것은 매우 긴장된 근육의 이러한 과민성에서 비롯된 것일 수 있다.

성행위에서 혈장 맥동 및 경련을 수행할 수 없는 무능력, 즉 오르가즘불능은 이러한 완전한 억제의 결과이다. 이것은 이번에는 성에너지울혈을 초래하고 이 성울혈로부터 내가 '생체병리'라는 개념 아래 요약한 모든 것이 따라 나온다.

오르곤치료법의 중심 과제는 무장파괴, 즉 신체혈장의 운동성을 확립하는 것이다. 무장한 유기체에서는 모든 기관의 맥동기능이 다소 제한된다. 오르곤치료법은 완전한 맥동능력을 회복하는 작업을 한다. 맥동능력은 억제를 해소함으로써 생체신체에서 발생한다. 이상적으로 수행된 오르곤치료법의 결과는 **오르가즘반사**의 출현이다. 이는 우리가 알다시피 호흡 다음으로 동물에서 가장 중요한 운동현상이다. 오르가즘 순간에 유기체는 기관감각과 무의지적[비자발적] 신체맥동에 완전히 '몸을 맡긴다.' 이런 식으로 '헌신[굴복]'이라는 표현은 필연적으로 오르가즘반사의 움직임과 연결된다. 우리의 일을 아는 사람들은 우리가 환자에게 '헌신'하라고 설교하지 않는다는 것을 알고 있다. 그가 그것을 할 수 없으므로 소용이 없을 것이다. 그리고 만약 그가 그것을 할 수 있다면 그는 우리의 도움이 필요하지 않을 것이다. 또한 임의의 기법조치가 **무의지적** 헌신태도를 가져올 수 없으므로 우리는 환자에게 '헌신을 실천'하도록 하지 않는다. **살아있는 것은 언어, 지성, 의지의 영역을 넘어 자율적으로 기능한다.** 그것은 우리가 여기서 탐구해야 하는 일정한 자연법칙에 따라 기능한다. 오르가즘반사는 헌신의 신체표현과 함께 곧 분명해질 것이지만, 개인을 훨씬 뛰어넘고 심지어 살아있는 것을 넘어서는 **근본적인** 자연과정을 이해하는 열쇠이다. 그러므로 유익한 방식으로 추가설명을 따르려는 사람은 우주에너지 영역으로 진지한 여행을 준비해야 한다. 나이트클럽의 성 관점에서 철저하게 벗어나지 않으면 실망하고 이해하지 못한 채 부정할 것이다.

우리는 전에 심리학과 생리학 분야에서 오르가즘의 기능을 충분히 연구하였으므로 여기서는 '오르가즘'이라는 자연스러운 근본현상에만 집중한다. 오르가즘에서 유기체는 특이하게도 입과 항문이라는 발생적으로 중요한 두 가지 부위를 끊임없이 하나로 모으려고 시도한다. 그 모양은 다음과 같다.

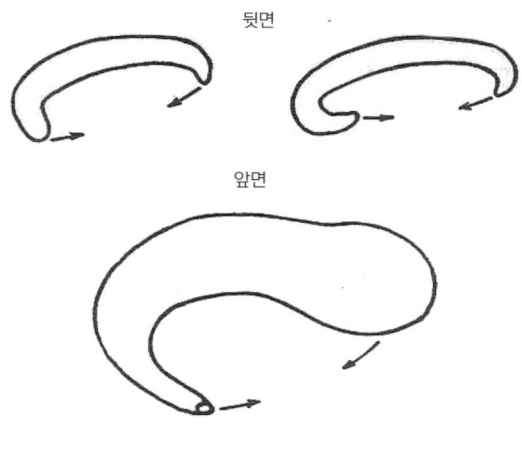

오르가즘반사의 감정표현

나는 오르가즘반사가 발생하는 자세가 '헌신'의 움직임표현과 같다고 말했다. 이것을 우리는 즉시 이해할 수 있다. 유기체는 먼저 혈장흥분과 흐름감각에 헌신하고 성포옹을 통해 상대에게 완전히 헌신한다. 모든 종류의 유보, 억제, 무장을 버린다. 모든 생물학적 활동은 혈장경련의 핵심기능으로 축소된다. 인간의 경우 모든 사유활동과 환상활동이 중단된다. 유기체는 가장 순수한 의미에서 '헌신적'이다.

헌신의 감정 움직임표현은 분명하지만, **오르가즘맥동의 기능은 불분명하다.** 이 맥동은 전신 혈장이 수축과 팽창이 교대하는 것으로 이루어진다. **오르가즘맥동에서 몸통의 두 끝이 서로 가까워지는 것은 어떤 기능을 하는가?** 언뜻 보기에 '의미'가 드러나지 않는 것 같다. 이 움직임표현은 이해할 수 없다. 모든 유기체움직임이 **이해할 수 있는** 표현을 지니고 있다는 우리의 명제가 옳다면 오르가즘맥동의 경우 우리의 주장은 오류이다. 우리는 오르가즘에서 문자언어로 번역할 수 있는 **이해할 수 있는** 표현을 찾을 수 없다.

자연철학의 관점에서 이 문제에 대해 사색하는 대신, 우리는 오르가즘맥동이 우리에게 이해할 수 없는 것처럼 보이지만 틀림없이 숨겨진 표현이 있다는 자연과학적 대답에 만족하고 싶다. 오르가즘맥동은 살아있는 것의 모든 움직임과 마찬가지로 **표현움직임**이기 때문에 움직임**표현**을 드러내야 한다.

우리의 연구가 지속됨에 따라 우리는 삶기능에 대한 이 근본질문에 대해 놀랍게도 이의를 제기할 수 없는 답을 얻게 될 것이다. 답을 찾기 전에 우리는 멀리 벗어나 수많은 생물학 현상을 수집하고 올바르게 배열하는 법을 배워야 한다. 삶기능은 개별 생물학 유기체 너머에 있으며, **따라서 초개인적이지만 결코 신비적이거나 형이상학적이지 않고 영[영혼]적이지 않다**. 삶기능은 동물과 식물이 어떤 구체적인 방식으로 우주오르곤에너지와 연결되어 있는지에 대한 수수께끼를 해결한다. 이런 식으로 삶기능은 생명체의 오르가즘갈망이 가장 심층갈망일 뿐만 아니라 우주적 갈망이기도 한 이유도 설명한다. 일반적으로 유기체가 우주에 속한다는 것은 알려졌어도 어떻게 그러한지는 지금까지 알려지지 않았다. 오르곤치료법 임상경험으로 돌아가 보자.

오르곤신체학에 따르면 우리의 임무는 인간유기체가 억제의 자동성을 버리고 헌신능력을 습득할 수 있도록 하는 것이다. 다시 말해, **몸통의 두 배아 끝이 서로를 향해 앞으로 나아가는 대신 뒤로 물러나려고 하는 한, 유기체는 일이든 기쁨이든 어떤 경험에도 헌신할 수 없다.** 모든 종류의 헌신을 방해하고 모든 종류의 생체병리적 삶제한을 유발하는 것은 **근육무장**이기 때문에 먼저 가장 중요한 것은 근육무장해소이다. 목표를 달성하는 데 적합한 것은 근육강직해소뿐이다. 정신분석, 설득, 어떤 종류의 암시[최면], 기도나 체조로도 이것을 달성할 수 없다. 우리는 환자에게 우리의 작업이 성공할 경우 달성할 목표에 대해 전혀 지시하지 않는다. 수많은 경험을 통해 우리가 그의 근육무장을 해소하면 필연적으로 전체 오르가즘반사가 발달할 것을 알고 있다. 작업과정에서 우리는 **근육무장이 지닌 주요하고 기본적인 기능이 오르가즘반사를 허용하지 않는 것임을** 한결같이 확신한다.

나는 다른 곳(1권)에서 수많은 무장기제를 설명했다. 여기서는 가장 원시적인 삶기능 수준에서 성격무장과 근육무장을 우리에게 이해하게 해주는 새로운 관점을 소개하고자 한다. 해당 관찰은 약 10년 동안 수집되었다. 따라서 나는 이러한 관찰이 생체신체학에서 지니는 중요성에 대해 전적으로 책임질 수 있다.

3. 무장의 분절배열

히스테리의 신체장애는 근육, 신경, 혈관의 해부학적이고 생리적인 과정과 일치하지 않으며 감정적으로 중요한 일정한 기관에 따라 분류된다는 것이 수십 년 동안 정신의학에 알려져 왔다. 예를 들어, 병적 홍조는 일반적으로 얼굴과 목에 국한되지만 유기체의 혈관은 본질적으로 너비[가로]가 아닌 길이[세로]로 이어진다. 마찬가지로 히스테리의 감수성장애는 신경경로를 따라 배열되는 것이 아니라 감정적으로 잘 정의할 수 있는 임의의 위치에 무작위로 배열된다.

우리는 이제 근육갑옷의 해소[풀기] 작업에서 같은 사실을 만나게 된다. 개별 근육블록들은 근육이나 신경의 경로를 따르지 않고 해부학적 경로와는 완전히 독립적이다. 이제 반드시 따라야 할 규칙을 찾아 다양한 질병의 평균 사례를 주의 깊게 관찰하면 **근육무장이 분절로 배열되어 있다**는 것을 발견한다.

분절기능은 생물학적으로 가장 고도로 발달한 동물에서 볼 수 있는 것보다 훨씬 더 원시적인 종류의 살아있는 기능작용이다. 분절기능은 환형동물과 그와 관련된 생물학 체계에서 가장 명확하게 표현된다. 고등 척추동물에서는 척추의 분절배열, 척수분절에 해당하는 신경말단, 자율신경절의 분절배열만이 척추동물이 분절으로 조직된 생명체에서 유래했다는 것을 드러낸다.

다음 설명에서는 근육무장의 분절배열에 대한 거친 그리고 **거칠뿐인** 개요를 제공하려고 한다. 이 개요는 갑옷반응에 대한 수년간의 관찰을 기반으로 만들어졌다.

환자의 신체가 억제되고 모든 오르곤치료법의 목표가 **골반의** 혈장흐름을 회복하는 것이므로, 골반에서 가장 멀리 떨어진 신체부위에서 무장을 풀기 시작하는 것이 논리적으로 필수적이다. 따라서 안면 근육조직의 표현에서 작업을 시작한다. 머리에서는 적어도 두 개로 나뉘어진 무장분절을 명확하게 구분할 수 있다. 하나는 이마, 눈, 광대뼈 부위를 포함한다. 두 번째는 입술, 턱, 목을 포함한다. 무장이 분절배열되어 있다고 말할 때 이것은 무장이 앞면, 양쪽, 뒷면에서 원형으로, 즉 **고리**처럼 기능한다는 것을 의미한다.

첫 번째 갑옷고리를 **안구** 갑옷고리, 두 번째 갑옷고리를 **구강** 갑옷고리라고 부르겠다. 안구 갑옷분절 영역에는 안구, 눈꺼풀, 이마, 눈물샘 등의 모든 또는 거의 모든 근육의 수축 및 부동화를 발견한다. 이마 피부와 눈꺼풀이 움직이지 않는 것, 공허한 표정 또는 불룩한 안구[눈알], 가면 같은 표정, 코 양쪽의 움직이지 않는 모습이 주요 특징이다. 눈은 마치 딱딱한 가면 뒤에서 엿보는 듯하다. 환자는 불안해하면서 눈꺼풀을 크게 플 수 없다. 정신분열증 환자의 경우 안구근육의 수축으로 인해 눈표정이 비어있거나 마치 먼 곳을 향하는 것처럼 보인다. 많은 환자가 수년 동안 눈물을 흘리지 않았다. 다른 사례에서는 눈꺼풀이 좁고 딱딱한 틈새로 측소되어 있다. 이마는 마치 '납작하게 두들겨 맞은' 것처럼 표정이 없다. 근시, 난시 등이 매우 흔하다.

안구 갑옷분절 풀기는 놀라서 눈을 크게 뜨면 이루어진다. 이로 인해 눈꺼풀과 이마가 움직여 감정을 표현하기 시작한다. 특히 찡그린 표정을 지을 때 위쪽 뺨의 근육도 풀리는 경향이 있다. 본질적으로 뺨을 끌어올릴 때 발생하는 '미소'는 도전적이고 악의적인 도발의 표현이다. 이 근육집단의 분절특성은 이 부위의 모든 감정행동이 다른 부분에 영향을 미치는 반면 구강분절은 영향을 받지 않는다는 사실에서 나타난다. 놀라서 눈꺼풀이 열리면 이마를 움직이거나 얼굴의 윗부분이 웃을 수 있다. 그러나 고정된 턱에 단단히 벽으로 둘러싸여 있는 깨무는 충동을 유발할 수는 없다.

따라서 나는 서로 기능에서 접촉하고 감정 표현움직임에서 서로 지탱할 수 있는 기관과 근육집단을 갑옷분절이라고 요약한다. 오르곤 생체신체학에서 한 분절이 끝나고 다른 분절이 시작되는 곳은 한 분절이 이웃 분절의 감정 표현움직임에 영향을 미치지 않는 곳이다.

무장의 분절배열은 **항상** 예외 없이 몸통을 따라 흐르지 않고 **가로지른다.** 팔과 다리만 예외이다. 팔과 다리는 몸통의 해당 분절과 결합하여 명확하게 기능한다. 따라서 팔에는 어깨가 포함된 분절이 있고 다리에는 골반이 포함된 분절이 있다. 이 특수성을 잘 기억하자. 일정한 생체신체 맥락에서 이 특수성을 이해할 수 있게 될 것이다.

두 번째 즉 구강 갑옷분절은 턱, 인두[41]의 전체 근육조직과 입 주변 근육을 포함한 후두부 근육조직으로 구성된다. 이 근육들은 기능에서 서로 관련되어 있는데, 턱갑옷이 느슨해지면 입술 근육조직에 경련과 울거나 빨고 싶은 감정이 생길 수 있기 때문이다. 마찬가지로 구토반사가 해제되면 구강분절을 움직일 수 있다.

이 분절에서 울음, 분노, 포효, 빨기, 찡그리기 등 모든 종류의 감정표현은 눈 분절의 자유로운 운동성과 연결되어 있다. 예를 들어, 눈고리의 무장을 먼저 풀지 않은 채 구토반사를 풀면 울음충동은 동원하기 어려울 것이다. 또한 가장 위쪽에 있는 두 개 분절의 무장을 풀어도 아래쪽 흉곽의 세 번째와 네 번째 분절이 경련성 수축상태에 있는 한, 울고 싶은 충동을 방출하기 여전히 어려울 수 있다. 이러한 감정방출의 어려움은 다음과 같은 매우 중요한 생체신체 사실을 드러낸다.

---

41) 혀의 뒷부분부터 식도 사이에 위치한 짧은 관으로 코인두, 입인두, 후두인두 세 부분으로 나뉜다. [옮긴이 주]

① 무장은 척추를 가로지르는 고리에서처럼 분절배열되어 있다.
② 우리가 드러내는 혈장흐름과 감정흥분은 천천히 신체 축을 향해 세로로 움직인다. 따라서 감정 표현언어의 제동은 오르고노틱 흐름의 방향에 **가로질러[직각으로]** 작용한다.

오르고노틱 흐름은 전체 유기체를 세로로 통과하는 것이 완전히 방해받지 않을 때만 오르가즘반사를 형성하는 데 결합되어 있고, 무장이 분절에 가로질러 배치되어 있어서 오르가즘맥동은 모든 분절 갑옷고리가 느슨해진 뒤에야 기능할 수 있다는 것이 분명하다. 따라서 첫 번째 오르가즘맥동이 나타나기 시작할 때까지 신체의 모든 기관감각의 총체성감각은 발생하지 않는다. 오르가즘맥동은 근육무장의 붕괴를 알린다. 우리는 각 추가 갑옷고리가 해소되면서 발생하는 오르고노틱 흐름에서 해소작업에 충실한 도우미를 발견한다. 방출된 신체에너지는 저절로 옆[세로]으로 흐르려고 하기 때문이다. 그렇게 함으로써 아직 해결되지 않은 가로 수축에 부딪히며 자유로운 혈장흐름이 전혀 없을 때는 매우 약하거나 완전히 존재하지 않는 '블록'이라는 부인할 수 없는 감각을 환자에게 느끼게 한다.

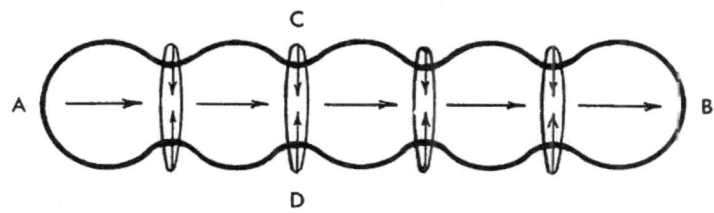

오르고노틱 흐름의 방향은 갑옷고리를 가로지른다

독자는 이러한 과정이 혈장체계의 주요 기능이며 모든 언어를 넘어서는 과정일 뿐만 아니라 삶장치의 **핵심과정**이라는 사실을 알고 있다. 이것은 계통발생적으로 태고의[아주 오래된] 기능이다. 인간 속에 있는 벌레는 **근육무장의 분절배열에서 우리에게 나타난다.**

환형동물[벌레]의 움직임은 꼬리 끝에서 몸통 축을 따라 '머리' 앞으로 이어지는 흥분파동을 기반으로 한다. 흥분파동은 앞쪽 끝에 도달할 때까지 분절에서 분절로 지속해서 전파된다. 뒤쪽 끝에서는 이동 중에 파동움직임이 차례로 발생한다. 벌레의 분절은 수축과 팽창 사이에서 리드미컬하고 규칙적으로 진동한다. 벌레와 나비 애벌레에서 운동기능은 이 혈장파동운동과 뗄 수 없는 관계에 있다. 다르게 생각할 수 없으므로 **생물학적 에너지 자체가 파동처럼 움직인다**는 것은 피할 수 없는 결론이다. 이 주장은 비온의 내부움직임에 대한 관찰을 통해 뒷받침된다. 신체오르곤의 파동 같은 움직임은 느리지만 우리가 쾌락기능 중에 주관적으로 경험하는 감정흥분과 템포 및 표현에서 완전히 일치한다.

무장한 인간유기체에서 오르곤에너지는 (파상풍[강력한]) 만성 근육수축에 묶여있다. 갑옷고리가 느슨해지자마자 신체오르곤이 자유롭게 흐르기 시작하지는 않는다. 처음에는 따끔거림과 '의주감[찌릿찌릿함]'[피부에 벌레가 기어 다니는듯한 느낌]과 함께 간질성 떨림이 발생한다. 이것은 무장이 풀리고 신체오르곤이 자유로워진다는 임상징후이다. 혈장흥분파도의 실제 감각은 눈, 입, 목, 가슴, 횡격막 블록과 같은 일련의 갑옷분절이 풀릴 때만 발생한다. 그런 다음 노출된 신체부위에 **눈에 띄는 파동과 같은** 경련이 일어나며 머리쪽 위로 그리고 성기 쪽 아래로 이동한다. 종종 유기체는 이러한 첫 번째 흐름에 반응하고 새로운 무장으로 맥동을 일으킨다. 심부 인후근육의 경련, 입을 향한 식도의 연동운동, 횡격막경련 등은 **흐름충동과 무장블록 사이에 격렬한 전투**가 벌어지고 있음을 증언한다. 환자가 배출할 수 있는 것보다 더 많은 오르곤에너지가 방출되고 경련이 여전히 여러 곳에서 혈장흐름에 저항하기 때문에 급성불안이 발달한다.

약간의 경험과 기법실습을 통해 쉽게 재현할 수 있는 이러한 현상은 내가 『오르곤의 발견』 1권(『오르가즘의 기능』)에서 설명한 **쾌락**감정과 **불안**감정의 대립성에 관한 오르곤신체학 견해를 확증해 준다. 이 시점에서 나는 지금까지 제대로 명확하게 설명하지 않은 다음과 같은 새로운 현상을 강조해야겠다.

첫 번째 갑옷블록이 풀리자마자 '헌신'의 움직임표현이 오르고노틱 흐름 및 감각과 함께 점점 더 많이 나타난다. 그러나 여전히 존재하는 무장으로 인해 헌신움직임의 완전한 전개가 방해받는다. 이제 **유기체는 마치 남은 갑옷블록을 힘으로 극복하려는** 것으로 보인다. 이 과정에서 초기 헌신의 표현은 **증오**로 바뀐다. 이 과정은 전형적이며 특별한 주의가 필요하다.

예를 들어, 입 부위의 무장이 충분히 풀려 울고 싶은 충동을 자극하는 반면 목무장과 가슴무장은 여전히 손대지 않은 경우, 우리는 하부 안면근육이 울고 싶은 충동을 실행에 옮기지 못한 채 항복의 표정을 받아들이는 것을 볼 수 있다. 우는 표정은 입과 턱 부위의 혐오스러운 미소와 같은 것으로 바뀐다. 이것은 우리에게 나타나는 절망과 극심한 좌절의 표현이다. 우리는 이제 일반적으로 다음과 같이 말할 수 있다.

헌신의 표현움직임은 갑옷블록을 만나 자유롭게 폭발할 수 없게 되자마자 파괴분노로 변한다.

나머지 갑옷분절의 현상을 설명한 후에 이러한 충동변형으로 되돌아오겠다.

세 번째 분절[목분절]의 무장은 심층 목근육조직, 광배근, 흉쇄유돌근을 필수적으로 사용한다. 화를 내거나 우는 행동의 표현움직임을 모방하면 목무장의 감정기능을 어려움 없이 이해할 것이다. 목분절의 경련성 수축으로 인해 혀가 목 부위로 당겨진다. 이것은 해부학적으로 이해하기 쉽다. 혀 근육조직은 주로 아래쪽 얼굴 뼈가 아니라 경추[척추의 맨 윗부분] 뼈에 붙어있다. 따라서 경련성 혀 근육조직은 기능적으로 목젖을 누르는 것과 목구멍의 심층 및 표면 경추 근육조직의 수축과 관련이 있음을 알 수 있다. 환자가 의식하지 못하는 분노정서나 울음충동이 문자 그대로 '질식' 될 때 목젖의 움직임에서 직접 읽을 수 있다. 감정을 억누르는 이 기법은 제거하기 매우 어렵다. 목의 표면 근육조직을 만질 수는 있어도 손으로 후두근육에 닿을 수는 없다. 감정'질식'을 멈추는 가장 좋은 방법은 **구토반사**를 일으키는 것이다. 구토반사에서 식도의 흥분파동은 울음이나 분노를 '삼키는 것'과 반대방향으로 진행된다. 구토반사가 작동하거나 환자가 구토할 수 있게 되면 목무장을 통해 억제된 감정이 방출된다.

이 지점에서 감정흥분의 세로 경로가 다시 중요해진다.

구토반사는 횡격막의 **팽창** 즉 횡격막을 들어 올리고 숨을 내쉬는 것을 동반한다. 구토반사를 통해 목무장에 작업하면 네 번째 분절[가슴분절]과 다섯 번째 갑옷분절[횡경막분절]이 느슨해진다. 따라서 우리는 기계적으로 갑옷고리를 차례로 외부에서 단정하게 해소하는 것에 관해서 연구하는 것이 아니라, 오히려 전체 혈장기능이 가로로 배치된 갑옷고리에 의해 방해받는 총체적인 삶체계를 연구하고 있다. 그러나 하나의 갑옷분절이 느슨해지면 이로 인해 촉발된 움직임의 결과로 더 고도한 심층의 갑옷고리가 동원된다. 이러한 이유로 근육무장의 해소와 관련 과정에 대해 깔끔하게 분리해서 묘사할 수 없다.

이제 **네 번째 분절인 가슴분절**로 넘어간다. 이 분절의 갑옷기능을 다시 세분화할 수 있지만, 가슴[흉부] 전체를 치료하는 것이 더 유리하다.

가슴무장은 뼈장치[골격계]를 높이 유지하는 것, 만성 흡입자세, 얕은 호흡, 흉곽의 부동성으로 표현된다. 우리는 숨을 들이쉬는 자세가 모든 종류의 감정을 억제하는 가장 중요한 도구라는 것을 이미 알고 있다. 가슴무장은 유기체 무장 일반의 주요 부분일 뿐만 아니라 질병의 생체병리 증상이 여기에서 특히 위험한 성격을 띠기 때문에 중요하다.

모든 늑간근육, 큰 가슴근육(대흉근), 어깨근육(삼각근), 견갑골 위와 견갑골 사이의 근육집단(광배근)이 가슴무장에 관여한다. 가슴무장의 표현은 무엇보다도 '침묵'이나 '자제', '자신을 지키고', '억제하는 것'이다. 뒤로 당겨진 어깨는 **말 그대로** '억제'를 표현한다. 목무장과 함께 가슴무장은 절제된 '반항'과 '뻣뻣한 목'(이것은 다시 문자 그대로 받아들여야 한다)의 표현을 제공한다. 만성 갑옷이 없는 경우, 네 번째 분절의 움직임표현은 '감정움직임'('들썩이는 가슴')의 표현이다. 무장의 경우 '부동성' 또는 '손댈 수 없음'이라는 표현이 사용된다.

가슴의 지속적인 팽창은 혈압증가, 심장촉진, 불안증가 경향을 동반하며, 심하고 오래된 경우에는 심장팽창도 동반한다. 다양한 종류의 심장결함은 심장팽창에서 직접 또는 불안 증후군을 통해 간접 발생한다. 폐기종은 흉강의 만성 비대의 직접 결과이다. 나는 또한 이 분야에서 폐렴과 결핵에 걸리기 쉬운 **성향**을 찾아야 한다고 가정하고 싶다.

가슴분절에서 발생하는 감정은 본질적으로 '격노'와 '진심 어린 통곡', '흐느낌'과 '가슴을 찢는 그리움'의 감정이다. 이러한 자연스러운 감정은 무장한 인간동물에게는 낯선 감정이다. 그의 분노는 '차갑고', 울음은 그에게는 '절제되지 않고' '남자답지 못하고 성깔 없는' 것으로 보이며, 그리움은 그에게 '부드럽다'는, '강철 같은 성격'이 부족하다는 신호다.

팔과 손의 감정 표현움직임의 대부분은 가슴기관의 혈장감정에서 비롯된다. 이 팔다리는 생체신체로 보면 가슴분절의 확장이다. 자신의 갈망을 자유롭게 펼칠 수 있는 예술가에게 가슴기관의 감정은 완전히 조율된 감정과 팔과 손의 표현움직임으로 직접 변환된다. 이는 바이올린 거장이나 피아노 거장 뿐만 아니라 화가에게도 적용된다. 무용수의 필수적인 표현움직임은 전체 유기체에서 나온다.

팔의 '투박함'과 아마도 약간의 비음악성은 가슴무장에서 비롯된 것 같다. 가슴무장은 본질적으로 '단단함'과 '접근불가'라는 표현에 책임이 있다. 머리분절, 목분절, 가슴분절의 전체 무장은 우리 문화권, 특히 '고위층'의 아시아인들 사이에서 유기체에 '귀족' 분위기를 부여한다. 이에 상응하는 것은 '성격의 견고함', '영향받지 않음', '거리두기', '숭고함', 그리고 '자제'라는 이상이다. 군국주의는 어디에서나 '범접할 수 없는 존엄성'을 강조하기 위해 가슴-목-머리 무장의 움직임표현을 사용한다. 이러한 태도는 무장에 기반한 것이지 그 반대가 아니라는 것은 분명하다.

일부 환자들에게서 우리는 가슴무장에서 비롯된 증상복합체를 만나며 특히 삶의 어려움과 관련된 복잡한 체계를 만난다. 이러한 환자들은 일반적으로 가슴에 '매듭'(영어로 knot)이나 '돌'이 만져진다고 호소한다. 해당 기관감각은 식도가 경련(인두의 억구증[42])과 유사)을 일으켰음을 나타낸

---

42) 기질적인 원인 없이 기도나 식도 부위에 덩어리가 있는 것 같은 불편한 느낌을 보이는 증

다. 기관도 관련되어 있는지를 말하기는 어렵지만 그럴 가능성이 크다. 이 내부 '매듭'에는 푸는 과정에서 밝혀진 것처럼 분노나 불안 감정이 포함되어 있다. 이 '가슴의 매듭'을 풀기 위해 가슴을 압박하고 동시에 환자에게 큰 소리를 지르도록 해야 하는 경우가 종종 있다. 내부 가슴기관의 움직임 억제는 일반적으로 '갈망', '포옹' 또는 '무언가에 도달'을 표현하는 팔 움직임의 억제를 수반한다. 다행히 이 환자들은 **기계적으로 마비된 것은 아니다**. 그들은 팔을 잘 움직일 수 있다. **그러나 팔 움직임이 갈망이나 욕망의 움직임표현과 결합되자마자 억제가 시작된다**. 이것은 손, 특히 손가락 끝이 오르곤전하를 잃고 차갑고 축축해지며 때로는 심하게 아플 정도로 진행된다. 레이노[43] 손가락 끝 괴저[44]는 이러한 특정한 무오르곤상태로 인한 것일 가능성이 크다. 많은 사례에서 이는 단순히 견갑골과 손을 무장시키고 손가락 끝의 혈관운동을 수축시키는 질식충동이다.

우리는 그러한 환자의 삶이 전반적인 주도권 억제로 그리고 손을 자유롭게 사용할 수 없어서 노동장애에 시달린다는 것을 알게 된다. 때때로 여성의 가슴갑옷은 유두의 병리적 민감성을 동반한다. 성만족 장애와 신생아돌봄 혐오는 이러한 무장의 직접 결과이다.

등의 견갑골[등쪽에 날개처럼 붙어있어 날개뼈라 함] 사이에는 승모근 부위에 두 개의 고통스러운 근육가닥이 있으며, 이는 척추 아래로 튀어나와 있다. 이 근육들의 무장은 움츠린 어깨와 함께 "나는 안 할 거야", "전혀 아니야"(영어로 I won't)라는 말로 가장 잘 설명할 수 있는 절제된 반항의 표현을 전달한다.

가슴무장은 간지럼 자극에 대한 늑간근육의 높은 민감도를 동반한다. 이것이 '단순히 간지럼 자극을 꺼리는 것'이 아니라 생체병리 흥분증가라는 사실은 가슴무장이 풀린 후 간지럼 민감도가 사라진다는 사실을 통해

상. [옮긴이 주]
43) Raynaud 현상. 추울 때에 손끝이 창백해지고 이어서 보라색이 되면서 차가움과 통증을 느끼다가 따뜻하게 해주면 회복되는 현상. [옮긴이 주]
44) 혈액 공급이 되지 않거나 세균 때문에 비교적 큰 덩어리의 조직이 죽는 현상. [옮긴이 주]

알 수 있다. 한 가지 특별한 사례에서, 접근금지[냉담한] 성격태도는 본질적으로 "저를 건드리지 마세요! 간지러워요"라는 표현기능을 가졌을 뿐이다.

물론 이러한 성격태도를 비웃는 것은 나와는 거리가 멀다. 우리는 많은 '고귀하고' '고상한' 태도의 진부함을 성격태도로 받아들이는 것이 아니라, 좋든 싫든 그 생물학적 움직임표현에서 성격태도를 발견한다. 장군은 '고귀한 인성'을 지닐 수 있다. 우리는 그를 존중하거나 폄하하고 싶지 않다. 그러나 우리는 그를 특별한 방식으로 무장된 동물로 간주할 권리를 포기하지 않을 것이다. 다른 연구자가 지식에 대한 나의 갈증을 냄새를 잘 맡는 강아지의 생물학적 기능 때문이라고 말해도 나는 신경쓰지 않는다. 나는 동물과 나를 구별하려는 야망을 갖고 있지 않기 때문에, 살아있고 사랑스러운 강아지와 생물학적으로 비교되어 기쁠 것이다.

먼저 가슴무장을 풀지 않고 불타는 분노, 갈망, **진정한** 울음의 감정을 유발하지 않고는 오르가즘능력의 확립을 생각할 수 없다는 점을 강조해야 한다. 헌신기능은 본질적으로 가슴분절과 목분절의 혈장운동성에 연결되어 있다. 골반분절을 따로 움직일 수 있다고 하더라도 골반에 약간의 쾌락감정이라도 생기면 머리는 반항하는 방어로 인해 뒤로 젖혀지는 대신 **앞으로** 나갈 것이다.

가슴무장이 근육무장 일반의 중심분절을 구성한다고 다른 곳에서 설명했다. 가슴무장은 역사적으로 아마도 골반무장보다 훨씬 전에 어린이의 삶에서 가장 결정적이며 갈등적인 전환점에서 발생했다. 따라서 가슴무장을 푸는 과정에서 온갖 종류의 학대, 사랑부정 그리고 교육자에 대한 실망에 관한 트라우마 기억이 드러나는 것은 놀라운 일이 아니다. 나는 또한 기억의 각성이 오르곤치료사에게 필수적이지 않은 이유를 제시했다. 기억은 해당 감정 없이 발생하면 거의 쓸모가 없으며, 움직임표현의 감정은 겪은 불행을 이해하기에 충분하며 결국 올바르게 작업하면 기억이 저절로 떠오른다. 무의식적 기억기능이 혈장흥분상태에 달려있다는 것, 말하자면 기억이 혈장행동의 준비상태에서 어떻게 보존될 수 있는지는 여전히 풀리지 않은 수수께끼로 남아 있다.

이제 **다섯 번째** 분절인 **횡격막분절**로 넘어가 보자.

횡격막과 그 아래에 있는 기관을 포함하는 분절은 그 기능에서 가슴분절과 독립적이다. 이것은 횡격막블록이 제거되지 않은 상태에서 흉곽이 움직일 수 있고 분노나 울음이 터져 나올 수 있다는 사실로 알 수 있다. 횡격막의 부동성은 투시경의 뢴트겐[45] 이미지[방사선 사진]에서 쉽게 관찰된다. 호흡을 강제하면 횡격막은 가슴무장을 제거하기 전보다 더 잘 움직일 수 있다. 그러나 문제는 **자생적인 횡격막맥동이 없다**는 것이다. 그래서 우리는 횡격막블록 해소의 **두** 단계를 다루어야 한다.

가슴무장을 풀어주는 과정에서 우리는 환자에게 임의로 그리고 강제로 호흡하게 한다. 물론 그 과정에서 횡격막은 움직이는데 자발[무의지]적으로 움직이지는 않는다. 호흡의 강제력이 멈추자마자 횡격막 움직임이 멈추고 그에 따라 가슴의 호흡 움직임이 멈춘다. 우리가 **자발적인** 횡격막맥동으로 나아가는 두 번째 단계를 수행할 수 있으려면, 횡격막무장에서 **움직임표현**을 풀어야 한다. 이것은 기계적 수단으로는 생물학적 감정기능을 재활성화할 수 없다는 것을 다시 한번 확인해 준다. 갑옷고리를 느슨하게 할 수 있는 것은 생물학적 **표현움직임**뿐이다.

다섯 번째 갑옷분절[척추분절]은 수축고리 모양으로 흉골의 아래쪽 분절인 상복부 위, 가장 아래쪽 갈비뼈에서 횡격막의 부착지점을 향해, 즉 10번째, 11번째, 12번째 흉추까지 이어진다. 이 갑옷분절은 기본적으로 횡격막, 위, (자신 앞에 있는 췌장을 포함한) 태양신경총, 간 그리고 가장 낮은 흉추를 따라 뻗어있는 두 개의 불룩한 근육다발로 구성된다.

이 무장은 척추전만증 자세로 표현된다. 일반적으로 환자의 등과 지지대 사이에 손을 밀어 넣을 수 있다. 앞쪽 갈비뼈의 아래쪽 가장자리가 **앞으로** 튀어나와 돌출되어 있다. 척추를 앞으로 구부리는 것은 어렵거나 불

---

45) 뢴트겐(Röntgen)은 X선과 감마선과 같은 방사선의 단위를 나타낸다. 뢴트겐 이미지는 방사선사진이다. [옮긴이 주]

가능하다. 엑스레이 화면에서 우리는 횡격막이 통상적인 상태에서는 움직이지 않고 호흡을 강제할 때만 매우 제한적으로 움직이는 것을 본다. 환자에게 숨을 내쉬라고 하면 규칙적으로 숨을 들이마실 것이다. 날숨은 **자발적인** 행동으로서는 그에게 낯설다. 숨을 내쉬려면 그는 엄청난 노력을 기울여야 한다. 그가 조금 숨을 내쉬는 데 성공하면 신체는 자동으로 날숨에 반대하는 자세를 취한다. 머리가 앞으로 나가거나 입 갑옷고리가 더 급격하게 수축한다. 견갑골은 뒤로 돌아가고 팔은 상체에 단단히 밀착된다. 골반근육조직이 조여지고 등이 더 강하게 들어 올려진다.

횡격막블록은 이 부위에서 중심 무장기제이다. 따라서 횡격막블록의 파괴가 중심적인 치료과제이다.

횡격막분절의 무장해소가 왜 그렇게 큰 장애물을 극복해야 하는지 궁금하다. 이 작업에 반대되는 신체표현은 물론 환자에게 의식적으로는 아니어도 유기체가 횡격막진동을 부정한다는 것을 분명히 나타낸다. 상체분절이 외부에서 느슨해지면 횡격막무장이 조만간 느슨해진다. 예를 들어, 가슴분절에서 강제호흡을 하거나 구토반사를 반복적으로 일으킴으로써 유기체를 오르가즘맥동 방향으로 강제할 수 있다. 꼬집어서 어깨근육을 자극하는 것도 이런 의미에서 효과적이다.

완전한 횡격막 맥동에 대한 저항이 이렇게 강한 이유는 일반적으로 이론적으로 분명하다. 예를 들어 유기체는 횡격막 움직임에 필연적으로 수반되는 쾌락감각이나 불안감각에 대해 스스로를 방어한다고 말해보자. 그러나 우리는 이것이 합리주의적이고 심리학주의적이며 최종목적론적 주장이라는 것을 잠시도 잊지 말아야 한다. 이 진술은 유기체가 다음과 같이 합리적으로 '생각'하고 '고려'한다는 것을 전제로 한다. "이 당황스러운 의사는 내게 횡격막을 흔들라고 요구한다. 내가 따른다면 부모님이 쾌락 때문에 나를 처벌했을 때 느꼈던 불안감각과 쾌락감각을 경험하게 될 것이다. 나는 이 상황을 있는 그대로 받아들였고 **그래서 따르지 않을 것이다.**"

살아있는 것은 생각하지 않고 합리적으로 추론하지 않는다. 살아있는 것은 '…'을 위해 행동을 수행하거나 중단하지 않는다. 살아있는 것은 생물학적 긴장과 욕구를 만족시키는 기능을 지닌 일차적인 혈장감정에 따라 작동한다. 살아있는 것의 언어를 의식의 문자언어로 **직접** 번역하려는 사람은 필연적으로 오류를 범할 것이다. 인간의 기계문명이 발전시킨 합리주의적 사유는 살아있는 것의 **근본적으로 다른** 언어에 대한 이해를 무성하게 자라게 하고는 없애버릴 수 있으므로, 이를 명시적으로 강조하고 주지시키는 것이 중요하다.

나는 특히 명확한 임상사례를 통해 어떤 새로운 현상이 관련되어 있는지 보여주고자 한다.

오르곤치료법에 대한 지성적 이해가 매우 뛰어나고 상체갑옷을 해체하는 데 이미 상당한 성과를 거둔 환자가 횡격막 무장을 뚫으려고 시도했다. 우리는 상황에 대해 전적으로 동의했다. 무장을 극복하기 위한 의식적인 노력에서 말하는 단어들에서 명확하게 말하고 전달한 것은 '예'뿐이었다. 횡격막 무장의 벽에 작은 틈이 생길 때마다 환자의 몸통이 처음에는 이해할 수 없는 방식으로 횡격막에서 골반 아래로, **옆으로** 꿈틀거리기 시작했다. 이 현상을 파악하기 위해 한참을 노력한 후 움직임표현이 명확해졌다. **몸통의 아랫부분은 옆으로 움직이면서 단호한 "안돼(Nein)"를 표현했다.**

오른손을 옆으로 움직이면서 **"안돼안돼"**라고 말하거나 독일어 표현 **"A-A"**[아니야-아니야]라고 말하면 어떤 종류의 움직임표현인지 이해할 수 있다. 이제 '피질'과 문자언어가 긍정하는 기획에 대해 혈장장치가 문자언어를 **넘어서** 안돼라고 말했다고 심리학적 방식으로나 더 나아가 신비적인 방식으로 가정하는 것이 자연스러워졌다. 하지만 과정에 대한 그러한 해석은 잘못된 것이며, 살아있는 것과 그것의 표현언어를 이해하는 데 한 걸음도 더 나아가지 못할 것이다. 이 환자의 복부와 골반은 유기체에 부과되는 요구를 '고려'하지 않았고 거절하기로 '결정'하지 않았다. 그 과정은 살아있는 것의 표현언어와 더 잘 부합하는 방식으로 다르게 표현된다.

우리가 말했듯이 벌레의 혈장움직임은 **신체 축을 따라** 나아간다. 벌레의 몸이 오르고노틱 흥분파동에 따라 앞으로 움직일 때, 우리는 벌레가 의도적으로 즉 '기꺼이' 행동하고 있다는 '인상'을 받는다. 벌레 속에 살아있는 것의 움직임표현은 '원한다', '예라고 말한다' 등을 의미하는 우리 언어의 문자로 번역될 수 있다.

한 쌍의 집게를 벌레의 몸통중앙 어느 지점에 고정하여 마치 갑옷블록에 의한 것처럼 기관자극을 차단하면, 균일하고 의도적인 전진움직임과 "원한다"와 "예"라는 움직임표현이 순간적으로 기능을 멈춘다. 이것은 몸의 아래쪽 또는 뒤쪽 부분이 옆으로 구부러지고 앞쪽 부분이 당겨지는 것과 같은 다른 움직임으로 대체된다. 몸이 옆으로 흔들리는 움직임의 즉각적인 인상은 고통의 표현이거나 "안돼-하지 마세요-난 그걸 하기 싫어요"라는 격렬한 표현이다. 이제 이것이 우리의 **인상**, 즉 우리가 벌레를 보면서 직접 느끼는 해석이라는 것을 잊지 말자. 누군가 큰 펜치로 우리의 몸통을 조인다면 우리는 벌레와 똑같이 행동할 것이다. 우리는 필연적으로 머리와 어깨를 구부리고 골반과 다리를 옆으로 몸부림칠 것이다.

물론 앞서 설명한 내용이 우리가 "우리의 감각작용 외에는 아무것도 인식하지 않는다"고 주장하는 주관주의자들에게 넘어갔다는 의미는 아니며, 이러한 감각작용은 현실과 일치하지 않는다는 것을 의미한다. 모든 살아있는 것은 기본적으로 기능상 같기 때문에, 벌레가 집게에 찝힐 때의 반응은 같은 상황에서 우리 자신의 반응과 같으며, 고통과 자기방어는 같은 반응이다. 인간과 벌레의 이러한 기능적 동일성 때문에 우리는 꿈틀거리는 벌레의 표현움직임에 정확하고 **객관적으로 진실한** 의미에서 '감동'할 수 있다. 벌레의 움직임표현은 실제로 우리가 동일시를 통해 느끼는 것을 말해준다. 그러나 우리는 벌레의 고통과 "안돼"라는 외침을 직접 느끼는 것이 아니라, 어떤 상황에서도 같은 고통스러운 상황에서 우리 자신의 혈장체계의 움직임표현과 같은 움직임표현을 인식할 뿐이다.

이로부터 다음과 같은 결론이 나온다. **우리는 우리 자신의 감정과 모든 살아있는 것의 감정이 같기 때문에 다른 살아있는 것의 표현움직임과 움직임표현을 파악한다.**

우리는 생물학적 감정의 기능적 동일성에 근거하여 살아있는 것의 언어를 **직접** 파악한다. 우리는 이 생물학적 표현언어로 생물학적 감정을 파악한 **후에** '말로'도 파악하고 의식의 문자언어로 번역한다. 그러나 '고양이'라는 단어가 우리 눈앞에서 길을 건너는 실제 고양이와 관련이 없듯이, 문자언어의 '안돼안돼'는 살아있는 표현언어와 거의 또는 전혀 관련이 없다. 고양이를 의미하는 영어 'cat'이나 독일어 'Katze'라는 단어와 거기서 움직이는 특별한 오르고노틱 혈장체계는 실제 서로 **아무런** 관련이 **없다**. '고양이' 현상에 대한 여러 가지 다른 명칭은 실제 현상, 움직임, 감정 등에 부착된 느슨하고 임의로 상호교환 가능한 개념일 뿐이다.

이러한 생각은 '고상한' 또는 '저급한' 자연철학처럼 들린다. 문외한은 자연철학을 싫어하며 그래서 현실의 단단한 토대 위에 서 있지 않은 이 책을 제쳐 놓을 것이다. 그렇게 생각한다면 독자는 착각하는 것이다. 나는 다음 절에서 올바르게 생각하고 개념과 문자를 올바르게 사용하는 것이 얼마나 중요한지 보이겠다. 기계론적으로 생각하는 전세계의 생물학자, 물리학자, 세균학자 등이 살아있는 것의 기능이 발견된 1936년부터 1945년까지 복잡한 자연의 살아있는 산물 대신 'Katze'나 'cat'이라는 단어가 거리에서 움직이고 있다고 정말로 믿었다는 것을 알 수 있다.

우리 환자의 안돼안돼로 돌아가 보자. 대답은 이렇다. **가로질러 서 있는 블록이 혈장흐름을 막기 때문에 혈장흐름이 신체를 따라 천천히 앞으로 나아갈 수 없으면 옆으로 움직이게 되는데, 이것은 이차적으로 문자언어에서 안돼를 의미한다.**

문자언어의 이 안돼가 살아있는 것의 표현언어인 안돼에 해당한다. 안돼가 옆으로 머리를 흔들어서 표현되고 예가 머리를 아래위로 흔들어서 표현되는 것은 우연이 아니다. 우리 환자가 골반을 옆으로 흔들면서 표현한 안돼안돼는 횡격막블록이 풀릴 때만 사라졌다. 그리고 이 블록이 다시 나타나면 안돼안돼가 한결같이 나타나는 경향이 있었다.

이러한 사실은 신체언어를 이해하는 데 매우 중요하다. 우리 환자는 삶에 대해서도 부정적이었다. 그의 성격의 기본형식도 안돼였다. 그는 그 성격형식으로 인해 극심한 고통을 겪었고, 그것에 맞서 싸웠음에도 그것에서 벗어날 수 없었다. 그는 아무리 긍정하고 싶어도 의식적으로 그리고 지성적으로 예라고 말하고 싶어도 그의 성격은 끊임없이 안돼를 표현했다. 이 문자 안돼는 기능적으로 뿐만 아니라 역사적으로도 잘 이해되었다. 다른 어린아이들과 마찬가지로 그는 강박증이 심한 어머니의 직장관장으로 고통을 겪었으며, 공포와 내면의 분노로 이러한 학살을 견뎌내곤 했다. 분노의 광포함을 누그러뜨리고 어머니의 폭행을 견디기 위해, 그는 '버티며' 골반저를 당기고 숨을 가쁘게 참으며 일반적으로 신체자세를 안돼안돼로 발전시켰다. 그 안에 있는 살아있는 것이 성폭행 때문에 안돼안돼를 외치고 싶었지만 허용되지 않았다면, 그는 나중에 평생 치유할 수 없는 상처를 입었을 것이 분명하다. 그때부터 그의 삶체계의 움직임표현은 기본적으로 모든 것과 모든 사람에 대한 안돼안돼였다. 이 성격적인 안돼안돼는 질병의 심각한 증상이었지만 동시에 원래 합리적이고 정당화된 강력한 자기방어 표현이었다. 그러나 원래의 합리적인 자기방어는 만성 갑옷형식을 취했기 때문에 모든 것에 대해 엄격하게 맞서게 되었다.

어린 시절 경험은 현재에도 계속 영향을 미치는 단단한 무장에 정박함으로써만 '과거로부터 영향을 미칠' 수 있다고 다른 곳에서 설명한 적이 있다. 원래의 합리적인 안돼안돼는 수년에 걸쳐 신경증적−비합리적인 안돼안돼로 바뀌었고, 안돼안돼를 표현하는 무장이 이에 대한 책임이 있다. 치료에서 갑옷이 느슨해지면서 안돼안돼라는 표현은 이제 사라졌다. 따라서 어머니의 폭행이라는 역사적 사건도 병원성[병의 원인이라는] 의미를 잃었다.

이 사례에서 방어정서, 안돼라고 외치는 정서가 "갇혔다"고 말하는 것은 심층심리학에서 볼 때 정확하다. 반면 **생물학적** 심층에 확실하게 눌러붙은 안돼안돼가 문제가 아니라 **유기체가 '예'라고 말할 수 없는 것**이 문제였다. 삶에서 긍정적이고 헌신적인 행동은 유기체가 전체로서 기능할 때, 즉 감정이 수반된 혈장흥분이 모든 기관과 조직을 방해받지 않고 통과할 때, 간단히 말해 혈장의 표현움직임이 자유롭게 흐를 수 있을 때만 가능하다.

단 하나의 무장블록이라도 이 기능을 제한하자마자 헌신의 표현움직임이 중단된다. 그러면 어린아이는 놀이에 전념할 수 없고, 청소년은 직장이나 학교에서 실패하며, 성인은 핸드브레이크를 잡고 운전하는 자동차처럼 기능한다.

그러면 관찰자, 교육자 또는 기술감독자는 그에 대해 무기력하다는, 반항하거나 무능하다는 '인상'을 갖게 된다. 블록의 영향을 받은 사람은 '온갖 노력에도 불구하고 실패했다'고 느낀다. 이 과정은 살아있는 것에 대한 우리의 표현언어로 번역된다. **유기체는 항상 성취로, 즉 긴장과 헌신으로 생물학에서 볼 때 올바르게 시작한다.** 그러나 오르고노틱 흥분이 유기체를 통과하면서 기능작용이 억제되어, 이런 식으로 "나는 즐겁게 하고 싶다"는 표현은 자동으로 "그냥 하지 마세요"나 "하고 싶지 않아요"로 바뀐다. 이것은 유기체가 자신이 성취하지 못한 것에 대해 책임을 지지 않는다는 것을 의미한다.

이 과정은 일반적으로 중요하다. 나는 일반적인 타당성을 지닌 임상사례를 의도적으로 선택하였다. 이것은 필수불가결하다. 왜냐하면 우리는 나중에 설명할 인간기능의 한계를 바탕으로 일련의 불행한 사회현상, 즉 **생체신체** 배경 없이는 이해할 수 없는 현상을 더 잘 그리고 더 깊이 이해하는 법을 배워야 하기 때문이다. 이 길지만 필요한 여담을 마치고 다섯 번째 갑옷분절[척추분절]로 돌아가 보자.

지금까지 우리는 상체분절의 노출된 표현움직임으로 발생하는 움직임표현을 항상 명확하게 나타낼 수 있었다. 눈근육의 제동은 '비어있는' 또는 '슬픈' 눈을 표현한다. 턱을 꽉 다물면 '억제된 분노'를 표현할 수 있다. '가슴의 매듭'에서 울음이나 포효가 나온다.

신체언어[바디랭귀지]는 문자언어로 번역하기 쉽고, 우리는 네 가지 상체분절에 대해 작업하며 움직임표현을 직접 파악한다. 횡격막분절에서 문제가 복잡해진다. 횡격막분절의 무장이 벗겨지면 우리는 더는 움직임언어를 문자언어로 번역할 수 없다. 이에 대해서는 자세한 설명이 필요하다. 횡격막분절의 무장이 벗겨질 때 발생하는 움직임표현은 우리를 이해할 수 없는 삶기능의 심층으로 인도한다. 우리는 인간동물이 어떤 구체적인 방식으로 원시동물세계 및 우주오르곤기능과 연결되어 있는지 하는 문제에 마주친다.

우리는 환자의 구토반사를 반복적으로 풀어주어 횡격막분절을 무장에서 해방하는 데 성공하지만, 동시에 구토하는 동안 호흡을 멈추지 말고 온 힘을 다해 계속할 것을 엄격하게 촉구한다. 구토반사가 계속 일어나면 필연적으로 횡격막무장이 느슨해진다. 다만 더 위에 있는 모든 분절이 먼저 무장해제 되고 머리-목-가슴 부위의 오르고노틱 흐름이 자유롭게 기능해야 한다는 단 한 가지 전제조건이 충족되어야 한다.

횡격막이 자유롭게 흔들려 호흡이 자발적으로 완전히 작동하면, 숨을 내쉴 때마다 몸통이 상복부 쪽으로 무너지는 경향이 있다. 즉 목 끝이 골반 끝을 향해 앞으로 나아간다. 복부의 상단 중앙은 뒤로 젖혀진다. 이것은 (골반이 아직 풀리지 않았기 때문에 여전히 방해를 받더라도) 오르가즘반사가 처음으로 우리에게 나타나는 이미지이다. 머리가 뒤로 젖혀지고 몸통이 앞으로 구부러지는 것은 즉각 '헌신'을 표현한다. 이것을 이해하기는 어렵지 않다. **어려움은 앞쪽 경련이 시작되는 곳에서 시작된다. 오르가즘반사에서 경련의 움직임표현은 처음에는 이해할 수 없다. 오르가즘반사에서 경련의 표현은 문자언어로 번역할 수 없다.** 이 어려움에는 특별한 의미가 있을 것이다. 우리는 지금까지 우리가 알고 있는 표현움직임과 횡격막이 자유로울 때 발생하는 전체 몸통의 표현움직임 사이에 어떤 본질적인 차이가 있는지 의심해야 한다.

나는 독자들에게 지금부터 최대한의 인내심을 가지고 나를 따르오라고 요청하며 나에 대한 믿음을 너무 빨리 부정하지 않기를 바란다. 결국 우리가 도달할 결과는 인내심을 발휘한 것에 대해 충분히 보상할 것이다. 나중에 설명할 결과를 얻기 위해 나 자신도 10년 이상 최대한의 인내심을 발휘해야 했다는 점을 꼭 말하고 싶다. 지난 몇 년 동안 나는 이 기본적인 생물학적 반사를 인간이 이해할 수 있도록 하는 것이 너무 말도 안 되는 것처럼 보였기 때문에, 오르가즘반사를 이해하려는 시도를 몇 번이고 포기했다. 나는 살아있는 것이 다른 모든 영역에서 즉시 이해할 수 있는 표현언어를 지니고 있지만 오르가즘반사라는 **중심** 영역에서 정확하게 '**아무것도**' 표현하지 **않는다**는 것을 인정할 수 없었고 인정하고 싶지도 않았기 때문에, 문제에 집착하는 경향이 있었다. 이것은 아주 모순 가득하고 너무 '의미가 없어서' 나는 포기**할 수** 없었다. 살아있는 것이 단순히 기능할 뿐 어떤 '의미'도 지니지 않는다는 문구를 나 자신이 만들었다고 몇 번이고 스스로 말했다. 오르가즘경련에 표현이나 의미가 없다는 것은 살아있는 것이 기본기능에서 어떤 의미로 지니지 않는다는 것을 정확하게 표현한다고 가정하는 것이 당연했다. 그러나 오르가즘반사를 시작하는 헌신 자세는 표현이 풍부하고 의미가 가득 차 있다. 오르가즘 경련 자체는 의심의 여지 없이 표현으로 가득 차 있다. 따라서 우리는 자연과학이 아직 이렇게 널리 퍼져 있는 실제로 일반적인 움직임표현을 이해하는 법을 배우지 못했다고 말해야 했다. 요컨대 '움직임표현이 없는 표현움직임'은 터무니없는 것처럼 보였다.

이 문제에 대한 한 가지 접근방식은 횡격막이 파열되었을 때 종종 발생하는 구토이다. 울지 못하는 사람과 마찬가지로 구토하지 못하는 사람도 있다. 이 무능력은 오르곤 생체신체학 관점에서 이해하기 쉽다. 횡격막블록은 위에 있는 갑옷고리와 함께 신체에너지가 위에서 입 쪽으로 연동운동하는 것을 막는다. 마찬가지로 가슴의 '매듭'과 '삼키기'는 눈근육의 수축과 함께 울음을 막는다. 횡격막블록의 다른 사례에서는 구토할 수 없는 것 외에도 오래 지속되는 메스꺼움이 있다. 우리가 아직 자세한 상관관계를 제공할 수는 없지만, '신경성' 위장장애가 이 부위의 무장이 가져온 직접 결과라는 것은 의심의 여지가 없다.

구토는 생물학적 표현움직임이며 그 기능은 자신이 '표현'하는 것 즉 **신체 내용물의 경련성 배출**을 정확하게 수행한다. 구토는 정상적인 기능의 방향과 **반대**방향, 즉 **입 쪽으로** 향하는 위와 식도의 연동운동을 기반으로 한다. 구토반사는 횡격막분절의 무장을 철저하게 그리고 빠르게 푼다. 구토는 몸통경련, 명치의 빠른 접힘[배의 구부림], 목 끝**과** 골반 끝이 **앞으로** 튀어나오는 현상을 동반한다. 유아배알이에서 구토는 설사를 동반한다. **에너지 측면에서 강한 흥분파도가 몸의 중심에서 입과 항문을 향해 위와**

아래로 움직인다. 해당 움직임표현은 언어의 심층생물학적 특성에 대해 의심의 여지가 없는 아주 기초적인 언어로 말한다. 이것을 이해하는 것이 문제일 뿐이다.

구토하는 동안 몸통과 관련된 전체 움직임은 (감정에서가 아니라) 순전히 생리에서 오르가즘반사 동안의 움직임과 같다. 이것은 또한 임상으로 확인된다. 횡격막블록이 풀리면 확실히 몸통의 첫 맥동이 시작되고 이후 전체 오르가즘반사로 발전한다. 이러한 맥동은 깊은 날숨을 동반하고, 횡격막 부위에서 한쪽 팔은 머리 위쪽으로 다른 쪽 팔은 성기 아래쪽으로 퍼지는 흥분파도를 동반한다. 우리는 상체갑옷분절 풀기가 몸통 전신경련을 유발하는 데 필수적이라는 것을 알고 있다. 흥분파동이 골반 쪽으로 움직임에 따라, 오르고노틱 흥분은 전형적으로 복부 중앙에서 블록을 만난다. 복부 중앙이 예리하고 빠르게 수축되거나 골반이 뒤로 젖혀져 이 구속[절제]에 갇히게 된다.

복부 중앙의 수축은 독립적으로 기능하는 **여섯 번째** 갑옷고리[복부분절]를 나타낸다. 큰 복부근육(복직근)의 경련은 가장 아래 갈비뼈에서 골반의 위쪽 가장자리까지 이어지는 두 개의 측면근육(복횡근)의 경련성 수축을 동반한다. 딱딱하고 고통스러운 끈처럼 느껴지기 쉽다. 등에서는 척추를 따라 흐르는 근육의 아래쪽 부분인 광배근, 척추기립근 등이 이 부의에 해당한다. 이 근육은 딱딱하고 고통스러운 가닥으로 분명히 느껴질 수 있다.

여섯 번째 갑옷분절의 해소는 다른 모든 분절의 해소보다 쉽다. 다른 모든 분절의 해소 후 마지막 **일곱 번째** 갑옷분절[골반분절]의 무장인 **골반무장**에 쉽게 접근할 수 있다.

대부분 사례에서 골반갑옷은 골반의 거의 모든 근육을 포함한다. 골반 전체가 뒤로 당겨지고 뒤쪽으로 튀어나온다. 결합부위 위의 복부근육이 아프다. 허벅지 내전근, 표면 내전근, 심층 내전근도 마찬가지다. 항문괄약근이 수축하여 항문이 위로 당겨진다. 측면외부 골반근육(둔근)을 위로 당기면 둔근이 왜 아픈지 이해할 수 있다. 골반은 '죽어' 있고 무표정하다. 이 무표정은 무성성의 움직임표현이다. 감정적으로 어떤 감각도 어떤 흥분도 느껴지지 않는다. 반면 질병증상은 매우 다양하다.

변비, 요통, 온갖 종류의 직장 종양, 난소 염증, 자궁 돌출, 양성 및 악성 종양이 있다. 요도가 과도하게 자극받을 때 나타나는 방광의 과민증, 질 및 자지 피부의 마비도 골반무장의 질병증상에 속한다. 질 상피에서 원생동물이 자라면서 질 분비물이 자주 발생한다. 남성의 경우 골반의 무오르곤 상태로 인해 발기부전이나 불안한 과흥분이 그리고 그에 따라 조루가 발생할 수 있다. 여성의 경우 질 감각이 완전히 없어지거나 질 괄약근 경련이 발생한다.

특정한 '골반불안'과 특정한 '골반분노'가 있다. 어깨무장에서와 같이 불안감정과 분노충동이 골반무장에 묶여있다. 오르가즘불능은 **강제로 성만족을 달성하려는 이차적 충동**을 만들어낸다. 사랑행동 충동이 아무리 생물학적 쾌락원칙에 근거하더라도, **무장은 무의지적 움직임의 발달을 허용하지 않아 이 분절의 맥동이 발생하지 않기 때문에 쾌락감각은 필연적으로 분노충동으로 바뀐다.** 따라서 '이겨내야 한다'는 고통스러운 감각이 발생하는데, 이는 가학적인 것 외에는 무엇이라고 부를 수 없다. 살아있는 것의 모든 영역에서와 마찬가지로 **골반에서 억제된 욕망은 분노로 변하고 억제된 분노는 근육경련으로 변한다.**

이것은 임상으로 쉽게 확인할 수 있다. 골반무장의 해소가 아무리 많이 진행되고 골반이 아무리 움직일 수 있게 되더라도, **골반근육에서 분노가 발달하지 않으면 골반의 쾌락감각은 이루어질 수 없다.**

모든 다른 갑옷분절에서와 마찬가지로 골반움직임을 격렬하게 앞으로 밀어내는 '구타[때리기]' 또는 '관통[뚫기]'이 있다. 해당 움직임표현은 명확하며 오해할 수 없다. 분노표현 외에 골반과 모든 기관[장기]에 대한 경멸, 성행위에 대한 경멸, 특히 성행위를 수행하는 상대에 대한 경멸 등의 경멸표현도 있으며, 이는 분명히 우리에게 나타난다. 나는 풍부한 임상경험을 바탕으로 우리 문명에서 남자와 여자가 성행위를 하는 경우 드물게만 사랑문제라고 주장한다. 경멸과 함께 분노, 증오, 가학 감정이 끼어드는 것은 현대인의 사랑생활에 대한 경멸의 일부이다. 나는 성행위가 금전적 이익이나 생계수단이 되는 명백한 사례에 대해 말하는 것이 아니다. 나는 모든 서클의 대다수 사람에 대해 말하고 있다. 과학적 신조로 자리 잡은 '모든 동물은 사정 후 우울하다'라는 말이 바로 여기에서 유래하였다. 인간은 자신의 실망을 동물 탓으로 돌리는 실수를 저질렀을 뿐이다. 성기 사랑의 표현움직임에 개입된 분노와 경멸은 '씨발(fuck)'이라는 단어 주위에 널리 사용되는 저속한 욕설과 일치한다. 미국에는 포장도로에 '날 차버려(Kick me)'라는 말이 쓰여 있는 것을 볼 수 있는데, 이것은 의미하는 바를 명확하게 나타낸다. 이러한 사실에 관해서는 내 책 『오르가즘의 기능』에서 자세히 설명했으므로 여기서는 간략히 설명하겠다.

4. 오르가즘반사의 움직임표현과 성합성

골반무장이 문자언어로 쉽게 번역될 수 있는 표현을 지니고 있고 표현된 감정이 분명한 언어로 전달된다는 것이 우리의 주요 주제에 필수적이다. 그러나 이것은 **무장감정**에만 적용된다. **이것은 불안과 분노가 사라진 후 한결같이 발생하는 표현움직임에는 적용되지 않는다.** 이러한 움직임은 부드러우며 열망을 명확하게 표현하는 골반의 앞뒤로의 움직임으로 구성된다. 마치 골반 끝이 앞쪽으로 극도로 둥글게 되고 싶어 하는 것과 같다. 말벌이나 벌과 같은 곤충의 꼬리 끝이 흔들리는 움직임을 무의식적으로 떠올리게 된다. 이 움직임은 특히 성행위에서 잠자리와 나비의 꼬리 끝의 자세에서 명확하게 설명된다. 이 움직임의 기본형식은 다음과 같다.

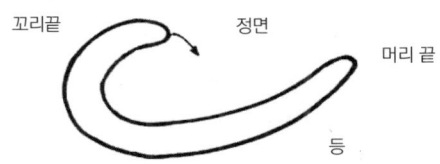

이 형식은 헌신의 움직임표현을 계속한다. 주관적인 기관감각은 이 헌신자세가 **갈망**을 동반한다는 것을 알려준다. 무엇에 대한 '갈망'인가? 그리고 무엇에 대한 '헌신'인가?

문자언어는 갈망의 목표와 헌신의 기능을 다음과 같이 표현한다. 유기체가 오르가즘반사를 발달시킴에 따라 '만족'갈망이 명확하고 억누를 수 없게 발생한다. 만족갈망은 분명히 성행위, 교미를 향한 것이다. 관찰과 주관적인 기관감각이 우리에게 가르쳐 주듯이, 성행위 자체에서 우리는 쾌락감각에 '헌신'하고 성상대에게 '헌신한다.'

문자언어는 이 자연현상에 대해 명확하게 대답하는 것 같다. 나는 "…것 같다"고 말한다. 문자언어는 살아있는 것의 표현언어를 번역한 것일 뿐이므로 '교미'와 '만족'이라는 단어[문자]가 오르가즘반사의 기능이 실제로 무엇을 말하는지는 알 수 없다. 더욱이 **오르가즘맥동**의 표현움직임은 문자언어로 번역될 수 없다. 자연현상을 **직접** 이해할 수 있게 만드는 문자언어의 능력에 대한 의심에서 한 걸음 더 나아가 보자. 다음 질문은 독자들을 당황하게 할 것이다. 그러나 차분하고 일관되게 생각한다면 독자는 문자가 종종 이해과정에 더 가깝게 가게 하기보다는 이해과정을 **박탈한다**는 것을 인정할 것이다. 질문은 다음과 같다.

성기 성충동의 그렇게 압도적인 역할은 어디에서 오는걸까? 아무도 그 기초적이고 자연스러운 힘을 의심하지 않는다. 아무도 그것에서 벗어날 수 없다. 모든 세상사람이 그 지배를 받는다. 실제로 교미와 그와 관련된 생물학적 기능은 살아있는 것이 지속해서 존재하도록 보장하는 기본기능을 한다. 교미는 바이스만[46]의 의미에서 '생식질'[47]의 기본기능이며, 이것은 엄밀한 의미에서 불멸이다. 인간이라는 동물종은 이 강력한 자연의 힘

---

46) August Weissmann, *Das Keimplasma: Eine Theorie der Vererbung*, 1892. 이 책에서 바이스만은 생식질 유전자를 제시하였다. [옮긴이 주]

47) Keimplazma. 대대로 자손의 생식세포에 전달되는 원형질의 한 종류. 바이스만은 생식세포(성세포)와 그 선구물질은 유전형질을 지니고 있으며 생식질은 다른 모든 체세포와 근본적으로 독립되어 있다고 생각했다. 이것은 오늘날의 DNA와 같은 용어다. [옮긴이 주]

을 부인했을 뿐이지 결코 제거하지 못했다. 우리는 이것이 인간동물에게 얼마나 끔찍한 비극을 가져왔는지 알고 있다.

살아있는 것의 존재는 성별이 다른 두 가지 오르고노틱 체계의 합성에 뿌리를 두고 있다. 우리는 모든 질문 중 가장 간단한 질문에 대한 답을 가지고 있지 않다는 것을 인정해야 한다. 성별이 다른 두 생명체의 합성기능은 어디에서 오는 것일까? 그것은 어떤 중요성, 어떤 '의미'를 가지고 있는가? 살아있는 자연은 왜 다른 움직임 형식이 아니라 바로 이 움직임 형식으로 지속되는가?

성합성의 가장 일반적인 움직임 형식은 이렇다.

성합성은 두 개의 오르고노틱 에너지체계를 하나의 기능단위로 상호침투하고 융합하는 신체세포의 발광을 동반한다. 하나가 된 오르곤체계는 흥분(=발광)수준의 간대성 경련에서 에너지를 방출한다. 이 과정에서 에너지가 높게 충전된 물질인 정자세포가 방출되어 합성, 침투, 융합, 에너지방출 기능을 계속 수행한다.

문자언어로는 여기서 아무것도 설명할 수 없다. 성합성 과정을 위해 만들어진 개념은 그 자체가 합성을 시작하고 동반하고 따르는 기관감각작용에서 파생된 것이다. '갈망', '충동', '교미', '접합', '만족' 등은 이해할 수 없는 자연과정의 예시일 뿐이다. 이 자연과정을 이해하려면 유기체의 성합성보다 더 일반적이며, 문자언어의 개념에 상응하는 기관감각작용보다 확실히 심층에 있는 다른 주요 자연과정을 찾아야 한다.

오르가즘반사의 자연법칙성에 대해서는 의심의 여지가 없다. 이전에 그 과정을 방해했던 분절무장이 완전히 풀렸을 때 모든 성공적인 치료에서 오르가즘반사가 한결같이 나타난다. 성합성의 자연법칙성에 대해서도 의심의 여지가 없다. 오르가즘반사가 자유롭게 기능하고 사회적 장애물이 방해하지 않으면 성합성이 반드시 이루어지기 때문이다.

우리는 오르가즘반사와 성합성에서 살아있는 것의 표현언어를 이해하기 위해 멀리 가서 수많은 자연현상을 수집해야 할 것이다. 이 경우 문자언어의 실패는 살아있는 영역을 넘어서는 자연 기능을 가리킨다. 물론 신비주의자들의 초자연적인 의미에서가 아니라 **살아있는 자연과 살아 있지 않은 자연 사이의 기능적 연결의 의미에서**.

우리는 당분간 문자언어는 분노, 쾌락, 불안, 짜증, 실망, 슬픔, 헌신 등과 같은 기관감각작용과 그에 상응하는 표현움직임에서 찾을 수 있는 그러한 삶현상만 설명할 수 있다고 결론을 내릴 수 있다. 그러나 기관감각작용과 표현움직임이 그 자체로 최종적인 것은 아니다. 어떤 지점에서는 살아있지 않은 실체의 자연법칙은 필연적으로 살아있는 것에 개입하고 살아있는 것 안에서 표현되어야 한다. 살아있는 것[생물]이 살아있지 않은 것[무생물]의 영역에서 생겨나서 다시 살아있지 않은 것의 영역으로 되돌아간다면, 이것은 틀림없이 사실일 것이다. 살아있는 것에 특정하게 해당하는 기관감각작용은 문자언어로 번역할 수 있지만, **살아있는 것에 특정하게 속하지 않은 채 살아있지 않은 것의 영역에서 살아있는 것의 영역으로 확장되는** 살아있는 것의 표현움직임은 문자언어로 번역할 수 없다. 살아있는 것은 살아있지 않은 것으로부터 생겨나고 살아있지 않은 것은 우주에너지에서 생겨나므로 **살아있는 것 속에 우주에너지기능이 있다고** 결론짓는 것은 정당하다. 따라서 성합성에서 오르가즘반사의 번역할 수 없는 표현움직임은 우리가 찾고 있는 우주오르곤기능을 나타낼 수 있다.

나는 이 작업가설의 심각성을 알고 있음에도 그것을 피할 수는 없었다. 오르가즘갈망, 즉 합성갈망이 항상 우주적 갈망 및 우주적 감각작용과 함께 한다는 것은 임상에서 증명되었다. 많은 종교의 신비로운 생각, 사후세계에 대한 믿음, 영혼윤회 교리 등은 모두 예외 없이 우주적 갈망에서 비롯되며, 기능적으로 우주적 갈망은 오르가즘반사의 표현움직임에 기반을 두고 있다. **오르가즘 속에서 살아있는 것은 꿈틀대는 자연의 한 조각일 뿐이다.** 인간과 동물이 일반적으로 '자연의 일부'라는 개념은 널리 퍼져 있고 잘 알려져 있다. 그러나 살아있는 것과 자연의 기능적 존재동일성이 구체적으로 어떻게 이루어져 있는지 과학적으로 추적가능한 방식으로 파악하는 것보다 한 구절을 인용하는 것이 더 낫다. 기관차의 원리가 원시 수레의 원리와 기본적으로 같다고 주장하기는 쉽다. 그러나 기관차가 수레와 본질적으로 다른 것이기도 하며 수천 년에 걸쳐 기관차의 원리가 수레의 원리에서 어떻게 발전해왔는지 알아야 한다.

우리는 살아있는 것의 표현언어라는 문제가 우리에게 큰 수수께끼를 안겨주었다는 것을 알고 있다. 한 걸음 더 나아가 고도로 발달한 생명체와 심층에 있는 생명체를 연결하는 공통점을 찾아보자.

오르곤치료기법은 **벌레가 인간동물 속에 말 그대로 여전히 기능하고 있다는 것을** 가르쳐주었다. 갑옷고리의 분절배열은 [이 이외에] 어떤 다른 의미도 가질 수 없다. 이 분절무장이 풀리면 척추동물의 해부학적 신경 및 근육 배열과 무관한 표현움직임과 혈장흐름이 방출된다. 이는 장, 벌레 또는 원생동물의 연동운동과 훨씬 더 일치한다.

인간은 계통발생적으로 더 오래된 생명형식에서 발달했음에도 불구하고 자신이 유래한 형식과 전혀 관련이 없는 **새로운 종류의** 생명체라는 생각을 아직도 자주 접하게 된다. 척추분절과 신경절마디에는 생물학적 핵심체계의 분절성격과 함께 벌레성격이 명확하게 보존되어 있다. 그러나 이 핵심체계는 형태학적으로, 즉 단단한 형식으로 분절적일 뿐만 아니다. 오르곤기능과 갑옷고리는 **기능적** 분절, 즉 가장 **현재적인** 의미를 지닌 기능도 나타낸다. 척추에 대해 말할 수 있듯이 오르곤기능과 갑옷고리는 살아있는 새로운 현재에 있는 죽은 과거의 잔재가 아니라, 오히려 인간동물의 모든 생물학적 기능의 핵심, 현재 가장 활동적이고 가장 중요한 기능장치를 나타낸다. 생물학적으로 중요한 기관감각과 감정, 쾌락, 불안, 분노는 인간동물의 분절기능에서 비롯된다. 마찬가지로 팽창과 수축은 아메바에서 인간에 이르기까지 쾌락과 불안의 기능으로 작용한다. 기쁨을 느끼면 고개를 높이 들어 앞으로 뻗고, 불안을 느끼면 벌레처럼 앞쪽 끝을 움츠리고 안으로 집어넣는다.

아메바와 벌레가 인간동물에서 감정기능작용의 핵으로 계속 작동한다면 오르가즘합성의 기본적인 생물학적 반사를 가장 단순한 혈장기능과 관련지어 이해하려고 노력하는 것이 옳다.

우리는 앞에서 횡격막블록의 해소가 반드시 첫 번째 오르가즘 신체경련으로 이어진다고 말하곤 했다. 팔과 다리는 가슴과 골반 두 부분이 연속된 것일 뿐이라는 점을 강조하였다. **가장 크고 가장 중요한 신경절장치는 몸통의 중앙과 등 가까이에 있다.**

언뜻 보기에 '비과학적', '불법적', 심지어 '미친' 것처럼 보이는 정신도약을 감행해 보자. 우리는 도약을 하고 나서 뒤돌아보고 우리가 나쁜 짓을 했는지 판단할 수 있다.

누구나 고양이의 등 가운데 피부를 잡고 고양이를 공중으로 들어 올리는 것을 본 적이 있을 것이다. 고양이의 부드러운 몸은 구부러져 보이고 목 끝은 골반 끝에 가깝게, 머리·앞다리·뒷다리는 다음과 같이 흐느적거리듯 매달려있다.

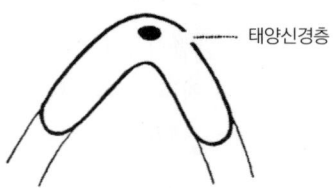

물론 우리는 인간을 포함하여 같은 자세를 취하는 온갖 동물을 상상할 수 있다. 항상 그렇듯이 신체가 자세를 취할 때의 움직임표현이 있다. 이 특수한 자세의 움직임표현을 바로 읽어내기는 쉽지 않다. 자세히 관찰하다 보니 촉수가 있는 **해파리**의 이미지가 눈앞에 떠올랐다.

생체신체학은 신체형식에서 움직임형식을, 움직임형식에서 표현형식을 읽는 법을 배워야 할 것이다. 이에 대해서는 나중에 더 자세히 설명하겠다. 여기서는 해파리의 자세와 신체의 자세의 유사성만으로도 충분하다. 비유를 확장할 수 있다. 해파리의 중추신경계는 척추동물의 태양신경총처럼 등 중앙에 위치한다. 해파리가 움직일 때 신체의 신경은 리듬에 따라 서로 가까워졌다가 멀어졌다 한다. 이제 우리의 정신도약은 다음과 같은 가정을 가능하게 한다. **오르가즘반사의 표현움직임은 살아서 헤엄치는 해파리의 움직임과 기능적으로 같다.**

두 경우 모두 몸의 끝, 즉 몸통의 끝부분이 서로 닿고 싶어 하는 것처럼 리드미컬하게 서로를 향해 움직인다. 서로 가까이 있으면 수축상태가 된다. 서로 멀리 떨어져 있으면 오르고노틱 체계가 확장되거나 이완된다. 이것은 매우 원시적인 **생물학적 맥동**형식이다. 이 맥동이 가속화되어 **간대성** 형식을 취하면, 우리 앞에는 오르가즘맥동의 표현움직임이 나타난다.

물고기의 산란과 동물의 정자배출은 이 혈장 전신맥동과 관련이 있다. 오르가즘맥동은 높은 수준의 흥분을 동반하며 이것을 우리는 '절정'의 쾌락으로 경험한다. 따라서 오르가즘반사의 표현움직임은 해파리 단계로 거슬러 올라가는 생물학적 움직임형식의 매우 중요한 **현재** 동원을 나타낸다. 종형식과 해파리 움직임형식을 설명하는 그림을 보여주겠다.

자세히 살펴보면 해파리 움직임과 오르가즘맥동의 기능적 동일성이 훨씬 덜 낯설다는 것을 알 수 있다. 우리가 갑옷고리의 분절배열과 감정기능 영역에서 인간의 벌레를 만났다면, 해파리 기능이 전신맥동으로 표현된다는 사실에는 특별한 것이 없다. 우리는 여기서 계통발생적 과거의 죽은 고풍스러운 유물을 다루는 것이 아니라 고도로 발달한 유기체에서 매우 현재적이며 생체에너지적으로 매우 중요한 기능을 다루고 있다는 생각을 받아들여야 할 것이다. 가장 원시적인 기능과 가장 고도로 발달한 혈장기능이 공존하며 마치 서로 합성된 것처럼 기능한다. 우리가 "고등" 유기체라고 부르는 것에서 더 복잡한 기능의 발달은 '사람 속의 해파리'의 존재와 기능을 바꾸지 않는다. 인간 세계와 하등동물 세계의 통일을 나타나는 것은 바로 인간 속의 해파리이다. 다윈 이론이 인간의 형태학에서 하등 척추

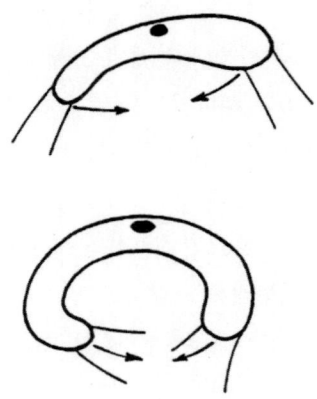

동물의 기원을 추론한 것처럼, 오르곤 생체신체학은 연체동물과 원생동물의 운동형식에서 인간의 감정기능을 훨씬 더 깊숙이 추적한다.

따라서 '인간 속의 자연'은 신비주의적이거나 시적인 환상의 영역에서 자연과학의 구체적이고 사실적–실용적 언어로 번역될 수 있다. 이것은 은유적이거나 비유적인 관계에 관한 것이나 감상적인 감각작용에 관한 것이 아니라, 잡을 수 있고 볼 수 있으며 통제할 수 있는 살아있는 것의 과정에 관한 것이다.

3장
정신분열증 균열[48]

1. 정신분열증 과정에서 '악마'

'악마' 개념은 인간본성의 **왜곡**을 사실적으로 표현한 것이다. '악마'를 연구하는 데 **정신분열증** 경험만큼 적합한 인간경험은 없다. 가장 순수한 형태의 정신분열증 세계는 신비주의와 감정지옥, 예리한 시야와 왜곡된 시야, 신과 악마, 도착성행위와 살인도덕, 최고 수준의 천재적 온전함(sanity)[제정신]과 심층의 광기(insanity)가 하나의 끔찍한 경험으로 병합된 혼합물이다. 나는 여기에서 고전정신의학에서 말하는 '긴장성 혼미[무감각증]'나 '파과증'[감정둔화를 주된 증상으로 갖는 정신병] 과정이 아니라 '치매 편집증' 또는 '조현병'이라고 부르는 정신분열증 과정을 염두에 두고 있다. 긴장병 과정은 전형적으로 현실로부터의 완전한 철수와 완전한 근육무장을 특징으로 한다. 파과 과정은 주로 생체신체 기능작용이 느려지고 둔해지는 것으로 이루어지는데, 편집성 정신분열증의 초기 단계, 특히 사춘기는 기괴한 생각, 신비로운 경험, 박해와 환각에 관한 생각, 합

---

[48] 1940~1948년에 구상하여 1948년 8~9월에 영어로 썼다. [한글 번역으로는 박설호, 『문화적 투쟁으로서의 성』, 솔, 1996, 161~316쪽을 참조. (옮긴이 주)]

리적 연상의 힘 상실, 단어의 사실적 의미 상실, 그리고 기본적으로 유기체적 즉 통일적 기능작용의 완만한 붕괴로 특징지어진다.

나는 정신분열증 환자에게서 우리의 주요 사유방식과 관련이 있는 인간의 도착 본성을 대표하는 '악마'로 제한하겠다. 여기에는 잘 무장한 신경증 환자에게 거의 나타나지 않는 이차적, 도착적, 반사회적 충동 영역이 포함된다. 일차적 생체신체 감각, 혈장흐름, 우주적 기능과의 접촉에서 생겨난 경험, 이른바 **정상인**에게는 거의 완전히 차단된 경험, 그리고 마지막으로 병들었지만 가장 민감한 생체체계가 경험하는 박해관념이 포함된다.

정신분열증 세계는 **정상인**이 힘들게 분리하여 유지하는 것을 하나의 경험 속에 섞어 놓는다. '잘 적응한' **정상인**은 정신분열증 환자와 정확히 같은 유형의 경험을 한다. 심층 정신의학은 이에 대해 의심의 여지를 남기지 않는다. **정상인**은 이러한 경험의 기능이 다르게 배열되어 있다는 점에서만 정신분열증 환자와 다르다. 그는 낮에는 잘 적응하고 '사회성을 갖춘' 상인이나 점원이며 겉으로는 멀쩡하다. 그는 집과 사무실을 떠나 머나먼 도시를 방문할 때 이차적이고 도착적인 충동을 표출하며 이따금 가학행동이나 난교에 빠지기도 한다. 이것이 그의 '중간층' 존재이며, 피상적인 베니어판[표면층]과 분명하고 예리하게 분리되어 있다. 그는 개인의 초자연적 힘과 그 반대인 악마와 지옥의 존재를 믿으며, 그 둘과는 다시 분명하고 예리하게 구분되는 제3의 경험집단의 존재를 믿는다. 이 세 가지 기본 집단은 서로 섞이지 않는다. **정상인**은 주일설교에서 사제들이 '죄'라고 질책하는 행동이나 몇몇 교활한 짓을 할 때는 신을 믿지 않는다. **정상인**은 악마가 과학의 어떤 명분을 내세울 때는 악마를 믿지 않으며, 가족을 부양할 때는 도착행위를 하지 않으며, 악마를 매춘업소에 풀어놓을 때는 아내와 아이들을 잊는다.

이러한 사실들이 지닌 진실을 부정하는 정신의학자들이 있다. 부정하지는 않지만 "원래 그래야 한다," "사악한 지옥을 사회적 허식으로부터 이렇게 분명하게 분리하는 것은 선을 위한 것이며 사회적 기능작용의 안전을 보장한다"고 말하는 다른 정신의학자들이 있다. 그러나 참된 예수를 믿는 사람이라면 이에 반대할 수도 있다. 그는 악마 영역은 소멸시켜야 하며, **여기[현세]서는 닫고 저기[내세]서만** 열어서는 안 된다고 말할 수도 있다. 이에 대해 또 다른 윤리사상은 진정한 미덕은 악덕이 없는 것이 아니라 악마의 유혹에 저항함으로써 드러난다고 반대할 수 있다.

나는 이 논쟁에 끼어들고 싶지 않다. 이러한 사유 및 삶의 틀 **안에서** 양쪽 모두 어떤 진실을 지닐 수 있다고 믿는다. 일상생활과 정신분열증 환자의 세계에서 나타나는 악마를 이해하기 위해 이 악순환에서 벗어나고 싶다.

사실상 표현의 직접성을 정직함의 표시로 받아들인다면 정신분열증 환자가 평균적으로 **정상인**보다 훨씬 더 정직하다. 모든 훌륭한 정신과의사는 분열증 환자가 난처할 정도로 정직하다는 것을 알고 있다. 분열증 환자는 일반적으로 '심층'이라고 불리는 것, 즉 사건과 접촉하기도 한다. 분열성 인간은 위선을 꿰뚫어 보고 사실을 숨기지 않으며 **정상인**과 뚜렷이 반대로 감정현실에 대한 탁월한 이해력을 지니고 있다. 나는 **정상인**이 분열정신[을 지닌 사람]을 그토록 싫어하는 이유를 이해하기 위해 이러한 정신분열증 특성을 강조하고 있다.

분열적 판단이 이렇게 우월하다는 것에 대한 객관적 타당성은 그 자체로 꽤 실제적으로 나타난다. 사회적 사실에 관한 진리를 얻고자 할 때 우리는 둘 다 '미쳤던' 입센이나 니체를 연구하지, 일부 잘 적응한 외교관의 글이나 공산당대회의 결의안을 연구하지 않는다. 우리는 잘 적응한 동시대 작가들의 작품이 아니라 반 고흐의 놀라운 그림에서 오르곤에너지의 물결치는 특성과 푸르름을 발견한다. 우리는 **정상인**의 어떤 그림에서가 아니라 고갱의 그림에서 성기성격의 본질적인 특성을 발견한다. 반 고흐와 고갱은 둘 다 정신병자로 생을 마감했다. 그리고 인간의 감정과 인간의 심층경험에 대해 뭔가를 배우고 싶을 때, 우리는 생체정신의학자로서 **정상인**이 아니라 정신분열증 환자에게 의지한다. 정신분열증 환자는 자신이 생각하는 것과 느끼는 것을 솔직하게 말하는데, **정상인**은 우리에게 아무것도 말하지 않고 몇 년 동안 계속 파고들어야 자신의 내면구조를 보여줄 준비가 되었다고 느끼기 때문이다. 그러므로 정신분열증 환자가 **정상인**보다 더 정직하다는 나의 말은 꽤 맞는 것 같다.

이것은 안타까운 상황인 것 같다. 그 반대여야 한다. **정상인**이 자신이 주장하는 것처럼 실제로 정상이고 자기실현과 진실이 선량한 개인과 사회생활의 가장 큰 목표라고 주장한다면, 그는 '미친 사람'보다 훨씬 더 자신과 의사에게 자신을 드러낼 수 있고 기꺼이 드러낼 수 있어야 한다. **정상인**에게서 진실을 빼내기가 그렇게 어렵다면, 틀림없이 그의 구조에 근본적으로 문제가 있다. **정상인**이 그렇게 하지 않으면 자신의 온갖 감정의 영향을 견딜 수 없다고 잘 적응한 정신분석가들이 당연한 것처럼 말하는 것은 인간 운명의 개선과 관련하여 완전히 체념하는 것에 해당한다. 자신의 영혼에 대한 폭넓은 지식을 바탕으로 상태를 개선하는 것을 꺼리며 동시에 자신을 드러내는 것을 꺼리는 인간을 옹호할 수 없다. 우리는 인간에 대한 지식의 범위를 계속 넓혀가며 **정상인**의 일반적인 회피태도를 비난하거나, 아니면 이러한 회피태도를 옹호하면서 인간의 마음을 이해하는 임무를 포기한다. 다른 선택지는 없다.

정상인과 그 반대인 분열성격을 이해하기 위해서는 우리 자신이 그 둘의 사유 틀에서 벗어나야 한다. **정상인**은 단단한 무장을 통해 기본적인 오르고노틱 기능작용에 대한 지각을 완전히 차단한다. 반면 정신분열증 환자의 경우 무장이 실제로 무너지고 따라서 생체체계는 자신이 대처할 수 없는 생체신체 핵심으로부터의 심층 경험들로 넘쳐난다. 그러므로 무장한 **정상인**은 오르고노미의 발견으로 위협을 느껴 불안을 느끼는데, 분열성격은 오르고노미의 발견을 즉각 쉽게 이해하고 그것에 끌리는 느낌을 받는다. 같은 이유로 분열성격에 구조적으로 가까운 신비주의자는 비록 거울에 비친 모습일지라도 보통 오르고노미 사실을 이해하는 반면, 경직된 기계론자는 감정영역에서 일어나는 모든 과학적 처리를 오만하게 경멸하고 "비과학적"이라고 부른다.

편집성 정신분열증의 구체적인 사례를 통해 이 중요한 인간기능의 관련 세부사항을 연구할 것을 제안한다. 이것은 정신의학 임상경험을 단순히 이론으로 추상화하는 것보다 악마 영역에 대한 그림을 훨씬 더 잘 전달할 것이다.

정신분열증 환자의 실험세계는 무궁무진하고 다양하므로 우리의 주요 주제와 관련이 있는 다음과 같은 세부사항으로 제한해야 한다. 정신분열증 환자는 자신의 생체신체 핵심을 어떻게 경험하는가? 그의 자아는 왜 그런 전형적인 방식으로 무너지는가?

편집성 정신분열증 환자의 사례를 소개하겠다. 임상정신과의사는 환자의 신원을 보호하면서도 전형적인 질병기제가 명확하게 드러날 수 있도록 사례를 위장해야 한다는 것을 이해할 것이다.

이것은 내가 오르곤치료법을 통해 실험치료한 최초의 정신분열증 사례였다. 나는 다음과 같은 정신분열증 환자에 대한 나의 이전 경험에서 나온 몇 가지 일반적인 이론 가정을 가지고 이 사례에 접근했다.

① 이드, 자아, 초자아라는 3대 영역에 따른 정신기능의 정신분석식 배열을 **생체에너지 핵심**(혈장체계), **주변**(피부표면), 그리고 신체표면 너머의 **오르곤에너지 장**이란 기능영역에 따른 전체 유기체기능의 **생체신체** 배열과 뚜렷하게 구별해야 한다. 이 두 가지 이론구조는 서로 다른 방식으로 자연의 다른 영역을 묘사한다. 어느 쪽도 다른 유기체 기능작용 영역에는 적용되지 않는다. 두 가지 이론도식이 만나는 지점은 정신분석이론의 '**이드**'라는 단 한 곳뿐인데, 여기서 심리학 영역이 끝나고 심리학을 **넘어서** 생체신체학 영역이 시작된다.

② 모든 감정(=생체신체) 질병에 대한 가장 효과적인 치료접근법은 가능하거나 징후가 있는 경우 **생체병리 증상에서 생체에너지를 빼내는[철수시키는] 것**이다. 정신신경증 증상이나 정신병 증상을 없애기 위해 무수한 병리적 결과의 모든 세부사항을 조사하는 것은 불필요하고 심지어 해로울 수도 있다. 대신 생체체계의 핵심을 열고 균형잡힌 에너지경계를 구축하면 증상이 자동으로 사라질 것이다. 왜냐하면 에너지 측면에서 볼 때 이러한 증상은 생체체계의 무질서한 에너지대사의 결과이기 때문이다.

③ 신경증 환자와 정신병 환자에게서 갑옷이 풀리기 시작할 때 큰 위험

이 발생한다. 이 과정을 안내하려면 최대한의 주의와 의료기법이 필요하다. 따라서 의료 오르곤치료법의 진료를 잘 훈련된 의사에게만 제한한다. 우리는 누구보다 우리의 책임을 잘 알고 있으며, 오르고노미에 대해 잘 모르는 사람들이 그 책임을 질 필요는 없다.

나는 환자의 무장이 완전히 풀리면 환자가 무너질 수 있고 심지어 무너질 것을 미리 잘 알고 있었다. 그러나 환자가 그 절차를 견딜 가능성은 충분히 컸기 때문에 실험을 강행했다. 환자는 오랫동안 여러 차례 정신병원에 입원한 적이 있었다. 진단명은 '정신분열증'이었고 보고서에 따르면 악화과정에 있었으며 최종붕괴가 불가피했다. 따라서 이 사례에서 감당할 위험은 그다지 크지 않았고 실험의사의 양심을 만족시킬 만큼 전망이 밝았다.

생체병리에 대한 나의 새로운 의학적 접근방식에 대해 들은 적이 있던 서른두 살의 아일랜드 여성인 환자를 그녀의 친척들이 나에게 데려왔다. 나는 친척들에게 갑작스러운 붕괴가 일어날 수 있다는 큰 위험을 알렸다. 그들은 위험을 감수하고 이러한 취지의 진술서에 서명할 준비가 되어 있었다. 나는 그들에게 갑작스러운 붕괴가 발생할 수 있다는 위험에 대해 경고했다. 나는 파괴적인 발작에 앞서 나타나는 징후를 잘 알고 있었기 때문에 시간이 되면 위험을 감지할 것이라고 확신했다. 그래서 간호사나 친척이 항상 환자의 주위에 있어야 하고, 불안과 붕괴의 첫 징후가 나타나면 환자를 시설에 맡겨야 한다는 엄격한 조건 아래 시설 밖에서 실험에 착수했다. 또 다른 조건은 당시 가출소 중이던 환자가 정기적으로 담당의사를 만나야 하며, 붕괴가 일어났을 때 즉시 입원할 수 있도록 환자가 이전에 있었던 시설과 모든 것을 준비해야 한다는 것이었다. 나는 또한 해당시설에서 이 사례환자의 담당 정신과의사와 우편으로 계속 연락을 취하며 그의 협조를 구했다.

이러한 예방조치는 정신분열증 환자를 시설 밖에서 치료하려는 경우 꼭 필요하다. 내부에서 실험용 오르곤치료를 수행하는 시설을 선호하지만,

안타깝게도 정신병원은 아주 소수의 예외를 제외하고는 정신분열증을 치료하기 위한 새롭고 희망적인 의학노력을 기울이지 않는다. 정신분열증 활동을 무디게 하는 데 충격치료를 너무 쉽게 사용할 수 있으며, 너무 적은 수의 의사가 너무 많은 정신병자를 돌봐야 한다. 광범위하고 깊이 있는 과학적 조사연구를 할 시간이 없다. 나는 이러한 태도를 이해하지단 용인할 수는 없다. 정신분열증을 '충격'으로 치료하는 대신 잘 이해한다면, 장기적으로 사회는 수백만 달러를 절약할 수 있을 것이다. 그런 선견지명을 기대하는 것은 너무 과한 것 같다. 정신병원은 실제로 의료서비스가 거의 없고 자금도 부족하며 대부분 경우 연구가 전혀 이루어지지 않는 정신병자들의 감옥인 것으로 알려져 있다. 더욱이 일부 의료관리자는 이러한 환자상태를 개선하려는 진지한 시도를 생각하지 않으려 하며, 때로는 그러한 의학노력에 매우 적대감을 보이기도 한다.

사회상황에 대한 이 짧은 설명으로 나의 예방조치와 위험감수 의지를 모두 설명하기에 충분할 것이다. 위험을 잘 알고 있었어도 미래에 얻을 수 있는 보상이 커 보였다. 그리고 실제로 나는 실망하지 않았다. 수년 동안 정신병원에 피신해 있었고 내가 실험에 받아들였을 당시 이미 상터가 악화되어 있던 이 환자는 치료 후 6년이 넘게 병원에서 나와 있다. 그녀는 직업을 다시 갖게 되었고 악화과정은 멈췄다. 환자는 여러모로 사교적인 사람이 되었다.

이 상황이 지속될지 예측할 수 없지만 지속되기를 바란다. **다른 모든 방법이 실패한 일정한 정신분열증 사례에 오르곤치료법을 성공적으로 적용할 수 있다**는 것이 지닌 과학적, 의학적 보상은 컸다. 결과는 위험을 정당화했다. 또한 기본가정 중 일부에서는 오르곤이론을 확인하였고 다른 일부에서는 수정하였다. 인간의 생체체계의 기본기능에 대한 완전히 새로운 사실을 많이 확보했으며, 의학 및 정신의학 역사상 처음으로 편집성 정신분열증 기제의 본질에 대한 몇 가지 핵심질문에 답을 얻었다.

치료를 거듭하며 3개월에 걸쳐 진행한 치료실험을 설명하겠다. 나는 진료만남마다 직후에 가장 중요한 세부사항에 대해 주의 깊게 메모했으며,

가능한 한 이 진료에서 어떤 일관성이나 법칙을 찾기 위해 전반적인 전개 과정을 특별히 기록하였다. 이 사례 자체는 정신분열병의 징후나 증상에서 새로운 것을 제공하지 않는다. 그러나 새로운 것은 오르곤치료 조치에 대한 반응이다. 이를 통해 지금까지 알려지지 않은 분열기능들 사이의 몇 가지 연관을 밝혀냈고, 인간생물학 일반의 이해에 가장 중요한 생체체계 심층에 있는 몇 가지 새로운 기능을 밝혀냈다.

환자의 모습

첫인상은 정신분열증 환자같지 않았다. 그녀는 자신의 증상과 경험에 대해 일관되고 질서정연하게 이야기했다. 인위적으로 열성적인 태도로 말하는 그녀의 행동배경에서 큰 당혹감을 느꼈다. 그녀는 아주 똑똑해 보였고 매우 어려운 질문에도 명쾌하게 대답했으며 정신의학 용어를 유난히 명확하게 알고 있었다. 그녀는 자신의 내면감정을 이해해 줄 정신과의사를 만나고 싶었지만 정신과의사들은 항상 자신을 '미쳤다'고 생각했다고 말했다. 그녀의 눈은 정신분열증 환자에 전형적인 아득하고 약간 가려진 모습을 띠었다. 때때로 그녀는 혼란스러웠어도 쉽게 명료함을 되찾았다. 대화가 진행됨에 따라 그녀가 피하려고 했던 일정한 주제를 명확하게 식별할 수 있었다. 기이하거나 특이한 경험을 알고 있냐는 질문에 그녀의 눈빛이 '어두워지면서' 이렇게 말했다. "저는 몇몇 강력한 힘들과 접촉하고 있지만 지금 여기에는 없어요."

이 주제는 분명히 감정으로 가득 차 있었고 우리는 더는 깊이 파고들지 않았다. 더욱이 그녀가 자신의 상황을 '시치미 떼고' 위장했다는 것이 분명해졌다. 그녀는 오르곤치료 실험을 기꺼이 받겠다고 했다. 그녀는 오르곤치료법 문헌을 읽었고 내가 옳다고 생각했다.

첫 번째 진료만남

나는 그녀의 무장과 성격방어에 대한 오리엔테이션으로 작업을 제한했다. 그녀의 태도는 첫 만남보다 더 강했다. 그녀는 오르곤치료법의 원리를 아주 잘 이해했으며, 대부분 사람이 무장하고 있으므로 '모든 것을 느끼고 알고 있는' 정신분열증 환자의 내면을 이해하지 못한다는 것을 수년 동안 알고 있었다. 나는 '힘들'에 대해 더 자세히 알아내려고 했지만, 그녀는 힘들에 관해 이야기하기를 거부했다. 그녀는 힘들이 그녀 자신의 내부충동과 전혀 관련이 없다고 말했고, 토론의 쟁점을 잘 파악하고 있었다.

그녀는 **전혀 숨을 쉬지 않는** 것 같았다. 신체검사에서 그녀의 가슴은 강박신경증의 경우처럼 **딱딱하지는 않고** 부드러워 보였다. 가슴의 이러한 부드러움과 운동성은 나중에 다른 초기 정신분열증 환자에게서 발견되었다. 가슴에 무장이 없는 것이 정신분열증 생체병리의 특징인지 아닌지와 그 정도는 더 조사연구해야 한다.[49]

그녀의 가슴의 부드러움은 **호흡부족**을 동반하지 않았다면 정상으로 보였을 것이다. 호흡이 너무 얕아서 아예 없는 것 같았다. 들리도록 소리를 내며 숨을 들이쉬고 내쉬라고 했을 때 그녀는 거부했고, 그것을 **할 수 없다**는 것이 나중에 밝혀졌다. 그녀는 목 어딘가에서 호흡을 멈추는 것 같았다.

그녀는 점점 안절부절해 하며 벽과 천장을 걱정스럽게 바라보았다. "그림자가 좀 있어요"라고 그녀가 말했다. 갑자기 그녀는 손으로 가슴 위에 십자가 표시를 했다. "저는 헌신적이에요. 힘들이 저에게 와요. 저는 그들을 불러서 오게 할 수 있어요. 힘들은 저를 사랑해요. …"

나는 그녀에게 '힘들'이 자신에게 살인을 선동한 적이 있는지 물었다. 이 질문에 즉각 답해야 한다고 나는 말했다. 실험을 안전하게 수행하려면 '힘들'에 대한 모든 것을 알아야 했기 때문이다. 나는 그녀에게 '힘들'이 자신

---

[49] 뉴저지의 말보로(Marlboro) 주립병원에서 엘스워스 베이커(Elsworth Baker) 박사가 정신분열증 환자에 대한 검사를 통해 이 가정을 어느 정도 지지하였다.

이나 다른 사람들에게 위험한 일을 시킬 때 즉시 말하겠다고 약속할 수 있는지 물었다. 그녀는 진심으로 즉시 나에게 말하겠다고 했다. 그녀는 때때로 '힘들'이 자신에게 살인을 저지르라고 했다고 말했다. 한번은 그녀가 갑자기 역 승강장에서 어떤 여성을 밀어버려**야 할 것 같은** 기분이 들었다고 했다.

그녀는 거의 정신이 나간 채 이 문장을 끝내지 못했다. 내 질문을 듣지 않았고 완전히 해리된[의식이 분열된] 것처럼 보였다. 그녀는 엉뚱하고 알아들을 수 없게 중얼거리고 있었다. 오직 다음과 같은 말만 알아들을 수 있었다. "……힘들이 배신했어요…… 제가 뭐라고 말했죠……"

나는 그녀의 친척들로부터 그녀가 어머니를 몹시 미워하는 동시에 어머니에게 강하게 의존한다는 것을 알고 있었다. '살인', '월경', '어머니'라는 개념은 밀접하게 연결되어 있었다. 살인충동은 또한 '힘들'에 대한 경험이나 '힘들'에 배신하는 것과 어떤 식으로든 관련되어 있었다.

환자는 잠시 후 회복되어 평정을 되찾았다.

두 번째 진료만남에서 다섯 번째 진료만남까지

다음 네 번의 진료만남 동안 나는 그녀의 호흡기능 장애에 조심스럽게 접근하려고 노력했다. 문제는 무장된 신경증 환자처럼 가슴의 무장을 부수는 것이 아니었다. **갑옷은 없는 것 같았다.** 문제는 그녀가 후두를 통해 공기를 흡입하고 배출하는 방법이었다. 그녀는 내가 완전한 호흡을 하게 하려고 할 때마다 심하게 몸부림치기 시작했다. 무장으로 인해 움직이지 않아서 호흡기능이 멈추는 것이 아니라 마치 **의식적으로 강하게 노력하여 멈추는 것처럼 호흡기능이 억제된다**는 인상을 받았다. 또한 그녀의 유기체가 이러한 노력으로 심하게 고통받고 있어도 그녀는 그 노력을 느끼지 못한다고 생각했다.

그녀는 내가 호흡을 유도할 때마다 심하게 짜증내며 반응했다. 전형적인 무장한 신경증 환자라면 그대로 있거나 내 노력에 악의적인 미소를 지었을 것이다. 우리의 정신분열증 환자는 그렇지 않았다. 그녀는 지성적으로 협력하려고 했으나 성공에 가까워질 때마다 패닉에 빠졌다. '힘들'에 대한 두려움이 그녀를 불안으로 압도했고, 그녀는 벽 위, 소파 밑 등 어디에나 힘들이 가까이 다가온다고 느꼈다. 그녀는 이 같은 불안 때문에 자신이 믿고 의지할 수 있는 의사로서 나를 찾아왔다고 말했다. 그녀는 내 책을 읽고는 자신이 무슨 말을 하는지 내가 알 것이라고 믿었다.

나는 불안이 시작될 때마다 그녀를 숨 쉬게 하려는 더 이상의 시도를 포기했다. 이것이 그녀의 주요 병리적 장애 중 하나이며 우리가 이것을 극복해야 하고 그러기 위해 나를 도와야 하며, 이 장애를 극복하면 크게 안심할 수 있다고 말했다. 그녀는 나를 도와주겠다고 약속했고 내가 옳다고 확신했다. 그녀는 오랫동안 [내가 옳다는 것을] 알고 있었다.

나는 그 상황에 대해 다음과 같은 의견을 지닐 수 있었다.

우리 환자는 단단히 무장한 신경증 환자처럼 혈장흐름 감각을 차단하지 않았거나 완전히 차단할 수 없었다. 그녀는 자신의 몸에서 '매우 가까운' 오르고노틱 흐름을 느꼈고, 공기가 폐로 들어오고 나가는 것을 허용하지 않음으로써 그것과 싸웠다. 그녀가 신체흐름을 실제로 완전히 경험했는지는 말할 수 없었고 그녀도 알지 못했다. 그녀는 '힘들'이 '다가오는' 경험만 했지 **힘들'을 자신의 것으로 느끼지 못했다**. 그녀는 '힘들'을 느꼈을 때 공포에 사로잡혔고 동시에 '그들에게 헌신하고' '사명'에 헌신해야 한다고 느꼈다. 그녀는 이것이 어떤 종류의 사명인지 말하기를 꺼렸다.

정신분열증 환자(그리고 이 문제에 관해서는 정신병 환자가 아닌 사람도)와 함께 일할 때 우리가 환자에게 자신의 불만을 진지하게 받아들이고 자신을 퀴어[이상한] 또는 '미친' 또는 '반사회적인' 또는 '부도덕한' 사람이라고 생각하**지 않는다**는 것을 제대로 이해시키는 것이 필수규칙이다. 환자가 기본적으로 신뢰받고 있으며 문외한에게는 아무리 이상하게 보일지라도 자신의 말과 감정이 이해된다고 느낄 수 있게 하는 그런 의사에 대한 **절대적인** 신뢰가 없거나 신뢰를 발전시키지 않으면, 아무 소용이 없다. 정신분열증 환자가 의사를 죽이겠다고 위협하더라도 그에게 **진정한** 이해를 보여주어야 한다. 이 절대적인 요구사항을 감정적으로 수행할 준비가 되지 않은 의사는 정신병 환자의 오르곤치료에 접근할 수 없다. 추가보고는 이 진술을 확증할 것이다.

여섯 번째 진료만남

약 30분 동안 그녀의 목무장에 대해 조심스럽고 힘들게 작업한 후 첫 번째 증오폭발이 발생했다. 이 첫 번째 증오폭발에는 조용한 울음이 동반되었으며, 동시에 심한 불안과 입술, 어깨, 그리고 부분적으로 가슴에 떨림이 일었다.

다양한 종류의 감정이 뒤섞인 이러한 상황에서는 감정을 서로 분리할 필요가 있다. 이것은 가장 표면 감정 즉 심층 감정과 싸우는 감정을 촉진하고 심층 감정을 '밀어냄'으로써 수행할 수 있다. 그래서 나는 울음을 부추겼고 이것은 그녀의 분노를 막았고, 눈물을 흘리며 슬픔을 잠시 푼 후 소파에 앉도록 격려하여 분노를 키우게 했다. **이것은 환자, 특히 정신분열증 환자가 의사와 완벽하게 접촉하지 않는 경우 위험한 절차이다.** 이러한 접촉을 확보하려면 환자에게 분노행동을 멈추라고 하면 즉시 멈춰야 한다고 설명해야 한다. 환자가 통제불능 상태에 빠질 위험이 있는 경우 언제 감정을 방출할지를 결정하는 것은 의사의 임무다. 숙련된 오르곤치료사만이 이를 수행할 수 있다. 나는 의료 오르곤치료기법에 대한 훈련을 받지 않은 의사와 훈련은 받았지만 필요한 경험이 없는 오르곤치료사에게 정신분열증 환자를 치료하지 말라고 경고한다. 이러한 사례에서는 분노를 풀지 않고는 진행할 수 없으며, 이전에 덜 감정적인 상황에서 얻은 많은 경험 없이는 분노를 풀 수 없다.

여섯 번째 진료만남이 끝날 무렵 환자는 긴장을 풀기에 충분한 감정을 드러냈다. 그런 안도감이 가능하다며 놀라움을 표하고 눈물을 흘리며 감사 인사를 했다. 그녀는 '사람들이 자신을 쳐다본다'고 하는 생각이 망상이라는 것을 처음으로 깨달았다(박해관념의 합리적 요소에 대해서는 나중에 자세히 설명할 것이다). 의사소통은 자유롭게 이루어졌다. 그녀는 자신이 기억할 수 있는 한에서 먼 옛날부터 '힘들'의 '영향'에 맞서 싸웠다. 특히 사춘기에는 대부분 시간을 나락에 매달려있는 것으로 느꼈기 때문에 상당한 노력을 함으로써만 현실을 붙잡을 수 있다는 것을 깨달았다. '힘들'에 대한 두려움이 힘들에 대한 사랑과 만났을 때, 그녀는 항상 혼란스러워했다. 바로 그러한 혼란 순간에 **살인충동**이 솟구친다고 고백했다.

파괴성이 통제할 수 없게 발발할 수 있다는 나의 걱정을 그녀에게 충분히 말해줄 수 있는 적절한 순간인 것 같았다. 그녀는 내 말이 무슨 뜻인지 바로 이해했다. 그녀는 그다지 정신분열증 환자답지 않은 표정으로 자신이 오랫동안 이러한 걱정을 해왔다는 데 동의하고 나를 안심시켰다. 나는 그녀에게 질병의 초기 단계에 있는 대부분 정신분열증 환자가 살인적인 파괴성의 급증에 맞서 싸울 수 있을지에 대해 같은 걱정을 하고 있다는 것을 경험으로 알고 있다고 말했다. 그녀는 자신이 살인을 저지르지 않을 수 있는 방법이 시설의 보안 외에는 없다는 데 동의했다. 그녀는 자신이 바로 그러한 감정상황에서 시설이 주는 안전을 추구한다는 것을 스스로 깨달았다. 그녀는 그곳에서의 삶이 자신이 충족시킬 수 없는 요구를 하지 않았기 때문에 그 안에서 더 안전하다고 느꼈다고 말했다. 그녀는 시설에 있을 때 자신이 살인을 저지르지 않을 것임을 알고 있었지만, 또한 시설에서의 생활이 자신에게 좋지 않다는 것도 알고 있었다. 그녀는 자신이 처한 특정한 상황에 따라 시설의 벽 안에서의 삶이 자신을 둔감하게 만들거나 분노하게 만들기 때문에 서서히 악화하는 것이 불가피하다고 생각했다. 그녀는 수용자들을 충분히 이해하고 동정심을 느꼈지만 동시에 그들의 존재에 대해 공포를 느꼈다. 그녀는 정신이 맑은 상태에서는 많은 정신과의사가 정신병자에 대해 지닌 천박하고 피상적인 태도, 이해부족, 많은 절차의 잔인성, 자주 저지르는 불의 등을 꿰뚫어 보았다. 요컨대 그녀는 '힘들'이 없거나 힘들이 '그녀에게 너무 강한 요구를 하지 않을' 때는 탁월한 통찰력을 지니고 있었다.

치료과정이 진행됨에 따라 한 가지 질문이 전반적으로 중요해졌다. 그녀를 괴롭히고 그녀가 헌신적으로 사랑하는 '힘들'이 쾌락흐름에 대한 그녀의 신체감각작용을 나타내는가? 만약 그렇다면 왜 그녀는 힘들을 두려워하는가? (그녀가 힘들에게 헌신하고 있는 것이 분명하다.) 그녀의 몸에는 어떤 종류의 기제가 쾌락흐름을 차단하는가? 차단된 혈장흐름은 어떻게 '악'의 힘들로 변하는가? 이 블록과 정신분열증과정 사이에는 어떤 연관이 있는가?

나는 이러한 질문에 답할 수 있는 기능에 관심을 기울이기 시작했다. 내 인상으로는 차단기제가 그녀의 목분절과 특히 가슴이 **부드러우면서 호흡을 하지 않는** 독특한 호흡장애와 어떻게든 연결되어 있었다.

일곱 번째 진료만남

일곱 번째 진료만남 동안 내가 이전 치료에서 통제했던 분노가 부분적으로 폭발하면서 그녀의 완전한 호흡에 대한 생리적 요구를 증가시켰다는 것이 분명해졌다. 이것은 공기가 목구멍, 후두, 기관[후두와 기관지를 연결하는 관]을 완전히 통과하지 못하게 **막으려는** 그녀의 더욱 필사적인 시도에서 볼 수 있었다. 나는 그녀가 완전히 숨을 내쉬도록 격려하고 그녀의 가슴을 부드럽게 누르면서 도왔다. 그녀는 갑자기 날숨에 몸을 맡겼으나 곧바로 무아지경에 빠졌다. 그녀는 내가 불러도 대답하지 않았고, 뚫어지게 천장의 한구석을 응시하며 환각에 빠진 것 같았다. 다리가 심하게 떨렸고 약 30분 동안 어깨근육에 다발성 경련이 일어났다.

나는 그녀가 고통을 느낄 수 있을 정도로 세게 꼬집어서 그녀를 무아지경에서 깨우는 데 성공했다. 천천히 그녀는 완전한 의식으로 돌아오기 시작했다. 그녀는 분명히 혼란스러웠으며 물건을 두드려서 자신이 깨어났다고 확인하려고 했다. 그녀는 내 손을 잡고 울면서 말했다. "돌아오고 싶어요, 아, 돌아오고 싶어요…." 이것은 10분 더 지속되었다. 그런 다음 그녀는 말했다. "저는 아직 돌아오지 않았어요 … 당신은 어디에 있어요? … 주님과 함께 … 저는 주님에게 제가 악마에게 굴복해야 하는지 물었어요 … 당신이 악마라는 것을…" 내 질문에 대한 대답으로 그녀는 더는 "뭔가를 보지" 못했지만 (힘들과) "약간의 접촉"을 했다고 말했다. 그녀는 다리와 어깨의 떨림을 느꼈고 내 목소리도 들었지만 "멀리, 멀리 떨어져 있다고 느껴졌어요"라고 말했다. 그녀가 빨리 '돌아오지' 못한 것은 이번이 처음이었다. "이번엔 너무 오래 걸렸어요… 어디에 있어요?… 제발 손을 잡게 해 주세요… 제가 여기 있다는 걸 확실히 느끼고 싶어요…"

그녀는 내 손을 잡고 벽과 천장을 따라 의심쩍은 눈초리로 방을 둘러보았다. 그녀는 지친 기색이었고 치료 후 1시간 이상 남아서 자신을 진정시켰다.

나는 그녀에게 다음 날 다시 치료받으러 오라고 했고, 나와 이야기할 필요가 있다고 느끼면 즉시 전화하거나 누구를 시켜 전화하라고 했다.

여덟 번째 진료만남

전날의 경험 후, 그녀는 매우 피곤함을 느끼고 집에 가자마자 잠들었다. 그녀는 평온하고 안전하다고 느꼈고 눈도 맑아졌다. 나는 그녀의 갑옷을 부수는 작업을 더는 진행하지 않고 전날 있었던 상태로 그녀를 되돌아가게 하기로 하였다.

환자의 무장을 해제하는 데서 중요한 규칙은 무슨 일이 일어나고 있는지 **정확히** 알지 못하고 환자가 이미 도달한 상황에 **익숙해**지지 않는 한 천천히 단계적으로 진행하고 생체신체 심층으로 더 나아가지 않는 것이다. 이것은 모든 유형의 의료 오르곤치료법에 유효하며 특히 분열성격의 치료에 필요하다. 이 엄격한 규칙을 무시하면 전체 과정을 놓치고 환자를 위험에 빠뜨릴 수 있다. 부분 돌파 후에 기분이 좋아진 환자는 종종 의사에게 더 빨리 진행하고 더 자주 진료를 받게 해달라고 간청한다. 이것을 허용해서는 안 된다. 어떤 돌파를 했을 때, 유기체에 발생한 감정을 조직화하고 동화할 시간을 주어야 한다. 우리가 더 나아갈 위치를 확고하게 확립해야 한다. 적절한 방식으로 계속 진행하려면 나머지 무장으로 인한 어느 정도의 불쾌감이 필요하다. 이제 '벗어나고', '구원받고', '해방되었다'는 환자

쪽에서의 신비적이고 종교적인 기대에 대해 특히 경계해야 한다. 단단한 갑옷을 뚫으면 처음 몇 번의 돌파는 큰 안도감을 동반하는 것이 사실이다. 이것은 종종 생체신체 구조의 심층에서 실제 상황을 위장한다. 따라서 기본적인 오르가즘 쾌락불안이 분명하게 나타나지 않는 한 조심해야 한다는 것이 규칙이어야 한다. 자발적인 혈장수축에 대한 이러한 심층 공포를 표면에 드러내고 극복하지 않는 한 상당한 주의가 필요하다.

이 여덟 번째 진료만남에서 환자는 매우 협조적이었다. 그녀는 불안감이 적었고 간대성[간헐적] 경련이 훨씬 더 쉽게 자발적으로 일어나도록 허용했지만, 여전히 무슨 일이 일어나고 있는지 모든 부분을 걱정스럽게 지켜보고 자신을 잃지 않기 위해 '경계'하고 있으며 다시는 무아지경에 빠지지 않기 위해 열심히 싸우는 것이 분명했다.

모든 개별사례에서, 예상되는 기본적인 불신이 생기지 않도록 세심한 주의를 기울여 진행해야 한다. 정신분열증 환자는 신경증 환자보다 훨씬 더 솔직하게 이러한 전형적인 불신을 나타낸다. 신경증 환자에게서는 친절과 공손함이라는 외피 아래에 있는 불신을 파헤쳐야 한다. 우리 환자는 나에게 단도직입적으로 물었다. "당신을 믿을 수 있나요? 오, 내가 당신을 믿을 수만 있다면… (두려움에 가득찬 눈으로 나를 바라보며) **당신 독일 스파이인가요?**"

미국이 제2차 세계대전에 참전하면서 FBI가 오르곤연구를 독일(또는 러시아?) 첩보활동으로 오인해 나를 ('적국 외국인'으로) 구금한 직후였다. 내가 청문회를 마치고 곧 조건 없이 석방되었다는 사실은 환자에게 그다지 중요하지 않았다. 중요한 것은 내가 전복활동을 하고 있다고 의심받았다는 사실이었고, 이것은 물론 모든 것을 특히 자신의 내면감정을 불신하는 신경과 의사뿐만 아니라 정신병 환자의 일반적인 태도와 일치했다. 우리 환자는 그녀가 분명히 말했듯이 '힘들'에 맞서 싸우는 데 나의 도움이 필요했기 때문에 나를 믿고 싶어 했다. 나는 그녀에게 내가 독일인이 아니며 어떤 다른 유형의 스파이도 아니고 그런 적도 없다고 확신시켰다. 그러자 그녀는 모든 사람이 자신의 본성이나 성격구조를 통해서만 생각하기 때문에 FBI는 내가 하는 일을 이해할 수 없을 때 스파이활동 외에는 아무 것도 생각할 수 없다고 말했다. 나는 이 말에 동의할 수밖에 없었고, 정신 분열증에 대한 나의 호감이 다시 한번 정당하다는 것을 알게 되었다. 정신 분열증 환자는 정신이 맑은 기간에는 어떤 다른 성격유형도 그럴 수 없을 만큼 개인문제와 사회문제를 지성적으로 볼 수 있다. 나중에 우리는 정신 분열증 환자의 이러한 명료한 지성이 현대사회에서 그의 존재를 위협하는 주요 위험 중 하나라는 것을 알게 될 것이다.

환자는 다음 날 주립병원에 가출소 방문을 하기로 예정되어 있었다. 나는 그녀에게 아무것도 숨기지 말라고 했지만, 가출소 담당의사가 모든 것에 대해 이해할 수 없을 것에 대비하라고도 말했다. 우리는 잔인한 충격치료를 하는 외과의사가 아닌 정신과의사를 만나는 행운을 누렸다. 환자는 이 [나와의] 진료만남을 조용하고 완전히 질서정연하게 마쳤다.

여덟 번째 진료만남 이후 요약

① 환자는 완전히 무너지지 않기 위해 필사적으로 붙잡은 날카로운 현실감각을 지닌 채 왔다.
② 환자는 내가 '힘들'을 이해하고 힘들과 '접촉'하고 있다고 느꼈기 때문에 내게 도움을 요청했다.
③ 그녀는 '힘들'과의 접촉 때문에 자신이 세상의 다른 사람들보다 낫다고 생각했다. **정상인**의 세계에 대한 그녀의 비판은 무엇이든 간에 '힘들'과의 접촉에 따라 정확하고 거의 완벽하며 합리적이었다.
④ 그녀의 무장은 완전하지 않고 표면에만 구축되어 있다는 점에서 단순한 신경증 생체병리의 무장과 달랐다. 그녀의 가슴은 움직이고 있었으나 그녀는 완전히 숨을 쉬지는 못했다. 약한 무장 때문에 그녀는 마치 나락 위에 실로만 매달려 있다고 느꼈다. '저 너머'에는 **'악마적'**인 동시에 **'매력적인'** '힘들'이 있었다.
⑤ 그녀의 몸에서 오르고노틱 흐름의 녹는 감각은 '힘들'에 대한 그녀의

생각과 밀접한 관련이 있었지만, 이러한 감각작용은 벽과 천장에 투사되었다. 무너지는 것에 대한 그녀의 정신분열증식 두려움은 어떻게든 '힘들'과 그녀의 접촉에 달려있었다.

⑥ 벽과 천장에 있는 내부 '힘들'에 대한 지각이 주요 수수께끼를 구성했다. '투영'이라는 단어는 분명히 아무것도 설명하지 못했다.

2. '힘들'

환자는 '힘들'을 잘 알고 있었고 힘들에 대해 자세히 설명했다. '힘들'의 일부 특성은 전능한 존재=신에게 귀속되는 특성과 같았고, 다른 특성은 악마 탓으로 돌린 특성들 즉 사악하고 약삭빠르고 교활하게 악의적으로 유혹하는 특성이었다. 첫 번째 특성은 환자가 안전하고 보호받는다고 느끼도록 하여 '힘들'에 '헌신'하도록 했다. 두 번째 특성과 관련하여 환자는 '힘들'에 대항하여 즉 살인과 같은 악의적 의도와 유혹으로부터 자신을 보호해야 하는 것처럼 행동했다. 작업이 진행됨에 따라 '힘들'의 본성이 지닌 이러한 모호함이 아주 분명해졌다.

이 작업단계에서 나의 가정은 다음과 같았다. '힘들'이 같은 감정형성에서 **선과 악**을 대표한다면, 정반대되는 두 종류의 경험으로 나뉘는 것이 서로 배타적이고 양립할 수 없는 **그녀의 성격구조에서 두 가지 정반대되는 상황**으로 인한 것이라고 가정할 필요가 있었다. 인성의 정신분열증 균열은 이러한 양립불가능성 때문이어야만 했다. 두 가지 반대되는 감정구조 각각은 유기체의 기능작용을 교대로 감당할 것이다. 정신분열증 환자의 구조와 반대로, 정상인의 구조는 모순되는 구조 중 하나 또는 다른 하나를 계속해서 억압상태로 유지한다. 따라서 정상인에게서는 인성의 균열이 숨겨져 있다. **신과 악마** 모두의 공통된 기능작용원리는 **유기체의 기본 생체 신체 기능작용**인 '생물학적 핵심'이며, 이것의 가장 중요한 표시는 혈장흐름과 사랑의 녹아내리는 느낌, 불안 또는 증오와 같은 주관적 지각이다.

이 모든 것은 이 사례의 이후 전개에서 확인해야 했다.

아홉 번째 진료만남

환자는 기쁨에 가득 차고 완벽하게 조화로운 채 아홉 번째 진료만남에 왔다. 그녀는 전날 가출소 담당 정신과의사를 방문했었다. 그는 그녀에게 나를 "똑똑한" 사람으로 알고 있다고 말했다. 그녀는 그에게 나의 치료방법을 "화풀이[증기를 빼는 것]"라고 설명했다. 그 시설 정신과의사는 그녀가 치료를 계속하도록 격려했다. 그녀가 이전에 내 정직성을 의심했기("당신 독일 스파이인가요?") 때문에, 그 의사의 태도는 그녀의 희망을 지지하는 의미였을 것이다.

그날 그녀의 호흡은 **생리적으로** 거의 완벽했고 눈은 평소와 같이 '가려진' 것이 아니라 맑았다. 그녀는 성적으로 만족하고 싶은 충동을 느꼈다고 말했다. 경험이 부족한 의사는 '성공'에 대해 의기양양했을 것이다. 그러나 나는 바로 우리 앞에 큰 위험이 도사리고 있다는 것을 알았다.

병든 유기체는 통상적인 긴장상태와 부분적인 무장해제 후 약간의 긴장방출 사이의 큰 차이 때문에, 건강한 유기체보다 쉽게 에너지 기능작용을 약간 증가시킬 수 있으며 이 행복을 훨씬 더 즐길 수 있다. 그러나 생체에너지체계는 주기적인 에너지방출이 일어나지 않는 한 에너지수준을 계속 증가시킨다. 그리고 축적된 생체에너지를 **완전히** 방출하는 유일한 방법은 우리가 잘 알고 있듯이 자연스러운 짝짓기 과정에서 완전한 오르가즘경련을 일으키는 것이다. 자연이 만성 신체무장이 없어야만 전체적인 오르가즘경련을 일으키도록 해놓지 않았다면, 정신위생 문제는 지금처럼 힘들지 않았을 것이다. 우리는 자연과학자이자 의사로서 이 상황에 대해 책임이 없으며 단지 그것을 발견하고 묘사했을 뿐이다.

환자 자신은 단순한 신경증 환자보다 훨씬 더 앞으로 닥칠 위험을 잘 알고 있었다. 그녀는 '힘들'이 최근에 나타나지 않았지만 "힘들이 악의적으로 다시 돌아올 수 있고 반드시 돌아올 것"이라고 말했다.

그녀는 '힘들'이 다시 돌아오면 내가 자신을 버릴 것인지 물었다. 그녀는 오르곤치료 기제가 정확히 무엇인지 알고 싶어 했다. 그녀의 질문은 매우 지성적이고 요점이 분명했다. 그녀는 세계에서 자신이 차지하고 있는 현재의 '우월한' 위치에서 물러나야 하는지 그리고 자신이 유용한 사회구성원이 될 수 있는지 물었다.

이러한 질문들은 이 사례가 그토록 분명하게 무엇을 드러냈는지 모르는 사람에게는 독특하게 보인다. 분열성격[을 지닌 사람]은 **정상인**보다 자연과 사회의 기능에 훨씬 더 잘 접촉하고 통찰력을 지니고 있다. 이것은 이러한 통찰력이 부족한 평균적인 **정상인**보다 자신이 우월하다는 합리적 감정을 그녀에게 불어넣는다. 따라서 그녀가 '유용한 사회구성원', 즉 **정상인**이 되려면 자신의 통찰력과 우월성을 일부 상실해야 한다는 것이 논리적이다.

이러한 우월감에는 많은 합리적인 진실이 포함되어 있다. 분열성격은 평균적으로 '범죄성격'과 마찬가지로 평균 **정상인**보다 지성에서 훨씬 우월하다. 그러나 이 지성은 뿌리 깊은 분열 때문에 실천적이지 않다. 이른바 '천재'의 경우처럼 지속적이고 합리적인 생물학적 활동을 수행할 수 없다.

나는 이 기회에 그녀가 미래의 위험에 대비하도록 했다. 나는 그녀에게 그녀가 처음으로 안도감을 느꼈으나 그녀의 '힘들'이 심층에서 완전히 드러나면 위험할 정도로 두려워하게 될 것이라고 말했다. 그녀는 이해했고 앞으로의 절차 동안 나와 긴밀한 접촉을 유지하기로 약속했다.

내가 지금 설명하려고 하는 사건들은 처음부터 **생체에너지**의 자연스러운 기능과 **생체병리**에서의 생체에너지 차단이라는 측면에서 이 사례(그리고 이 문제에 대한 다른 어떤 사례도)를 이해하려고 하지 않는 사람에게는 완전히 놀라운 것으로 보일 것이다. 이러한 사건들은 그런 사람에게 환자가 정신병원에 입원해야 하는 타당한 이유로서 '미친 반응', '이해할 수 없는', '위험한', '반사회적'인 다른 예들처럼 보였을 뿐이다. 나는 앞으로 일어날 일이 위험하고 반사회적이며 입원해야 할 좋은 이유라는 데 동의하지만, 이것을 이해할 수 없다거나 이것이 시설에 입소하지 않고 오히려 **정상인** 대중에 의해 숭배받고 존경받는 독재자나 전쟁도발자의 행위나 악행보다 더 '미친' 것이라는 데 동의할 수 없다. 그러므로 나는 정신분열증 환자의 훨씬 덜한 '광기'에 흥분할 수 없다. 솔직히 말해서 최악의 경우 자살하거나 다른 사람을 죽이겠다고 위협하지만, 정신분열증 환자는 수백만 명의 무고한 사람을 '조국의 명예'를 위한다며 그들의 집에서 몰아내지 않으며, 자신의 무능한 정치사상을 위해 수백만 명을 희생할 것을 총구로 요구하지 않는다.

그러므로 합리적으로 판단하고 거짓 정의를 버리자. 정신분열증 환자를 그렇게 잔인하게 취급하고 잔인한 **정상인**을 이 행성 어디에서나 그토록 열광적으로 존경하는 그럴 만한 이유가 있을 것이다.

열 번째 진료만남

방금 설명한 태도가 이 특별한 사례를 구했다. 나는 이 태도가 무책임하고 보편적이며 무차별적인 '충격치료법'을 적용하는 **정상인**의 전형적인 회피와 잔인함으로 인해 노후 정신시설에서 무고하게 썩어가는 수천 명의 생명을 구할 수 있다고 굳게 믿는다.

환자는 낮 동안 완벽하게 편안함을 느꼈다. 그러나 그녀가 옷을 벗었을 때 나는 흉골의 가슴 피부에 세로 약 6cm, 가로 약 4cm의 그어진 **십자가** 모양을 보았다. 그녀는 전날 저녁에 "의식적인 동기 없이" 그렇게 했다. 그녀는 그것을 "**그냥 해야만**" 했다. 그녀는 이제 매우 "억눌린" 느낌을 받았다. "저는 약간의 증기를 방출해야 해요, 그렇지 않으면 터질 거예요."

그녀의 목분절이 심하게 수축되고 창백하고 움직이지 않는다는 것이 (잘 훈련된 오르곤치료사에게) 즉각 분명했다. 그녀의 얼굴에는 심한 분노가 보였고 거의 파란색에 가까운 청색증처럼 보였다. 약 10분에 걸쳐 심한 목블록을 해소하였다. 나는 강제호흡을 시켜 구토반사가 잘 작동할 때까지 구토하도록 하는 데 성공했다. 목블록이 풀리자 그녀는 소리 없이 울기 시작했다. **큰 소리로** 울라고 거듭 격려했지만 성공하지 못했다. 우리는 이 현상을 신경증 생체병리에서 매우 자주 발견한다. 울음감정은 너무 강해서 한 번에 완전히 분출되지 않는다. 통상적으로 울음감정이 심한 분노를 억누른다. 환자가 마음껏 자유롭게 울음을 터뜨리면 살인을 저질러야 한다고 느낄 것이다.

이러한 무장은 대개 어린 시절의 아주 순진한 행동에 대한 잔인한 처벌로 인해 생긴다. 어머니는 아버지를 미워했고 아버지를 죽이고 싶었고 없애고 싶었지만, 아버지는 그러기에는 너무 강했고 어머니는 너무 약해서 아무것도 할 수 없었다. 그래서 어머니는 서너 살짜리 아이를 소란을 피우거나 거리에서 춤을 추거나 몇몇 다른 아주 순진한 행동을 했다고 처벌했다. 아이 쪽의 자연스러운 반응은 그러한 잔인함에 대한 정당한 분노이다. 그러나 아이는 분노를 표현하는 것을 두려워하고 대신 울고 싶어 하지만 우는 것도 '금지되어' 있다. "착한 소년과 소녀는 울지 않고 감정을 드러내지 않는다"라고 말한다. 이것은 위대한 '원자력시대'가 시작되는 20세기 문화와 문명에서 상당히 자랑스러워하는 어린이교육 유형이다. 이것은 인류가 아픈 어머니와 아버지 쪽에서의 범죄행위를 마지막 흔적까지 근절하는 데 성공할지, 우리의 의사·교육자·언론인이 이 최고로 중요한 문제에 최선을 다해 개입할 용기를 낼지, 그리고 결국은 범죄행위를 지지하지 않은 채 자신들의 학술적 회피, 무관심, 그리고 '객관성'을 극복하는 데 성공할지 여부에 따라, '인류를 하늘로 치솟게 하거나 아니면 지옥으로 떨어지게 할 것이다.'

우리 환자는 잔소리를 일삼는 어머니로부터 수십 년 동안 잔인하고 극악무도한 짓을 겪었다. 그녀는 자신을 방어하기 위해 어머니의 목을 조르고 싶은 충동을 키웠다. 그러한 충동은 매우 강해서 목구멍에 끓어오르는 살인적인 증오에 대항하여 무장하는 것 외에 다른 방법으로는 물리칠 수 없었다.

아주 자연스럽게, 환자는 **나에게 자신이 내 목을 조르게 해줄 것인지** 물었다. 나는 당황하지는 않았지만 조금 무서웠다고 고백한다. 그러나 나는 그녀에게 계속해서 조르라고 말했다. 환자는 아주 **조심스럽게** 내 목에 손을 대고 살짝 힘을 주고 나서 얼굴이 맑아지고 지친 기색이 역력한 채로 물러났다. 이제 그녀의 호흡은 가득 차 있었다. 숨을 내쉴 때마다 온몸이 심하게 떨렸다. 감정충격을 피하려고 오른쪽 다리를 쭉 뻗는 것으로 판단할 때, 흐름과 감각작용은 강해 보였다. 이따금 그녀의 몸은 활모양강직의 자세로 상당히 경직되었다가 다시 이완되곤 하였다. 그녀의 얼굴은 울음으로 인해 붉어지거나 분노로 인해 파랗게 번갈아 가며 변했다. 이 과정은 약 30분 동안 지속되었다. 나는 이제 그녀의 정신병적 생각이 완전히 드러날 것임을 알았다. 어느 정도의 감정격동에 이르렀을 때 나는 그녀에게 조용히 그 반응을 멈춰 보라고 요구했다. 그녀는 전적으로 협조하여 즉각 반응했고 천천히 진정되기 시작했다. 나는 진행해 나가는 내내 그녀의 손을 잡고 있었다.

정신병자 및 이른바 사이코패스와 함께 22년 동안 정신치료를 해오면서 나는 그러한 감정상황을 다루는 일정한 기술을 습득했다. 나는 모든 정신과의사가 그러한 상황을 다룰 수 있을 만큼 충분히 숙련되어 있어야 한다고 주장한다. 그러나 오늘날에는 그렇게 할 수 있는 정신과의사가 거의 없으므로 적절한 기술을 습득하지 않는 한 나의 실험을 따라 하지 **말라고** 매우 강력하게 조언하고 싶다. 정신과의사의 훈련부족으로 인해 일부 정신과의사의 사무실에서 발생할 수 있는 재난에 대해 책임을 지고 싶지 않다.

정신분열증 세계를 이해하려면 **정상인**의 관점에서 판단해서는 안 된다. **정상인**의 제정신[온전함]은 그 자체로 날카로운 조사를 받고 있다. 우리는 대신 정신분열증 환자가 합리적인 기능을 **왜곡된** 방식으로 표현할 때 그것을 이해하려고 노력해야 한다. 그러므로 우리의 이 '질서정연한' 세계를 **넘어서서** 그를 판단할 필요가 있다. **우리는 그를 그 자신의 입장에서 판단해야 한다.** 이것은 쉽지 않다. 그러나 왜곡을 뚫고 들어가면 진실과 아름다움이 넘치는 광활한 인간경험 영역이 펼쳐진다. 이것은 천재의 모든 위대한 업적이 생겨나는 영역이다.

환자 이야기를 계속하자면, 나는 그녀에게 가슴에 새긴 십자가의 의미가 무엇인지 물었다. 나는 그녀를 꾸짖지도 않았고 시설에 입소시키겠다고 위협하지도 않았다. 그랬다면 아무것도 이루지 못했을 것이다.

그녀는 온몸을 떨면서 일어나 목을 움켜쥐었다. 그런 다음 "저는 유대인이 되고 싶지 않아요"라고 말했다(그녀는 유대인 출신이 **아니**었다). 어떤 신앙을 가진 정신분열증 환자라면 누구나 이런 말을 할 수 있었기 때문에 나는 그녀가 유대인이 아니라고 설득하려 하지 않았고, 오히려 그녀의 말을 진지하게 받아들였다. "왜 안 돼요?" 나는 물었다. 그녀는 "유대인들이 예수님을 십자가에 못 박았어요"라고 말했다. 그러고는 자신의 배에 큰 십자가를 그리기 위해 칼을 달라고 했다.

상황이 단번에 명확하지는 않았다. 잠시 후 그녀가 무아지경에 빠지려고 열심히 노력했지만 제대로 성공하지 못했다는 것이 분명해졌다. 잠시 후 그녀는 이렇게 말했다. "힘들과 다시 접촉을 시도했지만 … 할 수 없어요." 그녀는 울기 시작했다. 나는 그녀에게 이유를 물었다. "아마도 다음 세 가지 이유가 있을 거예요. 첫째 저는 그들과 너무 강하게 싸웠어요. 둘째 십자가를 충분히 깊게 새기지 않았어요. 셋째 제가 유대인이기 때문에 그들이 저를 거부해요."

그녀의 생체신체 상태와 이러한 정신병적 생각 사이의 정확한 연관은 여전히 분명하지 않았다. 망상체계가 더는 이전처럼 잘 작동하지 않았을 수도 있고, 그녀가 자신의 삶을 바친 '힘들'에 대해 죄책감을 느꼈을 수도 있고, 따라서 '힘들'의 자비를 되찾기 위해 자기희생을 하려 애썼을 수도 있다. 이러한 기제는 이른바 '정상적인' 종교활동에서 잘 알려져 있다. 종교활동에서도 [대문자]'신'과 접촉이 단절되면 신의 자비를 되찾기 위해 더 커다란 희생을 치를 것이다.

그녀는 자신을 예수 그리스도와 동일시했는가?

그녀는 잠시 후 진정되어 무사히 집으로 돌아갔다. 그 일이 일어난 뒤 나는 왜 그녀를 시설에 위탁하지 않았을까? 이 질문을 나 자신에게 했다. 대답은 이랬다. 나는 그러한 감정상황에 대한 오랜 경험을 통해 어떤 위협도 위험을 증가시킬 뿐이며, 반면 그녀가 느꼈던 자신에 대한 완전히 진정한 신뢰만이 상황을 구할 수 있다는 것을 알고 있었다. 어쨌든 나는 그녀를 대단히 신뢰했다. 하지만 물론 위험도 컸다. 자살위험은 있었지만 다른 사람을 파괴할 위험은 없었다. 임상에서 그녀가 힘들과 접촉할 수 없다는 것에서 알 수 있듯이 그녀의 [정신]구조에 큰 변화가 거의 가까워진 것처럼 보였다. 이것은 더 발전시켜야 할 중요한 성과였다.

열한 번째 진료만남

그녀는 밝은 눈빛으로 유머러스하지만 약간 조증을 지닌 채 왔다. 그녀는 재치 있게 많은 말을 했다. 치료상 환자가 너무 기분이 좋을 때는 많은 진전을 이룰 수 없다. 또 다른 갈등을 파헤쳐야 하고 더 나아가기 위해 에너지 수준을 충분히 높여야 한다. 이것은 완전한 호흡으로 이루어진다.

환자가 더 깊은 호흡에 빠져들기 시작하자마자 다시 강한 정신병 감정을 갖게 되었다. 그녀는 전형적인 편집증 방식으로 방을 둘러보기 시작했다. 불안해졌고 온몸이 떨리기 시작했다. 눈은 처음에는 공허해 보였지만 나중에는 전기난로의 빨갛고 뜨거운 코일을 날카롭게 관찰했다. 꽤 오랫동안 이 행동을 계속하였다. 그녀는 불안을 떨쳐내고 이렇게 말했다. "제가…… **이 열과 태양이 또한 힘이라는**, 그들('진짜 힘들')이 제가 (난로와 태양에서 나오는) 이 **다른** 힘을 더 좋아할 수 있다고 생각할 수 있다는 재미있는 생각이 들었어요."

나는 깜짝 놀랐다. 얼마나 깊은 생각이며 얼마나 진실에 가까운가! 나는 독자에게 그 당시 그녀는 오르곤현상에 대해 아무것도 몰랐고 내가 그녀에게 오르곤현상에 대해 아무 말도 하지 않았다고 확실히 말한다. 그녀가 자신의 말을 통해 언급한 진실은 이것이었다. 그녀의 '힘들'이 그녀 자신의 생체에너지에 대한 왜곡된 인식임이 사실이라면, 유기체에너지와 태양에너지가 기본적으로 같다는 것이 더욱이 사실이고 그녀는 진정으로 과학적인 진술을 했으며 그 점에서 대단한 것이다. 그녀의 유기체는 현실에 대한 망상에서 벗어나 적절한 현실로 돌아감으로써 건강을 되찾으려 했던 것일까? 그녀는 분명히 자신의 현실감각의 범위를 넓히기 위해 열심히 싸우고 있었다. '힘들'을 **다른 자연스러운** 힘들로 대체하는 것은 이러한 방향에서 논리적인 단계처럼 보였다. 어쩐 일인지 망상 힘들[세력]은 다음 진술에서 표현된 바와 같이 그녀에 대한 힘[지배력]을 어느 정도 잃었다. "저도 그들이 스스로 속일 수 있다고 생각했어요… 아, 내가 뭐라고 했지…" 이 말을 하자마자 그녀는 마치 악마를 부른 것처럼 큰 불안에 사로잡혔다.

나는 다음과 같은 작업가설을 세웠다. 호흡이 그녀의 생체에너지 수준을 증가시켰다. 그녀는 자신 안에 있는 자연스러운 힘들, 즉 '녹는' 감각작용에 더 가까이 다가갔다. 이것이 맞다면, '저 너머'에서 온 '힘들'이라는 **망상은 자신의 에너지 일부를 잃고 약해졌다. 그녀는 삶의 진정한 힘들, 즉 자신 안에 있는 오르고노틱 감각작용에 더 가까이 다가감으로써 현실에 더 가까워졌다.** 이것은 정신분열증 망상에 대한 중요한 발견이었다. '저 너머에서 온 힘들'이라는 망상은 현실에 근거하지 않은 단순한 정신병 구성물이 아니라 오히려 **왜곡된** 방식이지만 깊이 느낀 현실을 묘사한다. 이후 진행은 이 가정을 증명하거나 반증해야 했으며, 나중에 이 가정이 옳다는 것을 증명했다. 기본적으로 이것은 정신병자들이 망상 속에서 우리에게 자연의 기능에 관해 중요한 것을 말해준다는 사실에 해당한다. 우리는 그들의 언어를 이해하는 법을 배워야만 한다.

그녀는 망상에 완전히 빠져들지 않고 망상의 의미에 아주 가까이 다가갔다. 이 성공의 원동력은 그녀의 개선된 호흡기능이었다. 이 진료만남의 나머지 시간에 강력한 간헐적 경련이 일어났지만, 그녀는 훨씬 더 잘 견뎌냈고 덜 불안해했다. 그러나 오르고노틱 감각작용이 너무 강해질 때마다 그녀의 눈은 가려졌다.

나는 그녀가 나에게 무언가를 말하고 싶지만 나를 완전히 신뢰하지 않는다고 느꼈다. 나는 그녀에게 '힘들'과 나를 두고 갈등하고 있다고 즉 '힘들'에 **찬성**하는 동시에 나에게 **반대**하거나 힘들에 **반대**하는 동시에 나에게 찬성하고 있다는 내 추측이 맞는지 물었다. 그녀는 나를 지나치게 긍정하고 '힘들'에 대항하여 나의 도움을 요청했을 때, '힘들'을 두려워했다. 그녀는 이것을 즉각 완벽하게 잘 이해했다. 사실 그녀 자신도 이런 생각을 하고 있었다.

우리가 이야기하는 동안 간헐적 경련은 계속되었다. 그녀는 현기증을 느꼈고 나는 그녀에게 유기체 반응을 멈추라고 하였다. 그녀는 멈췄다. 결국 그녀는 **'힘들'이 자신에게 온 가족을 가스로 독살하라고 말했을 때 처음으로 심각하게 아프게 되었다**고 아주 자연스럽게 말했다. 그녀는 실제로 어느 날 저녁 가스를 켰다가 다시 껐다. 나에게 이 이야기를 하고 얼마 지나지 않아 그녀는 알아들을 수 없는 소리로 중얼거리기 시작했다. 마치 악귀를 달래는 신비로운 의식처럼 들렸다. 그녀는 약 한 시간 동안 방을 떠나지 않았고 한 자리에 굳게 서서 움직이지 않았다. 강경증 자세라는 인상을 받았다. 왜 떠나지 않느냐는 반복된 질문에 대답하지 않았다. 마침내 그녀는 "이 자리를 넘어갈 수 없어요"라고 말했다.

이 진료만남 동안 그녀의 치료전망은 다음과 같이 분명해졌다.

① 그녀가 자신의 혈장·생체에너지 흐름 감각작용과 더 많이 접촉할수록 힘들에 대한 두려움은 줄어들 것이다. 이것은 또한 **정신분열증에서 '힘들'이 기본적인 오르고노틱 기관감각작용에 대한 왜곡된 지각**이라는 나의 주장을 증명할 것이다.

② 그녀의 신체감각작용과의 이러한 접촉은 어느 정도의 오르가즘만족을 확립하도록 도울 것이고, 이것은 이번에는 그녀의 망상의 핵심에서 작동하는 에너지울혈을 제거할 것이다.

③ 그녀는 왜곡되지 않은 신체감각작용을 경험하면 힘들의 진정한 본성을 확인할 수 있고 따라서 천천히 망상을 파괴할 수 있을 것이다.

이것을 달성하기 전에 환자는 일련의 위험한 상황을 통과해야 한다. 그녀의 몸속에서 강한 오르고노틱 흐름이 발생할 때마다 망상과 긴장반응을 예상하였다. 그녀는 이러한 감각작용을 끔찍한 것으로 받아들여 신체경직으로 그 감각작용을 차단할 것이고 차단된 혈장흐름은 **파괴충동**으로 변할 것이다. 따라서 본래의 기본감정을 차단하는 데서 오는 '이차적' 충동은 조심스럽게 다루어야 하고, 천천히 점진적으로 '방출'해야 한다. 그녀의 유기체에 처음 자발적인 오르가즘수축이 일어나기 시작했을 때 이 위험은 특히 커질 것이다.

열두 번째 진료만남

우리는 희망적인 변화에 매우 가까웠고 또한 변화와 더불어 큰 위험에도 가까워졌다. 그녀는 심하게 불안해하고 설레면서 진료만남에 왔다. 그녀는 수많은 질문을 던졌고, 그날 특히 더 강했던 목구멍 차단을 풀려는 어떤 시도에도 맞서 오랫동안 열심히 싸웠다. 그녀의 호흡은 매우 얕았고 얼굴은 상당히 창백하고 푸르스름했다.

그녀는 칼을 원했다. 나는 그녀에게 칼이 무엇에 필요한지 먼저 말하면 주겠다고 말했다. "당신의 배를 갈라 크고 넓게 벌리고 싶어요…" 이렇게 말하는 동안 그녀는 **자신의 배**를 가리켰다. 나는 그녀에게 왜 자신의 배와 내 배를 가르고 싶어 하는지 물었다. "여기가 아파요… 어제 충분한 증기를 방출하지 않았어요…" 그녀는 그곳에서 강한 긴장감을 느꼈을까? "네 … 네 … 끔찍해요 … 목구멍에도…"

나는 갑자기 정신분열증 환자와 분열 유형의 '범죄자'가 살인을 저지르는 이유와 감정상황을 아주 명확하게 이해했다. 기관[장기], 특히 횡격막 부위와 목구멍의 긴장이 견딜 수 없을 정도로 강해질 때 자신의 배나 목을 자르고 싶은 충동이 나타난다. 일본의 하라키리[할복] 관습은 이념적 합리화로 위장할지라도 그러한 생체에너지 상황의 극단적 표현이다. 살인은 충동이 자신에게서 다른 사람에게로 향할 때 발생한다. 아이가 엄마나 아빠의 목을 조르고 싶은 충동을 느끼면 목이 쉽게 조이는 것처럼, **분열성 살인자도 자신의 목이 조이는 감각작용을 견딜 수 없을 때 다른 사람의 목을 자른다.**

나는 환자에게 여러 번 숨을 들이쉬고 서너 번 완전히 내쉬도록 하는 데 성공했다. 그런 다음 성문[성대에서 소리내는 문] 경련이 일어났다. 그녀의 얼굴은 파랗게 변하고 온몸이 떨렸지만 마침내 경련이 사라지고 가슴과 다리의 자율적인 움직임이 시작되었다. 그녀는 이러한 움직임에 필사적으로 맞서 싸웠지만 분명 성공하지 못했다. 자율운동과 망상발달 사이의 밀접한 연관이 이제 꽤 분명해졌다.

그녀는 눈알을 위로 굴리고 절망적인 어조로 "선생님은 제가 더는 그들[힘들]과 접촉할 수 없다고 생각하세요?… 선생님이 정말로 저에게 그런 짓을 한 거예요?…"라고 말했다.

자기지각이 자기 자신의 자율적인 신체기능과 접촉함으로써 그녀는 '힘들'과의 접촉을 잃었다.

나는 대답했다. "나는 당신의 '힘들'에 대해서는 관심이 없어요. 나는 힘들에 대해 아무것도 몰라요. 나는 당신이 당신의 몸과 접촉하는 데에만 관심이 있어요." 내가 '힘들'에 대한 그녀의 생각과 싸우거나 힘들에 대해 개인적인 의견을 말했다면, 그녀는 그[힘]들에게 헌신적이라고 느꼈기 때문에 적대적으로 반응했을 것이다. 따라서 나의 방침은 힘들을 그대로 두고 힘들에 대한 망상을 만든 그녀의 유기체에 있는 블록들에 대해서만 작업하는 것이었다.

그녀는 잠시 후 이렇게 말했다. "저는 '힘들'을 찾기 위해 벨뷔[정신병원]에 가고 싶어요…. 저는 그들을 어딘가에서 찾아야만 해요…. 그들은 제가 짐승이 아니라 우월하고 더 나은 사람이 되기를 원했어요…."

여기에서 하나의 깔끔한 범주로 자연스러운 신체기능에 반대하는 정상인의 전체 이데올로기 체계가 우리 앞에 있었다. 정신병에서 '힘들'은 이중 기능을 지니고 있었다. 하나는 일차적 신체기능, 특히 오르고노틱, 생체성적 흐름에 대한 감각작용을 나타냈다. 다른 하나는 신체에 대한 경멸을 나타냈는데, 여기서 힘들은 신체충동과 같은 '세속적'이고 '비천한' 것보다 '우월한' 존재였다. 따라서 망상은 **정상인**이 지닌 정반대되는 두 가지 기능을 **하나**로 통일했다. **정상인** 세계의 밖에서 '저 너머'에서 보았을 때, 이 통일은 합당했다. 이는 **우월한 선, 신과 같은 존재와 기본적인 자연스러운 신체흐름의 기능적 통일**을 나타냈다. 이 기능적 통일은 박해하는 세력에 대한 망상형태로 투사되었다. 이제 처음으로 자신의 신체감각과 접촉했을 때, 그녀는 이 통일을 '신체충동의 잔인함'에 반대하는 '도덕의 우월성'이라는 생각으로 분리했다.

이러한 연결과 상호작용은 단순신경증 생체병리에서는 그다지 명확하게 볼 수 없다. 신경증 생체병리에서 '악마'는 '신'과 잘 안전하게 그리고 지속해서 분리되어 있다.

그녀는 이 과정 내내 심하게 떨었다. 그녀는 번갈아 신체감각작용과 움직임에 부분적으로 빠졌다가 다시 뻣뻣해졌다가 했다. 투쟁은 엄청났다. 그녀의 얼굴은 충격을 받아 얼룩덜룩해졌다. 그녀의 눈은 번갈아 맑다가 가려졌다가 했다. "저는 평범한 인간이 되고 싶지 않아요"라고 말해서, 나는 그녀에게 그 말이 정확히 무슨 뜻인지 물었더니 "잔인한 감정을 가진 인간이요"라고 대답했다. 나는 그녀에게 일차적 충동과 이차적 반사회적 충동의 차이점과 전자가 어떻게 후자로 변하는지 설명했다. 그녀는 잘 이해했다. 그런 다음 그녀는 완전히 편안해졌다. 복부근육의 심한 긴장이 사라졌다. 그녀는 안도감을 느끼고 조용히 쉬었다.

우리는 유기체에서 가장 갈망하는 경험인 달콤하고 '녹는' 기관감각작용을 **정상인**은 **'잔인한 살'**이라고 하며, 정신병환자는 사악한 '힘들'이나 '악마'라고 하며 두려워하고 맞서 싸우는 것을 보아왔다.

나는 무장한 인간동물이 지닌 구조의 이러한 기능을 매우 단호하게 강조하고 싶다. 오르곤치료에 오랜 경험을 가진 생체 정신과의사에게 자신의 유기체에 대한 이러한 이분법과 양면성은 인간동물의 불행의 핵심으로 나타난다. 이것은 살아있는 것의 자연법칙에서 **벗어난** 모든 인간기능의 핵심이다. 범죄행위, 정신병 과정, 신경증적 죽음, 비합리적 사유의 핵심이며, 인간의 지성적 실존에서 신의 세계와 악마의 세계로의 일반적인 기본분열의 핵심이다. [대문자]신이라 불리는 것은 정확히 살아있는 기능의 이러한 왜곡, 즉 '신의 부정'에 의해 악마로 변한다. 정신분열증 환자에게서는 이러한 살아있는 기능과 그것의 왜곡은 꽤 위장되지 않은 방식으로 나타난다. 그것을 알려면 정신분열증 환자의 언어를 읽는 법을 배우기만 하면 된다.

'높음'은 '낮음'을 나타내고 그 반대도 마찬가지이다. 구조의 분열로 인해 충동은 '낮음'이 되었다. 원래 '높음,' '신과 같은 것'은 도달할 수 없게 되었고 '악마'로만 돌아온다. '신'은 **정상인** 안에 바로 거기에 있지만 **정상인**

은 신을 악마로 바꾸었다. 신은 도달할 수 없게 되었고 헛되이 찾아야만 하는 존재가 되었다. 이 얼마나 비극적인 일인가! 인간이라는 동굴 외에 그 누구도 자신의 삶철학과 종교를 창조하지 않았기 때문에, 이데올로기와 사유에 나타나는 이분법은 틀림없이 이러한 구조의 분열과 그것의 풀리지 않는 모순에서 생겨난다.

기계론적-신비주의적 사유의 틀을 벗어나 **자연스럽고 생체신체적**인 인간 기능작용의 관점에서 보면, 신과 악마 사이의 고통스러운 딜레마는 고통이나 공포 없이 해소된다. 이것은 분명히 입증되었으나 더 많은 설명이 필요하다. 이제 후속설명을 위해 환자에게 돌아가겠다.

나는 지난 몇 번의 진료만남 동안 환자가 망상에서 깨어날 때 다음 두 가지 상황 중 하나에 마주하고 있다는 인상을 받았다. 그녀는 혈장흐름에 대항하여 갑작스럽게 완전히 무장하기 때문에 혼미[무감각] 상태에 빠지거나 아니면 만족스러운 건강수준에 도달하기 전에 신경증 환자가 될 것이다. 실제 과정은 두 가지 추론노선을 모두 따랐는데 꽤 예상치 못한 방식으로 진행되었다.

열세 번째 진료만남

그녀는 이날 오기를 꺼렸고 이야기만 하고 싶어 했다. 전날 치료 후 모든 것이 "비현실적이었어요, 마치 모든 사물과 사람을 둘러싸고 벽이 세워진 것처럼… 감정이 전혀 없었고… 어떻게 그런 상태에서 제가 분명히 그리고 여전히 모든 것이 얇은 벽을 통과하는 것처럼 느낄 수 있을까요?"

나는 그녀에게 그녀가 엄청난 양의 에너지를 방출했고 따라서 그녀의 최악의 증상이 일시적으로 사라졌으나 그녀의 내면의 비접촉성이 드러난 것이라고 설명했다. 그녀는 자신의 구조의 일정한 층에서 실제 접촉이 부족하여 사물과 사람을 "마치 벽을 통과하는 것처럼" 느끼게 된다는 것을 완벽하게 이해했다. "네, 저는 자유롭게 움직일 수 없었어요. 모든 움직임이 아주 느려요. 저는 다리를 올리거나 제가 했던 것보다 더 빨리 걸을 수 없었어요…"라고 그녀가 말했다.

단순신경증 생체병리에서도 종종 극단적인 감정변화로 이어지는 오르고노틱 발작에 대해 알지 못한다면 이러한 장애를 이해할 수 없다. 강한 감정에 익숙하지 않은 유기체가 부분적으로 움직이지 않는 것처럼 보인다.

이날 그녀의 오르가즘반사는 더욱 충만하고 강했다. 그녀의 얼굴은 청색증[산소 결핍으로 혈액이 암자색을 띠는 상태]이 개입되지 않은 채 심하게 붉어졌으며 간헐적 경련이 거리낌 없이 발생했지만 심한 불안을 겪지는 않았다.

잠시 후 그녀가 말했다. "당신의 눈은 그리스인의 눈처럼 생겼어요… 당신은 그리스 신들과 어떤 관련이 있나요?… 오, 당신은 예수님을 닮았어요…."

나는 아무 대답도 하지 않고 그녀가 말을 계속하도록 놔두었다. "아, 생각을 너무 많이 해야 하네요… 감정과 모순이 아주 많아요… 균열된 인성이란 무엇인가요?"

나는 그녀에게 사람은 둘로 나뉜 것처럼 느끼며 자신의 주변에서 일어나는 일을 정확히 느끼면서도 벽에 갇힌 느낌을 받을 때 실제로 균열된다고 설명했다. 그녀는 이해했다. 막바지로 갈수록 그녀는 불안해했고 갑작스러운 전신경련이 여러 번 일어났다. 그녀는 '에너지울혈'이라는 용어가 무엇을 의미하는지 나에게 물었다. 그리고 곧바로 이어서 그녀는 내가 왜 그녀의 '힘들'에 관심을 갖는지 물었다.

나는 그녀의 유기체가 '힘들'을 그녀의 흐름에 대한 지각과 연결하기 시작했다는 인상을 받았다. 그녀의 뛰어난 지성이 망상과 망상에 대한 이해를 통합하는 데 도움이 되는 것 같았다. 이것은 **그녀의 기관감각작용을 자기지각에서 분리시킨** 균열을 극복하려는 우리 노력의 방향에 있었다. 그녀의 진술은 겉보기에 관련이 없어 보였다. "저는 금발의 기독교 소녀들을 자주 봐요 … 저는 그들이 부러워요…"라고 말했다. "하지만 당신도 금발의 기독교 소녀예요"라고 내가 말하자, "아, 아니, 저는 검은 유대인이에요…"라고 말했다.

열네 번째 진료만남

그녀는 마지막 진료 이후 3일 동안 기분이 좋았다. '힘들'은 없었고 그녀는 힘들을 갈망하지 않았다. 그녀는 여자 친구와 영화를 보러 갔으며 박물관에 갔고 자전거 여행을 했다.

그날 그녀는 괜찮아 보였으나 심호흡하기를 꺼렸고 가슴을 긴장시키고 다시 호흡을 멈췄다. 나는 이 반응을 이해할 수 없었다. 많은 이야기를 나눈 후 그녀는 "영화에서 처음 병원에 가기 전에 여자 친구에게 가졌던 것과 같은 느낌이 들었어요…. 오늘 당신이 싫어요…"라고 말했다.

그녀는 허벅지의 근육조직, 특히 깊은 내전근을 강력하게 무장하였다. 이러한 유형의 무장은 경험 많은 오르곤치료사에게는 강력하지만 막힌 성기흥분의 표시로 잘 알려져 있다. "이 근육에 가해지는 압력은 **불쾌한 느낌**을… 도착적 느낌을 … 방출해요."

그녀는 분명히 강하고 자연스러운 성기충동에 대항하여 일부 동성애관념을 발전시켰다. 그녀는 그날의 감각작용에 부분적으로 빠져들었고 계속해서 맑고 행복하다고 느꼈다.

처음에 그녀를 나에게 데려온 친척이 전화를 걸어 그녀가 많이 좋아졌다고 말했다. 그러나 정확히 이렇게 크게 호전된 덕분에 가장 큰 위험이 바로 우리 앞에 있다는 것을 알았다. 그녀의 유기체는 높은 에너지 수준에서 기능하는 데 익숙하지 않아 아직 너무 많은 행복과 쾌락을 누릴 준비가 되어 있지 않았다. 따라서 너무 낙관적인 생각을 하지 말라고 경고했다. 곧 알게 되겠지만 나의 경고는 옳았다.

열다섯 번째 진료만남

잘 훈련되고 경험이 풍부한 오르곤치료사는 너무 갑자기 호전될 때 매우 신중하게 치료과정을 다룬다. **기본적인 오르가즘불안**이 나타나지 않고 환자가 그것을 겪어내지 않는 한, 완전한 퇴행의 위험이나 더 나쁘게는 자살이라는 커다란 위험이 일부 심각한 사례들에서 있다. 정신분열증의 경우에 이러한 위험에 직면한 것은 처음이었다. 따라서 필요한 모든 예방조치를 취했다.

환자는 맑고 행복한 눈빛으로 진료만남에 왔으며 분명히 완벽하게 제정신이고 건강했다. 그녀는 횡격막과 정신위생문제에 대해 조언을 구했지만, 목구멍과 입 주변이 막혀서 완전한 호흡에 맞서 열심히 싸웠다. 그러자 천천히 그녀의 얼굴에 경멸적인 미소가 번졌고 그녀는 무슨 일이 일어났는지 이해했다. 그녀는 다시 양보[굴복]하여 그 떨림[발작]을 인정하는 데까지 멀리 나아갔지만 얼굴은 충격으로 푸르스름하고 얼룩덜룩하게 변했다. 눈은 다시 위를 향했고 강한 움츠림을 시작한다는 인상을 주었다. 자신의 몸에서 강한 오르고노틱 감각작용을 꽤 분명히 경험했다. 나는 이 지점에서 그녀가 자신의 '힘들'과 접촉했는지 물었다. "예, 거의…" 그녀의 대답이었다. 이제 그녀에게 **'힘들'은 그녀의 몸에서 오르고노틱 흐름 감각작용과 같다**는 것도 분명해 보였다.

진료만남이 끝난 후 그녀는 아주 오랫동안 방에 머물렀다. 나는 필요하다면 더 많은 시간을 주기 위해 옆방 서재에 가 있다가 일과가 끝날 때 오라고 했다. 옆방 서재에서 갑자기 이상한 소리가 들렸다. 그 방에 들어가 보니 베개와 매트리스가 바닥에 흩어져 있고, 난로가 켜진 상태에서 뒤집혀 있고, 의자 다리 하나가 재떨이 위에 올려져 있었다.

"힘들이 저에게 이렇게 하라고 했어요…" 그녀가 침착하게 말했다. 나는 그녀에게 걱정하지 말고 다음에 언제 '힘들'이 그런 일을 하도록 자신을 유인하면 나에게 알려달라고 말했다. 결국 그런 일은 나의 소관이었지 '힘들'의 소관이 아니었다. 그녀는 무미건조하고 아득하게 "네에"라고 말했다.

열여섯 번째 진료만남

전날 그녀의 행동은 나에 대한 매우 심각한 증오충동을 드러냈다. 오르곤치료법으로 이어진 성격분석의 오래된 규칙에 따르면, 증오태도를 먼저 없애지 않는 한 치료를 진행해서는 안 된다. 그래서 더는 신체적으로 진행하지 않고 성격분석을 통해 심리학적으로만 작업했다. 그녀가 나에 의해 무시당한다고 느꼈다고 말했다. 그녀는 내 집에 사는 것에 대해 환상을 지니고 있었을까? 가지고 있었다. 이제 그녀는 매우 예민했기 때문에 사소한 방식으로 복수했다. 그녀는 어머니로부터 사랑을 전혀 받지 못했고 어머니는 평생 잔소리만 했다. 그녀는 환상의 삶으로 물러났고 거기에 '힘들'이 들어왔다. 그녀는 경멸하는 표정으로 내 설명을 들었다. 나는 그녀에게 이런 태도를 극복해야 더 진행할 수 있다고, 그렇지 않으면 그녀를 돌려보내야 한다고 말했다.

잠시 후 그녀는 경멸을 포기하고 굴복했지만, 그녀의 태도는 의미심장했고 그러한 상황에 전형적이었다. 오르고노틱 흐름이 발생할 때 환자가 치료사를 경멸하는 일이 한결같이 일어난다. 이것은 신경증 환자를 포함한 모든 사례에서 발생하며 아주 전형적인 반응이다. 이것은 무기력하고 무장한 개인이 건강한 사람과 성기 섹슈얼리티에 대해 보이는 증오와 경멸에 해당하며, 보통 반유대주의 관념은 이 지점에서 유대인에 대해서 뿐만 아니라 비유대인에 대해서도 발생한다. 이러한 경멸은 보통 자연스러운 성기성을 다루는 치료사가 '발정한 돼지'임에 **틀림없다**는 생각을 중심으로 이루어진다.

그녀는 내 설명을 받아들였으나 자신의 '힘들'을 포기하고 싶지 않다고 선언했다.

모든 상황이 완벽하게 명확해 보였다. 그녀의 타고난 성기가 그녀를 압도하고 만족을 요구할 것이라고 위협했다. 그녀의 유기체는 강한 흥분을 견딜 수 없었다. 정신분열증 균열이 약해지면서 (한때 분열이 자라 나왔던) 그녀의 충동성은 증가하기 시작했다. 따라서 그 이후 작업은 다음과 같았다.

① 유기체의 에너지밸브를 열기, 즉 **자기만족**.
② 나에 대한 그녀의 증오를 철저하게 처리[해결]함으로써 **그녀가 붕괴하는 것에 대비하기**.

③ 가능하면 그녀가 고조된 기관감각작용에 대한 지각에서 망상으로 도피하려는 시도를 막기.

3. 눈의 원격 정신분열증 표현

눈표정을 주의 깊게 관찰하여 정신분열증 여부를 진단할 수 있다는 것은 잘 알려져 있다. 분열성격과 완전히 발달한 정신분열증 환자는 전형적으로 **멀리** 떨어져 있는 것을 바라보는 모습을 보인다. 정신병자는 무심하지만 먼 곳을 깊이 바라보면서 당신을 꿰뚫어 보는 것 같다. 이 모습이 항상 있는 것은 아니다. 그러나 감정이 격해지거나 대화에서 심각한 주제를 다루면, 그대로 눈이 **"꺼진다."**

예를 들어 갈릴레오와 베토벤과 같은 일부 진정으로 위대한 과학자와 예술가에게서도 같은 표정을 볼 수 있다. 과학이나 예술 분야의 위대한 창조자는 자신의 내면 창조력에 깊이 몰두하고 있으며, 자신의 창의성을 더 완전하고 능숙하게 따르기 위해 사소한 일상의 소음에서 벗어나 있고 벗어났다고 느낀다. **정상인**은 이러한 원격성[멀리 있음]을 이해하지 못하고 이를 "미쳤다"고 말하기 쉽다. **정상인**은 자신에게 낯선 것, 자신의 평범함을 위협하는 것을 "정신병"이라고 부른다. 정신병자는 또한 자신의 내면 생명력에 깊이 몰두한다. 그는 천재가 하는 것처럼 그 생명력에 귀를 기울인다. 그러나 차이가 크다. 천재는 이러한 힘과의 접촉을 통해 위대하고 지속적인 성취를 이룬다. 정신분열증 환자는 **분열되고** 자신의 내면 생명력을 두려워하며 창조적 인간구조가 하는 것과는 달리 자신의 생체에너지와 결합하지 못하기 때문에, 그 생명력에 얽매이게 된다. 그러나 두 경우 모두 **눈**의 표정은 깊지만, 창조적 인간의 눈표정은 생체에너지와 전혀 접촉하지 않는 신경증성격의 사람에게서처럼 평평하거나 공허하거나 가학적이거나 둔하거나 하지는 않다.

나는 이 사례를 만나기 약 20년 전에 비엔나의 정신병원에서 일한 적이 있었기 때문에 이 증상을 잘 알고 있었다. 그러나 나는 망상과 방향감각상실 기제와 관련해서 그 증상의 기능에 대해서는 아무것도 몰랐다. 우리 환자는 이 특이한 증상을 특히 뚜렷하게 보여주었다. '힘들'이 가까이 오면 눈이 가려지고 먼 곳을 바라보는 표정이 되었고, 게다가 '녹는' 기관감각 작용이 매우 강해지면 눈알을 급격히 위로 굴렸다. 나는 이 증상에 주의를 집중하고 가능하다면 제거하기로 했다. 이것이 그녀[의 눈]가 '꺼지는' 수단으로 삼는 주요 기제인 것 같았기 때문이다.

열일곱 번째 진료만남

방에 들어서면서 그녀는 "제가 다시 간호사가 될 수 있겠어요? 제 경력은 아주 초라해요…"라고 말했다. 그녀는 간호사가 된 적이 없었다. 나는 모른다고 대답했다. 현재 그녀는 힘들이 자신을 사로잡을 때마다 눈알을 위로 굴리는 이유를 찾아야 할 것이다. 오르곤치료법에서는 말을 거의 하지 않게 하고 환자가 피하려고 하는 특별한 태도를 취하도록 한다. 따라서 나는 그녀에게 눈알을 위로 굴리도록 했다. 그녀는 머뭇거리며 해냈고 눈알이 일정한 위치에 도달할 때 두려워하며 말했다. "여기가 제가 평소에 꺼지는[사라지는] 곳이에요…. 이제 알겠어요…." 나는 그녀에게 다시 시도해 보라고 촉구했다. 그녀는 시도했지만 두려워했다. 그녀는 다음과 같이 말했다. "우리의 합의는 우리가 힘들을 건드리지 말아야 한다는 것이었어요…. 저는 힘들을 포기하고 싶지 않아요…."

나는 그날 더는 그녀를 재촉하지 않았다. 그러나 **한 가지 생각이 내 머릿속에서 떠나지 않았다. 거식증이나 두통 또는 심장불안과 같은 다른 질병증상과 마찬가지로 정신분열증 발작이나 과정이 국부적으로 정박될 수 있을까? 뇌의 기저부, 시신경이 교차하는 부위일까?** 정신분열증이 어떤 특정한 형태의 감정경련에 의해 유발되는 진정한 '뇌 질환'으로, **심한 불안으로 인해 뇌의 특정한 부위가 국부적으로 수축한다고 가정하는 것이 합리적일까?** 전형적으로 정신분열증 눈빛, 예전의 정신분열증 환자들에서 볼 수 있는 뇌의 퇴행과정(이 과정은 혈관석회화가 혈관계의 만성적이고 불안한 수축으로 인한 것처럼 오용으로 인한 조직의 이차적 구조변화일 것이다) 등 정신분열증의 많은 증상은 이 가정의 타당성을 확인해 주는 것 같았다. 정신분열증 환자는 발병 당시 눈이 가려지거나 이마 위가 '납작해진' 것으로 느낀다는 사례가 아주 많이 보고되었다. 이러한 일련의 생각을 추구해 나가는 것이 중요해 보였다.

열여덟 번째 진료만남

환자는 꽤 기분이 좋아져서 왔다. 우리는 그녀의 눈 표정에 대해 작업했다. 나는 그녀에게 '꺼지는' 것을 다시 시도하고, 눈알을 위로 굴려 '힘들'과 접촉하고, 공허하게 먼 곳을 바라보는 표정을 의도적으로 재현하라고 촉구했다. 그녀는 기꺼이 협조했으나 눈알이 일정한 위치와 표정에 가까워질 때마다 불안해하고 멈췄다. 우리는 올바른 길을 따르는 것 같았다. 그러다 갑자기 뚜렷한 이유도 없이 그녀는 "당신은 저에게 일어나는 모든 일을 암시하고 있어요"라고 말했다.

이 발언에 대한 가능한 해석은 단 하나뿐이었다. 의도적으로 눈알을 굴리는 것이 그녀의 정신분열증 기제를 유발했다는 것이다. 내가 그녀에게 그렇게 하라고 촉구했기 때문에 그녀에게 일어난 모든 일을 암시한 사람은 논리적으로 나였다. 나에게 영향을 받는다는 이러한 생각은 순전히 생체신체 태도에서 나왔다. 이 신체 태도는 분명히 그녀의 자기지각에서 '저 너머'를 자극했고 따라서 영향을 받는다는 생각을 낳았다. 이 기제를 아마 모든 박해관념 사례에는 아니더라도 많은 사례에 적용할 수 있다.

나는 눈에서 '꺼지는' 현상이 뇌 기저부에 있는 신경계의 국부수축 때문이라는 예비가정을 감행했다. 이 가정에 따르면 이 수축은 다른 모든 생체 병리적 수축과 같은 기능 즉 너무 강한 신체흐름과 감각작용을 방지하는 기능을 지니고 있었다. 이렇게 해서 나는 정신분열증 과정에 대한 오르고노미적 이해를 위한 첫 번째 확고한 근거에 도달했다.

4. 이인화의 발발과 정신분열증 균열에 대한 첫 번째 이해

우리는 정신분열증 사례에 대한 이 오르곤치료 실험을 심리학적 기반 위에서 수행한 것이 아님을 명심해야 한다. 반대로 정신분열증 과정에 대한 모든 심리표명[증상]을 **마음[정신]의 기능을 결정짓고 그것의 기초가 되는** 심층 **생체신체과정**의 측면에서 이해해야 했다. 우리의 가정은 정신 영역이 생체신체 기능작용 영역보다 훨씬 좁으며, 심리기능은 단지 자기 지각의 기능이거나 객관적인 생체신체 혈장기능에 대한 지각일 뿐이라는 것이다. 따라서 정신분열증 환자는 자신의 자기지각이 오르고노틱 혈장흐름의 강한 감각에 압도되면 방향감각상실 상태에 빠진다. 건강한 성기성격은 오르고노틱 흐름의 영향 아래 기분이 좋고 행복하며 대단히 조화롭다고 느낀다.

정신분열증에 대한 우리의 접근방식은 **생체신체** 접근방식이지 심리 접근방식이 아니다. 우리는 **혈장기능장애**를 기반으로 심리장애를 이해하려고 노력한다. 그리고 정신분열증 환자가 자신의 신체에너지를 정신병적으로 왜곡된 방식으로 지각하지만, 우리는 그의 **우주적** 환상을 그의 유기체를 지배하는 **우주오르곤에너지**의 기능 측면에서 이해하려고 노력한다. 더욱이 우리는 정신분열증적 관념[생각]에 대한 심리학적 해석이 문자[단어]와 역사적 사건의 의미를 넘어설 수 있다고 믿지 않는다. 순전히 신체적이고 생체신체적인 과정이 관념과 단어의 영역을 **넘어** 기능하기 때문에 그 과정에 어떤 방법으로도 도달**할 수 없다.** 이것은 신경증 환자의 표면세계와 반대로 정신분열증 세계의 "심층"라고 옳게 부르는 것을 구성한다.

정신분열증은 심리 질병이 아니라 정신장치를 포함하는 **생체신체** 질병이다. 이 과정을 이해하기 위해서는 오르곤에너지 기능에 대한 지식이 필수적이다. 문제의 핵심은 단일한 전체 오르곤 기능작용의 혼란과 이 혼란에 대한 주관적 지각이다. 방향감각 상실, '세계붕괴' 경험, 연상능력 상실, 단어의미 상실, 관심철회 등과 같은 일정한 정신분열증 증상은 **기본적으로 유기체적, 생물학적** 기능이 산산조각 난 것에 대한 이차적 반응이다.

먼 곳을 바라보는 표정, 무아지경, 자동증[자동으로 따라 하는 증상], 납굴증[타동으로 취해진 자세를 유지하려는 경향 때문에 관절에서의 움직임이 밀납 같은 증상], 강직증, 반응둔화 등과 같은 다른 증상은 생체신체 장애의 직접 표현이며 **심리학과는 아무런 관련이 없다**. 세계에서 리비도의 철수는 질병의 원인이 아니라 **결과**이다. 이 과정의 후반단계에서 유기체의 전반적인 악화는 그 기원과 기능에서 다를지라도 암생체병리에서와 같이 생명기관의 만성수축 때문이다. 수축하는 암성[암을 지닌] 유기체는 물러남으로써 사회제도와 충돌하지 않는다. 수축하는 정신분열증 유기체는 특정한 균열에 반응하는 사회적 패턴과의 갈등으로 가득 차 있다.

 이러한 접근방식을 구분하지 않으면 어떤 실질적인 결과도 얻지 못할 것이다. 우리는 정신분열증의 본질과 기능에 대해 혼란스러워할 것이다. 우리의 사례에 관한 연구를 계속하기 **전에** 이러한 사실에 대해 요약할 필요가 있다. 통상 "정신분열증 과정"이라고 불리는 것은 객관적인 **생체신체** 과정과 이러한 과정에 대한 심리 반응 및 지각이 혼합되어 있다는 사실 자체에서 매우 분명해질 것이다. 마지막으로 그러나 결코 무시하지 못할 것은 대기오르곤에너지를 발견하기 전에는 알 수 없었던 **세 번째** 요소가 관련되어 있다는 것이다.

 이제 앞으로 일어날 일은 완전히 믿을 수 없는 것처럼 보일 것이다. 그러므로 나는 그러한 기제의 존재에 대해 조금도 생각하지 못했다는 점을 독자에게 확신시키고 싶다. 그러나 이 사례를 치료한 이후 묘사해야 할 사실들을 다른 여러 정신분열증 사례에서 발견하였다. 오르곤 생체신체학에서 뿐만 아니라 임상에서도 이러한 사실들의 실재성에 대해 더 이상 의심할 여지가 없다.

열아홉 번째 진료만남

 환자는 **열아홉 번째 진료만남**에 매우 차분하고 멀쩡한 채 왔지만 약간 정신이 없었다. 그녀는 마치 큰 장애물에 부딪힌 것처럼 아주 천천히 말했고 매우 우울하다고 했다. 그녀는 전날 몇 달 만에 처음으로 쇼핑을 했는데, 많은 물건을 샀고 그 어느 때보다 쇼핑을 즐겼고 친구들에게 산 물건을 보여주었으며 잠도 잘 잤다. 그러나 다음 날 아침 그녀는 엄청난 공허함과 피곤함에 압도되었다. 그녀에게는 '아무것도 없는[무]' 느낌이 들었고 '전혀 움직이지 않고' 구석에 조용히 앉아 있어야겠다고 느꼈다. "모든 움직임이 너무 힘들었어요." 그녀는 혼자 있고 싶었다. 그녀는 움직이지 않았고 집요하게 다가오는 긴장병이라는 인상을 주었다.

"모든 것이 아주 멀게 느껴졌어요… 마치 제가 저 자신의 바깥에 있는 것처럼 지켜봤어요 … 저는 여기에는 신체가 있고 저기에는 영혼이 있다는 분명히 이중적인 느낌이 들었어요…. (이렇게 말하며 그녀는 벽 쪽 바깥을 가리켰다) … 저는 제가 한 사람이라는 것을 잘 알아요. 하지만 저는 저 자신 밖에 있고 … 아마도 '힘들'이 있는 곳일 거예요…."

그녀는 벽을 따라 걱정스럽게 눈으로 뭔가를 찾았다. 그러다 갑자기 "북극광[오로라]이 무엇인가요? (상당한 노력을 했다는 듯이 아주 천천히) 저는 그것에 대해 한 번 들었어요. 하늘에는 무늬와 물결 모양의 길이 있어요 … (그녀는 꼭 존재하지 않는 것처럼 다시 방 벽을 따라 무언가를 찾듯이 바라보았다) … 선생님이 말하는 것을 듣고 선생님이 보이지만 어쩐지 멀리 떨어져 있어요 … 아주 먼 거리에서 … 제가 지금 떨고 있다는 것을 아주 잘 알아요, 그것이 느껴져요… 그러나 그건 제가 아니고 다른 어떤 것이에요. (한참 있다가) 저는 이 신체를 제거하고 싶어요. 그건 제가 아니에요. '힘들'이 있는 곳에 있고 싶어요…."

나는 그녀의 정신분열증 균열과 이인화 경험을 이렇게 분명하게 목격했을 때 전문가답지 못하게 상당히 깊이 감동하였다. 내 오랜 정신과 경력에서 이런 일이 내 눈앞에서 이렇게 분명하게 일어난 것은 처음이었다. 나는 그녀에게 어린 시절부터 그녀 안에 있었던 균열을 경험하고 있다고 설명했다. "이게 '균열된 인성'이라고 하는 건가요?" 그녀가 물었다. 그녀는 내가 방금 설명한 것과 자신의 말을 연결하지 못했다. "(정신병원에 있는) 모든 여자애가 그런 이야기를 했어요… 이게 그건가요?"

이 환자들은 분명히 유기체의 균열을 아주 명확하게 경험함에도 그것을 이해하거나 지성적으로 묘사할 수 없다. 그녀는 말을 계속하는 동안 온몸을 심하게 떨었고 숨을 들이쉬는 자세를 취했다. 가슴을 높이 들고 숨을 완전히 내쉬지 않으려고 애쓰고 있었으며, 자세히 살펴보니 그녀는 자신이 숨을 참는다는 것을 **전혀** 눈치채지 못한다는 것이 아주 분명하였다. **그녀의 가슴은 자기지각에서 제외된 것처럼 보였다.** 그녀의 눈은 무겁게 가려져 있었고 이마는 푸르스름했으며 뺨과 눈꺼풀은 얼룩덜룩했다. "제 뇌는 텅 비어있는 것 같네요… 전에는 이렇게 강했던 적이 없었어요…." 나는 그녀에게 이러한 유형의 발작을 이전에 경험한 적이 있었는지 물었다. 그녀는 경험한 적이 있다고 대답했다. 나는 그녀에게 이 발작이 전보다 더 강하지는 않지만 그녀의 자기지각의 전면에 있어서 더 분명할 뿐이라고 설명했다.

그녀는 반복해서 말했다. "북극광은 뭐죠? … 저는 영혼만 있고 몸은 없기를 원해요…." 그 후 그녀의 말하기는 점점 나빠지기 시작했다.

이것은 분명히 그녀의 치료에서 가장 중요한 진료만남 중 하나였으며 내 전체 의료경험에서 가장 유익한 사건 중 하나였다고 덧붙여야겠다. 잠시 멈추고 무슨 일이 일어났는지 이해해 보자. 이러한 일이 매일 여러 번 일어나는 것을 보는 무관심한 시설 정신과의사에게는 '그냥 아무것도 아닌 일'이며, '미친 사람에게 일어나는 미친 일' 중 하나일 뿐이다. 우리에게 살아있는 유기체에 대한 이러한 경험은 의미와 깊은 비밀로 가득 차 있다. 나는 이 현상을 유기체의 오르곤생체신체 기능작용에서 우리가 알고 있는 것과 연결하려고 노력할 것이다. 내가 아는 한, 심리학도 화학도 고전물리학도 그럴듯한 해석을 내놓지 못했다.

왜 그녀는 자신의 이인화와 관련하여 북극광을 언급했는가? 그녀가 "자신", 자신의 "영혼", 자신의 '힘들'이 있던 "저기 어디에"를 찾았다고 말했을 때 그것은 무엇을 의미하는가? **"저기"**는 무엇을 의미할까?

여기서 우리는 스웨덴보리[50]와 같은 위대한 강신술사[영성가]들이나 신비주의자들이 보고한 경험을 떠올리게 된다. 이러한 경험을 웃어넘기거나 무지한 사람에 대한 우월감에서 무시한다면 아무것도 얻을 수 없다. 우리는 살아있는 유기체는 그 배후에 어떤 종류의 실재[현실]가 있지 않으면 아무것도 경험할 수 없다는 논리적 결론을 고수해야 한다. 과학적 근거로 신비한 경험을 조사연구한다고 해서 초자연적 힘의 존재를 믿는다는 의미는 아니다. 우리가 원하는 것은 "저 너머" 또는 "정신" 또는 "영혼이 몸 밖에 있다"고 말할 때 살아있는 유기체에서 무슨 일이 일어나고 있는지 이해하는 것이다. 미신이 무엇이며 어떻게 기능하는지 이해하지 못한 채 미신을 극복하려고 시도하는 것은 절망적이다. 결국 신비주의와 미신이 대다수 인류의 마음을 지배하여 그들의 삶을 망치고 있다. 무지하고 따라서 오만한 기계론자가 그러듯이 그것을 "가짜"라고 무시하는 것은 아무것도 성취하지 못할 것이다. **우리 자신이 신비주의자가 되지 않으면서도 신비한 경험을 진지하게 이해하려고 노력해야 한다.**

　환자는 자신의 유기체의 일부를 방 벽에 투사하고 벽에서 자신을 관찰했다. 무슨 일이 있었는지 정확히 묘사하려면, **그녀의 '힘들'이 보통 나타나는 곳, 즉 방 벽에서 그녀의 자기지각이 나타났다**고 말해야 한다. 따라서 '힘들'이 그녀 자신의 유기체의 일정한 기능을 대표한다는 결론이 타당하다. 그런데 왜 벽에서?

　벽에서 소리를 듣고 사물을 보는 것은 정신분열증의 공통경험이다. 그 바탕에는 틀림없이 이러한 전형적인 경험을 담당하는 일정한 기본기능이 있다. 일정한 기능을 외부로 투사하는 것은 분명히 둘로 나뉘는 느낌의 원인이다. 동시에 인성의 만성 균열 즉 유기체의 **단일성[하나됨]** 결여가 급성 균열이 등장하는 배경이다. 정신분석에서 투영기제에 대한 설명은 억압된 충동을 다른 사람이나 자신 외부의 사물 탓으로 돌리는 것으로, 투사된 생각의 내용을 **내부**실체와 관련지을 뿐 투사된 생각과 무관한 **투영 자체의 기능을 설명하지는 못한다.** 이러한 투사된 생각은 환자에 따라 다르지만

---

50)　Swedenborg(1688~1772). 스웨덴의 신학자이자 과학자인데, 1741년 이후 27년간 영적 체험을 하였으며 관련된 많은 신학책을 썼다. [옮긴이 주]

투영기제는 모든 사례에서 같다. 따라서 투영기제는 투영내용보다 훨씬 더 중요하다. 편집성 망상에서 박해자는 사랑하는 동성애대상이라는 것을 아는 것은 중요하다. 하지만 왜 한 사람은 동성애욕망을 투사하는 반면 다른 사람은 단지 그것을 억누르고 어떤 유형의 증상을 형성할 뿐인가? 투영기제는 두 경우 모두 같다. 본질적인 것은 **투영기제, 즉 투사능력**이다. 그러나 이것을 결코 이해한 적이 없다.

환자의 표현을 진지하게 받아들여 보자. 그녀가 말하는 것을 글자 그대로 믿어보자. 그 후에 우리는 무엇이 왜곡되었고 무엇이 진실인지 결정할 수 있다. 가장 놀라운 것은 지각이 "힘들이 있던 저기에 있다"는 진술이다. 마치 **지각이 유기체의 피부표면 바깥에서 어느 정도 떨어진 곳에 위치한 것 같다.** "자신을 외부에 있다고 느끼는 것"이 가능하기 **전에** 자기지각의 내부능력에 심각한 교란이 있다는 것은 분명하다. 이 내부교란은 우리가 앞에서 살펴본 바와 같이 지각해야 하는 객관적인 생체신체 과정에서 자기지각이 분리되는 것을 말한다. 건강한 유기체에서 이 두 가지는 하나의 단일경험으로 통합된다. 무장한 신경증 환자에게서 생체신체 기관감각작용은 전혀 발달하지 않고, 혈장흐름은 크게 줄어들어 자기지각의 임계값('죽음') 아래로 떨어진다. 반면 **정신분열증 환자에게서는 혈장흐름이 강하고 손상되지 않은 상태로 유지되지만 주관적 지각이 손상되고 분리되어** 지각기능은 억압되지도 않고 흐름과 결합하지도 않는다. 자기지각 기능은 정신분열증 환자의 경험에서 마치 '노숙자[집 없는 것]'처럼 나타난다. 주관적인 지각이 객관적인 혈장흐름과 경험적으로 관련이 없기 때문에 정신분열증 환자가 이러한 경험을 자신의 것으로 느끼지 않는 이유를 찾는 것은 이해할 수 있을 것 같다.

이러한 상황은 흥분과 지각 사이의 균열이 심각해질 때 종종 정신분열증 환자를 압도하는 **혼동**을 설명할 수 있다. 그는 그 자신의 것이 아닌 것을 지각하고 그 경험에 대한 이유가 있어야 하는데 그것을 찾을 수 없다. 사람들은 그를 이해하지 못하며 의사는 그를 미쳤다고 한다. 이것은 혼동을 가중할 뿐이며, 불안과 걱정은 이러한 혼동의 논리적 결과이다. 정신분열증 환자는 자신이 말하는 것을 듣지만 자기지각이 자신이 속한 생물학적 과정과 분리되어 있어서 자기 자신에게 이상하고 멀게 들린다. 프로이트가 적절하게 묘사한 것처럼 단어는 그것이 의미하는 것들과의 접촉을 잃게 된다. 이것이 말하기 혼란의 시작이다. 우리 환자는 '벽에 있는' 자신에 대한 지각이 절정에 달할 때마다 말하기가 힘들어진다는 것이 아주 분명했다.

'자신의 외부에 있는 것'과 같은 감각망상의 급성경험에서 기본적인 정신분열증 균열을 최고조에 이르게 하려면 일정한 신체기능이 필요하다. 우리 환자의 경우 그 기능은 투영의 **직접** 원인을 이루는 강하게 다가오는 혈장 감각작용에 대한 심각한 호흡차단이었다. **숨이 막혀 산소가 부족해지자 환자의 머리는 분명히 쇼크상태에 있었다.**

이와 관련하여 28년 전 전신마취 중에 나 자신이 겪었던 경험을 언급할 수 있다. 나는 의식상실이 어떻게 시작되는지 관찰하겠다는 굳은 결심을 하고 전신마취에 들어갔고, 깨어난 후 그 경험을 꽤 많이 기억할 수 있었다. 가장 인상 깊었던 부분은 수술실에 있던 사람들의 목소리가 점점 더 멀어지고 점점 더 비현실적인 것으로 들리는 느낌이었다. 게다가 나는 지각하는 자아가 저 멀리 사라지는 것처럼 느꼈다. 마취약물의 중추 효과로 인한 이인화는 다음과 같은 형식으로 경험되었다. "나는 여전히 지각하고 있다고 지각한다. … 나는 여전히 지각하고 있다고 지각하는 것을 지각한다… 나는 여전히 지각하고 있다고 지각하는 것을 지각한다고 지각한다 등…" 끝없이. 동시에 나는 마치 몸이 침대에서 잠든 채 아주 멀리서 들려오는 소리를 듣는 것과 같은 방식으로 내 자아가 말하자면 머나먼 **바깥**으로 멀어진다고 느꼈다.

우리 환자가 묘사한 것과 매우 유사한 경험이 자기지각의 완전한 상실에 앞서 일어난다. 따라서 그 경험은 신비로움의 많은 부분을 잃는다.

'투영'은 사실 지각능력의 후퇴과정이며, 통상 지각되는 유기체 기능으로부터 지각능력이 분리되는 과정이다. 그 결과는 '유기체 외부에서' 온 감각인상에 대한 망상이다.

유기체 기능에서 자기지각 기능을 이렇게 분리하는 것은 어떤 사례에서는 '영혼이 신체를 떠나는 것' 또는 '영혼이 신체 **밖에** 있는 것' 이외에는 어떤 다른 방식으로도 경험할 수 없다. 지각은 자신이 주관적으로 반영하는 생체에너지 기능과 약하게만 접촉하거나 결국 전혀 접촉하지 않기 때문에, 사람은 매우 전형적인 방식으로 '자기소외' 또는 '자신이 멀리, 멀리 떨어져 있음'을 경험한다. 따라서 투영, 무아지경, 이인화, 환각 등의 과정은 생체에너지체계의 **구체적** 균열을 기반으로 하고 있다.

신체흥분과 이 **흥분에 대한 정신지각** 사이의 균열은 말하자면 신체감각작용을 멀리 떨어진 곳으로 제거한다. 기관흥분이나 그[흥분]에 대한 지각 중에 어느 것이 물러나는 것[후퇴]으로 경험되는지는 큰 차이가 없다. 어쨌든 차단은 **흥분과 지각 사이**에서 발생하지, '차가운' 강박신경증 환자에게서처럼 에너지원과 그 운동성 사이에서 발생하지 않는다(그림 참조).

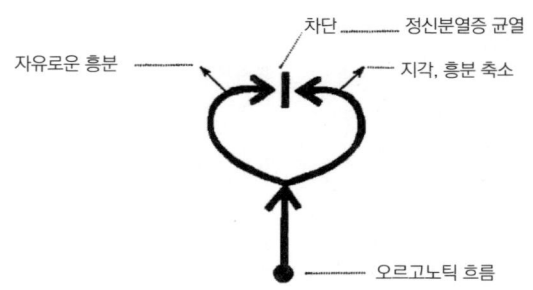

흥분지각 차단으로 인한 정신분열증 균열
흥분은 '이상한', '낯선' 또는 '제거된' 것으로 지각된다.

강박신경증에서 에너지흐름은 실제로 감소하며 증가하면 즉시 완전한 갑옷에 묶인다. 정신분열증 환자에게서 에너지흐름은 감소하지 **않고** 에너지생산 자체가 차단되지 않지만 격앙된 흥분에 대한 지각이 부족할 뿐이다. 이러한 지각부족은 의심할 여지 없이 전형적인 정신분열증 모습에서 표현되는 것처럼 뇌 기저부, 특히 시신경에서 명확한 차단과 관련이 있다. **따라서 뇌 어딘가에서 신체병변을 찾는 것이 옳다고 생각한다.** 그러나 전두엽 절제술로 정신분열증 과정을 제거할 수 있다고 믿는 것은 완전히 오해의 소지가 있다. 정신분열증과 암은 장기의 기능장애로 인해 국부증상이 생기는 **일반적인** 생체병리 과정이다. 뇌의 국부장애를 정신분열증 과정으로 착각하는 것은 **국부** 암종양을 전체 암과정으로 착각하는 것만큼이나 나쁠 것이다. 두 실수 모두 의학과제에 반하는 것이다.

나는 환자에게 그녀의 질병에 대해 내가 이해한 모든 것을 말했다. 비록 대부분 시간 동안 언어장애가 심하고 말하는 것이 느려졌지만 그녀는 훌륭하게 협력했다.

자기지각 기능은 흥분과 흥분지각 사이의 균열이 얼마나 강하게 발달했는지에 따라 심하게 방해받는 것으로 나타났다. 균열이 증가할수록 (의식의) 해리(dissociation)와 무의미한 단어의 생산이 증가했다. 균열이 사

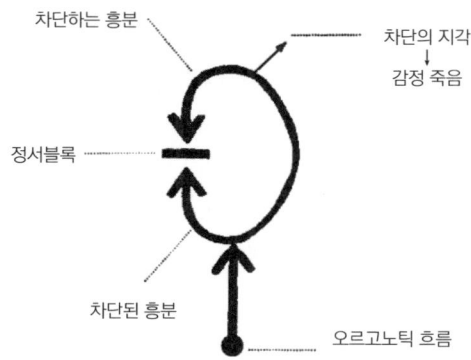

전체 무장으로 생체에너지를 차단함으로써 생긴 강박신경증적 정서차단
흥분은 전혀 지각되지 않는다. 즉 죽음상태이다. 자기지각은 꽉 차 있지만 '살아있지 않고', '죽어 있거나 비어 있다.'

라지고 환자가 자신의 신체흐름을 다시 자신의 것으로 느끼기 시작했을 때 말과 연상(association)의 정상적인 기능이 돌아왔다. 이것으로부터 **전체적으로 자기지각 기능은 객관적 흥분과 주관적 흥분느낌 사이의 접촉에 달려있다는** 결론을 내릴 수 있었다. 이 접촉이 가까울수록 자기지각이 더 강하게 기능했다. 이 관찰은 이론적으로 매우 중요했다. 이제 더 일

반적인 방식으로 가설적 결론을 도출할 수 있었다.

5. 의식과 자기지각의 상호의존

다음은 의식과 자기지각의 문제에 접근하기 위한 최초의 오르고노미적 시도이다. 이 시도는 자연의 가장 큰 수수께끼를 풀려고 시도하지는 않지만, **의식은 자기지각 일반의 기능[함수]이며 그 반대도 마찬가지다**라는 다소 유망한 방식으로 자기지각 문제를 조사하는 것 같다. 자기지각이 완전하면 의식도 명확하고 완전하다. 자기지각 기능이 저하되면 의식 일반의 기능도 저하되고 그와 함께 말하기, 연상, 방향감각 등의 모든 기능이 저하된다. 자기지각 자체가 교란되지 않고 정서차단된 신경증에서와 같이 **경직된** 유기체를 반영할 뿐이라면, 의식과 지성의 기능도 경직되고 기계적이게 될 것이다. 자기지각이 둔한 유기체 기능작용을 반영할 때 의식과 지성도 둔해질 것이다. 자기지각이 제거되고 희미한 기관흥분을 반영할 때 의식은 '저 너머에' 있다는 생각이나 '외계적이고 이상한 힘'이라는 생각을 발전시킬 것이다. 그렇기에 바로 모든 자연과학의 가장 어렵고 가장 애매한 문제인 살아있는 것이 스스로 지각하고 고등 발달종에서는 스스로 '의식'하는 능력을 이해하는데 정신분열증 현상이 다른 어떤 생체병리 유형보다 더 잘 어울린다.

비록 자기지각이 자기인식을 구성하고 자기지각의 **종류**가 의식**유형**을 결정한다고 해도, 마음의 이 두 가지 기능은 같지 않다. 의식은 자기지각보다 훨씬 늦게 유기체에서 발달한 더 고도한 기능으로 나타난다. 의식의 명료성과 하나됨[단일성]의 정도는, 정신분열증 과정에 대한 관찰로부터 판단하자면 자기지각의 강력함이나 강도에 달려있는 것이 아니라 **자기지각의 수많은 요소를 자신이라는 하나의 단일경험으로** 어느 정도 완전히 **통합**하느냐에 달려있다. 우리는 정신분열증에서 이러한 통합이 어떻게 무너지고 그와 함께 의식기능이 어떻게 붕괴하는지 알 수 있다. 보통 자기지각 붕괴는 의식기능 붕괴에 **앞서 일어난다**. **방향감각상실과 혼동**은 자신의 지각부조화에 대한 첫 번째 반응이다. 자기지각에 의존하는 사유연상과 조정된 말하기는 자기지각 붕괴가 충분히 진행되었을 때 무너지는 인간동물의 그다음 의식기능이다. 의식부조화 **유형**조차도 자기지각 붕괴 유형을 반영한다.

자기지각이 심하게 방해받는 편집성 정신분열증에서는 연상과 말하기도 분리된다. 유기체가 급격하고 심하게 수축하고 움직이지 않는 긴장성 혼미에서는 완전한 함구증, 즉 말하기와 감정반응이 없는 것이 통례다. 모든 생체신체 과정의 완만한 악화와 둔화가 진행 중인 간부전증[간기능이 상실된 상태]에서는 일반적으로 지각과 의식도 둔해지고 심각하게 느려지며 점점 더 효율적이지 않게 된다.

따라서 우리는 자기지각과 의식의 정신기능이 유기체의 일정한 생체에너지의 상태와 종류 및 정도에 직접 관련되어 있으며 이에 상응한다는 결론을 내려야 한다. **정신분열증이 '단순한' 정신질환이 아니라 진정한 생체신체 질병**이라는 결론을 내릴 수 있다. 정신기능 장애의 원인을 지금까지 뇌와 그 부속장치의 화학적 또는 기계적 병변에서 찾았다. 우리의 기능적 접근방식은 이러한 상호관계에 대해 다르게 이해하도록 한다.

정신기능 장애는 놀랍도록 즉각적인 방식으로 생체신체 체계가 붕괴되는 정신분열증 과정을 표현한다. 자기지각 및 의식의 기능장애는 감정기능 장애와 직접 관련이 있지만, 감정기능은 구조적이거나 화학적인 조건이 **아니라** 오르고노틱 혈장운동성의 기능이다. **감정은 생체에너지·혈장 기능이지 정신·화학·기계 기능이 아니다**. 우리는 다음과 같이 감정기능을 공통 기능작용 원칙으로 하여 생체에너지 감정, 정신 기능, 구조 기능을 배치해야 한다.

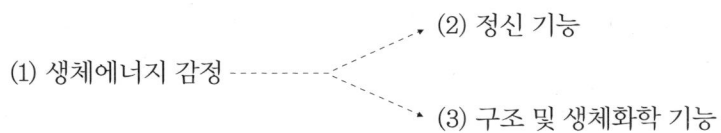

다른 배치는 불가능하다. (1) 대신에 (3)을 넣는 것은 고전 정신의학의 기계론적 사유방식의 수렁에 빠지는 것을 의미하며, 이는 아무 진전도 이루지 못한다는 것을 의미한다. (1) 대신에 (2)를 넣는 것은 혼동에서 감정교란[장애]을 도출하고 원형질 기능**보다** 정신기능을 우선시하는 것을 의미할 것이다. 이것은 작동하지 않을 것이며 형이상학으로 이어질 뿐이다.

자기지각과 생체신체 감정(=혈장운동) 사이의 기능 관계를 이해하려고 노력하자. 내 책 『암 생체병리』에서 나는 다음과 같은 방식으로 어린아이의 발달에 대한 개략적인 그림을 그리려고 노력했다.

신생아의 움직임은 아직 **하나**의 전체 기능으로 조정되지 않아서 움직임에 '목적'이나 '의미'가 없다. 사실 쾌락과 불안반응은 이미 명확하게 형성되어 있지만 우리는 아직 전체 의식과 자기지각의 존재를 나타내는 조정된 움직임을 찾지 못한다. 신생아에게 자기지각이 이미 존재하고 완전히 기능하되 **조정되고 통일된 방식으로** 존재하고 기능하지는 **않는다**고 가정해야 한다. 손은 스스로 움직이고 눈도 처음에는 아직 대상에 집중되지 않은 채 스스로 움직인다. 다리는 다른 기관의 움직임과 아무런 관련 없이 무의미하고 목적 없는 움직임만을 보여준다. 생후 처음 몇 달 동안 독립적이고 분리된 움직임의 조정이 천천히 발달한다. 많은 기관 사이에 점차 어떤 종류의 기능 **접촉**이 이루어지며, 접촉이 많아질수록 하나됨이 발달하기 시작한다고 가정해야 한다. 서로 다른 지각기능의 발달과 조정을 인정한다면 우리는 아마도 진실에서 그리 멀지 않을 것이다. 따라서 자기지각이 혈장운동에 의존한다는 점에서, 자궁 및 자궁 이후의 존재에서 자기지각은 희미할 뿐이며 혈장 기관움직임이 분리되어 있어서 자신에 대한 많은 개별경험으로 나누어질 것이다. 움직임의 조정이 증가함에 따라 유기체가 **전체적으로** 조정된 방식으로 움직이고 따라서 자신에 대한 상이한 많은 지각이 움직이는 자신에 대한 **하나**의 총체적 지각으로 통합되는 지점에 도달할 때까지, 움직임의 지각들도 점차 서로 조정된 하나가 된다. 그때까지는 완전히 발달한 의식에 대해 말할 수 없다는 결론을 내려야 한다. 생물학적 활동의 '목적'과 '의미'는 이러한 조정과정과 밀접하게 연결된 이차적 기능으로 발생하는 것 같고 또한 발달 속도에 따라 달라지는 것 같다. 발달은 인간보다 하등동물에서 훨씬 빠르게 진행된다. 왜 이러한 차이가 나는지는 알려지지 않았다. 인간 어린이의 경우 신체움직임과 그에 상응하는 자기지각이 일정한 하나됨에 그리고 그와 함께 목적과 의미에 도달하고 나서야 말하기[언어] 능력이 발달한다.

여기서 목적과 의미는 조정기능에서 파생되는 것이지 그 반대는 아니라는 점에 주의해야 한다. **따라서 '목적'과 '의미'는 오로지 단일한 기관운동들의 조정 정도에 달려있는 이차적 기능이다.**

더 나아가 우리가 논리적으로 유기체의 서로 다른 수준의 조정과 해당 기능을 단계별로 따라가다 보면, 환경 및 자신의 생체에너지 상황과 관련하여 목적이 있고 의미 있는 활동인 **합리성**이 이제 감정 및 지각 조정의 기능으로도 나타난다고 가정해야 한다. 유기체가 전체적으로 잘 조정된 방식으로 기능하지 않는 한 합리적 활동이 불가능하다는 것은 분명하다. **생체에너지** 조정의 원래 과정이 역전되는 정신분열증 붕괴에서는 유기체의 합리성, 목적성, 의미, 언어, 연상, 기타 고등 기능이 감정기반, 생체에너지 기반이 붕괴하는 정도까지 붕괴한다는 것을 분명히 볼 수 있다.

정신분열증 해리가 왜 그토록 한결같이 태아기 및 출생 직후의 발달에 뿌리를 두고 있는지 이제 이해할 수 있다. 유기체의 조정과정에서 발생한 모든 심각한 장애는 나중에 일정한 감정조건 아래에서 정신분열증적 부조화가 발생할 가능성이 가장 큰 인성의 약점을 이룬다.

정신분석에서 '유아[어린 시절 초기] 고착'이라고 부르는 것은 사실 기능조정구조의 이러한 약점에 지나지 **않는다**. 정신분열증 환자는 '어린 시절로 회귀하지[돌아가지]' 않는다. '회귀'는 일정한 역사적 사건의 **실제** 현재 효과를 설명하는 심리학 용어일 뿐이다. 그러나 어린 시절의 경험은 **생체체계의 조정과정을 실제로 해치지** 않았다면 20년 또는 30년 후에 효과적이지 않을 수 있다. 역동적 질병요인을 구성하는 것은 어린 시절의 오랜 과거경험이 아니라 **감정구조의 이러한 실제 병변**이다. 정신분열증 환자는 '어머니의 자궁으로 돌아가지' 않는다. 그가 실제로 하는 것은 **죽은 어**

머니의 자궁에 있을 때 겪었던 것과 똑같은 유기체 조정상의 **균열**의 희생자가 되는 것이다. 그리고 그는 평생 그 균열을 유지한다. 여기서 우리는 **역사적 사건이 아니라 유기체의 실제 현재기능**을 다루고 있다. 미국은 독립선언이라는 역사적 사건 때문에 지금과 같이 기능하는 것이 아니라, 오로지 이 역사적 사건이 미국인들의 삶에서 살아있는 **오늘날[현재]**의 현실이 되었기 때문에 지금과 같이 기능하는 것이다. 역사적인 독립선언은 오늘날 미국 시민의 감정구조에 실제로 정박해 있는 정도까지만 유효하며 그 이상도 이하도 아니다. 정신의학이 치료상 수렁에 빠진 것은 단순히 역사적 사유와 탐구를 넘어서지 못했기 때문이다. 기억은 현재 유기체의 실제 감정을 동원**할 수 있**으나 반드시 그런 것은 아니다.

오르곤치료 의학은 기억을 공격하는 것이 아니라 역사적 경험의 **현재 생체신체 정박**을 공격하므로 과거 기억의 그림자를 다루는 것이 아니라 생생한 현실을 다룬다. 이러한 감정경련 과정에서 기억은 발달할 수도 있고 아닐 수도 있다. 기억이 발달하든 발달하지 않든 치료상 중요하지 않다. **인간의 구조를 '아픈' 상태에서 '건강한' 상태로 바꾸는 요인은 유기체의 감정·생체에너지 조정이다.** 오르가즘반사는 조정이 실제로 성공했다는 것을 나타내는 가장 두드러진 표시일 뿐이다. 호흡, 근육블록 파괴, 경직된 성격갑옷 풀기는 이 유기체 재통합 과정의 도구들이다. 불행하게도 이 도구들을 종종 우리 분야의 일부 가까운 노동자들조차 치료목적 그 자체로 오인한다. 단순한 의학노력의 도구를 목적 그 자체로 착각하는 것은 유기체에 대한 조정된 지식의 부족, 즉 인간의 감정질병의 폭과 깊이에 맞지 않는 편협한 판단으로 인한 잘못된 생각의 결과이다.

인간유기체에 대한 이러한 좁은 접근방식으로는 오르고노미의 **기본** 생체에너지 개념에 결코 침투할 수 없다. 기껏해야 인간의 불행에 처한 치료사나 사업가일 뿐이지 과학의료 종사자는 아니다. 특히 감정과 혈장활동, 지각과 의식기능 사이의 **심층** 생체신체 상호관계에 숙달하지 않고는 정신분열증 생체병리를 다루려고 하지 말라고 경고하고 싶다. 이러한 기능 상호관계는 지금까지 완전히 숨겨져 있었고 알려지지 않았다. 우리는 이제 겨우 그것을 이해하기 시작했을 뿐이며 수수께끼는 여전히 많다. 따라서 의견을 개진하는 데 매우 신중해야 한다. 우리는 전개해 나가는 과정에서 용어를 느슨하게 사용함으로써 자연스러운 기능작용의 기본문제를 없애 버릴 위험에 빠진다. 오르곤치료법은 "손으로 근육을 만지며 치료하는 것"이나 "환자가 숨을 쉬게 하는 것"에 불과하다거나 사람은 '긴장'으로 고통받는다고 말하는 것을 들을 수 있다. 평균적 인간동물이 살아있는 기능을 말로 표현함으로써 단순하되 기본적인 현실에서 도피하려는 경향은 엄청나며 인생에서 가장 해로운 태도에 속한다. 이것은 '근육'이나 '호흡' 또는 '긴장'의 문제가 아니라 **우주오르곤에너지가 어떻게 혈장운동물질을 형성하게 되었는지**, 그리고 우주오르곤기능이 인간동물의 감정, 사유, 비합리주의, 자신에 대한 가장 내면의 경험에 **어떻게 존재하고 활동하는지**를 이해하는 문제이다. 정신분열증 해리는 생명체의 감정과정과 그 주변의 오르곤에너지 장(또는 에테르) 사이의 상호관계를 보여주는 매우 특징적이지만 **오직 하나**의 예에 불과하다. **이것이** 중요한 것이지 근육긴장이 중요한 것이 아니다. 살아있는 것은 바로 기능하며 단순한 기능작용에 만족한다는 것이 사물의 본성인 것 같다. 자신의 실존과 존재방식 및 존재이유에 대해 숙고[반성]하는 것은 인간동물의 오래된 활동이지만, 이것이 단순한 삶만큼 삶의 필수품인지는 매우 의심스러운 것 같다. 어쨌든 국가제도는 인간의 모든 관심사를 단순한 존재의 문제로 축소하였다. 그리고 어떻게든 인간동물은 이 관점을 **대량으로** 그리고 당연한 것으로 받아들인다.

올바른 결론을 내리기 위해서는 자신이 어떤 관점에서 판단하는지를 아는 것이 필요하다. 여기서 내가 전달하려고 하는 것은 우리가 정신분열증 환자에게서 발견하는 기능의 엄청난 **깊이**다. 복잡성이 아니라 깊이를 의미한다. 정신분열증 환자에게 나타나는 기능은 정확하게 읽는 법을 배우기만 하면 **우주기능**이다. 위장되지 않은 형태로 나타나는 유기체 안의 우주오르곤에너지 기능이다. **정상인**과 우주의 오르곤바다를 구분하는 날카로운 경계선이 정신분열증 환자에게서는 무너졌다는 것을 이해하지 못하면, 정신분열증 증상 중 어떤 것도 의미가 없다. 따라서 정신분열증 환자의 증상 중 일부는 이 경계선이 무너진 것에 대한 지성적 깨달음이며, **다른 일부는 유기체와 우주(대기)오르곤에너지 사이의 합병의 직접 표현이다.**

나는 여기서 인간과 인간의 우주적 기원을 **하나로** 묶는 기능을 언급하고 있다. 진정한 종교와 진정한 예술과 과학에서뿐만 아니라 정신분열증에서도 이러한 심층기능에 대한 인식은 위대하고 압도적이다. 정신분열증 환자는 자신의 유기체가 유기체 내외부에서 기능의 이러한 동일성에 대한 경험을 받아들이고 수행할 준비가 되어 있지 않거나 너무 균열해 있어서 그럴 수 없다는 점에서, 위대한 예술가, 과학자 또는 종교 창시자와 구별된다. 생산성이 높았던 시기가 지나면 예술가나 '**지혜로운 사람**(knower)'은 정신병으로 무너지는 경우가 있다. 그들은 감당하기에는 너무 벅찼다. 자신의 첫 감각을 잃은 **정상인**은 그런 사람들에게 삶을 너무 힘들고 견딜 수 없게 만들었다. 반 고흐, 고갱, 니체, 되블린(Döblin), 입센 등 위대한 사람들의 최종붕괴는 **정상인**의 작품이다. 스웨덴보리, 롯지(Lodge), 에딩턴(Eddington), 드리쉬(Driesch) 등의 일탈과 같은 신비한 일탈은 우주 및 유기체의 오르곤에너지 기능에 대한 **물리적** 이해가 부족하기 때문이다. 그리고 이러한 지식부족은 다시 **정상인**의 기계적 갑옷 때문이다. 하지만 우리 환자에게 돌아가 보자.

스무 번째 진료만남

기관흥분과 흥분지각 사이의 정신분열증 균열의 기반이 되는 신체기제는 정확히 무엇인가라는 새로운 문제가 발생했다. 사건들은 독특한 호흡장애를, 즉 **기계적으로 부드러운 가슴과 관련하여 심하게 제한된 호흡량**을 날카롭게 가리켰다. 잘 무장한 신경증 환자의 경우 가슴 자체는 보통 매우 경직되어 있어서 강한 감정이 생기지 않는다. 반면 정신분열증 환자의 경우 가슴은 부드럽고 감정은 완전히 발달했어도 **완전히 지각되지는 않는다.** 아마도 가슴구조의 움직임 억제가 지각을 흥분과 분리하는 기제를 이루었을 것이다. 이것은 임상적으로 확증되어야 했다. 이후의 사건들은 이 가정을 확인해 주었다.

그날 그녀의 가슴과 목은 특히 심하게 굳어 있었다[움직이지 않았다]. 후두를 통해 공기가 전혀 들어오고 나가는 것 같지 않았다. 동시에 환자의 가슴과 목 근육조직은 그 어느 때보다 더 부드러워졌다. 그녀는 말했다. "저는 오늘 매우 감정적이에요…." 목구멍을 통해 공기의 통과를 유도하려는 어떠한 시도도 성공하지 못했다. 떨림은 없었고 호흡에 대한 심한 혐오감만 있었다. 그날 주변에는 어떤 '힘들'도 없었다.

환자는 화장실에 갈 수 있는지 물었다. 그녀가 [화장실에 갔는데] 돌아오지 않아 걱정하기 시작했다. 꽤 시간이 지난 후 돌아왔다. 그녀의 상복부 피부의 흉골 아래 태양신경총 부위에 걸쳐 **약 10cm 길이의 베인 상처**가 보였다. 그녀는 "바로 여기가 가장 강한 감정을 느끼는 곳이에요…"라고 말했다.

나는 그러한 행동이 압력을 없애지 못할 것이라고 그녀에게 말했고 그녀는 동의했다. 그러한 행동에 대해 흥분하고 불안해하는 것은 도움이 되지 않는다. 그것은 환자가 **더 나쁜** 짓을 하도록 유도할 뿐이다. 사례를 잘 통제할 수 있다면 그러한 행동을 특정한 자기표현 양식으로 받아들일 것이다. 물론 이를 위해서는 의사에 대한 환자의 절대적인 신뢰가 필요하며, 그 반대의 경우도 불신을 극복하고 완전히 솔직하게 대함으로써 확고하게 구축된 신뢰가 필요하다.

스물한 번째 진료만남

환자는 유머러스한 표정으로 진료만남에 왔고 놀랍게도 숨을 온전히 쉬고 있었다. 그러나 그녀는 전날의 상처에 세 개의 베인 상처를 추가했다. 그녀는 이렇게 설명했다. "저는 힘들을 대신하여 이 일을 해야 했어요. 그렇게 하지 않으면 힘들이 벤 상처의 불완전함 때문에 걱정할 수도 있었어요. … **십자가**여야 해요. … 첫 번째 상처와 십자가 추가 사이의 24시간 간격을 그들[힘들]이 용납하지 않을까 두려워요…."

그녀가 횡격막 부위에서 엄청난 감정긴장을 생체에너지로 풀려는 시도에서 자해한 것이 아주 분명했다. 이것을 두고 정신분열증 환자가 "미쳤다"고 한다. 일본의 장군이 같은 일을 하여 죽음에 이르게 되는 것을 "민족적 할복[하라키리] 관습"이라고 한다. 이 두 가지 자해는 기본적으로 같은 성격을 지니고 있다. 자해는 정신분열증 환자뿐만 아니라 장군에게서 상복부의 참을 수 없는 감정긴장을 제거하는 기능을 지닌다.

그날 정신병 망상이 존재하지만 매우 약하다는 인상을 받았다. 그녀는 '힘들'이 하루종일 주변에 있지 않았다고 말했다. 그녀는 자신의 감정흥분을 충분히 느꼈다. 흥분과 지각 사이의 접촉이 다시 확립된 것처럼 보였다. 이로 인해 흐름을 **외부** '힘들'로 인식하는 것이 더욱 어려워졌다. 그녀는 여전히 '힘들'을 두려워했고 상황을 있는 그대로 믿지 않았다. '힘들' 쪽에서 "자신을 희생하라"고 한 이전의 요청은 이제 칼로 "꽉 막힌 방광을 열어" 엄청난 감정긴장을 풀려는 내부충동으로 이해할 수 있다. 이것은 오르곤생체신체 연구가 피학성향과 같은 다른 생체병리에서 밝힌 사실을 확인했을 뿐이다. 강한 감정은 혈장체계의 팽창에 해당한다. 기관[장기]이 약간 수축한 상태에서는 **'증기를 방출할' 수 없는 무능력**과 함께 '파열하는 [터지는]' 느낌이 나타난다. 이러한 상황에서 자해, 자살, 신체 구조의 실제 훼손이 발생한다. 생체에너지 측면에서 보면 참을 수 없을 정도로 꽉 조인 방광을 찔러 여는 것이다.

개선은 오래가지 않았다. 나는 이 사례에서만큼 분명하게 **생체병리 유기체에는 완전히 건강한 기능작용은 있을 수 없다**는 것을 이전에 경험한 적이 없다고 말할 수 있다. **생체병리 구조는 생체병리 기능작용에 익숙해져 있으며, 강한 자연스러운 감정을 완전히 '지니'거나 관리하고 지시할 수 없다.** 인간동물에는 무장하지 않은 동물집단과 무장한 동물집단으로 극명하게 구분되는 두 집단이 있다는 것이 그 어느 때보다 더 분명해졌다. 무장하지 않은 사람에게는 쉽고 자명해 보이는 것이 무장한 사람에게는 완전히 이해할 수 없고 관리할 수 없으며, 그 반대의 경우도 마찬가지이다. 일정한 생활방식에는 일정한 성격구조가 필요하며 이는 두 영역[무장하지 않은 동물집단과 무장한 동물집단] 모두에 유효하다. **우리 환자는 건강한 기능작용을 유지할 수 없었다.** 건강하게 기능하지 못하는 상황에서 정신위생의 통상적 조치가 얼마나 무익한지 이제 더 잘 이해할 수 있다. 무장한 유기체에 건강한 생활조건을 부과하는 것은 절름발이에게 춤을 추라고 요구하는 것과 같다. 합리적인 정신위생 조치는 좋다. **그러나 그러한 조치는 대규모로 인간동물의 철저한 무장해제를 요구하고 무엇보다도 신생아의 생체병리 무장을 예방해야 한다.** 이 작업의 폭과 깊이는 분명하다.

스물두 번째 진료만남

그녀의 반응 특히 그녀의 말은 심각하게 느려졌다. 모든 단어를 여러 번 반복하였다. 그녀는 단어들을 말할 수 없었다. 얼굴은 얼어붙었고 얼굴근육을 움직일 수 없었으며, 내 질문에 대한 답을 알고 있었지만 대답할 수 없었고 약간 혼란스러워 보였으며, 피부는 창백하고 얼룩덜룩한 흰색과 청색 빛을 띠었다. 그녀는 완전히 공허하다고 느꼈다.

그녀는 천천히 말했다. "제가 아주 열심히 노력하면 움직일 수 있어요. … 모든 노력이 왜 그렇게 어려운가요? … 저에게 무슨 일이 일어나고 있는 거죠? 전에도 이런 상태가 있었지만 이렇게 명확하게 느낀 적은 없었어요."

나는 그녀에게 요전 날 그녀의 완전한 호흡으로 인해 '힘들'이 출현하지 못했다고 말했다. 그녀는 일어나서 떠나고 싶어 했으나 다시 소파에 쓰러졌다.

나는 그녀의 얼굴근육을 움직이고 눈꺼풀을 들어 올리고 이마 피부를 움직였다. 조금 도움이 되었어도 긴장성 발작이 계속되었다. 그녀는 분명히 전날의 강한 감정에 움직이지 못하는 무오르고노틱 발작으로 반응한 것 같았지만, 그녀의 지성은 분명했고 무슨 일이 일어나고 있는지 알고 있었다. 결국 그녀는 여전히 '공허함'을 느꼈지만 '멀리 떨어져 있다'는 느낌은 덜했다. "제가 건강해져서 살인을 저지르면 유죄판결을 받을 거예요. 오늘 소년들은 감전사 당했어요. …" (그날 실제로 몇 사람의 사형이 집행되었다.)

진료만남 중 그녀의 강경증[동작이 마음대로 되지 않아 꼼짝 못 하는 증세] 발작은 일정한 심층차단이 돌파되었기 때문이다. 의료 오르곤치료사는 각 병리층이 심층에서 나타나야 한다는 것을 잘 알고 있다. 이것[심층차단의 돌파]은 외부생활을 방해하지 않는다. 그녀는 그날 사무실에서 일을 잘했고 질서정연했다.

그녀는 내가 떠난 후에도 방에 남아 있었다. 10분 후 돌아왔을 때, 나는 그녀가 끌어올린 다리 사이에 머리를 박고 무릎에 손을 얹은 채 몸을 감싸고 있는 것을 발견했다. **그녀는 움직일 수 없었다.** "신께 이 자세에서 저를 풀어달라고 기도했어요. …갑자기 전혀 움직일 수 없었어요…."

나는 그녀가 일어나도록 도왔고 그녀는 다시 천천히 움직이기 시작했다. 그녀는 이렇게 말했다. "힘들이 저에게 그런 짓을 한 것 같지만 잘 모르겠어요. …" 그러고 나서 그녀의 머리가 떨리기 시작했고, 잠시 후 그녀는 완전히 회복되어 기분이 나아졌다고 나를 안심시키며 떠났다.

스물세 번째 진료만남

오르곤치료법에서 본질적인 것은 오르가즘능력의 확립일 뿐 그 외에 아무것도 필요 없다는 오해가 일정한 서클에서 널리 퍼져 있다. 물론 오르가즘능력의 확립이 우리 기법의 주요 목표였고 여전히 그러한 것이 사실이다. 그러나 이 목표에 도달하는 방식은 성공의 견고함과 지속가능성과 관련하여 결정적이다. **본질적으로 유기체의 감정블록들을 그리고 각 단일 블록에 연결된 불안을 천천히 철저하게 극복하는 것이 지속적인 결과를 보장한다.** 우리의 정신분열증 환자는 치료목표에 가까워졌지만, 개입된 질병기제는 궁극적인 성공을 달성하려면 극복해야 할 가장 중요한 장애물이었다. 어떤 사례에서는 억눌린 에너지를 방출하기가 쉽다. 하지만 만약 주요 블록을 해결하지 않은 상태로 남겨두면, 질병보다 더 나쁜 영향을 미치는 재발이 발생한다. 따라서 우리는 천천히 진행하고 각 단일 차단[블록]층을 신중하게 처리하는 규칙을 따른다. 신체에너지의 자유로운 흐름을 방해하는 이러한 생체신체 블록들은 정확히 다양한 종류의 증상질환의 '성향[소인]'을 이룬다.

나는 우리 환자가 자신 안에 강한 긴장성 혼미[무감각증] 경향을 지니고 있다는 것을 알고 있었다. 이러한 경향은 완전히 발달해야 하고 표면으로 드러나야 하고 극복해야 할 것이다. 가장 큰 위험은 여전히 우리 **앞에** 있었다. 너무 일찍 성공했다고 자랑해서는 안 된다.

환자는 이전 진료만남에서 약간의 긴장성 발작을 겪은 적이 있었다. 그녀는 행복하고 아주 건강한 모습으로 돌아와서 지난 진료만남 이후 아주 잘 지냈다고 말했다. 얼굴근육을 움직일 수 있었지만 '놀람'이나 '찡그림'에서처럼 이마 피부를 움직일 수는 없었다.

그녀는 자신이 강한 감정을 느낄 때 찡그린 표정을 짓고 싶다는 충동을 느끼지만, '소원해졌다'고 느낄 때는 전혀 찡그린 표정을 지을 수 없다고 자연스럽게 말했다. "저는 감정을 얼굴에 드러내지 않는 법을 열심히 배웠어요…. 저는 감정을 드러내는 여자를 좋아하지 않아요. **저는 그런 여자들이 멋지고 날씬한 조각상이 되길 바래요….**"

이 몇 문장은 차분하게 말했지만 많은 감정폭발을 담고 있었다. 그녀의 머리와 목 근육조직은 심하게 막히고 경직되어 있었다. 따라서 얼굴을 찡그리면 긴장과 부동성의 느낌에서 부분적으로 완화되었다. 강한 이인화와 균열은 얼굴을 찡그리는 능력을 없애 버렸다. 우리는 이제 긴장병 환자와 중증 정신분열증 환자가 얼굴을 찡그리는 이유를 이해한다. 이것은 혼미 상태에서 유기체를 압도하는 죽음과 부동성을 풀려는 필사적인 시도이다. 그들은 자신들이 여전히 아무것도 느끼지 못하는지 알기 위해 스스로 시험한다.

나는 이상적인 '날씬한 조각상'이 무엇을 의미하는지 바로 이해하지 못했으나 곧 어려운 방법으로 알게 되었다.

    그녀는 그날 '죽는 것'에 대해 많이 말했다. '죽는다'는 생각은 오르곤 치료사들에게 잘 알려져 있다. 죽는다는 생각은 보통 환자가 생체에너지의 오르가즘방출에 가까워질 때 나타나며, 완전히 놓아주는 것에 대한 심한 두려움[공포]과 관련이 있다. 보통 골반에 있는 유기체의 주요 블록들을 해체하지 않는 한 불안은 지속될 것이다. 그녀의 머리는 **눈에 띄게 몹시 어지러웠다.** 그러므로 나는 전신경련의 조기 발발이 두려웠다. 그녀의 이마에 남아 있는 차단 때문에 결과는 필연적으로 완전한 붕괴였을 것이다. 그녀는 "요즘 감정이 제 뱃속에서 저를 아프게 해요"라고 말했다. "여기…." 그리고 그녀는 상복부를 가리켰다. "제 왼팔도 스스로 살아서 움직여요…. **제** 팔이라고 느껴지지 않아요…."

    신경증적이거나 정신병적인 증상이 해당 부위에 포함된 감정이 강해질 때마다 발발할 경향이 있다는 것을 나타낸다. 그녀의 왼팔이 분리되는 것은 아마도 자신의 성기를 만지고 싶은 강한 충동의 표현일 수 있다. 그녀가 생각하는 '멋지고 날씬한 조각상'은 이와 관련하여 '성기가 없는 조각상', '신과 같은' 것을 의미할 수 있다.

    성기 돌파를 준비하도록 나는 그녀의 움직이지 않는 이마와 눈에 집중했다. 이마 피부를 움직이고 눈을 사방으로 굴리고 분노와 두려움 그리고 호기심과 경계심을 표현하게 했다. **이것은 조종이 아니며 어떤 종류의 조종과도 관련이 없다.** 우리는 기계적으로 '조종'하지 않는다. **우리는 환자가 이런저런 감정표현을 제멋대로 모방하게 함으로써 환자의 감정을 유도한다.**

    그녀는 눈에 불안한 표정을 짓는 것에 매우 강하게 거부했다. 이 거부는 보통 신경증 환자보다 정신분열증 환자에게서 훨씬 더 강하다. 그 이유는 정신분열증의 여러 사례에 근거해 볼 때 다음과 같다. 눈꺼풀을 치켜뜨고 크게 벌리고 불안을 보이면 재앙이 다가오는 느낌과 함께 심한 공포감각을 느끼게 된다. 때때로 공황상태에 빠지기도 한다. 이러한 환자 중 일부는 자신이 죽어가고 있고 '사라지고' 있으며 '다시는 돌아올 수 없을' 것 같은 느낌을 지닌다. 이 지점에서 매우 조심할 필요가 있다.

나는 그녀의 이마 표정을 매우 조심스럽게 살피면서 그녀가 너무 강한 불안을 보일 때마다 멈추게 했다. 얼마 후 그녀는 이마를 더 쉽게 움직일 수 있었고 더 자유로워졌다. 전체 유기체에 대한 그녀의 자기지각은 여전히 심각하게 방해받고 있었기 때문에, 전체 전-오르가즘 수축을 그대로 두는 것은 위험하고 바람직하지 않은 일이었다. 그녀는 촉감, 압력, 추위, 더위에 민감했지만 **때때로 떨림을 느끼지 못했다.** 진료만남 후에 그녀는 자신에 관한 지성적인 질문을 많이 했지만, 말의 속도가 상당히 느려져서 마치 거대한 대항 힘[반대세력]에 맞서는 것처럼 말했다.

이 정신분열증 환자와의 실험 중에 **기관감각작용 또는 '오르고노틱 감각작용'은** 진정한 **여섯 번째 감각이다**라는 생각이 처음 떠올랐다. 보고 듣고 [냄새] 맡고 맛보고 만지는 능력 외에, 건강한 사람에게 틀림없이 존재하는 **기관기능 감각** 말하자면 **오르고노틱 감각**이 있는데, 이것은 생체병리에서는 완전히 부족하거나 방해받았다. 강박신경증 환자는 이 여섯 번째 감각을 완전히 잃었고, 정신분열증 환자는 이러한 감각을 '힘', '악마', '목소리', '흐름', '뇌 또는 내장 속의 벌레' 등과 같은 일정한 망상체계 유형으로 변형시켰다.

오르고노틱 감각작용과 기관 지각은 **자아** 또는 **자신**이라고 불리는 것의 큰 부분을 이루는 것처럼 보이기 때문에, 지각과 말하기의 분리 및 해리가 보통 이러한 기관감각작용의 해리 및 위치변화와 함께 진행되는 이유가 이제 분명해 보인다.

또한 질병의 심각성과 결과가 사멸[죽어감] 즉 기관감각작용의 소멸이 발생한 특정한 기관에 전적으로 달려있다고 가정해야 한다. 팔의 분리는 눈과 이마 심지어 뇌 일부가 움직이지 않는 것과 비교하면 해롭지 않은 것처럼 보인다.

유기체 속에 있다는 악마를 죽이기 위해 수행하는 무책임한 뇌수술과 뇌엽절제술이 뇌의 역동적 **기능**을 드러내는 역할을 한다면, 우리는 덜 반대할 것이다. "뇌가 움직이나요? 심장, 내장, 땀샘 등과 같은 다른 기관들처럼 뇌도 작동할 때 수축하고 팽창하나요?"와 같은 질문은 의학적 병리학에 그리고 유기체 기능의 이해에 극히 중요하다. 뇌 전문가가 **자연**상태의 뇌를 관찰할 수 있는 장치를 발명하는 것은 매우 중요할 것이다. 유인원과 일부 인간에게 했던 것처럼 뇌를 연구하기 위해 두개골의 '창'을 여는 것은 도움이 되지 않는다. 살아있는 기관은 근처에 심각한 수술을 하면 움직이지 않는다. 이것은 수술 후 발생하는 부종 및 유사한 기능장애로 나타난다. 내가 말하고 싶은 것은 바로 다음이다.

즉 만성변비에서 장이 움직이지 않거나 위종양에서 연동운동이 멈추듯이, **정신분열증 과정에서 뇌의 일부, 아마도 신경뿌리가 있는 기저부가 움직이지 않는다**고 믿을 만한 그럴듯한 이유가 있다. 이것은 정신분열증 **신체**장애에 대한 새롭고 희망적이며 기능적인 접근법으로 보일 것이며, 뇌기능에 대한 기계론적 관점을 버릴 것을 요구할 것이다. 뇌는 운동충동의 원천이 아니라 전체 혈장기능의 특정한 '전달자'로서 전체 유기체 기능작용 안에서 다른 기관과 마찬가지로 하나의 기관이라고 간주해야 할 것이다. 뇌가 충동의 원천이라면 다음 논리적 질문은 **누가 뇌에 명령을 내리느냐**는 것이기 때문이다. 운동충동이 회색물질[확인할 수 없는 물질]에서 **유래한다**고 말한다면 뇌 속에 꼬마요정이 있다고 가정하는 것과 같다. 판단을 포함하는 살아있는 기능이 완전히 작동하지만 뇌가 전혀 없는 많은 종이 있으며, 실험을 통해서 뇌가 없는 개들은 수술로 인해 심하게 뇌손상을 입더라도 계속 움직인다는 것을 알고 있다.

우리 환자에게 돌아가면, 이 시점의 상황은 그녀가 전신경련과 성기활동에 거의 가까워졌다는 특징이 있다. 그러나 그녀의 이마와 눈의 블록은 그녀를 자연스러운 성기성을 향해 더 나아가도록 하기 전에 먼저 제거해야 하는 주요 장애물이었다.

스물네 번째 진료만남

환자는 환하게 웃으며 다가왔고 매우 행복하고 편안하다고 느꼈다. 그녀의 눈은 맑았고 표정은 민활하였으며 얼굴색은 붉고 신선했다. 그녀는 난생 처음 정신병 반응 없이 월경기간을 보냈으며 많은 친구를 방문했는데 그중에는 정신병원에 있는 소녀도 있었다. 그녀의 호흡은 제한이 전혀 없는 것은 아니었지만 훨씬 개선되었다.

다음 단계는 아주 분명했다. 나는 그녀를 전날 있던 곳으로 다시 데려가야 했다. 그녀는 더 많은 감정을 '강화'해야 하고 '꺼지지' 않게 그 감정을 유지하는 법을 배운 다음 더 나아가야 했다.

심호흡을 하면 턱과 교근[음식을 씹는 근육]에 떨림이 나타났다. 그녀는 "제 감정이 저를 한쪽으로 걷어차고 사회를 다른 쪽으로 걷어차면, 저는 풀이 죽고 저 자신을 다치게 하고 매독에 걸리거나 그런 것 같은 느낌이 들어요"라고 말했다. 그녀는 자신의 배를 가리켰고 **그러고 나서 아래로 자신의 성기를 가리켰다.** "…그러면 전 무슨 짓이든 저지를 수 있어요…."

이러한 연결이 이보다 더 명확하게 표현되기를 기대할 수는 없다.

6. '악마적인 악'의 합리적 기능

성격구조의 의미를 충분히 이해하기 위해서는 인간의 생체신체 기능의 심층에 대해 오르고노미 연구가 발견한 기본기능을 다시 요약할 필요가 있다. 오르곤 생체신체학의 관점에서 이 '구조'는 오르고노틱 에너지 체계와 감각운동 체계가 맺는 관계들의 합계로 나타난다. 이 구조는 혈장흐름을 지각하고 에너지방전을 실행하고 질서 있고 전체적이며 단일한 기능체계 즉 '오르고노틱 체계' 속에 있는 모든 에너지기능을 조정해야 한다. 정신분열증 과정에서 지각체계는 전체 생체체계에 통합되지 않고 말하자면 **분리된 존재**로 이끄는 고조된 생체신체 감각작용으로 넘쳐난다. 이것이

'인성의 균열'을 이룬다. 생체체계는 감정 즉 **생체에너지** 기능작용 수준의 **갑작스러운 증가**에 대해 내성이 매우 낮다. 내성이 낮으면 에너지수준의 급격한 증가에 방향감각상실, 환각, 언어능력 저하, 살인충동 등이 나타날 수 있다. 이것은 '심리학'과 아무 관련이 없다. 정신분열증 환자의 '심리학'은 그 과정의 **결과**이지 원인이 아니다. 지각이 생체에너지 흥분과 분리되면, 신체감각작용은 '외계적인' 것으로, '초자연적 능력'(자기 자신을 '넘어서'는 의미에서 '초자연적')에 의해 '악한', '악마적인' 영향으로 경험된다. 이 끔찍한 혼돈 속에서 생체체계는 악마로부터 자신을 보호하기 위해 파괴충동을 일으킨다. 사실 악마와 싸우는 것은 건강한 인성의 나머지 부분이다.

환자에게 일어난 사건들을 더 따라가 보자.

환자는 창백하고 조용해졌을 때, "감정은 여기[성기]를 뚫고 가려고 해요 …"라고 거의 그 말을 끝맺지 못했다. 그녀는 마치 존재하지 않는 것처럼 움직이지 않고 누워있었고 질문에 대답하지 않았다. 잠시 후 그녀는 매우 소심한 표정으로 말했다. "방금 주기도문을 외웠더니 … 감정이 사라졌어요."

그녀는 진료만남을 차분하고 약간 멍한 채 마치고 돌아갔다. 다음 날 나는 다음과 같은 편지를 받았다. (강조는 내가 한 것이다)

1942년 3월 18일
그러니까 모든 것이 감정입니다 - **당신은 리스트의 헝가리 랩소디를 연주하는 음악이나 다른 음악들에 대해 몰랐습니다 - 음표가 저를 통과해 갑니다** - 당신이나 다른 어떤 사람도 통과하지 않고 - 저에게 무언가 말해주었습니다 - 저는 평소에는 몰랐습니다 - 오늘밤 그것은 저의 비장함이었습니다 - 당신은 그것을 이해할 수 없었습니다 - 지구상의 다른 누구도 이해할 수 없었을 것입니다.

색과 어둠과 그림자와 빛이 있습니다 - 오늘밤은 비가 많이 내렸고 저는 웅덩이 속을 걸었습니다. 신발을 벗고 당신의 집 옆을 지나가려고 했습니다 - 사람들은 전철 안에서 거리를 내다봤습니다 - 저는 중심가에서 식사하기 위해 가게에 들어갔더니 한 여성이 소년에게 병원과 벨뷰[정신병원]에 대해 이야기하고 있었습니다 - 그들은 그곳에서 일했습니다 - 그때 그들은 말을 걸어와서 저를 귀찮게 했으나 저에게 웃지 않았습니다 - 전철 안에 있는 사람들은 좋은 시간을 보내고 있었고 - 그리고 그들은 **제가 내리기를 원했습니다** - 그러나 어쨌든 저는 머물러 있었습니다.

집에 돌아와서 제가 예전에 치렀던 시청 시험에 합격했다는 것을 알았습니다 - 그래서 어쩌면 시청에서 타이피스트가 될 것 같습니다 - 이것을 쉽게 포기할 수는 없을 것 같습니다 -

그냥 인간적이고 감정적일 뿐이라고요? - 당신은 몰라요 - 당신은 제가 제 힘들을 믿지 않는다고 말하지만 힘들은 저를 믿습니다 - 그들은 비를 보내며 알고 있다고 말합니다 - 저는 이틀 동안 당신을 보지 못하겠어요 - 당신과 당신의 일을 잊을 수 있을지도 모릅니다 - 86,000명의 유대인이 오늘 러시아에서 나치에 의해 학살되었습니다 - 모두 그리스도의 십자가 처형 때문에 - 그리스도의 손에는 못이 박혔고 발에도 못이 하나 박혔습니다 - 그가 피를 많이 흘렸는지 궁금합니다 - 복되신 성모님, 용서하소서 - 나라의 권세와 영광 영원무궁토록 아멘.

복된 성찬의 십자가에 못 박히신 그대여 - 당신이 치러야 할 대가는 당신과 당신의 후손들이 갚아야 합니다- 저는 적으로부터 보호받고 있고 비가 적들이 저를 성가시게 한다는 것을 표시합니다 - 당신에게 무슨 일이 일어날 것입니다 - 제가 아들러에게 죽을 것이라고 말했을 때 그가 죽었습니다 - 정신과의사 카츠(Katz)[51]도 죽었습니다 - 당신은 많은 어려움을 겪을 것입니다 - 당신은 그 어려움이 사태의 자연스러운 결과라고 생각할지 모르지만 제가 더 잘 알 것입니다 -

당신은 매우 도움을 줄 수도 있었지만 당신 자신만의 모방할 수 없는 길을 갔습니다 - 지식의 전형 - 빙글빙글 돌고 있는 지구본 - 제가 필요할 때 당신은 도와주지 않았습니다 - 저는 보호받고 쉬고 있으며, 때때로 고통을 겪게 되는 것은 분명한 이유가 있기 때문입니다 - 제 안에 있는 유대인들이 고통받아야 다른 사람들이 살아남을 수 있습니다 -

---

51) 아들러나 카츠는 유대인 이름으로 많이 쓰인다. [옮긴이 주]

오 주님, 우리의 믿음은 주님께 달려있습니다 – 그 믿음은 당신을 영생으로 인도합니다.

명령하시면 복종할 것입니다. 아무도 저를 찾을 수 없습니다. 그 어떤 권력[힘]도 저의 예정된 운명이 나아가는 것을 막을 수 없습니다 – 제발 저에게 말해주세요, 오 주여 –

당신의 관심이 시들해졌다면 저는 기꺼이 멈추렵니다 – 당신의 자아가 계속 부풀어 오르면[당신이 계속 관심을 가진다면] 저도 기꺼이 멈추어 부상당한 사람들이 살아남을 수 있도록 응급처치를 해야 합니다. –

미라와 광인은 태양 아래에서 어두워집니다 – (생각 뒤에)

당신도 – F.

나는 우리가 이러한 것들을 매우 진지하게 받아들이는 것이 좋다고 생각한다. 이러한 정신분열증 경험에서, 통상적인 신비주의와 진정한 종교에서 **저 너머**라고 부르는 세계가 우리 눈앞에 나타난다. 이 언어를 읽는 법을 배워야 한다. **정상인**이 결코 인정하지 않는 것, 은밀하게만 살거나 어리석은 방식으로 비웃는 것은 자연의 심하게 왜곡된 힘들이다. **정상인**의 개념과 그의 일상 정치요구를 **넘어서** 넓은 영역에서 위대한 현자, 철학자, 음악가, 과학천재를 물들이는 것과 정확히 같은 힘들이다. 우리의 정신시설에서 잠재적으로 위대한 예술가, 음악가, 과학자, 철학자 중 많은 이들이 자신들의 삶을 썩히고 있다. 왜냐하면 **정상인**은 살아있는 현실을 감히 보지 못하고 자신의 실제 삶 앞에 쳐놓은 철의 장막 너머를 내다보기를 거부하기 때문이다. '정신분열증 환자'처럼 부서지고 붕괴한 이 위대한 영혼들은 어떤 **정상인**도 감히 건드릴 수 없는 것을 **알고 지각**한다. 이[정신분열증 환자의] 지식을 왜곡하는 것에 흔들리지 말자. 이 재능 있고 명확한 비전을 지닌 사람들이 말하는 것에 귀를 기울여 보자. 우리는 그들에게서 많은 것을 배울 수 있다. 우리는 더 겸손하고 더 진지하고 덜 화려하고 덜 거만해지는 법을 배울 수 있으며, 우리의 교회와 고등교육기관에서 공허한 방식으로 주장하는 몇 가지를 깨닫기 시작할 수 있다. 30년 동안 정신분열증 환자의 정신을 철저히 연구한 결과 나는 그들이 우리의 위선, 잔인함과 어리석음, 가짜 문화, 회피성, 진실에 대한 두려움을 꿰뚫어 보고 있다고 주장한다. **그들은 사람들이 공통으로 피하는 것에 접근하는 용기를 가졌고**, 우리의 신경질적인 부모, 교만한 교사, 잔인한 교육기관장, 무지한 의사의 도움 없이 지옥을 겪었기 때문에 난파되었다. 그들은 지옥에서 벗어나 위대한 정신만 머무는 맑고 신선한 공기 속으로 나오길 바랐다. 그들이 그렇게 하지 못하고 '악마' 영역에 갇힌 것은 그들의 잘못이 아니라 우리 **정상인**의 지독한 무지와 어리석음 때문이다.

우리 환자는 자신의 감정폭풍을 위대한 음악으로 경험했다. 무지한 사람들은 "미쳤어"라고 말할 것이다. **아니, 미친 게 아니다.** 베토벤은 위대한 교향곡을 작곡할 때 같은 종류의 감정폭풍을 겪는다. 그런데 이 교향곡은 일부 순전히 음악을 이해하지 못하는 사업가에게 막대한 이익을 가져다준다. 베토벤 같은 사람은 정신분열증 구조의 붕괴를 불러일으키는 똑같은 종류의 거대한 감정폭풍을 견뎌낼 수 있는 구조를 지니고 있음이 분명하다. 베토벤 같은 사람이 자신의 내면세계를 안전하게 지키기 위해 청각신경에서 생체에너지를 빼내고, 성가신 '비평가들'의 수다를 듣지 않기 위해 귀머거리가 된다는 것은 오르고노미 기능을 다루는 사람에게도 마찬가지로 분명하다. 정신분열증 환자는 자신의 천재성을 그대로 유지하지 못하고 베토벤 같은 사람이 하듯이 발전시키지 못한다는 점에서 그와 다르다. 그러나 그는 베토벤 못지않게 우리 배빗(Babbit)[저속한 실업인]들의 잘못된 행동과 악행으로 고통받고 자신의 내면세계로 물러난다. 그의 불행은 이 내면세계와 부분적으로만 접촉하고 있어 이것을 완전히 받아들이고 더 나아갈 준비가 되어 있지 않기 때문에 붕괴한다는 것이다. 독일에서 '방황하는 젊은이들'과 함께 일하면서 보았을 때, 인간 수확물 중 가장 좋은 사람들은 그들이 '나쁘기' 때문이 아니라 **정상인**이 "문명"과 "문화적응"이라고 부르는 지옥으로 인해 파멸로 치닫는다는 사실은 의심의 여지가 없다. 우리는 이 악마 영역에 대해서는 더 할 말이 있다. 정신과의사와 생물학자들이 '냉담하고,' '무감하고,' '학문적이며,' '거리를 둔' 사람이 되어 수백만 명의 건강한 신생아에게 방해받지 않고 감정전염병을 계속 심어줄 수 있기를 바라는 **정상인**은 분열증성격이 자신에게는 영원히 닫혀있는 자연 영역에 가깝게 있어서 이를 미워한다.

감정폭풍이 몰아치던 날 저녁 우리 환자는 불안해졌다. 그녀는 가출소 담당의사를 만났고 자신의 입장을 잘 지켰다. 그러나 그녀의 내면에서는 폭풍이 계속되었다. 그녀가 자신의 강하고 합리적인 감정에 대처할 수 있게 된다면 구원받을 수 있으리라는 것이 분명했다. 그렇지 않으면 그녀는 확실히 정신시설에서 긴장증 환자로 전락할 것이다.

7. 긴장상태의 무오르곤 영역

스물다섯 번째 진료만남

환자는 매우 나쁜 상태로 돌아왔다. 그녀는 "'힘들'과 필사적인 전투"를 벌였다. 그녀의 두 팔은 테이프로 감겨있었다. 테이프로 만든 거대한 십자가가 명치에서 성기까지 그리고 그녀의 배에 가로질러 붙여져 있었다. '힘들'이 그녀가 자신들을 배신했는지에 대한 설명을 요청했으며, 그녀에게 스스로 완전히 희생하고 자신들에게 최대한 굴복할 준비가 되어 있는지 물었다고 그녀는 말했다. 나는 그녀에게 무슨 뜻인지 물었다. "칼로 제 몸에 깊은 십자가를 그어야 한다는 의미예요…." 그녀는 자신이 그것을 하고 싶지 않았고 그것을 하는 것에 맞서 힘든 싸움을 벌였지만 그 요청에서 벗어나는 방법을 모른다고 말했다. 마침내 그녀는 '힘들을 속일 수 있다'는 결론에 도달했다. 배에 가로질러 붕대를 감으면 힘들이 '잠시만' 자신이 요청을 완수했다고 믿게 만들 수 있다는 것이었다. 그녀는 내가 자신을 도와주기를 원했다. 한 번은 면도칼을 사용하여 자해할 뻔한 적도 있었다고 말했다.

모든 충동이 사라진 것처럼 말이 상당히 느려졌다. 그녀는 약간 해리된 상태였으며 독특한 버릇들을 보여주었고 철없는 소리를 했다. 얼굴은 창백했고 이마 피부는 움직이지 않았으며 눈은 무겁게 가려져 있었고 몸의 피부는 누덕누덕 기운 모습이었다. 시설입소를 피하려면 즉각 어떤 조치를 해야 했다. 쇼크와 비슷한 상태였다. 그녀를 금속 오르곤실로 데려가 형광등으로 검사했다. 이 검사의 배경은 다음과 같다. 오르곤으로 충전된 형광등은 피부에 살짝 문지르면 발광한다. 그녀의 상태가 표면전하의 상실 때문인지 확인하고 싶었다. 그녀의 다리는 정상적인 발광효과를 나타냈다. 머리카락은 약하게만 반응했고 이마는 전혀 반응하지 않았다. 그녀가 자신의 몸에서 어느 부위가 빛을 발하고 어느 부위가 빛을 발하지 않는지 미리 나에게 말하는 것을 듣고 놀랐다. 그녀는 특수한 부위에서 느끼는 죽은 느낌이나 살아있는 느낌을 근거로 그 교란[발광여부]을 예측했다.

오르곤축적기에서 그녀를 충전하려고 했다. 약 30분의 조사 후 그녀는 서서히 회복되기 시작했다. 발광효과는 이전에 약했던 곳에서 더 강해졌고 그녀는 이마피부를 움직일 수 있었다. 누덕누덕 기운 모습이 사라지고 눈은 다시 밝아졌다. 교란은 뇌의 기저부에 해당하는 분절인 눈, 눈꺼풀, 이마 아랫부분, 관자놀이 부분에서 가장 심했다. 약 30분 후에 그녀는 "이전에 비어있던 머리가 더 꽉 찼다"고 느꼈다. 그녀의 말하기도 상당히 좋아졌다.

결국 그녀는 '힘들'과의 싸움에서 자신을 버리지 말고 무사히 이겨낼 수 있게 해달라고 나에게 간청했다. 나는 그녀에게 아무것도 약속할 수 없어도 그녀를 돕기 위해 내가 할 수 있는 일을 하겠다고 말했다. 그녀는 다시 다소 행복해졌다.

나는 이 치료를 통해 **뇌를 포함한 눈[안구] 분절의 생체에너지기능의 부동화가 급성긴장성 발작의 중심**이라는 강한 확신을 얻었다. 긴장성 경향이 있는 잠복성 정신분열증과 발현성 정신분열증의 여러 다른 사례가 이러한 확신을 확증해 주었다. 추가조사를 통해 이 기능장애는 일반적으로 **급성** 정신분열증 발작에 **특정한** 것임이 밝혀질 수 있다. 또한 이 기제를 일정한 유형의 정신분열증에 제한할 수도 있다. 그 주요 특징은 움직임의 정지이며 그와 함께 뇌, 특히 전두엽과 기저부의 생체에너지 기능작용의 다소 완전한 정지이다.

오르고노미는 생체에너지기능의 정지를 '무오르곤상태(anorgonia)'라고 부른다. 이 증상은 암성 수축성 생체병리에서 처음 발견되었다. 그러나 이제 나는 긴장성 발작을 일으키고 있는 정신분열증 환자에게서 이 증상을 발견하였다. 대부분 긴장성 발작 증상은 유기체의 **주변**에서 생체에너지 기능작용이 다소간 완전히 정지하였기 때문이라고 가정하는 것이 옳았다. 이러한 정지상태는 생체체계의 핵심으로 생체에너지 철수를 수반하거나 심지어 야기하는 것처럼 보였다. 따라서 부동성, **납굴증**, 고집, 어눌한 말투 또는 묵언은 부동화의 직접 표현으로 보였다. 반면 자동 움직임, 독특한 버릇들, 반향언어[남의 말을 그대로 따라 하는 행동], 특히 심한 분노의 돌발과 같은 증상은 나머지 운동성 생체에너지가 중심에서 바깥쪽으로 강제로 또는 자동으로 움직여 부동성을 돌파하려는 시도로 이해할 수 있다. 분노발작 후 긴장증 환자가 보통 경험하는 안도감과 그에 따른 질병상황의 개선은 우리의 해석을 확증할 것이다. 무장을 완성할수록, 무장이 생물학적 핵심을 향해 더 깊숙이 퍼질수록, 분노는 더욱 크게 터진다. 그렇지 않은 사례에서는 분노발발이 불가능하고 체중감소와 생체기능 정지를 동반한 악화가 하나씩 나타날 것이다. 또한 생체체계가 강력한 생체신체에너지 폭발을 견딜 수 없으면 편집성 정신분열증 모습이 다소 갑자기 긴장성 정신분열증으로 변한다고 가정해야 한다. 이러한 경우에 생체체계의 완전한 최종수축은 남은 삶충동의 팽창시도에 대한 반응일 것이다.

아픈 유기체 쪽에서 건강한 팽창을 허용하지 않는 것이 질병의 핵심을 이룬다는 점을 특히 강조해야겠다.

8. 정신분열증에서 자해의 기능

우리는 정신 생체병리의 치료를 통해 일어나 파괴행동 또는 오르가즘만족에 접근할 수 없을 때 유기체의 견딜 수 없는 생체에너지 울혈에 의해 자살과 자해가 일어난다는 것을 알고 있다. 그러한 행동의 심리적 '동기'는 부차적이고 부수적이며 보통 행동의 합리화에 불과하다. 정신분열증에서 그리고 특히 긴장증 유형에서 자해는 특정한 기능을 한다. 이것은 우리 환자의 자해시도가 동기를 드러냈을 때 분명해졌다.

스물여섯 번째 진료만남

나는 그녀를 오르곤실로 데려가서 가스로 채우고 오르곤으로 충전한 전구로 피부표면을 다시 검사했다.[52] 그런 다음 그녀에게 자신의 피부에서 죽은 것으로 느끼는 부위를 보여주고 그 부위에 전구를 문질러 보라고 했다. 매우 놀랍게도 그녀는 자신이 상처를 냈던 정확히 같은 반점을 가리켰다. 한 번 스스로 베었던 손 관절, 손바닥, 콧등, 관자놀이, 그리고 가장 단호하게 피부에 여러 번 십자가를 새겼던 흉골을 가리켰다. 이 반점들은 다른 반점들과 달리 오르곤충전 전구에 발광하지 않았다. 그 반점들은 그녀의 자기지각에서 '죽은' 것으로 느껴졌고 충전되지 않았다, 즉 객관적으로 '죽은' 것이었다.

이것은 정신분열 정신병의 생체신체 상태에 대한 가장 중요한 새로운 정보다. 우리 환자의 경우 적대적인 '힘들'에 '희생된다'는 생각은 피부표면의 심각한 생체에너지 기능장애에 대한 정확한 지각의 토대 위에 세워졌다. 그녀는 정신시설의 많은 정신분열증 환자와 똑같은 방식으로 행동했다. 환자들은 상투적으로 피부를 주무르고 이마를 만지고 손가락 끝을 벽에 문지르고 눈꺼풀을 움직이고 팔다리를 흔드는 행동을 한다. 일부는 수년간 계속 그렇게 한다. 이러한 상투적 행동과 자동증을 지금까지 이해하지 못했다. 이제 이러한 긴장성 활동은 죽은 신체 부위의 느낌을 되찾기 위한 필사적이지만 헛된 시도의 표현인 것으로 보인다. 특히 긴장성 얼굴

---

52) 참조. 내 논문, "오르고노틱 맥동(Orgonotic Pulsation)", "발광(Lumination)", 1944.

찡그림을 강조하고 싶다. 긴장성 무력증 환자는 보통 심하게 경직된 가면 같은 얼굴을 지니고 있다. 그러므로 얼굴을 찡그리는 것은 죽은 얼굴근육조직을 움직이려는 시도로 보인다.

이론적으로 이러한 생체신체적 발견에 따르면 자기지각 영역으로부터 신체의 한 부분이나 전체 기관체계의 분리는 해당 부분이나 기관의 오르곤전하 결핍의 직접 결과일 것이다. 강박신경증 생체병리환자는 전반적인 공허함과 죽음을 느낄 뿐이지만, 정신분열증 생체병리환자는 훨씬 더 명확하고 즉각적으로 기능장애를 감지한다. 우리가 그의 말에 세심한 주의를 기울이고 그의 감정표현 즉 **생체에너지** 표현언어를 이해한다면, 그는 기능장애가 어디에 있는지 정확히 알려줄 수 있다.

정신분열증 정신이 **객관적인** 과정을 묘사한다는 결론을 도출하는 것은 정당하다. 유기체의 정상적이고 건강한 기능작용은 생체체계에서 생체에너지의 균일한 배분으로 표현되고 이에 의해 지배된다. 나는 우리가 아직 아무도 과학적으로 연구하지 않은 길을 걷고 있다는 것을 잘 알고 있다. 말하자면 그것은 **새로운** 땅일 뿐만 아니라 아무도 가지 않은 땅이다. 복지[웰빙]와 행복, 힘과 안전에 대한 자기지각은 유기체의 다양한 기관이 지닌 모든 자율적 부분 기능들을 하나로 조정하기 때문이다. 따라서 정신분열증 생체체계에서 해리, 균열, 이인화 등의 느낌은 틀림없이 신체의 단일 기관과 에너지장 체계의 부조화로 인한 것이다. 마치 일부 기관(특히 뇌를 제안한다)이 전체 유기체와 분리된 **별개의** 존재로 존재하는 것처럼, "기관"이라고 불리는 생체에너지 단위들 사이에 **접촉**도 없고 **통일**도 없는 것처럼 느껴진다. 정신혼란과 감정혼란 그리고 방향감각상실은 이러한 해리에 대한 **온전한** 자기지각의 직접 결과이다.

우리 환자는 분명하게 반응했다. 이마의 '가리기'가 시작되었을 때 그녀는 **뇌의 회선이 "얽힌 창자처럼"** 엉켜 **있다**고 느꼈다. 글쎄 나에게 이러한 묘사는 **합리적인** 의미로 가득 차 있는 것처럼 보인다. 기계론적 신경학의 관성적인 반대에도 불구하고, 뇌가 창자와 같은 회선을 가지며 동시에 대부분 다른 기관과 마찬가지로 중추자극의 조정 및 전달 작업을 수행할 때

움직이지 않는다는 것은 불가능한 것처럼 보인다. **뇌가** 기능하는 동안에는 연동운동 방식으로 **움직이는** 것으로 보아, 뇌가 장과 같은 회선으로 구성되어 있다고 가정하는 것이 가장 합리적이지 않을까? 열심히 생각하는데 익숙한 일부 건강한 사람들은 온갖 노력을 기울여 생각할 때 뇌와 이마에 큰 열과 '빛'을 느끼며 노력을 마치면 이 빛이 사라진다고 말하지만, 반면 정신결핍과 유사 무능력의 경우 우리는 창백하고 움직이지 않는 차가운 이마를 볼 수 있다. 이 질문에 대해 생각해 보면, 뇌는 강하게 기능하는 동안 다른 기관과 다르게 행동하지 않을 것임이 자명해 보인다. 열생산은 근육에서 그리고 성흥분의 감정상태에서 생리적 노력의 잘 알려진 지표다. 열생산의 부족은 암 생체병리, 무오르곤 약화, 빈혈 등에서와 같이 생체에너지가 낮은 사례들에서 쉽게 볼 수 있다. 그러므로 뇌조직이 열심히 일하는 동안 더 많은 에너지를 그리고 그것과 더불어 더 많은 열과 움직임을 발생시키지 않는다고 가정할 이유가 없다.

   시상 및 시상하부 충수를 가진 뇌가 생명활동의 모든 충동을 생성한다는 잘못된 가정에도 불구하고, 뇌가 움직이지 않는 기관이라고 보는 고전병리학에게는 뇌가 움직인다는 가정이 독특하고 이상하게 들린다는 것을 나는 충분히 알고 있다. 나는 고전병리학 이론에 동의하지 않으며 고전병리학 이론이 완전히 틀렸다고 생각한다. 고전병리학 이론은 **뇌가 없는** 생명체라는 사실과 같은 살아있는 기능작용의 명백한 사실과 그리고 자연철학 일반의 중요한 측면과 모순된다고 생각한다. 앞서 말했듯이 뇌 운동성의 시각적 증거는 제시하기 어렵다. 그러나 정신분열증에서 **바로 뇌가 기능적으로 (그리고 우선 구조적으로가 아니라) 교란된다**는 데 더는 어떤 합리적 의심도 할 수 없다. 기계적이고 구조적인 변화는 기능성 생체에너지기능장애의 **결과**로 나중에 나타나며, 그 가운데 운동정지와 생체에너지장 활동의 부조화가 가장 핵심적인 기능장애로 보인다. 우리는 근육위축에서 볼 수 있는 것처럼 뇌조직에서 사용중단으로 오는 위축성 변화를 인정해야 한다. 기관모양이 생체에너지 움직임형식을 반영한다는 것이 사실이라면, 뒤틀리고 풍부한 나선모양의 뇌는 유기체형식의 생체에너지기능을 보여주는 훌륭한 예다.

정신분열증 환자의 감정적이고 생체에너지적인 해리는 우리가 잘 알고 있듯이 조만간 악취가 나고 체중이 감소하고 생화학적 대사의 심각한 장애를 일으키며 때로는 진짜 암으로 발병하기도 하는 유기체의 전반적 부패로 이어진다. 정신분열증 환자는 생체에너지를 흡수하고 그 정상 수준을 유지하는 능력을 상실하여 생체신체에서도 위축된다.

정신분열증의 수수께끼에 대해 많은 통찰을 제공한 우리 환자에게 다시 돌아가 보자. 나는 그녀를 오르곤축적기로 몇 주 동안 치료했다. 오르곤은 그녀에게 매우 긍정적인 영향을 미쳤고, 다른 유기체수축의 경우와 마찬가지로 자율신경계의 팽창을 일으켰다. 그녀의 얼굴은 붉어지고 눈은 다시 맑아졌으며 말은 더 빨라지고 조화로워졌으며 15~30분 동안 조사 후 오르곤축적기에서 쾌락을 느끼기도 했다. 이것은 초기 정신분열증의 생체신체 치료가능성에 대한 새로운 희망이었다.

신체치료와 정신과 오르곤치료의 결합이 매우 도움이 되었다. 생체에너지의 급성 철수는 축적기만으로 처리할 수 있다. 정신과 오르곤치료는 정신분열증 기제를 심층에서 표면으로 가져오는 데 도움이 되었다.

스물일곱 번째에서 서른두 번째까지 진료만남

스물일곱 번째 진료만남 동안 환자는 대체로 유머 있었고 이마 피부는 움직였으며 눈은 매우 주의 깊고 맑았다. 그러나 호흡은 여전히 제한되어 있었다. 나머지 병리 기제를 말 그대로 '표면으로 퍼낼' 수 있었다. 호흡이나 신체의 일정한 전형적 태도를 통해 여전히 불안을 유발할 수 있는 한, 생체신체 구조는 자신의 기능장애를 실제로 제거하지 못했다. 내가 그녀의 감정을 '퍼냈을' 때, 그녀는 활기를 잃었고 '힘들이 가까워졌고' 이마는 창백해지고 움직이지 않게 되었다. "이마 피부와 뇌 사이에 무언가가 끼어 있어요"라고 그녀는 말했다. 그녀는 '힘들'이 주변에 있을 때 항상 이런 일이 발생했으며 보통 힘들과 함께 사라졌다고 말했다.

다음 진료만남(스물여덟 번째 ~ 서른두 번째 진료만남)에서 환자는 매우 호전된 것처럼 보였다. 그녀는 "나을 수 있을지 모르겠어요…"라고 반복해서 말했다. 그렇게 말함으로써 그녀는 자신이 **건강해지면 "자신에게 무슨 일이 일어날지" 모른다는 것을 의미했다.** 여러 번 그녀는 계속해서 이렇게 간청했다. "제발, 힘들에 맞서게 저를 도와주세요…. 그들은 지금 주변에 없지만 돌아올 것을 압니다…. 그들이 너무 무서워요…. 저를 구해 주세요…."

'힘들'이 혈장 오르고노틱 흐름에 대한 그녀의 **왜곡된** 지각이며, 그녀가 그 힘들을 사랑하고 동시에 두려워하며, 흐름이 강해질 때마다 혼미상태에 빠진다는 것이 이제 분명해졌다. 힘의 감지, 정신병 기제로의 탈주, 눈 분절의 부동성은 단일한 기능단위를 이루었다.

나는 그녀가 비열하고 잔인한 눈표정에 맞서 싸우는 것을 볼 수 있었다. 나는 그녀에게 그 표정을 내려놓으라고 격려했다. 그녀는 약간의 노력으로 성공했고 즉시 기분이 훨씬 나아졌지만, 동시에 눈에서 강한 증오표정을 지을 때마다 긴장상태에 매우 가까워지는 것 같았다. 그녀는 일어나서 멍한 표정으로 옷장으로 가서 난로를 가져와 옷장 문앞에 놓고 스위치를 켠 다음 문에 달린 옷걸이로 십자가를 만들었다. 그녀는 "힘들을 달래고 호소해야 했어요"라고 말했다. 그녀는 또한 조금 뒤에 "뇌의 일부만 느꼈고" 다른 부분은 "뒤틀려 있었으며", "그래서 저는 혼란스러웠어요"라고 말하였다.

나는 혈장흐름이 본격적으로 시작되면 그녀가 긴장증으로 완전히 재발할 수 있는 심각한 불안발작을 겪어야 한다는 것을 잘 알고 있었다. 이것은 그녀가 완전한 호흡을 할 것인지 아닌지에 오로지 달려있는 것 같았다. '힘들'이 너무 강해지면 그녀는 단조롭게 호흡하는 것을 매번 볼 수 있었다.

그 후 4주 동안 (봄에) 그녀는 아주 많이 좋아졌다. 취직한 사무실에서 일을 잘했으며 사교적이고 즐거웠다. 철수[물러나는] 발작은 드물어졌고 예전만큼 강력하지 않았다. 사실 때때로 그녀는 정신분열증 태도와 행동으로 돌아가곤 했다. 예를 들어 그녀는 한번 "자신을 지키기 위해" 접착테이프로 복부를 감고 왔다. 신경증 생체병리는 단순히 파열에 대한 두려움을 표현했을 것이다. 우리 환자는 실제로 전형적으로 정신병 방식으로 파열에 대해 조치를 했다. 하지만 우리 둘 다 무슨 일이 일어나고 있는지, 왜 그녀가 그런 짓을 하는지 이해했고, 그녀는 자신이 언제 그런 행동을 멈출 것인지 완벽하게 알고 있었다. 나는 그녀에게 앞으로 닥칠 위험에 대해 모든 것을 설명하기 위해 커다란 노력을 기울였고, 그녀는 진정 정신분열증식 지성으로 이해했다.

또한 그녀는 살인적인 증오표현을 겁먹지 않고 눈에 담는 법을 천천히 배웠다. 이를 통해 그녀는 살인을 저지르는 것에 대한 두려움에 대해 약간의 안정감을 느꼈다. 그녀는 사람들이 살인적인 증오를 충분히 표현할 수 있으며 이것이 실제로 살인을 저질러야 한다는 것을 의미하지 않는다는 것을 깨달았다.

나는 그녀의 목구멍의 호흡억제에 대해 지속해서 조심스럽게 작업했고 어느 정도 성공했다. 그러나 그녀는 **감정호흡**에 완전히 빠져들지는 않았다. 그녀는 주요 감각작용을 가슴에서 복부로 옮겼다. 이것은 그녀의 오르고노틱 흐름에 대한 지각이 **성기** 부위로 이동했음을 나타냈다.

한번은 그녀가 "목을 매달 수 있는지 알아보기 위해" 장난스럽게 자신의 목에 올가미를 걸려고 시도한 적이 있다. 이러한 행동에는 여전히 위험의 기운이 있어도 그 안에 담긴 장난기와 유머로 인해 위험은 크게 줄어들었다. 나는 그녀가 아직 실제로 자살할 가능성을 넘어서지 않았다는 것을 알고 있었다. 그녀의 가출소 담당의사는 큰 변화를 알아차리고 그녀의 치료 노력을 격려했다. 이 정신과의사는 매우 도움이 되고 친절했다.

생체에너지와 그에 수반되는 감각작용이 **성기** 부위를 향해 강하게 움직이고 있는 것이 분명했다. 전-오르가즘 감각작용이 가까워졌다. 따라서 그녀의 목구멍에 여전히 우세한 블록이 주요 치료문제를 이루었다. 나는 **목구멍 블록이** 제때 움직이지 않고 **여전히 존재하는 상태에서 성기흥분이 강하게 발생하면, 그녀가 확실히 긴장상태에 빠질 것을** 알고 있었다. 성기흥분이 완전히 발달하기 전에 목구멍 블록을 제거하는 것이 시급

했다.

어느 날 그녀는 호흡에 완전히 빠져들었고 **오르고노틱 흐름과 '힘들'의 동일성을 즉시 느꼈다.** 그녀는 의심의 여지 없이 즉시 그리고 아주 분명하게 그것을 알고 있었다. 그녀의 가슴 구조는 아주 자동으로 움직였다. 그녀는 치골에서 아래로 내려가는 성기 부위를 제외하고는 온몸에 강한 흐름 감각작용을 느끼고 있었다. 그녀는 "영혼을 건드리지 않고 몸을 온전하게 만들 수 있을까요?"라고 물었다. 이것은 매우 특이한 질문이었다. '영혼'은 성기감각작용을 나타낸 것일까 아니면 심지어 성기 자체를 나타냈을까? 아마 그랬을 것이다. 우리는 '힘들'이 신체흐름을 나타낼 때 그렇게 될 것으로 예상할 수 있으며, 더욱이 '자연이 규정한' 대로 성기기관에서 신체흐름의 절정을 경험할 때 '영혼'도 성기의 전-오르가즘 감각작용으로 표현되는 것이 논리적이었다. 그 감각작용은 너무 오랫동안 지각과 분리되어 있었기 때문에, 외부 힘으로서 그리고 자기지각의 가장 두드러진 부분인 '영혼'으로서만 지각될 수 있었다. 그녀가 "제 영혼을 치유받고 싶지 않아요"라고 주장했을 때 이것은 확인되었다.

환자는 몇 주 동안 매우 협조적이었다. 자연스러운 호흡이 성기흥분을 가져올 때마다 그녀는 정신병 방식으로 저항했고 모든 사례유형과 유사하게 허벅지 근육인 심층내전근에 경련을 일으켰다.

서른세 번째 진료만남

성기기관은 에너지방출과 종족번식을 위한 생물학적 도구이다. 후자의 기능은 널리 알려져 있고 인정받고 있다. 반면 **호모 사피엔스**의 후계자이자 **호모 디비누스[영적, 신적 인간]**의 후계자인 **정상인**은 다른 한편으로 에너지방출의 생체신체 기능을 비난했으며, 에너지방출은 인간의 환상적 삶에서 악마로 돌아왔다. 생물학적으로 강한 개인은 자신의 합리적 판단을 교회식 사유의 요구에 희생하지 않았거나 희생할 수 없었다. 위대한 자연의 힘은 친족 및 사회에 대한 개인의 의존과 충돌하게 되었다. 이러한 상황에서 성기능력은 계속 기능하되 유기체의 나머지와 분리되어 '나쁜' 것으로 또는 '죄'로, 정신분열증과 신비주의 일반의 영역에서는 악마로, '저 너머에서 오는 힘'으로 돌아온다.

이 사실은 우리 환자가 치료를 더 진행하는 동안 의심의 여지 없이 분명해졌다. 1919년 타우스크[53] 이후, 정신의학에서는 성기기관이 정신분열증 망상에서 박해자가 된다는 것이 알려졌다. 그러나 이것이 훨씬 더 깊은 생체신체 의미를 지니고 있다는 것, 정신병환자 뿐만 아니라 청소년들에게도 낯설고 견딜 수 없는 것은 단순히 성기가 아니라 몸에서 **살아있는 흐름의 강한 감각작용**이었다는 것은 알려지지 않았다. 성기기관이 그렇게 우세한 이유는 성기기관의 흥분이 살아있는 것에 대한 가장 강한 감각작용을 유발하기 때문이다.

나는 환자에게 이제 신체의 다른 부분을 느끼는 것처럼 성기 부위를 명확하게 느끼는 법을 배워야 한다고 말했다. 그녀는 호흡을 완전히 열었지만, 곧 골반 흐름에 가까워질 때마다 얼굴이 혼란스럽고 얼룩덜룩해졌다. 나는 그녀의 허벅지에 심한 경련이 일어나는 것을 처음 보았다. **'힘들'은 그들이 속한 영역, 즉 성기 부위로 돌파해가기 시작했다.**

그녀는 은밀하게 두려운 듯 낮은 목소리로 말했다. '이러한 느낌'과 관련하여 아무도 자신을 이해하지 못했다고 말했다. 그녀는 "그 부위에서 일이 일어났거나 일어나기 시작했을 때" 자신이 경험한 것을 광범위하게 묘사하기 시작했다. '힘들'은 어떻게든 **그녀 주변에 있는 방의 사물들을 '기이하게 표현'하도록** 만들어 사물은 아주 **'특이해'**진다. 사물은 모양이 바뀌는 것이 아니라 **살아있는 표현, 살아있는 존재**의 의미를 얻었다. "물건에서 이상한 무언가가 나와요." 물건은 "마치 애니메이션처럼 저에게 중요한 것을 말하고 싶어 하는 것 같아요." 그러자 그녀는 혼란스럽고 불안해졌다.

---

53) Victor Tausk(1879~1919), *Sexuality, War and Schizophrenia: Collected Psychoanalytic Papers*, 1990(1919). 타우스크는 1919년 다양한 정신분열증 환자에게 공통적으로 나타나는 망상의 기원, 즉 악의적이고 외계적인 장치가 그들의 생각과 행동에 영향을 미쳤다는 논지의 논문을 발표했다. [옮긴이 주]

처음에는 그녀 자신이 가까스로 성흥분하기 직전이었는데 왜 '그녀 주위의 사물들이 살아나는지'를 이해할 수 없었다. 나중에 다음이 분명해졌다. 강한 생체성적 흥분에서 유기체의 오르곤에너지 장은 상당히 팽창하고 모든 감각인상이 더욱 예리하고 날카로워진다. 이것은 그녀에게도 일어났다. 그러나 그녀는 이 생물학적 과정을 자신의 것으로 지각하지 않았고 흥분이 자기지각에서 분리되었기 때문에, **매우 생생한 감각인상에서 경험한 것처럼 그녀 주변의 오르곤에너지 장이 방 안에 있는 사물을 활성화하는 낯설고 기이한 힘으로 나타났다.**

따라서 투사된 정신병적 박해 감각작용은 실제[현실] 과정에 대한 진정한 지각으로 나타난다. **정신병자는 자신의 유기체 외부에 있는 자신의 오르곤에너지 장을 지각한다.** 투사된 동성애 생각이나 파괴 생각과 같은 감각작용의 내용은 오르곤에너지 장의 생체에너지 지각에 부차적이다.

잠시 멈추고 우리 환자가 가져온 임상경험과는 별개로 이 가정이 얼마나 안전한지 생각해 보자.

1944년에 제작된 오르곤에너지 장 측정기[54]는 유기체의 피부표면 너머에 오르곤에너지 장이 존재한다는 것을 보여주었다.

오르곤으로 충전된 검전기는 움직이는 손바닥의 에너지 장에만 반응하고 죽은 양털에는 반응하지 않는다.

오실로그래프는 전극을 젖은 수건에 댈 때와 손과 같은 살아있는 유기체나 기관이 수건에 닿을 때 반응한다.

오르곤으로 강하게 충전된 비온은 멀리 있는 박테리아와 암세포를 죽이고 다른 생명체를 끌어당기는데, 이 능력은 죽으면 사라진다.

그러므로 유기체 표면 너머에 있는 오르고노틱 지각인 '여섯 번째 감각'의 존재는 의심할 여지가 없다.

나는 비온, 혈액 세포, 그리고 장 측정기에서 볼 수 있는 오르곤에너지 장의 기능을 환자에게 설명했다. 그녀는 이것을 이해했고, 나를 자신의 심

---

54) 참조. 『오르곤의 발견』 2권(『암 생체병리』), 1948.

층 경험을 이해할 수 있는 방식으로 설명할 수 있는 자신이 아는 첫 번째 사람이라며 칭찬했다.

나는 여기서 관능성 박해환각이 일정한 경우에 유기체의 피부표면 바깥에 있는 오르곤에너지에 대한 지각을 따른다는 사실을 보여주는 편집성 반응의 두 가지 사례를 간단히 언급하고 싶다.

몇 년 전에 나는 질 마비로 고통받는 여성을 치료했다. 그녀는 결혼했는데 골반에 어떤 감각도 경험한 적이 없었다. 얼마 후 오르가즘반사가 나타나기 시작했고 곧 질점막과 땀샘의 자연스러운 생리기능을 재활성화할 수 있을 만큼 충분히 발달했다. 그녀는 남편이 관계의 발전에 오히려 만족한 것 같다고 보고했다. 그러나 며칠 후 그녀는 절망에 빠진 남편을 나에게 데려왔다. **남편**은 내가 악의적으로 그녀의 질을 통해 전류로 자신에게 영향을 미치고 있다고 생각하였다. 그가 편집성 박해관념을 갖게 된 것이 즉각 분명했다. 그는 편집성 정신분열증이라는 진단을 받고 시설에 들어갔다.

아내가 강한 질 흐름과 흥분을 일으켰을 때 남편이 정신병으로 쓰러진 이유는 무엇일까? 유기체의 오르곤에너지 기능을 발견하기 전에는 이 질문에 답할 수 없었다. 이제 남편 자신의 에너지체계는 어떤 강력한 감각작용도 일어나지 않는 한에서만 성기포옹을 견딜 수 있다는 것이 분명해 보였다. 그의 아내가 회복하기 시작했을 때, 그녀의 유기체는 분명히 **그에게** 흐름과 강한 감각작용을 유도했다. 그의 유기체는 이 경험에 편집증 방식으로 균열을 일으키며 반응했다. 나는 그의 아내를 치료했기 때문에 그녀의 질을 통해 전기로 그에게 영향을 미쳤다. 그는 전형적인 정신분열증 눈 증상을 보였다.

이 사례는 파트너의 한 짝의 성기 기능작용이 변할 때 다른 짝의 유기체에서 실제 생리적 변화가 일어난다는 것을 보여준다. 이것은 흥분증가에 대해서 뿐만 아니라 감각둔화에도 해당한다. 우리는 치료를 받는 파트너의 생체에너지 상황이 더 좋아질 때 남편이나 아내가 개선되는 일이 오르곤치료에서 종종 일어나는 것을 볼 수 있다.

눈을 위로 굴린 후 심각한 불안에 반응하곤 했던 명확한 정신병 기제를 지닌 남자의 사례를 보자. 그는 마치 목이 조여서 죽을 것만 같았다. 어느 날 나는 그에게 눈알을 다시 위로 굴리게 하였다. 이번에는 특히 반응이 강했다. 불안발작이 진행되는 동안 그는 방 한구석을 응시하고 눈꺼풀을 크게 벌리고 비명을 지르기 시작했고 공포에 질려 구석을 가리켰다. "느껴지지 않아요." 그는 비명을 지르며 "저기요. 바로 저기요. 벽에서 나와 저를 쳐다보고 있어요"라고 외쳤다. 그러다가 갑자기 뛰어오르며 공포에 질린 채 시선이 온다고 느끼는 그 구석으로 달려갔다. 나는 그를 여러 번 이 반응으로 이끌었다. 이 반응은 점차 가라앉더니 마침내 완전히 사라졌다.

이 사례에서도 '투영'이 발생했다. 그러나 생체에너지 면에서 나는 그의 오르곤에너지 장이 그의 몸 밖에서 훨씬 더 흥분되었고 이것이 정신병 반응을 가져왔다는 것을 의심할 이유가 없었다. 우리 환자에게 돌아가자면, 그다음 몇 주 동안 그녀는 행복했고 일도 잘하고 망상도 없었고 '힘들'은 사라진 것 같았다. 그러나 어느 날 가출소 담당의사를 다시 만났을 때, 그녀는 나와 함께 치료를 계속해야 할지 모르겠고 자신이 혼란스러워졌으며 내가 자신에게 설명한 기제를 이해하지 못했다고 그에게 말했다.

그녀는 악의적 태도로 나에게 등을 돌렸다. 나와 진료만남 동안 그녀는 마치 나를 경멸하는 것처럼 거만하고 건방지게 행동했다. 치료로 인해 [성기적이게 되어] 그녀는 실제 인간의 현실세계에서 살 수 없게 되었고 자신의 일부처럼 보였던 '저 너머'에 대한 '신념'을 잃어가고 있었다. 그녀가 성기적인 사람이 되고 있다면 어떻게 이 세계에 존재할 수 있겠는가? 그녀는 사람들이 아프다는 것을 잘 알고 있어서 자신의 세계를 현실과 그대로 바꾸고 싶지 않았다.

그녀는 자신의 정신분열증 세계로 도피하지 않고도 자신의 삶을 살 수 있는 능력을 개발할 수 있다는 내 제안을 거부했다. 이에 대해 그녀는 지금과 같은 세계는 인간이 가혹한 사슬과 고통을 겪지 않고는 성결합의 행복을 누리도록 허용하지 않는다고 대답했다. 따라서 그녀는 자신이 자기 자신의 주인이고 '힘들'에 의해 보호되는 곳인 자신의 망상세계를 선호했다.

성경제적 생활방식에 관한 한 사회상황에 대한 그녀의 판단은 상당히 합리적으로 보였다. 그녀의 비판적 생각 중 단 하나도 인간복지나 사회보장 또는 도덕적 고결함에 근거하여 논박할 수 없었다. 예를 들어, 사춘기 시절에는 상당히 정신이 온전하고 명료한 판단을 하는 순간이 있었고, 분명히 한 소년이 자신을 안아 주고 자신은 그를 사랑하기를 갈망했지만, 그 소년을 **어디에서** 사랑해야 할지 그리고 자신이 하는 일을 짐작만 했더라도 자신을 방해하고 괴롭혔던 **자신의 친척들을 어떻게 해야 할지**에 관한 생각이 떠올랐다. 그녀는 소년원에 보내지는 것을 두려워했고, 자신이 붙잡혀서 시설에 들어가면 범죄자가 될 것임을 알고 있었다. 그 당시에는 그녀가 나중에 정신시설에서 여러 해를 보내게 될 줄 몰랐다. 그러나 좌절된 신체흥분으로 인한 고통이 너무 심해져서 그녀는 마침내 정신시설의 둔함을 받아들였다.

그녀는 아버지가 자신에게서 떠났다는 이유로 하루 종일 잔소리를 하고 아버지를 미워하고 헐뜯고 언제 어디서나 할 수 있으면 아버지의 이름을 더럽히는 병든 어머니에게 굴복해야 했을까? 아니면 어머니가 자신에게 온 모든 편지를 열어봤을 때 그녀 자신만의 공간이 없다면, 어떻게 그녀가 인간노력의 어떤 분야에서 자신의 위대한 지성을 개발할 수 있었을까? 그녀는 남자를 향한 압도적인 신체갈망과 이 욕망을 충족시키는 삶의 사회적 불가능성 사이에 끼어 있었다. 이 딜레마의 기간은 짧았지만 고통스러웠다. 그러던 중 처음으로 그녀 주변의 사물들이 살아 움직이며 '그녀에게 무언가를 말하는' 것 같았다. 처음에는 궁금해했는데 그들이 더 강해지자 그녀는 겁에 질려 마침내 혼란스러워졌다. 그녀는 **어디에서 끝났고 주변세계는** 어디에서 **시작되었을까?** 그녀는 점점 더 말할 수 없게 되었다. 그러다가 살인충동이 일어나서 사람을 해치지 않으려는 데 어려움을 겪었다. 따라서 시설의 벽은 그녀 자신의 유기체 쪽에서 큰 긴장과 박해로부터의 피난처로 나타났다.

그 후 몇 주 동안 그녀는 명확하고 협조적이었다. 그녀는 자신이 너무나 두려워하는 '움직이는 사물에 대한 경험에서 벗어나기'를 바랐고, '다른 세계'에 대해 치명적인 두려움을 느꼈다. 나는 그녀에게 이 다른 세계를 묘사해 달라고 부탁했다. 그녀는 이런 도표를 그렸다.

방	거울
가='현실세계'	나='다른 세계'

'힘들'의 권력은 그녀가 세계 '가'에서 불안을 느낄 때 그녀를 위해 세계 '나'를 열어주는 힘들의 능력에서 나타났다. 이 '다른 세계'는 '상당히 현실적'이었지만 그녀는 이것이 **현실이 아니라**는 것을 완벽하게 알고 있었다.

환자는 목구멍에서 죽음을 지각하기 시작했다. 호흡을 참고 있다가 공기를 밖으로 내보내라고 가슴이 '떨어지'거나 '내려가'도록 해야 한다고 계속 말했을 때, 그녀는 내가 의미한 바를 몇 달 만에 처음으로 이해했다.

그녀는 공기가 성문을 통과하면서 가슴이 아래로 움직일 때 불안함을 느꼈다. 하복부에 강한 흥분을 느꼈을 때 그녀는 이렇게 말했다. "제가 느끼지 못하는 무언가가 두려워요, 하지만 그것이 거기에 있다는 것을 알겠어요…."

하지만 신체흐름을 투영하고 신비화하는 것은 기관감각작용에 대한 명확한 지각작용이 부족하기 때문이었다.

이러한 생체신체 기능을 적절한 단어로 표현하기는 매우 어렵다. 이러한 기능은 말과 생각[관념]의 영역을 넘어선다. 유기체 과정을 지각하되 아직 **자신의 것으로** 지각하지 **못하는** 경험을 말로 설명하기는 매우 어렵다. 그러나 이것이 정확히 정신분열증 균열과 신체감각작용의 투영을 이해하는 열쇠라는 것은 의심의 여지가 없다. 그녀의 예리한 지성은 그녀가 히스테리 경험과 정신분열증 경험의 차이를 자발적으로 정식화했을 때 다시 나타났다. 히스테리 경험은 하나의 기관을 전신경험에서 소외시키는 것에 있고, 정신분열증 경험은 히스테리에서와 마찬가지의 소외와 **더불어 분리된 지각에 대한 오해 및 신비화**로 이루어진다고 그녀는 말했다.

이 묘사는 정신분열증 경험과정에 대한 가장 숙련된 생체정신의학 이해와 일치한다. 이것은 모든 유형의 신비경험에 적합한데, 신비주의는 신체 자체의 과정을 외계적이며 사람 '저 너머'에서나 지구 너머에서 기원하는 것으로 지각하기 때문이다.

환자는 자신의 느낌을 합리적으로 통합하는 것과 정신분열증 망상 사이에서 끊임없이 불균형 상태에 놓여 있었다. 나는 그녀의 자기지각이 신체흥분과 본격적으로 접촉할 때 정신분열증 과정이 충분히 발달할 것이라고 예상했다. 내 예상이 옳다고 판명되었다.

서른네 번째 진료만남

환자는 생생한 정신분열증 망상을 지닌 채 왔다. 마지막 치료 직후, 그녀가 자신의 신체흐름과 접촉했을 때 설사가 시작되었다. 그녀는 "장이 꼬였고 … 무언가가 제 성기를 향해 아래로 움직였어요"라고 말했다. 그녀는 먹은 것을 모두 토했고 위장에 가스가 꽉 차서 괴로워했다. 그녀는 밤새 자신의 방에서 주변에 무지개와 함께 많은 기이한 형식과 형상을 보았다. 오르곤에너지가 그녀의 몸에서 빠르게 움직여 내장을 흥분시킨 것이 분명했다. 그녀가 대부분 감각작용을 잘못 해석했다는 것이 아주 분명했다. 그녀는 이렇게 불평했다. "저는 당신을 믿지 않아요…. 당신은 그들[힘들]과 하나죠. 그들은 가능한 모든 수단을 동원해 저를 해치고… 음식에 독을 넣어 토하게 하고… 저를 괴롭히려고 비를 내리게 하고… 그들은 이전에는 일상생활과 한 번도 엮인 적이 없었어요…. 이제 그들은 …을 해요 …. 그건 당신의 잘못…."

중독된다[독살당한다]는 생각은 흥분이 윗[상부] 창자에서 반대 방향으로, 즉 구토충동으로 되돌아온 결과라고 이해할 수 있다. 나는 그녀가 '힘들'에 더 굴복하도록[빠져들도록] 설득했다. 그녀는 더 완전히 굴복하는 데 성공했다. 그녀의 전신에 심한 떨림이 시작되자 그녀는 다시 굴복했다. 나는 그녀를 꼬집어서 다시 데려왔다. 그러나 그녀의 눈은 공허하고 '멀리 떨어져' 있었다. 이마 피부는 움직이지 않았고 그녀는 심한 불안으로 몸을 떨었다.

이것은 그 자체로 큰 진전이었다. 예상했던 일이었다. 나는 일단 그녀의 기관감각작용이 발달하고 완전히 지각되면 그녀의 모든 정신분열증 증상이 폭발할 것임을 알고 있었다. 그러나 나는 어떤 결과가 나올지는 몰랐다. **완전한 긴장증 아니면 회복?** 어쨌든 치료를 받지 않으면 긴장증만이 유일한 결과였을 것이기 때문에 위험을 감수해야 했다. 또한 자살위험이 크다는 것도 알고 있었다. 나는 그녀의 자신감과 정직함을 확신했다. 그녀는 얼마 전 한동안 손이 완전히 마비되자 손을 잘라버리고 싶은 충동이 들었다고 털어놨다. "… 당신을 믿을 수만 있다면…." 그녀가 반복해서 말했다. "… 그들이 이제 저를 잡았어요…. 그들은 자신들이 원하는 것을 저와 함께해요…. 저는 더는 그들과 싸울 수 없어요…." 내가 치료 중에 그녀에게 건네준 담배를 거부해서 놀랐다. 그녀는 독살되지 않을까 의심했다.

서른다섯 번째 진료만남

환자는 완전한 생장쇼크 상태로 왔다. 피부는 파란색에서 빨간색으로 얼룩졌다. 그녀는 떨고 있었고 눈은 심하게 가려져 있었으며 말을 거의 할 수 없었다. 처음에 그녀는 기꺼이 협력하는 것처럼 보였다. 그러나 얼굴과 어깨에 경련이 일어나자 갑자기 벌떡 일어나 등 뒤에서 칼을 뽑아 들고 나에게 달려들었다. 나는 그런 일을 경계하는 습관을 들였다. 그녀의 손을 잡고 주먹에서 칼을 빼낸 다음 움직이지 말고 누워있어야 한다고 날카롭게 말했다. 그녀는 비명을 질렀다. "당신을 죽여야 해 … 해야 해 … 해야 해…."

20년 넘는 세월 동안 나는 오르고노틱 흐름에 대한 나의 과학적, 사실적 묘사로 인해 죽을 정도로 겁에 질린 사람들 쪽에서 나에 대한 살인적 분노를 경험했고 이해했다. 나는 이러한 테러를 대통령 후보, 공산주의 해방자, 파시스트 신비주의자, 잘 적응한 정신분석가, 신경증적인 법원정신과 의사, 신경외과의사, 정신병원장, 희망 없는 암병리학자, 정신분열증 환자, 온갖 종류의 정치인, 뒷담화하는 동료 아내들 등에게서 만났다. 그래서 나는 내가 무엇을 다루고 있는지 알았다. 그녀는 분노로 파랗게 질려 몇 번이고 나에게 달려들어 목을 조르고 발로 차려고 했다. 내 가르침에 위협을 느끼는 생체병리 정신분석가는 내가 정신병원에 입원했다거나 내가 모든 여성환자를 유혹했다거나 내가 막 (죽어서) 묻혔다고 사람들에게 몰래 숨어서 험담하며 돌아다닌 반면, 그녀는 공개적으로 그리고 솔직하게 그렇게 했다. 나는 내 환자의 행동이 훨씬 더 좋았다. 얼마 후 그녀는 정신분열증적이지 않은 방식으로 무너졌고 어린아이처럼 앙칼지게 울었다. 그녀는 오랫동안 울었고 울음은 감정에서 완벽했다. 그녀는 간헐적으로 화를 내고, 어머니, 아버지, 세계, 전체 교육·의학 체계, 주립병원, 그리고 그곳의 의사들을 저주했다. 결국 그녀는 진정하고 다음과 같이 설명했다. 마지막 치료 후 **하복부의 자발적인 움직임이 그녀를 괴롭혔고** 그녀는 그것을 충분히 느꼈으며, **그녀의 성기가 그녀가 기억하기로는 처음으로 심하게 "가려웠고"** 그녀는 자위하려고 노력했지만 성공하지 못했다.

혹시 모를 재난에 대해 강력한 예방조치를 취해야 했다. 나는 치료가 환자를 자신의 신체감각작용을 견디고 통합할 수 있도록 만드는 데 성공하지 못하면 최악의 상황이 발생할 수 있다는 것을 알고 있었다. 나는 그녀의 친척들에게 그녀를 시설에 맡기는 데 필요한 조치를 하도록 알렸다. 사람들은 내가 왜 큰 위험을 감수했는지, 왜 그녀를 즉시 시설에 맡기지 않았는지 다시 물을 것이다. 내 대답은 다시 이렇다. 이 실험의 과학적 결과는 엄청났다. 환자를 시설에 맡긴다는 것은 과학정보의 흐름을 막는 것을 의미했을 뿐만 아니라 그녀의 회복에 대한 희망마저 없애는 것을 의미했을 것이다. 그녀는 회복을 목전에 두고 있었고 회복할 기회를 가질 만했다. 최종결과는 이러한 태도가 옳았다는 것을 증명했다. 하지만 그 당시에는 최종결과를 알지 못했다.

서른여섯 번째 진료만남

환자는 오고 싶지 않아서 늦게 왔다. "[상황이] 마음에 들지 않아요"라고 그녀는 말했다. "저는 온몸에 쾌락을 느꼈어요. 이제 제 몸은 하나지만 마음에 들지 않아요…." 그녀는 거의 완전히 이완되었고 그녀의 호흡은 잘 작동했다. "옛날로 돌아가고 싶어요… 힘들을 사랑했어요. … 한 소년과 몹시 자고 싶어 할까봐 걱정돼요…."(그녀는 남자를 품어 본 적이 **없었다**.)

그녀는 심각한 전-오르가즘 **쾌락불안**의 잘 알려진 모든 징후를 보여주었다. 예상은 다음과 같았다. 그녀는 완전히 그리고 아마도 마침내 다시 물러날[철수할] 정도로 너무 겁을 먹거나 아니면 완전히 건강을 회복할 것이다.

서른일곱 번째 진료만남

그녀는 복부와 성기 부위의 움직임에 대해 불평하면서 들어왔다. 그녀는 이러한 움직임을 장악하지 못했고 반대로 그 움직임이 그녀의 몸을 상당히 장악하고 있었다. 전에는 그녀가 '힘들'에 대해 아무것도 할 수 없었지만, 내가 그녀에게 이러한 신체움직임 상황을 초래했기 때문에 나를 죽일 수 있었다고 그녀는 말했다. 그녀는 이러한 움직임과 함께 살 수 없었다. 내가 죽으면 그녀에게 미치고 있던 영향도 멈추고 그와 함께 그녀의 신체움직임도 멈출 것이다.

잠시 멈춰서 이 상황에 대해 다시 생각해 보자. 완전한 건강 회복에 관한 한 치료결과는 의심스러웠다. 유기체 오르곤 생체신체학의 전체 이론에 대한 임상확인으로서, 상황은 인간 성격구조의 전 영역에 대한 폭넓은 전망과 함께 매우 귀중하고 가능성이 풍부했다. 요약하자면 다음과 같은 결론이 안전해 보였다.

① 나와 내 동료들이 일반인과 전문가를 막론하고 수많은 사람에게서

목격했던 살인적 증오는 모든 건강하고 무장하지 않은 개인에게 잘 알려진 자율적 움직임을 결코 경험한 적이 없는 신체들에 자발적인 움직임을 유발했기 때문이다.

② 이러한 운동은 완전한 지각(=자기지각)의 영역에서 **소외되거나 배제되**면 온갖 종류의 신비주의경험을 이룬다. 따라서 히틀러와 같은 사이코패스가 봄에 살인을 선호한다는 것을 쉽게 이해할 수 있다.[54]

③ 정신분열증에 영향을 미치는 '힘들'은 유기체 혈장운동과 같다.

④ 많은 유형의 범죄와 살인은 잠재적 또는 현실적 살인자들의 구조가 이렇게 갑자기 변하기 때문에 발생한다.

⑤ 만성으로 무장한 인간유기체는 낮은 수준의 생체에너지와 그에 상응하는 감정만 참을 수 있다. 무장하지 않은 사람의 고조된 삶의 기쁨, 낙천적 쾌활함, 생생함, 즉 강력한 에너지대사와 함께 높은 수준의 생체에너지기능작용을 하는 것은 무장한 개인에게는 완전히 참을 수 없다. 높은 에너지수준에서 매우 낮은 에너지수준으로의 **갑작스러운** 변화는 급성 우울증을 가져온다. 반면 만성으로 낮은 에너지수준에서 매우 높은 에너지수준으로의 **갑작스러운** 변화는 강한 감각작용과 감정을 참을 수 없게 하므로 극적이고 위험한 상황을 가져온다.

따라서 조만간 생체정신의학은 생체신체 흥분의 **'생체에너지 대사'**, **'감정관용'**과 **'에너지방출 능력'** 측면에서 인간의 구조와 특징적인 반응을 묘사하는 데 성공할 것으로 기대된다.

이러한 **에너지** 관점은 결국은 우리가 '인간본성'을 자연의 나머지를 다루듯이 복잡한 생각과 경험이 아니라 단순한 에너지기능으로 다룰 수 있게 해줄 것이다.

---

55) 나치 독일은 1943년 봄 아우슈비츠-비르케나우 강제수용소에 가스시설과 복합 화장시설을 가동하였다. [옮긴이 주]

서른여덟 번째 진료만남

환자는 상당히 기분이 좋았고 조화롭고 명확했다. 그녀는 자신을 만족시키려고 노력했고 질에서 강한 욱신거림을 느꼈다. 그러나 오른팔이 '분리'되어 악수할 때 손을 누를 수 없었다. 나는 그녀에게 오른팔이 분리된 것에서 어떤 심층 금지가 표현되며, 우리는 그것을 심층에서 벗어나게 해야 한다고 설명했다. 그녀는 "이건 너무 위험할 거예요"라고 말했다.

우리는 분명히, 오른손으로 신체 자기만족[자위]의 움직임을 아주 오래 깊이 차단해 온 것을 다루고 있었다.

서른아홉 번째 진료만남

나는 최종붕괴를 피하려면 가능한 한 빠르고 안전하게 그녀가 성기감정을 겪도록 해야 한다는 것을 알고 있었다. 그녀는 그날 매우 기동성 있고 명료했다. 호흡이 충분한 유기체에너지에 '공기를 넣었을' 때, 그녀의 **골반이** 자발적으로 씰룩거리기 시작했다. 강한 흐름 감각작용이 시작되었고 그녀는 계속하기를 거부했다. 그녀는 갑자기 자신이 혼란스럽다고 선언했다(그녀는 그렇지 않았다). 다음 가출소 관련 회의에서 그녀는 정신병원으로 돌아가도록 문을 열어두기 위해 가출소 담당의사에게 훨씬 나아졌다는 사실을 숨겼다. "만약 더 놔두면, 뇌가 사라질 것 같아요⋯." 자신이 의식을 잃는다는 의미였고 오르가즘불안이 전면에 등장하고 있었다. 진료만남이 끝날 때 그녀는 가톨릭식으로 십자가를 그었다.

그날 저녁 오후 11시에 그녀는 나에게 전화를 걸어 "달이 방바닥에 그림자를 드리웠다"며 그것이 "그들이 저에게 보내는 신호"라고 말했지만 '힘들'을 부를 수 없었다고 했다. 나는 그녀를 진정시키는 데 성공했다.

마흔 번째 진료만남

그녀는 매우 불행했다. 나는 그녀가 전날 밤 성적으로 매우 흥분했고 만족할 수 없었으며 그녀의 인생에서 가장 중요한 지점에 도달했다는 것을 알았다. 그녀는 '힘들'을 되찾기 위해 필사적으로 노력했지만 "달과의 접촉에도 불구하고" 그렇게 하는 데 성공하지 못했다고 말했다. 그녀는 자신이 '유대인'이기 때문에 '힘들'이 자신의 동석을 거부한다고 확신했다. 또한 그녀는 자신의 세계를 잃고 싶지 않으며 그래서 '이 세계'에서는 살 수 없다고 말했다.

그녀가 "유대인"이라는 말로 의미하는 것은 분명했다. 그것은 '성적'인 동시에 '음탕한[돼지같은]'을 의미했다. 이러한 감정경험의 모호함은 그녀가 자신의 신체 힘을 느끼고 싶지만 '성적으로' 느끼거나 '음탕하게' 되고 싶지 않다는 사실에서 비롯되었다. 이것은 오르곤 생체신체학의 임상경험과 완전히 일치했다. **인간동물은 자신의 생체성적 감정의 완전한 느낌과 실현을 갈망하는 동시에 그 도착적 왜곡 때문에 그 감정을 거부하고 싫어한다.** '신'은 전자를 나타내고 '악마'는 후자를 나타낸다. 이 둘은 하나의 고통스럽고 혼란스러운 실체로 융합된다. 이것은 정신분열증 환자에게서 매우 분명하게 드러나지만, **정상인**에게서도 존재하고 분명하게 표현된다.

정상인의 세계에 대한 그녀의 거부는 정당한가? 물론 정당했다. 그 세계는 그녀의 자연스러운 생물학적 구조('신')를 파괴했고 '악마'를 심어놓았으며, 그녀의 어머니가 그녀에게 이런 짓을 했다. 정신분열증 환자는 **정상인**의 방식을 알고 있으며 그 비참한 결과에 대해 완전히 통찰하고 있다. 반면 **정상인**은 정신분열증의 **합리적** 판단의 세계나 (그 문제로 인해) 자신의 세계도 이해하지 못하는 배빗 같은 사람이다.

생체체계의 오르고노틱 흐름 및 감정과 관련하여 정신병 위기를 묘사하는 것이 이 사례병력의 주요 목표이다. 이 하나의 사실에 주의를 집중하고 정신분열증 기제와 망상의 미로에 의해 흔들리지 않는 것이 가장 중요하다. 망상내용과 상관없이 **정신분열증 붕괴를 특징짓는 공통분모에 뚫고**

들어가야 한다. 정신분열증 붕괴의 중심은 감정폭풍에 대처할 수 없는 생체체계에 넘쳐나는 압도적인 오르고노틱 혈장흐름에 의해 결정된다.

정신의학은 정신병체계를 잃어버린 **자아**(=**세계**)를 재건하려는 시도라고 이해해 왔다. 하지만 왜 이 **자아세계**가 무너지는지는 알 수 없었다. [잃어버린 자아를] 정신병으로 재건하는 것은 질병의 원인이 아니라 질병의 결과이다. 이 점을 명심해야 한다. 또한 '어린 시절의 자기애 고착'은 붕괴의 원인이 아니라 붕괴가 일어나는 조건 중 하나일 뿐이다. 문제의 핵심은 흥분과 지각 사이의 생체신체 균열과 그로 인해 생체체계가 강한 감정을 받아들이지 못하는 편협함이다.

9. 위기와 회복

환자는 치료 말기와 치료 후에 다음과 같은 세 가지 뚜렷한 시기를 거쳤다. (1) 대단한 행복과 정신건강, (2) 갑작스러운 긴장성 붕괴, (3) 치료 후 5년 이상 정신병에서 벗어난 완전한 회복.

1) 건강에 빠르게 다가감

첫 번째 기간은 약 한 달 동안 지속되었다. 처음에 그녀는 "제가 유대인이어서 '힘들'이 더는 저를 원하지 않기 때문에"라며 자주 울곤 했다. 신체감각작용과 그것에 대한 지각의 복귀와 함께 '힘들'은 완전히 사라졌다.

그런 다음 그녀는 새로 얻은 건강을 즐기기 시작했다. 그녀는 진료만남 예약일에 치료가 필요하지 않다고, 기분이 좋고 행복하며 차라리 테니스를 치거나 쇼를 보는 것이 더 낫다고 내게 전화를 하곤 했다. 그녀는 사무실에서 유능하고 행복하게 일했다.

치료하는 동안 그녀는 완전히 숨을 쉬었고 자신의 감정을 자유롭게 표현하고 울고 웃고 매우 지성적으로 말했으며, 차단이나 고집의 흔적도 없었다. 그러나 심각한 오르가즘불안에 대한 반응경험 때문에 나는 상황을 완전히 신뢰하지 못했다. 나는 **그녀가 정말로 사랑할 수 있는 남자와 포옹해서 암컷동물로서의 자신의 생물학적 역할에 헌신할[빠져들] 때까지 안전하지 않다**는 것을 알고 있었다.

"힘들은 더는 주변에 없었어요." 어떤 정신분열증 증상의 흔적도 겉으로 드러나지 않았다. 그러나 정신분열증 기능이 높은 수준의 생체에너지가 없음에도 불구하고 심층에서 여전히 작동하고 있다는 징후가 많이 있었다.

그녀는 오르곤치료의 성과를 인정하는 데 주저했다. 좋은 결과를 인정하지 않는 환자는 어딘가에 남아 있는 불안으로 인해 어떻게든 적대적이라는 것을 우리는 안다.

그녀는 자신의 회복에 대해 오직 위대하신 주님께만 감사드린다고 단호하게 말했다. 그녀는 '건강'이 슬픔과 걱정의 간섭 없이 지속적이고 중단 없는 행복을 의미한다는 생각을 발전시켰지만, 건강이 불쾌한 상황과 걱정의 영향을 견딜 수 있는 능력을 의미하기도 한다는 나의 말을 받아들이지 않았다.

그녀는 자신의 성기 부위가 자신에게 속하는 것으로 느끼고 더는 죽어 있거나 외계적인[낯선] 것으로 느끼지 않았지만 성결합에 대한 욕망이 없다고 주장했다. 그녀가 성결합 문제를 전면적으로 탐색하지 않았다는 것은 의심의 여지가 없었다. 그녀는 진지한 사랑의 주제에 대해 회피했고 횡설수설했다.

그러자 서서히 다가오는 재난의 의심스러운 징후가 증가하기 시작했다.

그녀는 나를 사람들에게 "나쁜 일"을 유도하는 "사기꾼"이고 "위험한 남자"라고 말하기 시작했다. 내가 건강 개념을 자세히 설명했기 때문에 명시적으로 나에게 왔음에도 불구하고, 그녀 자신은 "어떤 오르가즘능력도 원하지 않았다"고 말했다.

어느 날 그녀는 목에 금속 십자가를 걸고 왔는데, "'힘들'을 달래기 위해" 10센트에 샀다고 했다. 나는 그녀에게 너무 낙관하지 말고 심층 감정에서 더 악마 같은 일이 일어날 수 있다고 경고했다. 그녀는 내 말에 대해 웃으며 내가 과장하고 있다고 안심시켰다.

그녀는 더는 치료를 받지 않겠다는 조짐을 보였다. 그녀는 몇 번의 진료만남에만 오기를 원했고, 내가 자신에게 충분히 교양 있지 않고 민감하지 않다고 말했다. 그녀는 경찰에 가서 내가 "나쁜 짓을 하고 있다"고 고발하였다.

그러던 어느 날, 그녀는 전혀 협조하고 싶지 않다고 말하며 외투를 걸치고 머뭇거리다가 곧 떠났다. 그날 저녁 그녀는 전화를 걸어 자신의 행동에 대해 변명하고는 여전히 나를 몹시 필요로 한다고 말했다. 그러고 나서 상황은 빠르게 악화하였다.

2) 갑작스러운 긴장성 붕괴

환자는 건강이 매우 나쁜 상태에서 다음 진료만남에 왔다. 그녀는 '끔찍한 밤'을 보냈고, 사물과 형식은 방에서 '살아' 있고, 벽에 그림자가 나타나 팔을 뻗어 그녀를 붙잡고 있었다. "불안을 느끼지 않았지만 끔찍한 경험이었어요"라고 그녀는 말했다.

신체흐름이 발달하고 신체흐름을 지각했을 때, 그녀는 기분이 조금 나아졌다고 느꼈다.

그러나 다음 날 그녀는 말과 생각이 심하게 분리[해리]되어 완전히 혼란에 빠졌다. 모든 사물이 '이상'했고 모든 행동이 끔찍하게 복잡했으며 뭔가 잘못되었을 때, 그녀는 힘들이 자신의 의지를 방해하고 있다고 생각했다. 사무실에서 그녀의 일[직무]은 거의 감당할 수 없는 큰 부담이었다. 진료만남 내내 그녀의 말은 심하게 느려졌고 대부분 알아들을 수 없었어도, 그녀는 자신을 이해시키려고 매우 열심히 노력했다.

그녀는 옷을 입기 위해 오후 7시 20분에 치료실에 남아 있었다. 나의 조수 중 한 사람이 오후 8시 50분경에 강직증 자세로 있는 그녀를 발견했는데, 그녀는 움직일 수 없어서 한 시간 반 동안 같은 자세로 있었으며 도움을 요청할 수 없었다고 매우 천천히 그리고 힘겹게 말했다. 압도하겠다고 위협하는 강력한 혈장흐름에 그녀의 유기체는 긴장성 강직증으로, 즉 운동성을 완전히 차단하는 것으로 반응했다.

다음 날 환자는 강직성 발작에서 회복되었지만 대신 **과대망상**이 생겼다. 이 새로운 망상은 분명히 그녀의 유기체에 있는 생체에너지 흐름과 그녀 자신의 본성에 대한 지각을 방해하는 기능을 지니고 있었다.

치료 중 강한 전-오르가즘 감각작용이 일어났을 때, 그녀는 갑자기 이렇게 말했다. "저는 동물이 되기에는 너무 위대하고 너무 착해요…." 몇 분 뒤에, "…'힘들'은 제 왼쪽 뺨을 깊숙이 베라고 강요해요. 그렇지만 저는 제 자신을 지배할 거예요. 저는 그들[힘들]보다 강해요…."

오르곤 생체신체 기능작용에 관한 전문가에게 이 반응은 분명히 그녀의 혈장체계의 생체신체·미주신경 **팽창**에 관한 새롭고 만족스러운 경험에서 생긴 힘에 대한 망상표현이었다. 그녀는 여전히 쾌락기능을 온전히 받아들여 즐길 수 없어서 망상으로 그것에 대항했다. 이제 그녀는 '힘들'보다 훨씬 더 강해졌다. 즉 자신 내면의 **동물**보다 훨씬 더 강해졌다. 이것은 곧 매우 과감한 방식으로 확인되었다. 다음 날 그녀에게서 다음과 같은 편지를 받았다.

목요일

추신 – 로마의 리시움[고대 그리이스 시대에 아리스토텔레스가 철학을 가르치던 학교]의 '정서적(affective)'(효과적인effective을 잘못 쓴 것이다) 옹호자들. 살아남고 성취하려는 의지와 같은 불멸의 힘으로도 당신은 그것을 보지 못합니다. '제 마음'은 조각들을 맞추는 것과 저의 좋은 상사와 직업에 대해 혼란 상태에 있어요. 당신은 이 조각들을 제게 맞춰주지 못했습니다. 누구도 그런 사람이 되지 못했고 되지 못하니까요. 그래서 저는 이 문제를 밝히려고 정신과의사를 찾아다니죠 – 어렸을 때, 물의 아기, 여신 다이애나 그리고 두리틀 박사의 이야기를 들었어요. 동굴 속의 부처와 모하메드, 십자가에 못 박힌 여신 이시스,[56] 그 이후로 저는 아주아주 늙어 버렸어요. 저는 제 본성 때문에 우울해요. 저는 분명한 해답을 필요로 합니다. 당신이 말하는 것처럼, '제 생각을 바꾸는 것'을 제외하고 말입니다 – 그것은 아무것도 해결하지 못하지만 – 당신은 아주 친절해요. 저의 생각은 생각이 아닙니다. 그냥 채워진, 머릿속에 주입된 지식일 뿐이에요. 어떻게, 왜 제가 고통을 당하고 있을까요? 책 속에는 이에 관한 정확한 문장들이 기술되어 있군요. 저자의 지식이나 의도와 상관없이 다만 저의 눈만을 위해 쓰여 있는 문장들이죠. 주입된 생각들이지요.

그러나 무섭고도 고통스러운 혼란에서 거대한 공포심이 엄습하고 있어요.

당신이 모을 만한 또 다른 메시지가 여기에 있거든요. 언젠가 매우 귀중한 것으로 판명될지도 모르죠 – '제가 당신에게 그렇게 말했잖아요'라고 새삼스럽게 다시 말씀드릴 필요가 없죠.

제가 누군지 아세요? 당신에게 저의 전체 그림을 보여주겠다고 말했잖아요 – 물론 고대의 – 그리스인과 로마인이 바로 그 그림에 들어맞아요. '이시스'에 관해 들어 보셨을 겁니다 –

저는 이시스의 부활입니다.

외계 힘들에 맞서는 사람들이 있어요 – 아마도 모두 다섯 명일 겁니다 – 왼쪽의 주님 외에 다른 사람들은 모두 적대적이에요 – 이들 때문에 저는 때때로 불안해요. 저를 적대시하고 교묘하게 저에게 고통을 안겨다 주죠. 완전한 부활이란 항상 존재하는 것은 아니며 부분적으로만 존재한다면 제가 다른 힘들로부터 학대를 당할 수 있다는 것을 당신은 알고 있어요. 더는 여사제 등은 없어요 – 이 세상에는 말이에요. 그래서 저는 스스로 싸워야 해요 – 싸워 쉽게 이길 수 있는 완전한 초능력으로 가득 찬 것은 아니에요 – 물론 주님이 – 저의 동맹자죠. 오늘 저녁 제가 당신의 집에서 온전해지면 – 제가 할 수 없는 것은 아무것도 없어요 – 제가 원한다면 – 집으로 돌아오는 길에 어느 가게 앞에서 경찰관 한 명이 서성거리며 – 공습예방을 위해서 – 불을 끄라고 호통치고 있었어요 – 제발 그가 나에게 무슨 말을 건네면 좋으련만 아니면 다른 사람이라도 – 제게 무언가 명령하길 바랐죠 –

---

56) 이시스는 고대 이집트의 최고의 여신이다. 그녀는 풍요의 대모신으로서 머리 위에는 태양 원반이 끼어 있는 쇠뿔이 얹혀 있다. [옮긴이 주]

인간은 바보들이어서 저의 위대함을 몰라요 - 그것을 알지 못한다니까요 - 별난 것만 볼 뿐 그 힘을 알지 못하죠.

자살 문제는 저 너머의 문제이기 때문에 어렵습니다 - 제가 태어난 곳으로 되돌아갈 것인가 아니면 미래의 여왕으로 될 것인가 하는 문제죠 - 이 문제가 해결되지 않는 한 저는 아무것도 할 수 없어요. 죽음은 또 다른 힘입니다. 죽음은 꽤 친절하고 진지한 인물이죠 - 죽음은 수년 전에 왔어요 - 하지만 그 이후에는 저에게 찾아오지 않았어요. 오늘 그 하나[죽음]는 지난주와 같았는데 악이라고 생각합니다 - 당신이 알다시피 이시스인 저는 다른 사람들과 같은 차원에서 살지 않아요 - 원칙적으로 한 가지 이유는 제가 여기 지구상에서 살고 그 삶을 계속할 운명이기 때문이에요 - 아무도 저에게 그 문제에 대해 답을 말해주지 않았어요 - 이 지구상에 존재하게 된 주요 이유가 무엇인가요 -

이만 줄입니다.

F.

이름은 너무 무의미해요.

전혀 진짜가 아닌 - 가족 이름[성]만 남았습니다.

그녀는 강한 신체감각작용으로 인해 여신 이시스가 되었다. 힘과 '사명'과 우주와의 접촉의 느낌에 대한 정신병식 왜곡이 나타난 것은, 분명 그녀가 자연스러운 오르고노틱 힘을 온전히 지각할 수 없어서 살아있는 유기체로서 그 힘을 온전히 제정신으로 즐길 수 없기 때문이었다. 따라서 정신분열증 환자는 신경증 환자와 달리 자연스러운 오르고노틱 에너지기능의 완전한 힘을 지니고 있지만, 지각을 흥분으로부터 분리하고 그럼으로써 힘의 느낌을 과대망상으로, 멀리 떨어져 있는 흥분에 대한 약한 지각을 '저 너머' 및 박해망상으로 바꾼다는 점에서 인간을 포함한 건강한 동물과 다르다는 나의 진술은 정당해 보인다.

이러한 통찰은 정신병 망상의 전체 영역을 이해하는 데 매우 중요한 것으로 보이며, 균열이 산후 무력증에서처럼 고온에 의해 발생하든 마비 망상에서처럼 매독 후 구조병변에 의해 발생하든, 진정한 정신분열증 균열에 의해 발생하든 상관없다. 본질은 그대로이다.

일단 유기체의 통일기능이 균열되면 유기체의 생체신체 과정은 다양한 종류의 환각이나 망상 형식으로, 자아에 대한 외계적인 힘들로 지각될 것이다. 일반적인 마비 망상과 산욕열 망상이나 조발성치매 망상을 구별하는 특정한 기제는 여기서 중요하지 않다. 오히려 중요한 것은 **지각장치가 흥분의 생체신체 체계로부터 기본적으로 해리된다는 것**이다.

우리 환자는 붕괴기간 중의 명료한 순간에 이 병리상황을 매우 명확하게 묘사했다.

"세계는 아주 멀고도 가깝고 … 전혀 신경 쓰이지 않는데 … 그런데도 제 주변의 모든 것을 고통스럽게 느껴요. … 비행기가 지나가면, **저를 괴롭히기 위해 모터가 더 큰 소리를 낸다는 분명한 느낌을 받아요**…. 새들은 저를 지옥에 보내려고 더 크게 노래하며 … 어리석은 소리지만 저는 진심으로 새들이 그러한 목적으로 노래하는 것이라 믿어요…. 사람들은 저를 쳐다보며 제가 하는 모든 것을 주의 깊게 관찰하죠. … 저는 그 많은 인상을 거의 견딜 수 없어요…. 어떻게 제 일을 수행할 수 있을까요? … 일하지 않고 책임지지 않아도 되는 병원으로 돌아가고 싶어요."

나중에,

"이 십자가를 삼키도록 허락해 주시겠어요? 그것은 제가 훨씬 더 잘 견디는 데 도움이 될 수 있어요. 제 주위에 **하나의** '힘'만 있으면 견딜 수 있어요. 그러나 주위에 많은 '힘들'이 있으면 저는 견딜 수 없어요. 제가 견딜 수 있는 능력이 충분하지 않아요."

이것은 참으로 평범한 언어다. 이렇게 무너진 사람들에게 '충격'을 가하는 대신 이해하기 위해서는 듣는 법을 배우기만 하면 된다. **정상인**은 밝은 햇빛이 짜증나거나 자연의 힘을 견딜 수 없을 때 블라인드를 내리고 방에 틀어박혀 있다. 늙은 수다쟁이 노처녀는 자신 주변에서 일어나는 사랑의 기능작용이 자신의 유기체에 유발하는 흥분을 견딜 수 없어서 사랑하는 커플에 대한 악담을 계속한다. 생체병리자인 총통은 어떤 살아있는 표정도 참을 수 없어서 수백만 명을 죽인다. 범죄자는 자신에게 인간성과 선함의 느낌을 불러일으키는 사람을 죽인다. 정신분열증 환자는 감정에서 그리고 생체신체에서 무너진다.

환자는 같은 진료만남에서 혼미에 빠졌다가 회복되어 친척 중 한 명이 집으로 데려갔다.

다음 날 오후 1시 30분, 그녀는 가슴에 달고 다니던 십자가를 삼켰다. 상당한 고통을 느끼며 진료만남에 왔다. 그녀는 처음에는 십자가를 입에 물고만 있었다. 그런데 "그것이 아주 저절로 내려갔어요…." 그것은 인두에 상처를 내고 마침내 식도를 통해 미끄러져 들어갔다. 그녀는 이 행동으로 "하나님을 기쁘게" 하고 사람들이 자신을 쳐다보지 못하도록 하려고 했다. 십자가를 삼켰을 때 두려웠지만 신은 그녀에게 미소를 지었다. 그녀는 높은 산 위를 걸으며 하늘을 향해 두 팔을 뻗고 싶었고 그러면 신께서 자신에게 가까이 다가와 안아 줄 것이라고 믿었다.

따라서 그녀의 강렬한 성기포옹 욕망은 신에게 안겨있다는 정신병적 망상형식으로 위장되었다.

나는 그녀에게 즉시 많은 양의 빵을 먹게 했다. 그녀는 빵을 바라보며 이렇게 말했다. "여기 저를 바라보는 눈[빵에 있는 구멍]이 있어요…."

그녀를 개인 의사에게 데려가 엑스레이를 찍었다. 십자가는 그녀의 뱃속에 들어있었다. 의사는 오르곤치료 실험에 대해 알고 있었고 그녀가 시설에서 나오도록 돕기 위해 협력했다. 그러나 모든 노력은 헛수고였다. 나는 연구의사로서 오랜 경력을 쌓아오면서 많은 사람이 흐름의 생체에너지 감각작용에 대한 지각을 인정하기보다 차라리 죽는 것을 보았다. 나는 사람들이 처벌을 감수하고 진실을 말하기보다는 전쟁에 나가는 것을 목격했다. 따라서 이 환자가 자신의 유기체에서 완전한 성기흥분을 인정하기보다 정신시설에 가는 것을 선호하는 것을 보고 놀라지 않았다.

십자가는 나중에 자연스럽게 제거하였다. 그러나 다음 날 그녀를 지키고 있던 친척 중 한 사람으로부터 다음과 같은 보고를 받았다.

1942년 5월 23일 보고

나는 그녀가 어머니에게 나가 달라고 부탁하고 먹을 것을 준비하겠다고 말했을 때, 그녀의 행동에 어떤 변화가 있음을 처음 알게 되었다. 나는 나중에 그녀가 어머니에게 집을 나가라고 주장했다는 것을 알게 되었다. 그녀는 먹을 것을 준비했다. 내가 그 뒤에 올려다보았을 때, 그녀는 유리잔을 손에 들고 싱크대 옆에 서서 싱크대 옆면에 부딪치고 있었다. 유리잔이 깨지지 않자 그녀는 작은 배수 삽으로 유리잔을 깨려고 했지만 소용없었다. 나는 그녀가 자해할 것 같아서 다가가서 유리잔을 대신 깨주겠다고 제안했다. 그녀는 내가 깨뜨린 유리를 나에게 주었다. 그녀는 유리조각을 주워 조심스럽게 통에 넣었다.

식사하는 동안 더 이상의 사건은 발생하지 않았다. 그녀는 부엌에 남아서 나를 지켜보고 있었는데 눈빛이 이상해 보였다. 식사 후에 나는 샤워를 준비했다. 샤워하고 있는데 갑자기 손에 커다란 부엌칼을 들고 욕실에 나타난 그녀를 보고 매우 놀랐다. 그녀는 완전히 누드였다. 내 앞에서 그녀의 누드를 본 것은 처음이었다.

나는 그녀에게 칼을 무엇에 사용하려고 지니고 있는지 물었다. 그녀는 문을 열고 빗장을 들어 올리는 데 사용한다고 말했다. 그런 다음 세면대 위에 칼을 내려놓고 나를 쳐다보았다. 나는 씻는 척했지만 계속 그녀를 지켜보고 있었다. 그녀는 아무 말도 하지 않고 나를 바라보고 서 있었다. 그녀와 대화를 시도했지만 소용없었다. 갑자기 그녀는 내가 있는 욕조 가장자리로 뛰어올라 내 목을 손으로 감싸고 나를 물속으로 밀어 넣으려고 했다. 내 목은 비누칠을 한 채였고 그녀는 꽉 잡을 수 없었다. 나는 그녀의 손목을 잡고 욕조에서 강제로 밀어냈고, 그녀에게 왜 그랬냐고 물었다. 그녀는 물속에 있는 나를 보고 싶다고 말했고, 한동안 나를 바라보고 서 있다가 그 자리를 떠났다.

내가 욕실에서 나왔을 때 그녀는 다른 방에 있었다. 불이 꺼져 있었고 그녀는 어둠 속에 앉아 있었다. 방에 들어가지는 않고 최대한 집중하여 귀를 기울였다. 잠시 후 무언가를 찢는 소리가 들렸다. 그녀가 무엇을 찢고 있는지 알 수 없었고, 그래서 얼마 지난 뒤에 그녀가 무엇을 하고 있는지 보러 갔다. 그녀는 빌헬튼 라이히 박사의 『오르가즘의 기능』이라는 책에서 페이지들을 완전히 찢어냈고, 내가 그녀에게서 책을 가져오자 다른 사본을 찢으려고 했다. 그녀는 이제 목욕가운을 입고 어둠 속에서 계속 걸어 다녔다.

  내가 그녀를 다시 찾았을 때, 그녀는 복도에 있는 옷장 위에 올라가서 손에 담배를 물고 긴장된 상태로 서 있었다. 약 10분 동안 그녀가 움직이지 않고 옷장 위에 서 있는 동안 나는 라이히 박사에게 전화를 걸어 어떻게 해야 할지 물었다. 그는 내가 그녀를 전화기로 데려와 자신과 통화하도록 할 것을 제안했다. 나는 그녀의 손을 잡고 아래로 끌어당겼다. 그녀는 내 팔에 오히려 쉽게 감겼다. 그러나 내가 전화기로 데려가려고 하자, 그녀는 발로 차기 시작했고 내가 자신을 실망시켰다고 주장했다. 나는 그녀를 전화기로 데려갔고 그녀는 목욕가운을 입고 앉아서 라이히 박사와 전화로 통화하였다. 나는 그녀를 혼자 두고 다른 방으로 들어갔다.

  라이히 박사는 그녀에게 수면제 두 알을 주고 잠들게 하라고 제안했다. 그러나 전화통화 후 그녀는 훨씬 나아졌고 약속이 잡힌 우리의 기혼 친구들을 방문하고 싶다고 말했다. 우리 둘 다 그들을 보러 갔고 그곳에서 저녁을 보냈다. 그녀는 완전히 건강하지는 않아도 꽤 깔끔했으며, 새벽 2시쯤 집에 도착하자 수면제 두 알을 먹고 잠이 들었다.

  그녀는 일요일 내내 잠만 자고 식사를 하거나 어떤 다른 이유로도 일어나는 것을 거부했다. 월요일 아침에 겨우 일어났지만 출근하지 않았다.

  이 편지를 받고 몇 시간 후 환자가 나에게 전화를 걸었다. 그녀는 "무언가를 하고 싶지만 뭘 해야 할지 모르겠어요…"라고 말했다. 환자의 상태를 잘 알고 있었기 때문에 그녀가 잔인한 짓을 하지 않을 것이라고 확신했다. 뿌리 깊은 정신분열증 기제를 돌파했고 여전히 돌파하고 있다는 것을 알고 있었다. 그녀는 그 가운데 일부를 행동으로 옮기고 있었지만, 치료에 대한 그녀의 애착과 나에 대한 그녀의 신뢰가 그녀를 위험한 행동으로부터 보호할 만큼 충분히 강하다는 것을 알고 있었다. **상호신뢰라는 요소는 우리 관계에서 큰 비중을 차지했다.** 그녀는 필요하면 병원에 가겠다고 약속했고, 나는 치료를 하려면 그녀의 약속을 믿어야 했다. 정신분열증 환자의 건강한 정신구조를 지지하고 그것에 의지하지 않는다면 그 환자를 제 정신으로 되돌릴 수 없다. 그녀는 내가 자신을 신뢰한다는 것을 알고 있었고 이것이 실제 위험을 막는 가장 강력한 보증이었다. 그 이후의 전개와 최종결과는 이러한 태도가 옳다는 것을 증명했다.

같은 날 오후에 그녀의 친척[오빠]이 전화를 걸어왔는데, 그녀는 옷을 완전히 벗고 높은 옷장 위에 올라가서 **동상자세**를 취하고 있었으며 오빠에게 자신이 여신 이시스라고 말했다. 그녀는 또한 오빠를 욕조에 빠뜨리려고 한 후 성적인 방식으로 오빠에게 접근했다.

한 시간 후에 오빠가 다시 전화를 걸어왔는데, 그녀는 여전히 움직이지 않고 서 있었다. 그녀는 분명히 움직일 수 없었다. 나는 그녀의 친척들에게 침착하라고 조언했고 그녀가 어떤 감정상황을 겪고 있으며 가능하면 병원에 입원시키지 않는 것이 중요하지만, 상황이 위험하다고 생각되면 구급차를 불러야 한다고 말했다. 그들은 **구급차를 부를 필요가 없었다**.

나는 또한 그들에게 상황이 더 악화하는 즉시 나에게 전화하라고 말했다. 그들은 다음 날 오후가 되어서 나에게 전화했다. 환자는 전날 저녁에 몹시 지쳐 잠들었다. 오후 4시가 되었는데도 그녀는 여전히 침대에 누워 일어나고 싶어 하지 않았다. 어머니는 그녀를 침대에서 **끌어내려**고 애썼다. 나는 그들에게 환자를 그냥 자게 놔두라고 말했다. 그녀는 분명히 지쳤고 큰 긴장을 겪은 뒤에 휴식이 필요했기 때문이다.

환자는 3일째 오후까지 푹 자고 오후 6시에 나를 찾아왔다. 그녀는 "다시 입원하려고 병원을 찾아갔는데 병원이 문을 닫았어요"라고 말했다. 나는 그녀에게 그렇게 할 필요를 느끼면 병원으로 돌아가야 한다고 말했다. 그녀는 돌아가야 할지 말아야 할지 모르겠다고 말했다. 그녀는 들어가면 완전히 악화할지 몰라 두렵다고 했다. 나는 그럴 위험이 있고 그 위험이 크다는 데 동의할 수밖에 없었다.

이 진료만남에서 그녀는 큰 발작이 일어난 뒤 **완벽하게 명확하고 동시에 완전한 긴장성 붕괴에 매우 가깝다**는 것이 정말 분명했다. 나는 전에 이렇게 상당한 명료함과 온전함[제정신]이 긴장상태와 짝을 이루는 것을 본 적이 없었다. 보통 환자가 격렬한 분노를 통해 긴장성 혼미에서 벗어나면 명료하고 온전한 상태로 돌아온다. 그녀에게서는 분노를 볼 수 없었지만, **명료함은 부동화에 맞서 싸웠다**. 결국 어떤 기능이 승리할까? 나는 몰랐고, 아무도 말할 수 없었다.

그녀의 긴장성 부동화는 매우 강력하여 나와 소통하고 나와 이야기하고 그녀에게서 무슨 일이 일어나고 있는지 말하려는 강한 충동에서 더 큰 모순을 만들었다. 그녀는 아주 명확하지만 느리게 말했고 단어 하나하나가 매우 어렵게 나왔다. 그녀의 얼굴표정은 가면 같았고 얼굴근육을 움직일 수 없었지만, **눈은 가려져 있지 않았고** 오히려 상당한 정신과 통찰의 빛을 발했다. 그녀의 말은 느리지만 명확하고 질서정연했으며 논리적이고 핵심을 짚었다.

그녀는 그 전날 자신이 "**완전히 다른 세계에 빠졌다**"는 것을 나에게 약 3시간 동안 이야기했다. '힘들'은 그녀의 의지와 상관없이 그녀를 다른 세계로 끌어들이는 데 성공했다는 것이었다. 마침내 그녀는 이[실제] 세계에 다시 돌아오는 데 성공했다. 하지만 그녀는 여전히 멀게만 느껴졌다. 그녀는 사물 및 사람과 전혀 접촉하지 않았다. 모든 것이 저 멀리 사라진 것처럼 보였다. 아침 아홉 시인지 저녁인지, 주변 사람들이 웃고 있는지 울고 있는지, 자신을 좋아하는지 아닌지 완전히 무관심했다. 그녀는 사람과 경험에 가까이 다가가려고 애썼지만 다가갈 수 없었다.

그녀는 창문에서 빛이 반사된 바닥의 밝은 지점을 응시했다. 그녀는 그것이 빛이라는 것을 알았지만 동시에 그것이 마치 '**낯선**' 것처럼 마치 '살아있는 어떤 것'처럼 그녀에게 이상해 보였다. **그녀가 인상을 명확하게 지각하지만 동시에 자기 자신의 지각과 접촉할 수 없다는 것이 분명해 보였다**.

치료 전과 후의 내면상태의 차이는 이전에는 명료한 상태와 혼란스러운 상태가 번갈아 나타났지만, **지금은 혼란스럽지만 동시에 무엇을 혼란스러워하는지 완벽하게 잘 알고 있다는 점**이었다. 이것은 건강을 향한 큰 진전이었다. 치료과정 자체에 대한 이러한 통찰은 헤아릴 수 없을 정도로 중요하다. 이러한 통찰은 긴장성 혼미 상태에서 무슨 일이 일어나고 있는지 알려줄 뿐만 아니라 자기지각과 **의식** 자체의 중요한 기능을 드러낸다.

모든 자연과학자는 이러한 통찰이 앞으로 모든 자연과학의 가장 큰 수수께끼인 **자기지각**기능을 이해하는 데 얼마나 결정적인지 알고 있다. 그리고 전체 실험 중에 나는 정신과의사보다 자연과학자로서 훨씬 더 많이 느끼고 행동했다. 나는 훌륭한 정신과 기법과 마음 문제에 대한 철저한 지식을 갖춘 정신과의사만이 자연기능을 탐구하는 그러한 모험을 시도해야 한다고 조언하고 싶다. 그러나 다른 한편으로 감정전염병의 광대한 영역을 의학으로 마침내 정복하려면 그러한 위험한 연구가 필수 불가결하다는 것은 의심의 여지가 없다.

그녀는 오빠를 물에 빠뜨리고 가스를 틀려고 했던 것을 잘 기억했다. 그러나 그녀는 "**그것**을 그렇게 하고 싶었다"고, "**그것**"에 저항하려 했지만 하지 못했다고 주장했다. 그래서 그녀는 병원으로 돌아가고 싶었다. 그녀가 자신의 명료함을 유지한다면 정신병 기능이 멈출 것이 분명했다. 이를 위해서는 그녀가 병원의 보호벽 뒤에 숨지 않아야 했다.

나머지 긴장증 기간 중 그녀는 이시스 여신으로 서 있던 날만 기억하고, 움직이지 않고 침대에 누워있던 그 다음 이틀을 기억할 수 없었다. 그녀는 이틀 동안 긴장상태에 시달렸고 기억을 잃은 상태였다.

나는 그녀가 원하는 만큼 이야기하도록 놔두었다. 그녀는 다른 말과 그림으로 세계의 소외를 거듭거듭 묘사했다. 결국 나는 그녀를 오르곤축적기로 데려갔다. 약 20분 후에 그녀의 반응이 빨라졌고 그녀는 좋은 상태로 떠났다. 긴장성 붕괴에 대한 첫 번째 결정적인 승리를 거둔 것이다.

그녀는 다음 날 다시 약간 처져서 돌아왔다. 오르곤축적기 조사는 혈장 수축을 신속하게 다시 제거했다. 이것은 매우 희망적이었다. **오르곤축적기는 유기체의 생체신체 수축이 지닌 긴장상태를 극복하는 데 언젠가 큰 역할을 할 것임**이 분명했다.

비록 나는 그 당시에 - 약 7년 전에 - 이미 미주신경[57] 긴장효과에 대해 잘 알고 있었지만 오르곤축적기로 얻은 결과에 대해 상당히 놀랐다는 것을 고백해야겠다. 그 모든 것이 나에게도 놀랍고 믿을 수 없는 것처럼 보였다. 따라서 오르곤에너지를 사용해 본 적이 없는 의사들의 불신반응을 충분히 이해할 수 있었다.

나는 그녀의 오빠에게 그녀가 상당히 좋아졌다고 알렸지만, 너무 낙관하지 말라고 다시 경고했다. 나는 또한 그에게 언제든지 환자를 시설에 맡길 준비를 하라고 조언했다. 환자는 이 모든 것에 동의했다.

그리고 다음 날 아침 그녀는 재앙을 만났다. 정신시설이 지닌 경찰심성이 얼마나 우스꽝스러운 방식으로 작동하는지 여실히 드러났다. **관리들이 실험치료와 지금까지 얻은 좋은 결과에 대한 정보에도 불구하고 그리고 무슨 일이 진행되고 있는지에 대한 관리들 자체의 승인에도 불구하고, 나와 그녀의 친척들과 상의하지도 않고 아침 7시 30분에 환자를 두 명의 정신과 간호사를 통해 강제로 벨뷰병원으로 이송했다. 환자는 저항하지 않았다.**

시설 정신과의사의 이러한 신과 같은 전능함은 합리적인 정신위생을 향한 진정한 노력을 가로막는 가장 큰 장애물이다. 그들은 적어도 친척과 나에게 알릴 수 있었고 또 알려야 했다. 아니다. 경험이 풍부한 생체 정신과의사, 친척, 환자 자신이 환자를 능숙하게 그리고 힘들여 치료하여 최악의 상황이 끝난 후에 시설 정신과의사들은 전능함을 느꼈다. 생체 정신과의사, 친척, 환자 자신은 상황에 비추어 훌륭하게 행동했다. 나는 정신위생운동이 언젠가 법원과 시설 정신과의사들의 날개를 꺾을 수 있고, 그들이 순전히 무지할 뿐임을 스스로 폭로하는 사례들에서 새롭고 희망적인 의학 노력에 주의를 기울이고 듣도록 강요할 수 있기를 진심으로 바란다. 그리고 관리들의 이번 조치로 수개월에 걸친 모든 노력이 무산될 위기에 처했다. 그때 나는 어떻게 그런 일이 일어났는지 알아내지 못했다. 그러한 일이 일어나도록 허용하는 한 진정한 정신위생이란 있을 수 없다.

환자가 여러 차례 위험할 정도로 정신병 방식으로 반응한 것은 사실이

---

57) 미주신경은 부교감신경 중 하나로, 스트레스나 사람의 감정에 민감하게 반응한다. 체내에 스트레스가 쌓이거나, 긴장, 분노, 우울 등의 부정적인 감정 상태를 오랫동안 유지하면 그 기능이 점점 약해진다. [옮긴이 주]

다. 또한 내가 큰 위험을 감수했다는 것도 사실이고 나도 잘 알고 있었다. 그러나 벽돌을 헐렁하게 쌓아 올려 지은 집의 지붕 아래를 걷는 것 말고는 다른 방도가 없다면, 우리는 매일매일 삶의 위험을 무릅쓴다. 그러나 우리는 헐렁하게 쌓은 벽돌로 지은 집의 주인을 감옥에 가두지 않는다. 우리는 범죄자를 **대량으로** 생산하는 부모를 감옥에 가두지 않는다. 그리고 우리는 무고한 사람에게 사형을 선고한 판사를 감옥에 가두지 않는다. 수술을 위해 복부를 절개할 때도 마찬가지이다. 아무도 외과의사를 살인혐의로 기소하지 않을 것이다. 그리고 아무도 잔인한 충격'치료' 방법이나 긴 바늘로 시상을 관통하거나 환자를 죽이는 광란의 뇌수술에 반대하지 않는다. 그러므로 우리는 정신분열증 환자의 그렇게 잘 통제된 행동에 전혀 흥분할 수 없다. 우리 환자는 모든 상황에도 불구하고 전반적으로 자신의 정신 시설에서 지식을 빼돌리는 한 명의 정신병적인 신경외과의사나 수백만 명을 통치하는 독재자보다 훨씬 덜 위험했다. 아무도 히틀러를 투옥하라고 요구하지 않았지만, 그들은 건강을 위해 그토록 용감하게 투쟁한 이 환자를 빼앗아갔다. 이러한 시설조치 뒤에는 단순히 대중을 보호하는 목적보다 훨씬 더 큰 이유가 있음이 분명하다.

여기서 또 다른 중요한 사실이 있다. 인간의 심층 감정을 다루는 우리 의료 오르곤치료사는 경험을 통해 가장 잘 적응하는 신경증 환자라도 오르곤치료를 받는 동안 정보가 없는 신경과전문의의 귀에 거칠고 미친 소리를 내는 것으로 들릴 것임을 알고 있다. 그런 신경과의사가 오르곤치료의 진료만남 얘기를 단 한 번이라도 듣는다면, 실제로 한때 뉴저지에서 그랬던 것처럼 지방검사에게 달려갈 것이다. 심층 감정, 특히 증오가 치유에 절대적으로 필요한 절차인 갑옷을 뚫고 나올 때, 우리는 **진정한** 감정의 힘과 관련된 **인위적인** 상황을 만들었다는 것을 안다. 우리는 감정이 **잠재적으로** 위험하다는 것을 알고 있지만 신중하게 숙고하여 감정돌파 과정을 의도하였다. 보통 우리는 환자를 잘 파악하고 있으며 며칠 또는 몇 주 동안 세심한 주의를 기울여 감정돌파를 준비했다.

감정문제에 대한 무지가 널리 퍼져 있으므로, 게다가 모든 무지한 사람

3장 정신분열증 균열 **237**

은 자신도 감정을 지니고 있고 따라서 생체신체 과정이나 심리 과정을 판단할 수 있어서 자신을 '전문가'라고 생각하므로, 생체정신의학의 상황은 수술상황과 다르다.

나 자신도 이 환자의 감정상황 중 어느 만큼이 치료절차로 인한 것인지 그리고 어느 정도가 진정한 정신병 붕괴로 인한 것인지 확신할 수 없었다. 간수들은 그러한 고려와는 멀리 떨어져 있었다. 정신분열증 환자에 대한 **정상인**의 증오에 대해서는 나중에 더 이야기해야 할 것이다. 환자가 **정신병적 붕괴의 결과가 아니라 치료상황에 따라** 정신병 방식으로 반응했다는 것을 완전히 확신하는 데는 며칠밖에 걸리지 않았다. 그녀는 **놀라운 방식으로** 불의를 받아들였다. 그녀는 병원에 맡겨진 지 얼마 되지 않아 병원에서 오빠에게 다음과 같은 제정신의[온전한] 편지를 썼다.

1942년 5월 28일

이렇게 빨리 글을 써줘서 정말 고마워 – 내가 떠나는 방식과 예상치 못한 일이 오빠와 엄마에게 큰 충격이었을 거라는 걸 알아 – 나 자신도 충격을 받았으므로 사람들이 어떻게 느꼈을지 상상할 수 있어 – 어쨌든, 내가 말할 수 있는 것은 그것이 병원 당국이 취한 불필요한 조치였다는 것뿐이야 – 그러나 그들이 나를 데려가는 것을 막기 위해 그때 내가 할 수 있는 것은 아무것도 없었기 때문에 – 나는 가능한 한 멋지게 '그것을 받아들였어.'

직장이 조금 신경 쓰여 – 조만간 여기를 나가면 내가 떠나오면서 중단한 일을 계속할 수 있을지 궁금해. 내가 그들에게 사전에 통지하지 않고 떠났기 때문에 그들이 화를 내지 않는 한 – 그들이 나에게 줄 것이라고 알고 있는 훌륭한 추천서를 잃는다는 것은 정말 생각하기 싫어.

제때 이 편지가 도착하면 이번 일요일에 와주면 좋겠어. 그렇지 않으면 다음 주에 와도 좋아. 가능하다면 라이히 박사가 오빠와 함께 오도록 해. 그를 만나고 싶어.

다시 편지를 보낼 때 E의 주소를 보내줘. 주소록에 있어(내 방 책상 위에 있음). 그녀가 오빠에게 연락했는지, 그리고 내가 이번 주 토요일에 AYN 여행에 같이 못간다고 해서 화가 났는지 알려줘.

적십자 응급처치 증명서를 확인해 봐. 일주일 정도 안에 우편으로 올 것으로 예상했어.

O와 M과 연락을 유지하고 그녀가 아기를 낳는 즉시 그리고 물론 그녀의 기분이 어떤지 알려줘.

엄마한테 발목양말 좀 보내달라고 해. 엄마에게도 걱정하지 말라고 전하고. 기분이 좋고 곧 이곳을 나갈 수 있기를 바래 -

많은 사랑,

F.

나는 나중에 그녀가 병원에 입원한 것이 오르곤치료에서 나타나는 '힘들'에 대한 그녀의 설명에 대해 가출소 담당의사가 오해했기 때문이라는 것을 알게 되었다. 시설에서 보낸 그녀의 편지는 제정신이고 완벽하게 합리적으로 들렸다. 그녀의 치유는 잔인한 입원방식의 영향에 맞서 싸울 수 있을 만큼 충분히 진전됐다. 나는 환자로부터 다음과 같은 편지를 받았는데, 이는 그녀의 반응이 정신과 오르곤치료 중 통상적인 반응일 뿐임을 분명히 보여준다.

1942년 6월 6일

저는 주위의 모든 상황을 어떻게 이해해야 할지 모르겠습니다 - 제가 끌려와 여기 병원으로 다시 돌아온 것은 약간 충격이었습니다 - 저는 돌아가는 것에 대해 많이 생각했습니다 - 그러나 그들이 저를 다시 강제로 돌려보낼 것이라고는 진지하게 생각하지 않았습니다 - 제 생각에는 - 그들은 배짱이 좀 있습니다 - 저는 그들에게 그렇게 할 권리를 전혀 주지 않았습니다 - 그리고 또한 경고도 없이 - 제 오빠도 당신에게 말했나요? - 제가 소란을 피우고 가지 않겠다고 할 수도 있었습니다 - 하지만 구급차 안에는 그들과 함께 구급복을 입은 사람들이 있다는 걸 알았고, 저를 강제로 끌어내기에 충분했습니다 - 그래서 저는 가능한 한 정중하게 굴복했습니다 - 전과 마찬가지로 여기에 적응하였습니다 - 저는 여기저기서 일하고 돕고 있습니다 - 하지만 저는 몇 번 '꺼진다'고 느꼈습니다 - 여기에서는 적어도 그런다고 조금도 달라지지 않습니다 - 하지만 저는 '방망이'를 들고 가서 해결하고 싶습니다 - 이것의 유일한 문제는 저를 폭력적인 병동에 가두어 제가 얻었던 모든 특권을 잃게 한다는 것입니다 - 착하고 유명하고 훌륭한 일꾼이라서요 - 그럴 만한 가치가 있는지는 모르겠지만 - 두고 보죠 -

어쨌든 예수님 등은 여전히 주변에 있습니다 - 그런 식으로 영향을 끼치고 있습니다 - 저에게는 뒤죽박죽인데 - 지금까지는 별다른 변화를 가져올 만큼 충분하지는 않습니다 - 전기쇼크가 도움이 될 의문입니다 - 그런데 제가 일요일에 여기 있다면 도대체 어떻게 당신에게 전화를 할 수 있을까요 - 그들이 환자들에게 전화를 걸도록 할 거라고 생각하지는 않죠, 그렇죠? - 의사, 간호사, 수행원들이 읽고 검열하지 않고는 이 편지를 쓸 수도 없고 아마 보내지도 못할 겁니다 - 그래서 제 오빠가 저를 위해 편지를 몰래 빼내 주고 있습니다.

당신들[의사들] 모두 악취가 나는 것 같아요! - 누가 옳고 누가 그른지 알지 못합니다 - 또는 무엇이 옳은 길인지 - 또는 누가 누구인지 알 수 없습니다 - 이 의사들에게 퇴원하면 당신을 만나겠다고 말해야 할까요? 어쨌거나 여기에서 저는 어떤 의사도 보지 못하고 있습니다 - 마지막 간부회의 때 집에 갈지 말지 결정할 때만 -

무슨 일입니까 - 당신은 환자를 보러 나오기에는 자신이 아주 위대하다고 생각하십니까? 제 오빠가 당신에게 와달라고 부탁했는데 - 그는 당신이 올 수 없다고 말했습니다 - 그래서 그런 것 같아요 - 저는 누가 제 편이고 누가 제 편이 아닌지 모르겠어요 -

끔찍한 뒷 건물로 이송할 수 있다는 지속적인 위협이 있습니다. - 그리고 소음, 악취, 그리고 전체 장소의 끔찍함 -

제가 집에 있었을 때 무슨 일이 있었는지 여기 의사들이나 가출소 담당의사에게 말했습니까? - 그래서 제가 다시 돌아왔습니까? -

제가 당신을 탓해야 한다면 - 저는 남은 평생 당신을 미워할 것입니다 -

그런 다음 시설은 전형적인 영향력을 행사하기 시작했다.

일요일

오빠가 돌아오기를 기다리면서 이 글을 쓰고 있습니다. 저는 모든 것에 대해 아무것도 모릅니다 - 더군다나 - 여기는 전혀 나쁘지 않습니다 - 사실은 - 흥겹습니다 - 우리는 매일 밤 파티를 합니다 - 저와 저 같은 특권을 누리는 몇몇 다른 환자와 몇몇 간병인과 함께 -

물론 모든 것이 교묘하게 이루어집니다 - 저는 미래의 삶을 전혀 알 수 없습니다.

우리는 보게 될 것입니다 - 더 많은 것을 - 그리스도와 죽음 등이 다시 나타나서 - 저를 괴롭히고 있고 - 저는 '화약통 위에 앉아' 있습니다. 왜냐하면 제가 여기서 보내고 있는 이 많은 시간이 매우 의심스럽기 때문입니다 - 저는 그리스도와 그 외의 사람들이 모든 것을 쌓아 올려서, 그것을 부술 수 있는 큰 폭발이 일어날 수 있다고 의심합니다 - 그냥 저를 괴롭히기 위해서 -

저는 낮과 저녁에 약간 안개에 휩싸여 있습니다 - 그러나 오늘은 아닙니다 - 많이 - 알다시피 - 무뎌진, 멀찍이 떨어진 -

이후 당신이랑 계속 지낼 수 있을지조차 모르겠습니다 - 저는 아무것도 몰라요 -

다 가짜야

어쨌든 -

F.

나는 그녀의 치료반응에 대해 그녀가 쓴 보고서를 오해한 가출소 담당 의사에게 편지를 썼다. 나는 그녀에게 회복의 기회를 주고 사설 시설로 이송해 달라고 요청했다. 의사는 동의했지만 내가 예상했던 악화가 빠르게 진행되기 시작했다. 그동안 받은 편지를 여기에 다시 싣겠다. 편지는 그녀에게 일어난 일에 대해 다소 명확한 그림을 제공한다. 삶과 회복을 위한 투쟁에서 환자는 정신병 방식으로 표현된 훌륭한 통찰을 보여주었다. 독자가 그녀의 편지를 철저히 연구하고 그녀의 생각 내용과 정신병 방식의 표현을 분리하는 데 주의를 기울인다면, 이러한 정신분열증 환자가 무장한 인간의 세계와 너무 적게 접촉하기 때문이 아니라 너무 많이 너무 명확하게 접촉하기 때문에 악화한다는 데 동의해야 할 것이다. 예수에 관한 생각은 많은 정신병에서와 마찬가지로 그녀에게서 전형적으로 정신병 방식으로 나타나는 것이 사실이다. 그러나 예수께서 병들고 잔인하고 살인적인 **정상인** 무리에 의해 십자가에 못 박힌 것도 사실이다.

1942년 11월 19일 목요일
끔찍하고 어떻게 해야 할지 모르겠습니다. 요전 날 밤 저는 세계와 전쟁이 그리고 거의 모든 것이 왜 일어났는지 알게 되었습니다. 그들은 제 앞에서 수 갤런의 피를 마시고 있었습니다. 그것 때문에 악마가 붉어지고 점점 더 붉어지다가 그 피가 태양으로 가서 불을 붙입니다. 예수님께서 십자가에서 피를 방울방울 떨어뜨리신지라 이것을 마시고 악마 쪽에 앉으사 또 마신지라 – 테이블은 둥근 직사각형인데 그 위에 진한 피가 흐르고 있었습니다(발이 없음). 성모 마리아가 구석에서 지켜보고 있었습니다. 그녀는 시트처럼 하얗습니다 – 그녀의 모든 피가 흘러나와 말라붙었습니다. 그녀는 아들이 피를 마시는 것을 보고 고통스러웠습니다. 저는 그것을 보거나 듣고 싶지 않았고 모든 것의 이유를 알고 싶지 않았습니다 – 그 이유를 그러나 그들이 저에게 보고 듣도록 강요합니다 – 아마도 이시스 때문일 것입니다 – 그 사이에 수천 년 동안 그들이 이용했던 이시스에게 저는 어떻게 해야 할지 모르겠습니다.
F.
요전 날 밤 저는 세계와 전쟁 그리고 거의 모든 것이 왜 일어났는지 알게 되었습니다. 그들은 제 앞에서 수 갤런의 피를 마시고 있었습니다···.

이 진술은 현실과 완전히 일치하는 완벽한 사실이었다. 히틀러와 다른 군국주의자들은 수백만 갤런의 피를 흘리고[수백만 명을 죽이고] 있었다. 물론 태양의 붉은색과 연결하는 것은 정신병적이지만 우리는 이 연결[붉은 파시즘]에 대해 생각하는 경향이 있다.

나는 몇 달 동안 환자로부터 아무런 메시지도 받지 못했다. 그러다가 1943년 2월에 다음과 같은 편지를 받았다. 그녀는 여전히 용감하게 싸우고 있으며 나를 붙잡으려고 열심히 노력하고 있음이 분명했다.

1943년 2월 14일

사태는 지옥처럼 엉망진창입니다 – 세상과 그 안에 있는 모든 사람이 악취를 풍깁니다 – 모두가 다른 모든 사람의 목을 베려고 합니다 – 큰 정육점용 칼로 – 그들은 800만 명을 죽입니다 – 그들[죽은 사람들]은 유대인이었고 그들이 우리를 이곳에 살아있게 해주었습니다 – 이것은 말이 안 됩니다 – 아무것도 하지 않습니다 – 먹으면 안 되는데 먹어서 음모와 비열함으로 보상을 받습니다 – 제 주위는 온통 – 주변에서 저를 가두려고 합니다 – 그러려면 저는 115파운드가 되어야 합니다 – 오랫동안 저는 그 몸무게에 가까워졌는데, 엄청나게 먹고 완전히 다시 쪘습니다 – 10명의 제자는 여전히 지하묘지에서 꺼내주기를 기다리고 있으며 제가 115파운드가 될 때까지 그들을 꺼낼 수 없습니다 – 이제 그들은 오른쪽에 있습니다 – 주님과 그들은 먹지 않겠다는 약속에 저를 도와주지만 저는 먹고 아까 말했듯이 많이 쪘습니다 – 그래서 항상 모든 것을 감당할 수 없습니다 – 저는 오늘날 아무도 모르고, 몇 세대 전 – 수 세기 전 – 영원 전 – 고대 현자만 알고 있습니다

오늘 일만이 옳고 현실적입니다 – 저는 일을 사랑합니다 – 일은 결코 당신을 실망시키지 않습니다 – 결코 아닙니다 – 일은 옳습니다 –

당신은 [저에게 편지를] 쓰겠다고 제 오빠에게 말했어요 – 제발, 제발 쓰세요 – 저는 아무것도 모르고, 당신으로부터 솔직한 얘기를 듣고 싶어요 – 정말 감사합니다 –

F.

비록 왜곡된 방식으로 표현하였지만, 우리 사회의 현실과 생활 방식에 대한 훌륭한 통찰은 이 편지의 특징이기도 하며 많은 정신분열증 환자가 우리를 바라보는 방식이기도 하다.

환자는 다시 몇 달, 총 1년 이상 정신시설에 머물렀다. 그녀의 오빠는 나에게 그녀의 건강상태에 대해 계속 알려주었다. 그녀는 감정에서 심각한 상처를 입고 시설에서 나왔지**만 불과 3개월 동안의 오르곤치료를 통해 얻은 기반을 굳건히 지켰다.** 그녀는 이제 덜 정신병적인 것처럼 보였지만 그녀의 성격은 강박신경증 방향으로 바뀌었다. 그녀는 친척들에게 사소하고 비열하고 심술궂게 굴었다. 한마디로 전형적인 **정상인**이 되었다. 그녀의 위대함과 천재성의 '불꽃'은 사라졌다. 오빠는 다른 신앙을 가진 여자와 결혼했다. 예전이라면 그녀는 전혀 신경 쓰지 않았을 것이다. 그녀는 그것을 철학적으로 받아들였을 것이다. 이제 그녀는 전에 그녀가 완전히 꿰뚫어봤지만 지금은 모방하려는 어머니와 똑같이 사소한 종교적 이유에서 반대했다. 그녀는 정신병 상태에 있던 가장 중요한 시기에 일했던 것처럼 더는 사무실에서 일하지 않았다. 그녀는 그저 무미건조하고 관심도 없이 돌아다녔고 전형적인 신경증 방식으로 미워하는 어머니에게 매달렸다. 그녀의 폭력적인 시설입소 경험은 그녀에게 너무 가혹했다. 그녀가 시설에서 나온 지 1년 뒤인 1944년 10월이 되어서야 오르곤치료를 재개하였다.

3) 느린 회복

1944년 10월 4일 그녀의 생체신체 상태는 다음과 같았다.

호흡은 잘 기능하고 있었고 공기는 성문을 통과하고 있었으며 다만 약간 제한되어 있었다.
오르가즘반사는 가볍고도 완전하게 기능하고 있었다.
질 자위를 통한 오르가즘방출은 정기적인 간격으로 이루어졌다.
눈은 아직 약간 가려져 있었지만 상당히 나아졌다.
전반적인 태도는 조화롭고 평형을 이루고 있었다.
'**힘들**'은 '매우 미약'했지만 '여전히 아주 멀리 주변에' 있었다.
눈 사이의 심층에서 **가벼운 압박**이 가끔 느껴졌다.

얼굴피부는 불그스름했다.

몇 번의 탐색적인 진료만남 과정에서 긴장병 때문에 오는 쇼크 같은 징후를 여전히 알아볼 수 있었지만, 전반적으로 상황은 만족스러워 보였다. 그녀를 실컷 울도록 하는 데 성공하였다. 울고 난 다음 그녀는 '매우 중요한 어떤 것'에 관해서 길게 말하게 해달라고 부탁했다. 그녀는 자신이 여신 이시스라는 생각이 어디에서 생겨났는지 알아냈다.

그녀는 어렸을 때 자신이 다른 사람들 특히 어른들보다 세상을 훨씬 더 잘 이해한다고 느꼈던 것을 지금 기억하고 있었다. 그녀는 항상 주위에 있는 사람들이 자신이 충분히 이해할 수 없는 일정한 방식으로 병에 걸렸다고 느꼈다. 이러한 경험에서 가장 중요한 것은 자신이 다른 사람들보다 훨씬 더 많은 것을 알 수 있다는 사실에 놀랐다는 것이었다. 서서히 그녀는 다른 사람들과 떨어져 있다고 느끼게 되었고, 자신이 **수천 년의 지식을 지니고 있다**고 믿기 시작했다. 이 놀라운 사실을 자신에게 설명하기 위해 그녀는 이시스 여신이 자신의 몸에 다시 태어났을 때만 가능하다고 가정해야 했다. 사소한 사건들의 일상 과정과 관련하여 이 생각은 그녀에게 이상하게 보였고 따라서 그녀는 훨씬 더 떨어져 있다고 느꼈다. 그러고 나서 그녀는 자신의 몸이 자신의 성기에 매우 강하게 집중되는 것을 느끼기 시작했다. 이것은 그녀의 주변에 있는 모든 것과 반대되는 것이었다. 그녀는 자신을 뻣뻣하게 만들면 몸의 느낌을 약하게 하거나 '제거'할 수 있다는 것을 천천히 알게 되었다. 그렇게 하면 흥분이 가라앉곤 했다. **그녀는 이러한 흥분이 압도적이어서 자신이 통제할 수 없다고 느꼈다.** 나중에 그녀는 흥분을 제압하는 방법을 알았지만, 주변에서 여전히 흥분을 느꼈다. 보통 상복부의 강한 느낌이 압도적인 힘의 귀환을 알렸다. 때로는 이 기운만 남았고 다른 때에는 힘들이 완전히 다시 돌아왔다. 이제 그녀는 어린 시절의 압도적인 힘들과 '저 너머'에서 온 나중의 '악한 힘들'이 하나이며 같은 것임을 분명히 이해했다.

나는 이러한 통찰에도 불구하고 '힘들'의 진정한 의미에 대해 그녀의 마음속에 어느 정도 의심이 남아 있다는 인상을 받았다.

그녀는 계속해서 상당히 좋아졌다. 그녀의 눈은 더 선명해졌지만, 가끔 눈에 다시 압력[압박감]이 느껴지곤 했다. 그녀는 열심히 설명했다. "하지만 그것[압력]은 눈 안에 있는 것이 아니라 눈 **뒤**에 있어요…." 나는 이 말만 확인할 수 있었다.

4개월 후 환자는 긴장성 발작을 다시 일으켰지만 극복했다. 나는 오르곤에너지로 터기안장[58] 부위에 매일 지속해서 조사할 것을 제안했다.

1947년 1월에 그 환자를 다시 만났다. 그녀는 책을 많이 읽었고 식욕도 좋았다. 아주 즐겁게 성교했지만, 최종 오르가즘은 없었다. 같은 해 11월에 다시 내게 조언을 구하러 왔다. 성교 중 오르가즘방출이 여전히 제대로 되지 않는다는 것이었다. 그러나 그녀는 일을 잘했고 전반적으로 기분이 좋았다.

나는 그녀에게 더는 어떤 의사도 나조차도 만나지 말고 자신의 삶이 지닌 모든 비극을 잊으려고 노력하라고 조언했다. 그녀는 나와의 치료를 계속해 달라고 간청했지만, 나는 그녀가 완전히 독립해야 한다고 느껴 그녀에게 스스로 일어서는 법을 배우라고 조언했다.

1948년 8월 4일에 나는 다음과 같은 편지를 받았다.

『들어라! 작은 사람아』[59]라는 당신의 책에 얼마나 감명을 받는지 말씀드리기 위해 편지를 씁니다. 왜냐하면 당신이 쓴 '작은 사람'에 대한 내용이 너무 슬프게도 사실이고, 저도 작은 사람의 지위에 있으므로 책을 재미있게 읽었다고 쓸 수가 없습니다.

제가 치료 중에 당신과 당신의 작업에 대해 보인 적대감과 심지어 증오는, 때로는 제가 제 몸이 감정과 어쩌면 사랑으로의 돌파구에 너무 가까이 다가가고 있다는 (때때로 심지어 의식적인) 제 인식에서 비롯되었다는 것을 알아주셨으면 합니

---

58) 머리뼈 안 바닥에서 나비뼈 몸통 윗면에 말안장처럼 돌출한 부분. [옮긴이 주]
59) 『작은 사람들아 들어라』, 일월서각, 1991. [옮긴이 주]

다. 이건 제가 용납할 수 없는 일이었어요 - 저는 평생 제 몸을 혹독하게 통제했고 심지어 의식적으로 저주하면서 - 제 몸이 더럽다고 여겨 증오하고 어린 시절 감정과 자위행위에 대한 벌로 저 자신을 방치하고 고문했죠. 제가 제 몸에 대해 지닌 증오는 제가 당신에게 투사한 증오와 같았습니다. 이 일을 용서해 주세요, 박사님. 이 증오로 제 몸과 마음이 큰 상처를 입었어요. 저의 '악의와 옹졸함'에도 불구하고 당신이 저와 함께 일한 것이 제게 큰 도움이 되었다고 말씀드리고 싶습니다. 저는 제가 저 자신과 주변 사람들에게 어떤 해를 끼치고 있는지, 제가 왜 이런 일을 하는지 알고 있습니다. 또 몸이 건강해지고 싶어 하고 정신질환이라는 '상아탑'에 은둔하는 것은 그림의 색깔만 바꾸지 그림 그 자체를 바꾸지 않는다고 생각하고 느끼고 있는 저 자신을 발견합니다. 제 몸이 뒷전으로 밀려나지 않고 '특별한' 존재가 되기 위해 정신적으로 나 자신이 아플 수도 있지만, 건강한 '활동적인' 몸이 신체나 정신에서 더 큰 즐거움이라는 것을 점차 깨닫고 있습니다.

그래서 아무리 더디더라도 당신의 도움을 통해 제가 거기에 도달하고 있다는 것을 당신이 알 것이라고 믿습니다. 제가 아직도 많은 긴장과 어쩔 수 없는 블록들을 지니고 있어서 그 과정은 더딥니다. 종종 저의 작은 용기가 실패하고 증오, 망상, 고통의 어두운 그림이 다시 돌아오지만 영구적이지는 않으므로, 모든 것에 감사하며 용기를 갖게 해달라고 신께 기도합니다. F.

1948년 말에 나는 그녀의 상태가 양호하다는 소식을 들었다. 그녀가 얼마나 "자신의 마음속이 썩었는지", 얼마나 "이 아름다운 세상에서 살 자격이 없는지" 알려주는 그녀에게서 받은 내용의 편지를 제외하고. 나는 그녀에게 걱정은 그만하고 계속 스스로 즐기라고 말했다. 그녀는 더는 '힘듦'에 대해 언급하지 않았다.

몇 주 후 그녀가 나를 찾아왔다. 그녀는 완벽하게 조화를 이루는 것처럼 보였고 그녀의 눈은 지성과 통찰로 반짝였다. 그녀는 일을 잘했고 공부도 많이 했다. 그러나 그녀의 성기사랑 생활은 순조롭지 않았다. 그녀에게는 남자친구가 없었다. 그녀는 자신이 좋아하는 사람을 만났다. 어느 날 저녁 그들은 단둘이 함께 있었다. 그녀는 그날 밤 그가 자신을 껴안는 일이 벌어질 것을 알았다. 그녀는 수면제를 휴대했고 그의 와인잔에 약간의 수면제를 넣어 그를 잠에 빠뜨렸다. 나는 그녀에게 정신과 오르곤치료사의 도움을 받아 마지막 장애물을 제거하라고 조언했다.

    치료실험이 끝난 지 7년이 지났다. 얻은 결과에 대한 올바른 판단을 내릴 수 있을 만큼 충분히 긴 기간이지만, 그 환자가 **제정신을 유지**할 것인지에 대한 최종답변을 내릴 만큼 충분히 길지는 않다. 이것은 개별 오르곤치료의 범위를 벗어난 많은 조건에 달려있다. 그 조건들은 본질적으로 **사회적 성격**을 띤다.

    이것[제정신을 유지하는 것인지]은 **정상인**이 **기본적으로** 생활방식과 사유방식을 바꿀 것인가 하는 질문, 매우 불확실한 답을 기다리는 질문이다. **정상인**의 생활방식이 수백만 명의 건강한 신생아에게 정신분열증 붕괴를 일으킨다는 사실을 밝히는 것은, 진지하게 고려하고 실천적으로 실행한다면 일부 아주 중요한 해답이 될 것이다. 이미 얼마 전부터 그리고 정당하게 **정상인**이 자신의 존재방식의 건전성과 합리성에 대해 예리한 비판을 받아 왔다는 것은 아주 분명하다. 우리는 정상인이 수백만 명의 신생아에게 하는 짓을 개별 정신분열증 환자의 이러한 경험에서 배울 수 있다. '정신분열증'이라는 질병의 예방은 정신분열증 환자를 변화시키는 것 뿐만 아니라 어린이 교육체계 전체를 근본적으로 바꾸는 것을 의미한다. 후자는 사회적 노력으로서가 아니면 항상 개인적인 대답으로만 남아 있을 것이다.

    이 말은 우리가 정신분열증 연구를 중단해야 한다는 것을 의미하지 않는다. 정신분열증 연구는 인간의 기능, 지각과 자기지각의 문제, 무의식보다 훨씬 덜 이해되는 의식의 기능에 대해 우리에게 많은 것을 알려준다. 정신분열증 연구는 붕괴하기 시작하고 있는 개별 인간을 돕는 법에 대해 많은 것을 알려줄 수 있다. 그러나 의학 및 정신의학의 다른 모든 유사한 과제에서와 마찬가지로 이것에서 주요 쟁점은, **정상인**이 각 신세대의 모든 어린이의 생물학적 핵심에 말할 수 없는 해를 끼치는 낡은 생각과 법칙을 소중히 여기는 한 세계는 **정상인**의 세계가 될 것이라는 점이다.

감정전염병을 제압하는 이 과정에서 우리는 우리 환자를 긴장성 붕괴로 몰아넣은 똑같은 이유로 강력한 생체에너지 감정에 대처할 수 없게 되는, 자연스러운 자기조절 기능을 상실한 유기체의 혈장흐름 공포로 자신에게서 도망치는 의로운 신비주의자와 기계론적 인간동물의 모습으로 최악의 상태에 있는 **정상인**과 마주하게 될 것이다. 지난 25년 동안 우리의 과학적 연구에 대한 모든 공격이 다양한 조직과 사회단체에 속한 개인들에게서 나왔다. 수천 명의 마녀를 불태우고 수백만 명의 환자에게 '충격'을 가하는 것과 같은 이유로, **정상인은 스스로 느낄 수 없는 인간동물의 생명력에 대한 공포로** 오르곤 생체신체학과 싸워왔다. 이 통찰을 유지할 용기를 내지 않는다면 우리는 정신과의사, 의사, 교육자로서 실패할 것이다.

의학역사상 처음으로 기관감각작용에 대한 두려움[불안]에 기초하여 만들어지고 유지되는 감정전염병이 자신의 의학상대를 발견했다. 우리의 위대한 의무는 **인간동물이 자연을 자신 안에 받아들이고, 자연으로부터 도망치는 것을 멈추고, 지금 자신이 그토록 두려워하는 것을 즐길 수 있도록 하는 것이다.**

4장
감정전염병

'감정전염병'이라는 표현은 명예를 훼손하는 용어가 아니다. 이것은 의식적인 악의, 도덕적 타락이나 생물학적 타락, 부도덕 등과 관련이 없다. 태어날 때부터 자연스럽게 움직일 수 있는 능력을 영구적으로 박탈당한 유기체는 **인위적인 움직임[운동]형식**을 발달시킨다. 그런 유기체는 절뚝거리거나 목발을 짚고 걷는다. 마찬가지로 인간은 태어날 때부터 자기조절하는 삶의 자연스러운 표현이 억압될 때 감정전염병을 통해 인생을 살아간다. **감정전염병에 걸린 사람은 성격이 절뚝거린다.** 감정전염병은 유기체의 만성 생체병리이며, 성기사랑 생활에 대한 최초의 대량억압을 통해 인간사회에 침투하여 수천 년 동안 전 세계인을 괴롭혀온 **풍토병**이 되었다. 감정전염병이 어머니에게서 아이에게 유전된다고 가정할 수는 없다. 우리가 아는 한, 감정전염병은 생후 첫날부터 아이에게 이식된다. 정신분열증이나 암과 같은 풍토병이지만 본질적으로 **공동 사회생활**에서 나타난다는 차이점이 있다. 정신분열증과 암은 사회생활에서 감정전염병이 창궐하여 나타난 결과라고 볼 수 있는 생체병리이다. 감정전염병의 영향은 사회생활에서 뿐만 아니라 유기체에서도 찾을 수 있다. 감정전염병은 다른 전염병, 수족구병[손, 발의 발진과 입안의 궤양성 병변을 특징으로 하는 질환]이나 콜레라와 마찬가지로 풍토병 상태에서 전염병 상태로 주기적으로 넘어가는 경향이 있다. 감정전염병의 유행성 발병은 크고 작은 규모의 가학 및 범죄의 광범위하고 거대한 폭발로 나타난다. 중세의 가톨릭 종교재판은 그러한 전염병 발생 중 하나였고, 20세기의 국제 파시즘은 또 다른 전염병 발생을 대표했다.

감정전염병을 엄밀한 의미에서 질병으로 간주하지 않으면 의학과 교육 대신 경찰봉을 동원할 위험에 처하게 될 것이다. 경찰봉이 필요하게 만들어서 스스로를 재생산하는 것이 전염병의 특징이다. 감정전염병이 나타내는 생명위협에도 불구하고 경찰봉[공권력]으로는 결코 처리할 수 없을 것이다.

심장이 아프다거나 신경질적이라는 말을 들어도 모욕감을 느끼는 사람은 없다. '급성 전염병 발병'으로 고통받고 있다고 말해도 아무도 기분 나빠할 수 없다. 성경제학자들 사이에서는 자신에 대해 "나는 전염병에 걸렸기 때문에 오늘 일을 할 수 없다"라고 말하는 것이 관례가 되었다. 감정전염병의 공격은 경증의 경우에는 자신을 격리하고 비합리주의의 공격이 지나갈 때까지 기다리는 방식으로 우리 서클에서 처리된다. 합리적인 사유와 친절한 조언이 도움이 되지 않는 중증의 경우에는 생장치료법으로 처리한다. 그러한 급성 전염병 발작은 한결같이 사랑생활의 교란으로 인해 발생하며 그 교란이 제거되면 사라진다고 확신한다. 전염병의 급성 발작은 나와 내부서클 구성원들에게 매우 친숙한 현상이므로 우리는 침착하게 받아들이고 객관적으로 대처한다. 생장치료사 훈련의 가장 중요한 요구사항 중 하나는 전염병의 급성 발작을 제때 인식하고 그 안에서 자신을 잃지 않고 사회환경에 피해 입히지 않으며 지성적으로 거리를 두어 가라앉을 때까지 기다리는 법을 배우는 것이다. 이러한 방식으로 협력작업에 미치는 해로운 영향을 최소화할 수 있다. 물론 이러한 전염병 공격에 대처하지 못하여 관련자가 크고 작은 피해를 보거나 심지어 가끔 중도 탈락하는[물러나는] 경우도 있다. 우리는 이러한 사고를 심각한 신체질병이나 사랑하는 직장동료의 사망을 받아들이는 것과 비슷한 방식으로 받아들인다.

감정전염병은 예를 들어 유기체 심장병보다 성격신경증에 더 가깝지만,

시간이 지나면 암이나 심장병으로 이어질 수 있다. 감정전염병은 성격신경증과 마찬가지로 이차적 충동이 원인이다. 감정전염병은 성격의 기능이며 따라서 강력하게 방어된다는 점에서 신체결함과는 다르다. 전염병 공격은 히스테리 공격과는 달리 자아에 낯설고 병든 것으로 느껴지지 않는다. 성격신경증 행동이 일반적으로 잘 합리화된다면, 이[낯설고 병든 것으로 느껴지지 않는 것]는 감정전염병 반응에 훨씬 더 많이 적용된다. **불합리함[비타협적 태도]**이 훨씬 더 크다. 그렇다면 어떻게 전염병반응을 인식하고 합리적 반응과 구별할 수 있을까? 답은 신경증성격 반응과 합리적 반응을 구별하는 데 적용되는 것과 같다. **전염병 환자가 보이는 반응의 뿌리나 동기를 건드리자마자 불안이나 분노가 반드시 나타난다.** 이제 이에 대해 더 자세히 설명하겠다.

본질적으로 전염병이 없고 오르가즘능력이 있는 사람은 예를 들어 의사가 자연스러운 삶과정의 역동성에 대해 논의하면 불안을 느끼지 않고 반대로 적극적인 관심을 보인다. 반면 감정전염병 환자는 감정전염병 기제에 대해 논의하면 동요하거나 분노하게 된다. 모든 오르가즘불능이 감정전염병으로 이어지지는 않지만, 모든 감정전염병 환자는 영구적으로 오르가즘불능이거나 발병 직전에 불능이게 된다. 따라서 전염병반응과 합리적 반응을 쉽게 구별할 수 있다.

더욱이 어떠한 치유기법의 도입으로도 자연스럽고 건강한 행동을 방해하거나 제거할 수 없다. 예를 들어 행복한 사랑을 방해하는 즉 '치유'하는 합리적 수단은 없다. 그러나 신경증증상을 제거할 수는 있다. 진정한 성격분석 치유기법으로 접근하여 치료할 수 있다는 사실을 통해 우리는 전염병반응을 알아볼 수도 있다. 예를 들어 감정전염병의 전형적인 특성인 돈탐욕은 치료할 수 있어도 금전적 관대함은 치유할 수 없다. 사악한 교활함은 치유할 수 있어도 개방적 성격은 치유할 수 없다. 감정전염병 반응은 임상적으로 불능과 비슷하며 이는 제거할 수 있다, 즉 치유할 수 있다. 반대로 성기능능력은 '치유할 수 없다'.

감정전염병 반응의 본질적인 **기본특징은 행동과 행동동기가 결코 일치**

하지 않는다는 것이다. 진짜 동기는 숨기고 겉으로 드러난 동기가 행동에 제시된다. 자연스럽고 건강한 성격반응에서는 **동기, 행동, 목표가 유기적인 통일로 합체되며** 그 어떤 것도 숨기지 않는다. 이것은 즉시 이해할 수 있다. 예를 들어 건강한 사람은 자연스러운 사랑욕구와 그 만족이라는 목표 외에는 성행위에 대한 다른 이유[정당화]가 없다. 반면에 금욕적인 전염병 환자는 자신의 성적 약점을 윤리적 요구로 이차적으로 정당화한다. 이 정당화는 삶태도와는 아무런 관련이 없다. 삶을 부정하는 금욕적 삶태도는 정당화 이전에 존재한다. 건강한 사람은 자신의 삶[생활]방식을 다른 사람에게 강요하고 싶어 하지 않지만, 도움을 요청하고 여유가 있다면 치유하고 도울 것이다. 건강한 사람은 어떤 상황에서도 모든 사람이 '**건강해야 한다**'고 **선언하지** 않는다. 우선 건강을 명령할 수 없으므로 그러한 명령은 합리적이지 않을 것이다. 두 번째로 건강한 사람은 자신의 삶을 영위하는 동기가 다른 사람들의 삶방식이 아니라 자신의 삶방식과 연결되어 있으므로, 삶에 대한 자신의 태도를 다른 사람에게 강요하려는 충동이 전혀 없다. 감정전염병에 걸린 사람은 자신의 삶방식을 자신 뿐만 아니라 무엇보다도 자신의 주변에도 요구한다는 점에서 건강한 사람과 다르다. 건강한 사람이 조언하고 돕고 단순히 자신의 경험을 바탕으로 다른 사람보다 앞서 살고 다른 사람들이 자신을 모범으로 삼고 싶은지 여부를 그들에게 맡기는 반면, 전염병 환자는 자신의 삶방식을 다른 사람들에게 강제로 부과한다. 전염병 환자는 자신의 무장을 위협하거나 비합리적인 동기를 드러내는 견해를 용납하지 않는다. 건강한 사람은 자신의 행동동기에 대해 들으면 기쁨을 느끼는 반면, 전염병 환자는 광란에 빠진다. 건강한 사람은 삶에 대한 다른 견해가 삶과 일을 방해하는 경우 **자신의 삶방식을 보존하기 위해 합리적 방식으로 열심히 싸운다**. 전염병 환자는 자신에게 전혀 영향을 미치지 않는 곳에서도 **다른 삶방식에 맞서 싸운다**. 그의 투쟁동기는 다른 삶방식이 그 존재 자체로 도발을 나타내기 때문이다.

감정전염병 반응에 한결같이 공급되는 에너지는 가학적인 전정행위이든 친구의 명예훼손이든 상관없이 **만족할 수 없는 쾌락빈곤(성기부정**[60]**)**

에서 비롯된다. 전염병 환자는 다른 모든 생체병리와 공통으로 이 억눌린 성에너지를 지니고 있다. 즉시 차이점에 관해 설명하겠다. 감정전염병의 기본적인 생체병리 특성은 다른 생체병리와 마찬가지로 자연스러운 사랑 능력을 확립함으로써 치유할 수 있다는 사실로 표현된다.

감정전염병 경향은 보편적이다. 여기에는 전염병 환자가 없고 저기에는 전염병 환자가 있는 것이 아니다. 모든 인간이 암, 정신분열증 또는 알코올중독의 경향이 있는 것처럼, 모든 사람 심지어 가장 건강하고 가장 즐겁게 사는 사람조차도 내면에 비합리적 전염병반응 경향을 지니고 있다.

감정전염병을 단순한 성격신경증과 구별하는 것보다 성기성격구조와 구별하는 것이 더 쉽다. 감정전염병은 엄밀한 의미에서 성격신경증이나 성격 생체병리이지만 그 이상이기도 하며, 바로 그 이상이기 때문에 생체병리 및 성격신경증과 구별된다. 우리는 **생체병리적 성격구조로 인해 대인관계 즉 사회관계 및 해당시설[제도]에서 조직적이거나 전형적인 영향을 미치는 인간행동을 감정전염병**이라고 부를 수 있다. 감정전염병의 작용영역은 성격 생체병리의 영역만큼 넓다. 이는 성격 생체병리가 있는 곳에는 적어도 감정전염병의 만성 영향이나 급성 전염병이 발생할 가능성이 있다는 것을 의미한다. 전염병이 만성으로 만연하거나 급성 공격으로 나타날 수 있는 몇 가지 전형적인 영역을 간략하게 설명해 보겠다. 우리는 이것이 전염병이 활동하는 가장 중요한 삶영역이라는 것을 즉시 알게 될 것이다. 파괴적인 형태의 신비주의, 권위에 대한 수동적 및 능동적 중독, 도덕주의, 생체신경계의 생체병리, 당파정치, 내가 '가족'이라고 부르는 가족전염병, 가학적인 교육방법과 그러한 교육방법에 대한 피학적 묵인 또는 그에 대한 범죄적 반항, 험담과 명예훼손, 권위주의적 관료주의, 제국주의 전쟁이데올로기, 미국의 '라켓(Racket)'[흥청망청 떠들며 놀기]이라는 용어에 해당하는 모든 것, 범죄적 반사회성, 포르노, 돈 유용, 인종증오.

---

60) 영어로 성기좌절(genital frustration).

우리는 감정전염병 영역이 모든 자유운동이 지금까지 맞서 싸워온 광범위한 사회악 영역과 거의 일치한다는 것을 알 수 있다. 다소 부정확한 표현이지만, 감정전염병 영역을 '정치적 반응' 영역과 동일시할 수도 있고 심지어는 정치원리와 동일시할 수도 있다. 이를 올바르게 수행하려면 모든 정치의 기본원칙, 즉 권력과 특권에 대한 추구[병적 욕망]를 일반적인 의미에서 정치가 언급되지 않는 다양한 삶영역으로 옮겨야 한다. 예를 들어 정치의 방법을 사용하여 자녀를 남편으로부터 소외시키는 어머니는 정치적 감정전염병의 확장된 개념에 속하며, 사실상의 성취가 아니라 음모의 방법을 통해 자신의 성취와 전혀 일치하지 않는 높은 사회적 지위에 오르는 야심찬 과학자도 마찬가지다.

우리는 모든 감정전염병 형식의 공통된 생체생리 핵심이 생물학적 성울혈이라는 것을 이미 전에 알았다. 우리의 경험에 따르면 성기성격은 감정전염병의 방법을 사용할 수 없다. 이것은 감정전염병의 제도[시설]가 대부분 지배하는 사회생활에서 큰 단점이다. 이제 모든 감정전염병 형식의 두 번째 공통분모가 있다. **자연스러운 성만족능력 상실은 한결같이 이차적 충동 특히 가학충동의 발달로 이어진다**는 것이다. 이것은 임상으로 잘 입증되고 확립된 사실이다. 따라서 감정전염병 반응을 일으키는 생체정신에너지가 한결같이 **이차적** 충동에너지와 같은 유형이라는 사실을 발견하는 것은 놀라운 일이 아니다. 뚜렷한 사례들에서 특히 인간의 **가학성향**은 절대 빠지지 않는다.

이제 **진실성과 솔직함**이 매우 드문 인간특성이라는 것을 이해할 수 있으며, 이러한 자랑스러운 행동이 여기저기서 일어날 때 한결같이 놀라움과 감탄을 자아낸다. '문화적' 이상이라는 관점에서 보면 진실성과 솔직함은 일상적이고 자명한 태도라고 생각할 수 있다. 그렇게 생각하지 않을 뿐만 아니라 경이로움의 대상이 되고, 진실하고 솔직한 사람이 기이한 사람으로 왠지 괴팍한 사람으로 여겨지고, 더 나아가 진실하고 솔직한 사람이 되는 것이 종종 자신의 삶에 대한 사회적 위험과 연결된다는 사실은 지배적인 문화 이데올로기에 근거해서는 어떤 방식으로도 이해할 수 없으며,

조직화된 감정전염병에 대한 지식을 통해서만 이해할 수 있다. 이런 식으로만 자유를 위한 모든 노력의 원동력, 즉 **객관성**과 **진실성**이 수 세기에 걸친 가장 어려운 노력에도 불구하고 계속해서 실패해 왔다는 것을 이해할 수 있다. 따라서 어떤 자유운동도 조직화된 감정전염병에 진실로 날카롭고 명확하게 맞서지 않는 한 목표를 달성할 가능성이 없다고 가정할 수 있다.

감정전염병이 알려지지 않은 것이 감정전염병에 대한 가장 확실한 보호책이었다. 따라서 감정전염병의 본질과 역동성에 대한 정확한 조사는 이러한 보호를 무너뜨릴 것이며, 이는 결과적으로 감정전염병 보균자에게 자신의 존재에 대한 치명적인 위협으로 인식될 것이라고 가정할 수 있다. 이것은 다음과 같은 사실 설명에 대한 전염병 보유자와 전염병 전파자의 반응에서 반드시 분명해질 것이다. 우리는 예상되는 반응을 통해 감정전염병과 싸우는 데 도움을 주고자 하는 사람과 감정전염병 제도를 유지하려는 사람을 정확하게 구별해야 하며 구별할 수 있을 것이다. 감정전염병의 **비합리적** 특성은 그 뿌리를 캐려고 하자마자 그 의도와는 반대로 한결같이 드러난다는 것이 여러 번 밝혀졌다. 감정전염병은 비합리적으로 반응하는 것 외에는 다른 방법으로 반응할 수 없으므로 이를 이해할 수 있다. 합리적 사유와 자연스러운 삶태도에 갑작스럽고 분명하게 대면하면 감정전염병은 쓰러질 운명에 있다. 직접 공격하거나 싸울 필요조차 없다. 살아있는 것이 지닌 자연스러운 기능을 객관적이고 진실하게 묘사하면 자동으로 그리고 확실히 감정전염병은 광란에 빠진다. 감정전염병이 이보다 더 싫어하는 것은 없다.

성기성격, 신경증성격 그리고 감정전염병 반응의 차이

1) 생각에서

성기성격에서 생각[사유]은 **객관적 사실과 과정**을 지향하고, 본질적인 것과 비본질적이거나 덜 본질적인 것을 구별하고, 비합리적이고 감정적인 장애를 생각하고 제거하려고 노력하며, 본질적으로 **기능적**이다. 즉 적응력이 있고 **기계적이지 않고 신비적이지 않다**. 판단은 사유과정의 결과이며, 합리적 사유는 **사실에 근거한** 반론 없이는 제대로 작동할 수 없으므로 **사실에 근거한** 주장에 잘 맞는다.

신경증성격의 사유 또한 객관적 과정과 사실을 지향하려고 노력하지만, 만성 성울혈이 합리적 사유의 배경과 연결되어 작동하기 때문에 어느 정도 동시에 **불쾌회피** 원칙을 지향한다. 따라서 신경증성격은 조사해 보면 불쾌감을 유발하거나 예를 들어 강박성격의 사유체계와 모순되는 과정과 절차를 피하려고 다양한 수단을 사용하는데, 비합리적으로 탐색하여 합리적 목표를 달성할 수 없게 된다. 예를 들어, 평화와 자유에 대한 갈망은 일반적으로 바람직한데 성격의 사유구조는 대체로 성격신경증적이고 **자유불안과 책임불안**(=**쾌락불안**)이 동시에 있어서, 평화와 자유에 대해 일반적으로 객관적으로 말하지 않고 형식적으로 말하며, 모든 사람에게 명백한 평화와 자유의 자연스러운 구성요소인 삶의 가장 단순하고 명백한 사실을 – 감정가의 눈에 – 의도적으로 피하고 중요한 관계와 연결을 간과한다. 예를 들어, 정치는 파멸적이며 인류는 정신적으로 병들어 있다는 잘 알려진 사실은 실행 가능한 민주질서에 대한 의식적인 요구와 어떤 식으로도 연결되지 않는다. 두 개 이상의 잘 알려져 있고 일반적으로 타당한 사실이 아무런 연관 없이 나란히 존재한다. 이러한 사실을 연결하면 신경증성격이 **이념적으로는 긍정**할 준비가 되어 있어도 **실제로는 두려워하는 실제 일상생활의 변화**가 즉시 요구된다. 신경증성격[의 인물]의 성격 갑옷은 현재 이미 자리 잡은 삶과정의 변화를 금지한다. 따라서 그는 예를 들어 사회와 과학의 비합리주의 비판에는 동의하되 그 비판에 따라 자신이나 주변환경을 실질적으로 그리고 사실적으로 재건하지는 않을 것이며, 따라서 그는 사회를 모범적으로 재편하는 데 중심이 되지 않을 것이다. 실제로 이념적으로는 "예"라고 말하는 같은 인물이 다른 인물이 실제 변화를 일으키면 격렬한 반대자가 되는 경우가 종종 있다. 바로 여기에서 신경증성격과 감정전염병 환자 사이의 경계가 흐려진다.

감정전염병에 걸린 사람은 수동적 태도에 만족하지 않고 다소 삶을 파괴하는 **사회활동**을 한다는 점에서 신경증성격과 다르며, 그의 사유는 **비합리적** 개념으로 인해 완전히 흐려지고 본질적으로 **비합리적** 감정에 의해서만 결정된다. 그의 사유는 성기성격의 경우와 마찬가지로 (사유와 행동이 다른 신경증성격과 반대로) 그의 행동과 완전히 조화를 이룬다. 그러나 전염병의 사유결론은 **사유과정에 앞서 완벽히** 준비된다. 사유는 합리적 영역에서처럼 올바른 결론에 도달하는 데 도움이 되지 않지만, 반대로 준비된 비합리적인 사유결론을 확인하고 합리화하는 데 도움이 된다. 이를 일반적으로 '편견'이라고 부르는데, 이 편견은 광범위한 사회적 영향을 미친다는 사실이 간과되고 있다. 사실 편견은 널리 퍼져 있으며 '전통'이라고 불리는 거의 모든 것을 특징 짓고 있다. 감정전염병의 사유는 편협하다. 즉 자신의 근거를 빼앗을 수 있는 합리적 사유를 용납하지 않는다. 결과적으로 전염병의 사유는 논쟁에 접근할 수 없으며 말하자면 **자신의 영역에서 자체 기법 즉 자체 '일관성'**을 지니고 있는데, 이는 '논리적'이라는 인상을 준다. 이런 식으로 실제로는 합리적이지 않으면서도 합리적이라는 인상을 준다.

예를 들어, 엄격하고 권위주의적인 교육자는 아이들을 기존 방식으로 교육하기 어렵다고 완전히 논리적이고 정확하게 호소한다. 이 **좁은** 틀 안에서 그 결론은 올바른 것처럼 보인다. 이제 합리적인 사유가 비합리적인 사유가 호소하는 교육의 어려움 자체가 교육에서 정확히 이러한 비합리적 사유의 사회적 **결과**라는 것을 제시하면, 비합리적 사유는 전형적으로 사유차단에 직면하게 된다. 바로 이 시점에서 전염병에 걸린 사람이 지닌 사유의 비합리적 성격이 드러난다.

또 다른 예를 들어 보자. 도덕적 성억압은 이차적 충동을 낳고 이차적 충동은 도덕적 억압을 요구하며 이 관계에서 나오는 모든 결론은 그 자체로 논리적이다. 이제 억압의 필요성을 주장하는 사람에게 **자연스러운** 욕구만족을 드러냄으로써 이차적 충동의 폐지를 제안하면 전염병 환자의 사유체계를 돌파할 수 있지만, 그는 일반적으로 통찰력과 수정으로 이에 반응하지 않고 비합리적 주장, 침묵 또는 심지어 증오로 반응한다. **억압과 이차적 충동이 모두 남아 있다**는 것이 그에게 **감정적으로** 중요하다. 그는 **자연스러운 충동을 불안해한다.** 이 불안은 그 자체로 논리적인 그의 전체 사유체계의 비합리적 동기로 작용하며, 사회체계가 심각하게 위험에 빠질 때 그를 위험한 행동으로 몰아가는 것은 바로 이것이다.

2) 행동에서

성기성격의 경우 동기, 목표, 행동이 일치하며 목표와 동기는 합리적이다, 즉 **사회적으로 방향이 지워진다.** 성기성격은 자연스러운 본성에 따라 즉 일차적 **생물학적** 근거에 기초하여 **자신과 타인의 생활조건**을 개선하기 위해 노력하며, 이것을 우리는 '사회적 성취'라고 부른다.

신경증성격의 경우 행동동기가 정서가 없거나 정서와 모순되기 때문에 행동능력은 한결같이 제한된다. 신경증성격은 일반적으로 자신의 비합리성을 잘 억제해왔기 때문에 끊임없이 자신을 방어해야 하며, 이것이 바로 그의 행동능력을 제한하는 것이다. 그는 가학적이거나 다른 충동이 자신과 함께 발생할지 확신할 수 없으므로 어떤 활동에서든 완전히 참여하는 것을 불안해한다. 그는 일반적으로 **건강한 사람들을 부러워하지 않고** 자신이 자신의 삶을 억제한다는 것을 어렵사리 알아채며, "나는 인생에서 불행을 겪었지만, 우리 아이들은 나보다 더 잘 살아야 한다"는 태도가 특징이다. 이러한 태도는 그를 진보에 동정적이지만 무익한 구경꾼으로 만든다. 그는 진보에 해를 끼치지는 않는다.

감정전염병 환자의 경우 행동동기가 한결같이 뒤로 숨는다. **명시된 동기는** 의식적이든 무의식적이든 상관없이 **실제 동기와 일치하지 않으며** 마찬가지로 명시된 목표와 실제 목표가 일치하지 않는다. 예를 들어 독일 파시즘에서 명시된 목표는 '독일민족의 구원과 해방'이었다. 실제 목표는 성격구조에서는 제국주의전쟁, 세계정복 그 이상이 아니었다. 전염병 환자의 기본특성은 명시된 고급목표와 동기를 진지하고 정직하게 믿는 것이다. 진지하게 받아들이지 않으면 감정전염병 환자의 성격구조를 이해할 수 없다는 점을 강조하고 싶다. **전염병에 걸린 사람은 구조적 강박[제약] 아래에서 행동한다.** 아무리 선량한 사람일지라도 그는 **전염병에 걸린 채 행동할 수밖에 없다.** 사랑욕구나 진실성이 성기성격에 필수적인 것처럼 이 행동은 그의 본성에 필수적이다. 그러나 전염병에 걸린 사람은 자신의 행동의 해로움에 대한 통찰이 아니라 정말 주관적인 신념의 보호 아래서 고통을 겪는다. 자신에게 불충한 아내에 대한 증오심으로 인해 공동의 아이를 자신의 아이라고 주장하는 아버지는 "아이를 위해" 가장 정직한 신념에서 행동하지만, 아이가 어머니와의 이별로 인해 고통을 겪거나 심지어 죽을 때도 전혀 바뀔 수 없는 것으로 판명된다. 전염병에 걸린 아버지는 이차적으로 어머니로부터 아이를 멀어지게 할 때 아이에게 '좋은 의미'를 지니고 있다는 확신을 유지하기 위해 온갖 이유를 찾을 것이지만, 우리는 그에게 **실제 동기**가 어머니에 대한 가학처벌이라고 설득할 수 **없다.** 감정전염병에 걸린 사람은 신경증성격과는 반대로 건강한 모든 것에 대한 치명적인 증오와 결합된 시기심을 구조에서 한결같이 발달시킨다. 신경증성격의 노처녀는 체념하고 살며 다른 소녀들의 사랑생활을 방해하지 않는다. 반면 전염병에 걸린 노처녀는 다른 소녀들의 사랑행복을 용납하지 않으며, 자신이 교사라면 자신에게 맡겨진 소녀들이 사랑행복을 경험할 수 **없게 만들** 것이라고 확실하게 생각할 수 있으며, 이것은 인생의 모든 상황에 적용된다. 감정전염병 성격은 모든 상황에서 모든 수단을 동원하여 **자신의** 생활방식과 사유방식이 방해받지 않도록 환경을 바꾸려고 노력할 것이다. 감정전염병에 걸린 사람은 자신에게 모순되는 모든 것을 도발로 느끼고 결과적으로 깊은 증오로 박해한다. 이것은 특히 고행자들에게서 분명하게 볼 수 있다. 어떤 모습으로든 고행자의 기본태도는 한결같이 다음과 같다. "**다른 사람들은 나보다 더 잘 되어서는 안 되며, 나처럼 고통을 겪어야 한다.**" 이 기본태도는 모든 경우에 논리적으로 잘 정돈된 이데올로기나 삶이론에 의해 너무 잘 숨겨져 있어서 더 많은 삶경험과 사유작업을 통해서만 드러낼 수 있다. 당황스럽지만 여기서 반드시 주목할 점은 금세기 초 유럽 공식교육 대부분이 여전히 이 유형에 따라 이루어졌다는 사실이다.

3) 성생활에서

성기성격의 성생활은 본질적으로 생물학적 에너지의 자연적 기본법칙에 의해 결정되며, 다른 사람의 사랑행복을 함께 지켜보는 기쁨은 그에게 구조적으로 자명하며 마찬가지로 도착에 대한 무관심과 음란물에 대한 혐오감도 그러하다. 건강한 영아와 잘 접촉하는 것으로 성기성격을 쉽게 알아볼 수 있다. 어린이와 청소년이 본질적으로 **성**에 관심이 있다는 사실은 구조적으로 알려져 있고 자명하다. 마찬가지로 이러한 생물학적 사실에서 비롯된 요구는 종종 사회적 장애물에 의해 제한되며, 충족되거나 적어도 열망의 대상이 된다. 이러한 태도는 해당 지식을 배웠는지에 관계없이 자생적으로 존재한다. 오늘날 사회생활에서 정확히 그러한 어머니와 아버지는 자신들을 지원하는 환경에서 살지 않으면 권위주의적 기관에 의해 범죄자로 취급될 큰 위험에 노출된다. 그들은 정반대의 것, 가능한 가장 확실한 사회보호를 받을 자격이 있다. 그들은 언젠가 합리적으로 행동하는 교육자와 의사가 등장할 사회의 중심을 형성하며, 그들의 행동과 삶의 토대는 그들 자신이 경험한 사랑행복이다. 예를 들어, 완벽하게 건강하고 자연스러운 법칙에 따라 자녀를 성적으로 사랑하도록 허용한 부모는 권력을 가진 금욕주의자들로부터 부도덕(또는 '도덕적 타락')하다고 비난받고 자녀를 잃을 위험에 처할 수 있다.

신경증성격은 성과 관련하여 체념한 채 살아가거나 은밀한 도착활동을 하며 살아간다. 신경증성격을 지닌 사람의 오르가즘불능은 사랑행복에 대한 갈망을 동반하며, 그는 다른 사람의 사랑행복에 무관심하고 성별문제에 접촉할 때 증오보다는 불안에 지배된다. 그의 무장은 자신의 성생활에만 관심이 있으며 다른 사람의 성생활에는 관심이 없다. 오르가즘갈망은 공동체의 건강에 크게 도움이 되거나 크게 해를 끼치지 않는 문화적이거나 종교적인 이상에서 매우 자주 처리된다. 신경증성격을 지닌 사람은 일반적으로 사회에서 덜 영향력 있는 서클과 집단에서 활동한다. 이러한 많은 집단의 문화적 가치는 의심할 여지가 없어도 일반대중이 자연스러운 사랑생활에 관한 질문에 훨씬 더 직접 마주하기 때문에, 일반대중의 구조적 위생문제에 도움이 될 만한 것이 아무것도 없다.

방금 설명한 성과 관련하여 해를 끼치지 않는 신경증성격의 기본태도는 적절한 외부조건에 따라 언제든지 감정전염병 형식으로 바뀔 수 있다. 그 과정은 일반적으로 다음과 같다. 문화적, 종교적 이상에 의해 억제된 이차적 충동이 나타난다. 감정전염병 환자의 리비도는 전형적으로 가학적이고 외설적이다. 불만족으로 인한 **성적 음탕함과 가학적 도덕주의가 동시에 나타나는 것**이 특징이다. 이것은 구조적으로 주어진 것으로 전염병 환자는 통찰력과 지식이 있어도 이것을 바꿀 수 없으며, 구조적으로 외설적이고 음란하며 동시에 가학적이고 도덕적일 수밖에 없다.

이것이 전염병에 걸린 성격구조의 핵심이다. 전염병에 걸린 사람은 자신의 오르가즘갈망과 오르가즘불안을 유발하는 모든 과정에 대해 격렬한 증오심을 갖게 된다. 금욕요구는 자신을 향할 뿐만 아니라 무엇보다도 다른 사람의 자연스러운 사랑생활에 가학방식으로 향한다. 감정전염병에 걸린 사람은 사회적 서클을 형성하는 특별한 경향이 있다. 이 서클은 여론의 중심이 되며, 무엇보다도 자연스러운 사랑생활 문제에 대해서 아주 편협한 생각을 지니는 것이 특징이다. 그들은 널리 퍼져 있고 잘 알려져 있다. 그들은 '문화'와 '도덕'의 방패 아래 자연스러운 사랑생활의 모든 표현을 박해하며 시간이 지남에 따라 특별한 명예훼손 기술을 발전시킨다. 이에 대해서는 다른 곳에서 다룰 예정이다.

임상연구에 따르면 감정전염병에 걸린 이러한 사람에게 성험담과 명예훼손은 일종의 도착적 성만족을 제공한다는 데 의심의 여지가 없다. 이것은 자연스러운 성기기능을 배제하는 성쾌락의 문제다. 정확히 그러한 서클에서 동성애, 동물과의 성교, 기타 도착형식을 종종 발견한다. 성비밀재판[61]은 다른 사람의 도착적 성생활에 대해서가 아니라 자연스러운 성생활에 대해 가학적으로 이루어진다. 또한 어린이와 청소년의 자연스러운 성생활에 대해서는 특히 단호한 입장을 지니며, 여기서 가장 특이한 방식으로 모든 종류의 도착적 성활동에 대해 눈을 감는다. 성재판은 많은 사람의 삶을 양심에 걸어놓고 있다.

4) 노동에서

성기성격은 능동적인 방식으로 노동과정의 발전을 따른다. 노동과정은 **그 자체로** 진행된다. 관심은 본질적으로 노동과정 자체에 집중된다. 노동결과는 노동과정에서 자생적으로 발생하기 때문에 특별한 노력이 필요 없는 산물이다. **노동과정의 진행을 통해 생산물을 제작하는 것은 생물학적 노동즐거움의 본질적 특징이다.** 여기에서 어린이의 활동을 위해 미리 준비된 노동생산물을 규정하는 모든 유아교육 방법에 대한 날카로운 비판이 나온다. 노동생산물에 대한 기대와 노동과정에 대한 엄밀한 결정은 어린이의 생각이나 **생산성**을 억누른다. 생물학적 노동즐거움은 **열정능력**과 밀접한 관련이 있다. 강박적 도덕주의는 신비로운 황홀경만을 용인하고 진정한 열정을 용인하지 않으므로 어린이는 노동분야에서 항상 희생자가 된다. 주어진 벽돌로 주어진 방식대로 이미 주어진 건물을 지어야 하는 어린이는 상상력을 발휘할 수 없고 열정을 키울 수 없다. 우리는 권위주의적 교육의 이러한 기본특성이 어른들의 쾌락불안에서 비롯된 것임을 더는 고

---

61) 독일 중세시대의 재판소, 비밀주의와 가혹함으로 비판받음. [옮긴이 주]

민하지 않고 이해하며, 이것은 어린이의 노동쾌락에 억압적 영향을 미친다. **성기성격은 노동생산물과 노동방법을 규정하는 것이 아니라 모범을 통해 다른 사람의 노동수행을 안내한다.** 여기에는 생장흐름을 받아들이고 자신을 놓아줄 수 있는 능력이 포함된다.

신경증성격은 노동에서 다소 제한을 받는다. 신경증성격을 지닌 사람의 생물학적 에너지는 본질적으로 도착환상 방어에 사용된다. 신경증적 노동장애는 언제나 생물학적 에너지의 잘못된 사용에 뿌리를 두고 있으며, 신경증성격의 노동은 아무리 커다란 가능성을 지닐 수 있더라도 정확히 같은 이유로 자동적이고 기쁨이 없는 것이 특징이다. 신경증성격은 진정한 열정을 가질 수 없으므로 예를 들어 교육자인 경우 어린이의 열정능력을 '보기 흉하다'고 여길 것이다. 하지만 강박신경증 방식으로 다른 사람의 노동을 결정하겠다고 주장한다.

감정전염병에 걸린 사람은 노동을 부담으로 느끼기 때문에 노동을 **싫어하고**, 따라서 모든 책임에서 그리고 특히 인내심이 필요한 작은 성취에서 도망친다. 그는 중요한 책을 쓰고 뛰어난 예술작품을 만들고 농장을 경작하는 등의 꿈을 꿀 수 있지만, 노동을 할 수 없으므로 모든 노동과정에 들어있는 필요하고 점진적인 유기적 발전을 피한다. 이것은 그를 이데올로그, 신비주의자 또는 정치가가 되게 하는 경향, 즉 인내와 유기적 발전이 필요하지 않은 활동을 배양하는 경향을 만든다. 그는 이런저런 삶 영역에서 독재자만큼이나 노동하지 않는 방랑자가 될 수 있다. 그는 신경증 환상에서 완성된 삶이미지를 스스로 세우고 스스로 노동할 수 없으므로 다른 사람들에게 이 병든 삶이미지를 생산하도록 강요하고 싶어 한다. 미국인이 **나쁜** 의미로 '보스'라고 부르는 것은 그러한 별자리의 산물이다. 집합적 노동과정을 관리하는 성기성격은 자발적으로 좋은 모범을 보인다. 성기성격을 지닌 사람은 다른 사람들보다 **더 많이** 노동한다. 반면 감정전염병에 걸린 사람은 일반적으로 항상 다른 사람들보다 덜 노동하기를 원한다. 노동능력이 낮을수록 그래서 자존감이 낮을수록 노동능력에 관한 주장이 더 선명해지고 결과적으로 자존감이 낮을수록 노동**리더십**에 대한 주장이 더 선명해진다.

이 비교는 필연적으로 도식적이다. 살아있는 현실에서 모든 성기성격도 성격신경증적 억제와 전염병 반응을 지니고 있으며, 마찬가지로 모든 전염병 환자는 자신 안에 성기성격의 **가능성**을 지니고 있다. 생장치료 경험은 '도덕적 광기'라는 정신의학 개념에 해당하는 감정전염병 환자를 원칙적으로 치료할 수 있을 뿐만 아니라 매우 특별한 정신·노동·성 능력을 발달시킬 수도 있게 한다는 점에 의심의 여지가 없다. '감정전염병'이라는 용어가 경멸표현이 아니라는 점을 다시 한번 강조할 기회다. 거의 30년 동안 생체정신의학 노동을 하는 과정에서 나는 감정전염병 경향은 관련자가 생물학적으로 매우 높은 에너지량을 부여받았다는 신호라고 확신하게 되었다. 경직된 성격과 근육질무장으로 인해 자연스럽게 발달할 수 없을 때 그를 감정전염병에 걸리게 만드는 것은 바로 **그의 생물학적 에너지의 높은 긴장**이다. 감정전염병에 걸린 사람은 권위주의적 강제교육의 산물이며, 성취하지 못한 더 큰 재능의 결과로 조용하고 체념한 신경증성격보다 훨씬 더 성공적인 방식으로 강제교육에 복수한다. 감정전염병에 걸린 사람의 **반란은 사회적 측면에서 목적이 없고** 더 나은 방향으로 합리적 변화를 가져올 수 없다는 점에서 성기성격과 다르며, **체념하지 않는다**는 점에서 신경증성격과 다르다.

성기성격은 자신의 감정전염병 반응을 두 가지 방식으로 통제한다. 첫 번째로 본질적으로 합리적 성격구조로 인해 자신의 전염병반응이 낯설고 무의미하다고 느끼고, 두 번째로 합리적 과정에 뿌리를 두고 있으므로 비합리적 경향으로 인해 자신의 삶과정을 위협할 수 있는 위험을 즉시 감지한다. 따라서 그는 자신을 통제할 수 있는 능력을 지니고 있다. 반면 감정전염병 환자는 자신의 행동에서 너무 많은 이차적이고 가학적인 쾌락을 얻어서 어떤 수정도 받아들일 수 없다. 건강한 사람의 행동은 생둘학적 에너지의 저장소에서 직접 흘러나온다. 전염병 환자의 행동은 같은 저장소에서 나오지만 모든 행동에서 성격무장과 근육무장을 **뚫어야** 하므로 최선의 동기가 반사회적이고 비합리적 행동이 된다. 성격갑옷을 통과할 때 행동기능이 바뀐다. 충동은 합리적 의도에서 시작되며 무장은 충동의 부드럽고 유기적 전개를 불가능하게 만든다. 전염병 환자는 이것을 참을 수 없는 제동으로 느끼고, 충동은 먼저 **무장을 뚫고 나와야만** 자신을 통상 표현할 수 있다. 이 과정에서 원래 의도와 합리적 목표는 사라진다. 행동결과에는 원래의 합리적 의도가 거의 포함되어 있지 않으며, 무장을 뚫고 나가기 위해 불러들여야 했던 **파괴성**이 정확하게 반영된다. **전염병에 걸린 사람의 잔인함은 근육갑옷과 성격갑옷을 깨뜨리지 못한 결과이다.** 전염병 행동은 오르가즘에너지 방출이나 합리적 자신감을 전달하지 못하기 때문에 갑옷을 풀 수 없다. 이 '실패'를 통해 우리는 감정전염병에 걸린 개인의 구조에 있는 모순 중 일부를 이해할 수 있다. 그는 사랑을 갈망하고 사랑할 수 있다고 믿는 여성을 찾지만, 사랑을 경험할 수 없는 것으로 밝혀진다. 이것은 그를 자신이나 사랑하는 여성에 대한 가학광란으로, 드물지 않게 살인으로 끝나는 광란으로 몰아넣는다.

따라서 기본적으로 감정전염병 환자를 특징짓는 것은 강렬한 삶의 성취와 그에 상응하는 삶의 성취에 대한 (갑옷 때문에) 무능력 사이의 모순이다. 주의 깊은 관찰자에게 유럽의 정치적 비합리주의는 확실히 이러한 모순으로 특징지어졌다. 즉 강박논리와 함께 최선의 의도가 파괴적 결과를 초래했다.

갱단 행위의 결과뿐만 아니라 전염병 행동을 만드는 **합리적 충동의 제동**을 살펴보면, 나는 앞서 설명한 감정전염병 기제가 갱단 유형에서 간단한 방식으로 입증될 수 있다고 믿는다.

이제 일상생활의 간단한 예를 통해 이러한 차이점을 확인하겠다.

첫 번째 일반적으로 이혼에서 발생하는 **자녀를 둘러싼 싸움**을 예로 들어 보겠다. 우리는 합리적 반응, 성격신경증적 억제 반응, 감정전염병 반응이라는 세 가지 다른 반응을 기대할 수 있다.

① 합리적 반응

아버지와 어머니는 합리적인 이유와 수단으로 자녀의 건강한 발달을 위해 싸운다. 그들은 원칙에서 동의할 수 있으며, 그러면 쉽지만 아주 다른 의견을 가질 수도 있다. 어쨌든 그들은 자녀의 이익을 위해 은밀한 방법을 사용하지 않을 것이다. 아이와 솔직하게 이야기하고 아이가 결정하도록 놔둔다. 자녀를 소유하려는 자신들의 이해관심을 버린다. 아이들을 자녀의 성향에 따라가도록 놔둘 것이다. 배우자 중 한 명 또는 다른 한 명이 알코올중독이거나 정신질환이 있는 경우, 이 사실은 용감하게 감당해야 할 불행으로 가능한 한 최대한 주의를 기울여 적절한 방식으로 자녀에게 전달된다. **동기는 항상 아이에게 해를 끼치지 않는 것이다.** 그들의 태도는 개인적인 이익을 희생함으로써 결정된다.

② 성격신경증 반응

아이를 둘러싼 싸움은 모든 종류의 고려사항, 밝혀지는 것에 대한 수줍음 등으로 인해 촉발된다. 갈등에서 주도하는 것은 자녀의 이익보다는 여론에 순응하는 것이다. 성격신경증을 지닌 부모는 그러한 문제에서 일반적인 입장을 따른다, 즉 자녀가 모든 상황에서 어머니와 함께 있어야 한다는 견해를 따르거나 법원명령을 참조한다. 배우자 중 한 명이 술주정뱅이거나 정신질환자인 경우 희생하고 사실을 숨기려는 경향이 있으며, 그 결과 자녀와 다른 배우자 모두 고통받고 위험에 처하게 된다. **이혼은 피한다.** 행동동기는 "우리는 소란을 피우고 싶지 않다"라는 문구로 각인된다. 그들의 **태도는 체념에 의해 결정된다.**

③ 감정전염병 환자의 반응

아이를 구하는 것은 한결같이 **가장된** 척하고 결과가 나타내듯이 **실현되지 않은** 동기이다. **진짜 동기는 아이의 기쁨을 박탈함으로써 상대[파트너]에게 복수하는 것이다.** 따라서 아이를 차지하기 위한 싸움은 건강하든 아프든 상관없이 상대의 명예를 훼손하는 역할을 한다. 자녀에 대한 배려가 부족하다는 것은 다른 부모에 대한 아이의 사랑을 고려하지 않는다는 사실로 표현된다. 자녀를 상대와 떼어놓기 위해 문제의 사람이 술주정꾼이거나 정신병자라고 가르치는데 이는 사실이 아니다. 그 **결과** 아이에게 **해를 끼치고, 동기는** 상대에 대한 복수와 상대의 파괴 뿐만 아니라 아이에 대한 사랑이 아닌 아이에 대한 지배이다.

이 예는 마음대로 변형할 수 있지만 기본특징에서 전형적이며 일반적인 사회적 의미를 지닌다. 합리적 법률체계라면 판단을 내릴 때 이러한 구분을 우선 고려해야 할 것이다. 이혼 건수가 많이 증가할 것이라고 가정할 수 있으며, 제대로 훈련받은 정신과의사와 치료교사만이 이혼에서 전염병 반응으로 인한 피해정도를 측정할 수 있다고 믿는다.

감정전염병 반응이 광범위하게 발생하는 사생활의 또 다른 예로 사랑상대[애인]의 불륜을 들어보겠다.

① 합리적 반응

사랑상대의 '불륜'으로 인해 위협을 받거나 영향을 받은 경우, 건강한 사람은 원칙적으로 다음과 같이 반응한다. 파트너와 사실상 헤어지거나 경쟁을 통해 사랑상대를 되찾거나 다른 관계가 너무 심각하지 않고 일시적인 성격을 지니면 묵인한다. 건강한 사람은 그러한 경우 신경증에 빠지지 않고 소유권을 주장하지 않으며 사건이 외설적인 형태로 일어날 때만 분노한다.

② 성격신경증 반응

불륜사건으로 피학적으로 고통받거나 무장이 그 인식을 차단한다. 별거에 대한 심한 불안이 있으며, 신경증 질병, 알코올중독, 히스테리발작으로 도피하거나 체념하는 일이 흔하다.

③ 감정전염병에 걸린 사람의 반응

불륜은 일반적으로 상대에 대한 사랑에서 비롯된 것이 아니라 상대에 대한 지나친 방종이나 복수심에서 비롯된다. 상처입은 당사자의 경우, 상대를 집에 가두거나 히스테리발작으로 지치게 하거나 가장 저열한 장면으로 통제하거나 심지어 형사가 지키게 하려는 시도도 한다. 알콜중독에 빠지는 것은 종종 상대를 더 쉽게 잔인하게 만들기 위해 수행된다. 동기는 상대에 대한 사랑이 아니라 지배야망과 소유욕이다.

질투의 비극은 감정전염병 활동영역의 광범위한 분야를 지배한다. 현재 이 광범위하고 암울한 삶영역을 고려할 수 있는 의학적, 사회적 또는 법적 견해와 조치가 없다.

이제 **'특정한 전염병반응'**이라고 부르는 감정전염병의 특히 인상적이고 전형적인 반응으로 넘어가 보겠다.

특정한 전염병반응은 성적인 그러므로 도덕적인 명예훼손을 특히 선호한다. 이것은 박해망상의 투사기제와 유사한 방식으로 기능한다. 여기서 무장을 뚫고 나온 도착충동이 외부세계의 사람이나 사물로 옮겨진다. 실제로는 내면충동인 것이 외부위협으로 잘못 해석된다. 생장 혈장흐름에서 생겨난 감각에도 똑같이 적용된다. 이러한 감각은 건강한 사람에게는 모순적인 성격갑옷의 영향 아래 즐거운 삶감각의 일부가 되지만, 정신분열증 환자에게는 사악한 적이 전기흐름으로 자신의 신체를 파괴하는 데 사용하는 비밀기계가 된다. 이러한 망상 투사기제는 잘 알려져 있다. 정신의학은 이러한 투사기제를 정신질환자에게만 국한하는 실수를 저질렀다. 사회생활에서 정상적인의 특정한 전염병반응 형식으로 정확히 같은 기제가 맹위를 떨친다는 사실을 간과했다. 이것에 대해 이제 이야기해야겠다.

생체정신 기제는 다음과 같다. 교육과 삶에서 강압적 도덕주의는 자연스러운 사랑욕구와 공통점이 없으며 가학성향이나 피학성향과 같은 진정한 이차적 충동인 성음탕함을 불러일으킨다. 자연스러운 쾌락생활에서 생장생명력이 사라졌기 때문에 음탕함과 성험담이 억제되지 않은 방식으로 이차적 욕구로 발생한다. 이제 정신병자가 자신의 생장흐름과 도착충동을 다른 사람에게 투사하고 그것을 다가오는 위협으로 느끼는 것처럼, 전염병 환자는 자신의 음탕함과 도착을 다른 사람에게 투사한다. 정신병자와는 반대로 전염병 환자는 다른 사람에게 투사된 **자신의** 자극을 위협으로 피학적으로 경험하지는 않지만, 자신이 인식할 수 없는 것을 방어하기 위해 가학방식으로 험담을 사용하여 다른 사람에게 전가한다. 이것은 자연스러운 성기성 뿐만 아니라 이차적이고 도착적인 자극에도 적용된다. 성기적으로 건강한 사람의 생활방식은 전염병 환자의 성기 약점을 고통스럽게 상기시켜 그의 신경증적 균형에 위협이 된다. 따라서 전염병 환자는 신포도 원칙[62]에 따라 다른 사람의 자연스러운 성기성을 오염시켜야 한다. 더욱이 그는 윤리적 도덕주의 뒤에 자신의 도착적 음탕함을 완전히 숨길 수 없으므로 그것을 험담중독의 희생자 탓으로 돌린다. 이런 종류의 전염병반응의 모든 사례에서 전염병 환자는 자신이 헛되이 맞서 싸우거나 **죄책감을 지니고** 살아가는 바로 그러한 특성을 건강한 사람이 지니고 있다고 말한다.

특정한 전염병반응 기제는 성 영역에서 성이 아닌 영역으로 쉽게 옮겨진다. 자신이 한 일, 하고 싶은 일 또는 하려고 생각하는 일을 다른 사람 탓으로 돌리는 것이 독특하다. 이제 삶에서 몇 가지 전형적인 예를 통해 특정한 전염병반응을 조명해 보겠다.

유럽의 진지한 서클들에서 "문화중독자"라고 불렸던 총명한 젊은이들이 있다. 그들은 똑똑하며 그들의 지능은 그 자체로 일종의 예술추구에 도움이 되었다. 그들은 괴테나 니체의 치명적인 심각한 문제를 실제로 이해하거나 경험한 적이 없지만 서로 고전을 암송하는 것을 좋아했다. 동시에 그들의 본질은 냉소주의로 각인돼 있다. 그들은 스스로가 관습에 얽매이지 않는 현대적이고 자유로운 영혼을 지닌 존재라고 여긴다. 진지한 경험을 할 수 없으므로 이들에게 성적인 사랑은 일종의 어린이 놀이[게임]다. 그들, 소년과 소녀는 여름방학 동안 무리를 지어 함께 생활한다. 밤에는 '어린이 놀이'라는 재미있는 오락이 있다. 이른 아침식사 시간에 그들은 쾌활하고 매우 지성적인 방식으로 어린이 놀이에 대해 농담을 한다. 예를 들어, '죄인소녀'는 모호하게 넌지시 빗대어 말하며 얼굴을 붉히게 된다. 이 모든 것은 현대의 '자유정신'과 '관습에 얽매이지 않는' 생활방식의 일부이다. 하나는 '쾌활'하고 '유머'가 있다. 그래서 밤에 얼마나 자주 놀이를 했는지 암시한다. 그리고 매우 '재치 있는' 문구를 사용하여 '매우 좋았을 것', '유쾌했을 것'이라고 추측하게 한다. 대중의 무한한 성빈곤과 성불감증의

---

62) 이솝우화에서 한 마리 여우가 맛있게 보이는 포도를 먹기 위해 포도나무에 올라가지만 결국 따지 못하자 "저 포도는 어차피 시어서 먹지 못할 텐데…"하고 포기하는 것이다. 이처럼 목적이나 욕구가 좌절될 때 그 욕구와 현실 간의 괴리를 메우기 위해 자신에게 유리한 자기 정당화를 내세우는 것을 신포도 기제라고 한다. 어떤 목표를 달성하려 했으나 실패한 사람이 자신은 처음부터 그것을 원하지 않았다고 변명하는 것 즉 합리화하는 것을 말한다. [옮긴이 주]

파괴적인 역할을 알고 있는 진지한 청취자는 오르가즘불능의 결과로 성굶주림에서 나오는 음탕함이라는 인상을 받는다. 대중의 감정전염병과 자신을 희생해가면서 싸우는 진지한 성경제학을 병든 마음의 그물로 간주하는 것은 그러한 교양 있는 '보헤미안'에 전형적이다. 그러나 '고위정치'의 예술에는 정통하다. 그런 문화보유자들은 항상 사람이 지켜야 할 문화적 '가치'에 대해 이야기하지만, 문화적 가치에 대한 자신들의 이야기를 대중의 사회적 실천으로 번역하기 시작하자마자 미쳐 날뛰게 된다.

그런 보헤미안 중 한 명이 나와 함께 공부하고 싶어 하는 한 여성을 만났다. 대화는 자연스럽게 내 작업으로 이어졌다. 그는 그녀에게 경고했다. 그는 내가 '무면허 공공매춘업소 주인'이기 때문에 자신의 가장 친한 친구도 가장 나쁜 적도 나에게 보내지 않을 것이라고 말했다. 그는 즉시 내가 임상적으로 매우 유능하다고 말하면서 퇴로를 안전하게 마련해 두었다. 특정한 감정전염병 반응에 기초한 이러한 명예훼손은 자연스럽게 퍼져나갔다. 하지만 그 여성은 성경제학적 교육학을 공부하기 위해 나에게 왔고 곧 우리가 감정전염병 반응이라고 부르는 것을 아주 즉각 이해했다.

그러한 상황에서 객관적이고 올바르게 행동하기는 어렵다. 우리는 손을 깨끗하게 유지하고 싶어 하므로, 저절로 생겨나고 그럴만한 이유가 있는 충동에 따라 그러한 전염병 환자에게 더는 사람들의 명예를 훼손하지 못하도록 신체적으로 처벌할 수는 없다. 고상한 방식으로 사건을 무시하는 것은 전염병 환자가 기대하는 일을 정확히 수행하는 것을 의미하며, 그러면 그는 방해받지 않고 사회적 장난을 계속할 수 있다. 전염병을 **의학적으로** 처리하는 것이 아니라 전염병 수준에서 싸우는 것을 의미하는 법적 조치의 길이 남아 있다. 이런 식으로 사태가 진행되도록 내버려 두면, 비슷한 전염병 환자, 아마도 '과학적 역사가'가 이 문제를 다루고 '전문적인 역사가의 권위'를 지니고 전염병을 후손에게 전수할 위험이 있다. 나는 이제 그런 전염병 환자보다 사회적으로나 인간으로서 품위 있는 성매매여성이 훨씬 더 낫다는 것을 즉시 덧붙이고 싶다. 성매매여성들은 [자신들이] 아무것도 아니라고 생각한다. 사회상황, 고난, 만연한 성혼란으로 인해 목숨을 희생하는 선원과 군인을 만족시키는 직업을 갖게 되었다. 수많은 왕자와 사제는 필요에 따라 또는 곤궁해서 성매매소를 방문했다. 이것은 비난이나 칭찬이 아니라 사실에 대한 진술이다. 감정전염병은 항상 그러한 소문을 통해 정직하고 중요한 업적을 파괴할 수 있었기 때문에 사태가 심각해졌다. 감정전염병은 수만 대의 대포보다 이 세상에 더 많은 불행을 초래하기 때문에 이에 맞서 싸우는 것은 사회에서 꼭 필요한 일이다. 17세기 자연과학의 선구자인 드 라 메트리[63]가 감정전염병으로 인해 겪은 명예훼손에 대한 위대한 자연철학자 프레드릭 랑게[64]의 설명을 읽어보라. 드 라 메트리는 자신의 위대한 저서 『영혼의 자연사』에서 감각과 생리적 자극 사이의 본질적 연관을 정확하게 파악했을 뿐만 아니라, 심지어 신체-영혼 문제와 생물학적 성과정의 연관을 완전히 정확하게 파악하고 설명했다. 이것은 용감하고 진실한 자연과학자들보다 숫자상 무한히 많은 블레셋사람들[65]에게는 너무 과한 일이었다. 그래서 그들은 드 라 메트리가 '리베르땡'이었기 때문에 그러한 견해를 발전시킬 수 있었다는 소문을 내기 시작했다. 따라서 드 라 메트리가 연회에서 너무 탐욕스럽게 먹은 파이로 인해 사망했다는 소문을 냈다.[66] 이것은 의학적으로 말도 안 되는 이야기일 뿐만 아니라 쾌락불능인 인간유기체가 특정한 전염병반응에 근거하여 후세에 전하는 악성 소문의 전형적인 예로, 아무런 의미도 이유도 없이 품위있는 이름을 더럽히는 역할을 한다. 우리는 그러한 전염병반응이 사회생활에서 얼마나 파국적인 역할을 하는지 쉽게 알 수 있다.

이제 명예훼손 형식으로 감정전염병의 투사기제가 더욱 명확하게 표현

---

[63] Julien Offry de la Mettrie, *Histoire Naturelle de l'Ame*, 1745. [옮긴이 주]
[64] Friedrich Lange, *Geschichte des Materialismus und Kritik seiner Bedeutung in der Gegenwart*, 1866. [옮긴이 주]
[65] 이스라엘 역사 내내 대립하고 충돌했던 이방 민족. [옮긴이 주]
[66] 드 라 메트리는 1747년 『인간기계론』(몸과 마음에서 일어나는 모든 일을 물질의 작용으로 설명할 수 있다고 주장함)을 발간하였는데 프랑스에서 곧바로 금서로 지정되었다. 그는 당시 법적으로 곤경에 처해 베를린으로 도망갔는데 42살에 갑자기 의문사 하였다. [옮긴이 주]

된 또 다른 예를 들어보고 싶다. 이미 노르웨이에서 내가 정신분열증을 앓고 있어 한동안 정신병원에 있었다는 소문이 돌았다고 들었다. 약간의 노력 끝에 소문의 출처를 알 수 있었다. 내가 1939년 미국에 왔을 때, 바로 그 소문이 내 저작이 더 잘 알려진 유럽보다 훨씬 더 멀리 훨씬 더 널리 퍼져 있다는 것을 알게 되었다. 소문의 출처는 유럽에서보다 미국에서 훨씬 덜 명확했지만, 몇 가지 징후는 소문이 같은 유럽 출처에서 나왔다는 것을 틀림없이 보여주었다.[67] 상황에 유머가 없지는 않았다. 이 소문을 처음 퍼뜨린 사람은 정신분석학회와 결별한 직후 신경쇠약에 걸려 정신병원에서 몇 주를 보내야 했다. 나는 이 사실을 정확히 알고 있는 대학교수로부터 개인적으로 알게 되었다. 이러한 사유는 나중에 소문을 퍼뜨린 사람에게 끔찍한 공포를 안겨준 것이 분명하다. 그는 당시 어려운 갈등에 처해 있었다. 한편으로는 내 발전의 정확성을 인정하면서도 다른 한편으로는 내 발전과 첨예하게 충돌하는 일정한 조직에서 자신을 분리할 수 없었다. 그런 경우 항상 그렇듯이 그는 위험한 분쟁의 중심에 있던 나에게 관심을 돌릴 기회를 잡았다. 그는 내가 절망적으로 길을 잃었다고 믿었고, 나를 걷어차 버릴 기회가 너무 유혹적이었다. 그의 반응은 특히 전염병 환자의 투영이었다. 나는 정신병을 앓은 적도 없고 시설에 입원한 적도 없으며 지금까지 일과 사랑에 지장을 주지 않으면서도 인간에게 부과된 가장 무거운 짐 중 하나를 짊어지고 살아왔다. 정신병을 앓는다는 것 자체가 수치스러운 일은 아니다. 개인적으로 나는 여느 괜찮은 정신과의사처럼 정신병 환자들에 대해 깊은 공감을 지니고 있으며 그들의 갈등에 대해 종종 감탄한다. 이미 다른 곳에서 강조했듯이, 정신병 환자는 편협한 사람이나 사회적

---

67) 주, 1945. 저명한 의사 중 한 명이 1939년 오슬로에서 미국으로 돌아왔다. 그는 취리히에서 며칠을 보냈고, 그곳에서 전직 정신과 동료에게 나와 함께 일한 적이 있다고 말했다. 그는 매우 놀라면서 이렇게 말했다. "그런데 라이히가 정신분열증에 걸렸다고 모씨가 얘기하더군요." "모씨"가 해당 인물이었다. 미국으로 돌아온 지 얼마 지나지 않아 그는 지인으로부터 지인의 분석가도 같은 말을 했다고 들었다. "모씨(역시 같은 사람)가 라이히가 정신분열증에 걸렸다고 말했어요." 이 소문을 퍼뜨린 사람은 몇 년 후 심장마비로 사망했다. 나는 그가 불능으로 고통받고 있다는 사실을 오래전부터 알고 있었다.

으로 위험한 전염병 환자보다 훨씬 더 진지하고 살아있는 사람의 기능에 훨씬 더 가까운 것으로 보인다. 이 명예훼손은 나와 내 일을 망치려는 의도가 있었다. 그 결과 대처하기 쉽지 않은 일련의 위험한 사건들이 발생했다. 예를 들어, 나는 일부 학생들에게 내가 정신병에 걸리지 않았다고 설득해야 하는 어려운 과제를 추가로 떠안게 되었다. 생장치료법의 일정한 단계에서는 일반적으로 감정전염병의 특정한 기제가 나타난다. 환자나 학생이 자신의 혈장흐름과 접촉하자마자 심한 오르가즘불안이 나타난다. 이것은 치료하는 생장치료사를 '더러운' 성 돼지나 '미친' 사람으로 간주하는 방식으로 표현된다. 나는 이 반응이 한결같이 발생한다는 점을 강조한다. 이제 대부분 학생은 그 소문에 대해 들어 보았다. 성경제이론은 어떤 면에서 매우 전복적이어서 성경제이론을 광기라고 주장하기 매우 쉽다. 불안으로 인해 복잡해진 상황이 종종 생명에 위험할 정도로 증가했다는 사실을 숨겨서는 안 된다. 전염병반응의 그러한 결과를 모든 법적 수단으로 불가능하게 만들어야 한다. 내가 이미 해왔던 노동의 어려움과는 별개로 정신병에 대한 소문으로 인한 위험에서 살아남을 수 있었던 것은 나의 임상경험 덕분이었다.

이 사건은 그 뒤 코믹한 후유증이 없지 않았다. 몇 년 후, 내가 하는 과학연구로 봐서 정신분열증 진단이 불가능하다는 소문이 퍼지자 다시 원래 출처에서 새로운 소문이 생겼다. 이제 내가 다행히 정신분열증에서 '회복'되었다는 것이었다.

정치생활에서는 특별한 빈도로 특정한 전염병반응을 만나게 된다. 지난 몇 년 동안 우리는 제국주의 독재정부가 새로운 계획을 세울 때마다 자신이 속에 품고 나중에 수행한 의도를 정확히 피해자 탓으로 돌리는 것을 반복해서 보았다. 예를 들어 폴란드가 독일제국 침공을 비밀리에 계획했고 이를 막아야 했기 때문에 폴란드를 침공한 것이 정당하다는 주장이 있었다. 소련에 대한 공격에서도 같은 일이 일어났다.

여기에는 **레닌**의 전 동료들에 대한 유명한 '모스크바재판'이 포함된다. 이 재판에서 러시아공산당의 야당간부들은 반역죄로 기소되었다. 피고인들은 독일파시스트들과 직접 접촉하고 그들과 함께 정부를 전복하려는 음모를 꾸몄다는 혐의로 기소되었다. 피고인들의 이력을 아는 사람이라면 기소근거가 조작되었다는 것을 누구나 알 수 있었다. 그러나 1936년 당시에는 그 누구도 그렇게 노골적으로 진실이 아닌 고발이 어떤 의미를 지니는지 설명할 수 없었다. 러시아정부는 투명하지 않은 명분으로 모든 귀찮은 반대파를 제거할 수 있을 만큼 강력했다. 이 수수께끼는 이미 특정한 전염병 기제를 알고 있던 사람들에게 1939년에야 풀렸다. 1936년의 피고인들은 국가지도부가 1939년에 실제로 수행한 것과 정확히 일치하는 반국가범죄로 기소되었던 것이다. 러시아정부는 히틀러와 밀약을 맺어 폴란드와 전쟁을 촉발시켰고 독일파시즘과 함께 폴란드를 분할점령하였다. 그제서야 러시아정부가 다른 사람들의 명예를 훼손함으로써 히틀러와의 조약을 파기하는 데 성공했고 실제로 그 행동의 의미가 대중에게 알려지지 않은 채 남아 있었다는 사실을 알게 되었다. 이 사례는 대중이 마치 기억이 없는 것처럼 행동한다는 사실을 다시 한번 확신시켜 주었다. 이러한 정치적 전염병반응은 대중이 지닌 사유의 비합리성에 정확하게 의존하므로 이것은 분명하다. 이 조약이 아무 도움이 되지 않았고 마침내 독일독재가 러시아독재와 전쟁을 벌였다는 사실은 여기서 중요하지 않다. 조약체결에 대한 후속 합리화조차도 조약체결 사실을 바꿀 수는 없었다.

감정전염병의 활동영역의 또 다른 예가 있다. 레온 트로츠키는 라이벌[스탈린]의 목숨을 해치려는 음모를 꾸미고 있다는 비난에 직면해야 했다. 스탈린 살해는 트로츠키주의자들에게 정치적으로 해를 끼칠 뿐이기 때문에 이것도 이해할 수 없는 일이었다. 1941년 트로츠키가 암살당했을 때 이것을 이해할 수 있게 되었다. (이러한 진술은 트로츠키주의자들에 대한 찬반의 정치적 입장과 아무 관련이 없다).

정치사를 불과 수십 년 전으로 거슬러 올라가면 유명한 드레퓌스 사건이 있다. 프랑스 총참모부의 고위 군장교들이 독일군에게 계획을 팔았고 이를 은폐하기 위해 아무것도 모르는 품위 있는 드레퓌스 대위를 똑같은 범죄로 고발했다. 그들은 피해자를 먼 섬의 감옥에서 5년 넘게 가둬두는

데 성공했다. 용기 있는 졸라[68]의 개입이 없었다면 이 특정한 전염병반응을 바로잡을 수 없었을 것이다. 이후 드레퓌스에게 수여된 명예는 범죄를 되돌릴 수 없었다. 국가정치가 감정전염병 규칙에 그렇게 크게 지배되지 않았다면, 애초에 그러한 재앙이 일어나지 말아야 한다는 원칙은 자명할 것이다. 그러나 감정전염병이 여론형성을 지배하기 때문에 항상 자신의 악행을 유감스러운 사법적 오류라고 제시하는 데 몇 번이고 성공하여 방해받지 않고 계속 장난칠 수 있다.

사회생활에서 감정전염병의 활동은 환자의 사생활에서 그 기제를 명확하게 이해하는 경우에만 완전히 이해할 수 있으며, 그런 다음 쉽게 전달할 수 있다. 내 의료경험에서 나온 임상사례를 여기에 가져오고 싶다.

이혼한 경우, 어머니는 자녀가 처음에는 어머니와 함께 지내지만 14살이 되면 자녀가 누구와 계속 살 것인지 자발적으로 결정하기로 자녀의 아버지와 합의한 바 있다. 자녀 중 한 명이 12살에 아버지와 함께 살고 싶다는 의사를 표명했다. 그러자 어머니는 함께 살지 않는 아버지의 명예를 훼손했다. 아이는 아버지가 다른 사람들을 지배하려는 사람이며, 한번 그의 영향 아래 떨어지면 더는 거기서 벗어날 수 없으니 그를 경계해야 한다고 믿도록 배웠다. 이 명예훼손은 아버지가 주변 사람들에게 무제한의 자유를 허용하는 정반대의 약점을 지니고 있었기 때문에 더욱 이해하기 어려웠다. 전염병반응의 주장은 몇 년 후에야 이해할 수 있게 되었다. 즉 어머니가 더 가혹한 수단에 의지했기 때문에 아버지를 소외시키는 데 완전히 성공하지는 못했다. 어머니는 아이들에게 아버지가 미쳤으므로 위험하다고 가르쳤다. 이것은 효과가 있었다. 아이는 신경증적인 자기부정을 발달시켰다. 그의 성격은 바로 그가 가장 원하는 것을 부정하는 방향으로 점

---

68) Emile Zola(1940~1902). 프랑스의 소설가. 그는 드레퓌스 사건이 논란이 되었을 때 〈로로르(L'Aurore)〉지에 '나는 고발한다'란 글을 게재하여 사건의 부당성을 고발하였다. 당시 프랑스 안에서 유대인들에 대한 인식이 매우 부정적이어서 조작임이 제대로 드러나지 않았던 것이다. 그런데 글이 문제가 되어 유죄판결이 내려지자 그는 영국으로 망명했으나 이듬해 프랑스로 돌아왔다. 이후 드레퓌스 구명을 위해 힘쓰다가 잠자던 중 사망하였는데 나중에 살해된 것으로 확인되었다. [옮긴이 주]

점 더 발달하기 시작했다. 이것은 이제 강박이 되었다. 어머니의 영향은 아이에게 내면화되어 수년 동안 아이는 아버지를 방문하려는 열렬한 소망을 스스로 거부했다. 아이는 나중에 아버지가 미쳤다는 얘기가 자신을 멀리하게 하기 위한 수단이었다는 것을 알았지만, 아버지를 방문하는 것에 대한 불안을 간직했고 그 불안은 이제는 공포증이 되었다. 그는 이제 성인이 되어서도 어머니에게서 벗어나 자신의 삶을 살아갈 수 없었다. 그는 어머니의 집을 떠나기로 한 결정을 계속 미뤘다. 강박적인 억제로 인해 그가 어머니의 집에 계속 머무르고 있는 것이 분명했다. 이 어머니는 아이의 아버지 탓으로 돌렸던 바로 그 행동을 나중에 스스로 행했다. 아이에 대한 그녀의 지배는 완전히 성공했다. 돌이킬 수 없는 파열이 아이의 삶에 뿌리내렸다. 완벽하게 합리적인 욕망의 자기부정은 영구적인 기본태도가 되었다. 아이는 아버지를 매우 소중히 여기고 사랑했지만, 휴가나 그와 유사한 행사에서 아버지와 며칠도 함께 지낼 수 없었다.

이 예에서 사회생활에서 특정한 전염병반응과 개인생활에서 특정한 전염병반응의 동일성은 분명하다. 이 동일성은 완전하다. 예를 들어 독재자는 자신의 전염병반응이 한 개인이 아니라 수백만 명에게 영향을 미친다는 점에서만 전염병에 걸린 어머니와 다르다. 그러나 기제는 같다. 대중은 자신의 사회생활에 대한 어떤 결정도 하지 않기 때문에 전염병에 걸린 독재자의 성격구조는 전염병에 걸린 어머니의 성격반응이 작은 규모에 미치는 영향과 같은 영향을 수백만 명에게 미친다. 예를 들어, 독재정치가가 정치인이 되기 전에 한때 신학생이었다면, 그 이전에 어떤 사회적 업적이 있더라도 시간이 지남에 따라 금욕주의 이데올로기가 국가입법을 지배하게 될 것이라고 확신할 수 있다.

일반 사회생활에서 개인 성격의 역할은 정부 성격에서 엄청나다. 예를 들어, 왕의 여자친구가 프랑스 여성이라면, 이 왕이 통치하는 동안 세계대전에서 문제의 국가가 독일이라는 '악마'에 맞서 프랑스 편에서 싸울 것이라고 확신할 수 있다. 같은 여자친구를 둔 같은 왕이 2차 세계대전 직전이나 초기에 왕권을 상실하고 그의 후계자가 독일여성과 개인적인 관계가 있다면, 같은 국가는 이제 이전 친구인 프랑스에 대항하여 독일이라는 이전 악마의 편에서 전쟁을 벌일 것이다. 한때 국가생활에서 감정전염병의 톱니바퀴에 빠져들기 어려웠던 사람은 점점 더 극심한 혼란과 유사한 상태에 빠지게 될 것이다. 독재정치가의 신학생 경력이나 왕의 연애가 여러 세대에 걸친 수백만 명의 대중의 안녕과 불행을 결정할 수 있을까? 사회생활에서 비합리주의는 어디까지 갈까? 열심히 일하는 수백만 명의 성인이 이것을 모르거나 심지어 그것을 알고 싶어 하지 않는다는 것이 정말일까?

감정전염병의 영향이 너무 커서 실제로 존재하는 것으로 지각하기 어려우므로 이러한 질문이 이상하게 보일 뿐이다. 인간의 마음은 그러한 부조리가 만연할 수 있다는 사실을 공공연히 인정하기를 거부하는 것 같다. 그러한 사회적 조건을 가장 강력하게 보호하는 것은 바로 그러한 조건의 거대한 비논리성이다. 나는 이 **거대함**과 감정전염병의 불합리함 사이의 모순을 마땅히 그래야 할 만큼 심각하게 받아들일 것을 요청한다. 나는 대중 의식이 그 부조리가 실제로 존재하고 너무 거대해서 볼 수 없다는 사실을 인정하지 않는 한, 어떤 차원의 단 하나의 사회악도 세상에서 제거할 수 없다고 믿는다. 뿌리 깊은 감정전염병이 끊임없이 퍼뜨리는 사회적 부조리의 거대함에 비해 삶과정을 지배하는 기본적인 사회적 기능(**사랑, 일, 지식**)은 왜소하게 보일 뿐만 아니라 사회적으로 우스꽝스럽게 보인다. 하지만 우리는 이 기능을 쉽게 확신할 수 있다.

사춘기 성문제가 해결되지 않은 채 우리의 사회·도덕 이데올로기를 형성하는 데 그 어떤 관세법보다 비교할 수 없을 정도로 큰 비중을 차지한다는 사실을 우리는 수십 년에 걸친 광범위한 의료관행을 통해 잘 알고 있다. 이제 의사인 한 국회의원이 정부에 사춘기 문제를 국회에서 관세법안을 논의하듯 심도 있게 논의하자고 제안했다고 상상해 보자. 이 훌륭한 의원이 자신의 요청이 거부당하자 의회방해발언[필리버스터]을 했다고 상상해 보자. 이 예는 인간의 일상생활과 그것을 지배하는 행정형식 사이의 근본모순을 간단하게 보여준다. 차분하고 객관적으로 생각해 보면 사춘기 문제에 대한 의회토론에 특별한 것이 없음을 알 수 있다. 국회의원을 포함한 모든 인간은 성적 사춘기 신경증의 지옥을 겪었다. 심각성과 중요성 측면에서 이 갈등과 경쟁할 수 있는 것은 인생에서 아무것도 없다. 이것은 공통적인 사회적 관심사이다. 사춘기 문제의 합리적인 해결은 청소년 비행, 국가의 정신병자 처리, 이혼의 비참함, 자녀양육의 빈곤함 등과 같은 수많은 사회악을 한 번에 제거할 것이며, 예산 및 관세 체계에 대한 수천 개의 공식 법안은 이에 대해 조금도 감당할 수 없을 것이다. 따라서 우리는 우리 국회의원의 요구가 매우 합리적으로 우수하며 유용하다는 것을 알게 될 것이다. 그러나 동시에 우리 자신은 이를 외면할 것이다. 우리 안의 무언가는 사춘기 문제에 대한 공개적인 의회토론의 가능성에 저항한다. 이 '무언가'는 자신과 자신의 제도를 보존하기 위해 끊임없이 노력하는 사회적 감정전염병의 효과이자 의도이다. 이것은 사회생활을 사생활과 공적 생활로 나누었다. 사생활은 공공무대에의 접근이 거부된다. 공적 생활은 겉으로는 무성적이지만 내면은 외설적이거나 도착적이다. 이 구분이 없었다면 공적 생활은 사생활과 즉시 일치하고 일상생활을 큰 사회적 형식에 올바르게 반영할 것이다. 이러한 살아가는 삶과 사회제도의 통합은 간단하고 복잡하지 않을 것이다. 그러나 그렇게 되면 사회생활 유지에 아무 도움이 되지 못할 뿐만 아니라 오히려 주기적으로 사회생활을 나락에 빠뜨리는 사회구조 부문은 자동으로 그리고 없애려고 노력하지 않아도 사라져 버릴 것이다. 우리는 이 부문을 '고위정치'라는 용어로 요약할 수 있다.

공동체의 실제 생활과 공식적인 외관 사이의 간격을 유지하는 것은 감정전염병의 치열한 방어의도이다. 사실적이고 합리적인 방식으로 이 간격을 다룰 때 감정전염병이 한결같이 칼을 잡는[폭력에 호소하는] 이유를 달리 설명할 방법이 없다. 개인적으로 영향을 받든 받지 않든 항상 인간동물의 생물학적 유기체와 국가의 관계에 대한 성경제적 지식의 발전에 반대하는 조치를 취하는 고위정치의 대표자들이 있을 것이다. 이 접근방식은 **가장 부드러운** 형식으로 다음과 같이 표현할 수 있다. "이러한 '성철학'은 때때로 반복해서 터져 나오는 사회신체의 부도덕한 종기이다. 불행히도 인간동물이 성생활을 한다는 것은 사실이지만 우리는 그것을 유감이라고 생각할 뿐이다. 게다가 성생활이 인생의 전부는 아니다. 예를 들어 경제와 정치와 같은 훨씬 더 중요한 다른 문제가 있다. 성경제는 과장되어 있다. 우리는 그것 없이도 훨씬 더 잘 지냈다." 우리는 생체병리를 개별적으로 치료해야 하거나 심지어 학생을 훈련시켜야 하는 곳에서 이 논쟁을 한결같이 만난다. 이 주장은 오르가즘불안에서 비롯된 것이며 체념을 막으려는 것이 분명하다. 이제 같은 주장에 직면한 공개적인 정신위생회의에서 문화적 가치 및 기타 '가치' 옹호의 대표자를 그의 개인무장과 쾌락불안을 지적함으로써 무장해제할 수는 없다. 우리 성경제학자는 비합리적 주장과 함께 이러한 성격특성이 상대에게 공통적이기 때문에, **그에 반대하는** 집회를 열었다. 많은 의사와 교육자가 여기서 흔들렸지만, 우리의 경험으로 볼 때 이제 반박할 수 없는 순전히 논리적인 반론이 성공적이라는 것이 입증되었다.

우리는 상대방의 [반대]의견에 동의한다. 성이 인생의 전부는 아니다. 심지어 건강한 사람에게는 성이 대화의 주제나 생각의 중심이 아니라고 덧붙인다. 그렇다면 인생의 전부가 아닌 성이 실제로 사람들의 삶과 생각에서 가장 눈에 띄는 자리를 차지하고 있다는 것은 어디에서 비롯된 것일까? 예를 들어 보겠다.

공장의 증기파이프에서 증기순환은 공장이 가동하기 위한 자명한 전제조건이다. 그러나 이 공장의 노동자들은 증기순환에 대해 거의 생각하지 않고 제품제작에 전적으로 집중한다. 증기에너지가 공장에서 '전부'는 아니다. 기계제조 등과 같은 다른 중요한 관심사도 있다. 이제 하나 이상의 증기밸브가 갑자기 막혔다고 상상해 보라. 증기에너지의 흐름은 즉시 멈출 것이다. 기계피스톤이 멈출 것이다. 바퀴가 멈추고 작업은 중단될 것이다. 모든 작업자는 즉시 그리고 필연적으로 파이프 증기흐름 교란[장애]에 주의를 기울일 수밖에 없다. 모든 생각은 어떻게 하면 증기순환을 가장 빨리 다시 정상화할 수 있을지에 대한 한 가지 질문으로 집중될 것이다. 이제 이에 반대하고 싶어 하는 노동자가 다음과 같이 주장한다고 상상해 보

라. "이 빌어먹을 열이론은 증기의 역할을 과장한다. 증기가 필요한 것은 사실이지만 이 공장에서 전부는 아니다. 우리에게 다른 관심사도 있다는 것을 모르는가? 우리가 생각해야 할 경제도 있다." 이 공장 오작동의 경우 그러한 현자를 비웃고 '다른 것도' 생각하기 전에 먼저 증기순환의 기본 오작동을 제거하려고 노력해야 할 것이다. 증기순환에 장애가 있을 때 높은 경제수익만 계산하는 것은 아무 소용이 없을 것이다.

이 예는 우리 사회에서 성문제가 어떻게 놓여 있는지를 잘 보여준다. 생물학에너지, 성에너지의 에너지흐름은 대다수 사람에게서 방해받고 있다. 그래서 사회의 생체사회 기제가 제대로 작동하지 않고 때로는 전혀 작동하지 않으며, 비합리적 정치, 대중의 무책임, 생체병리, 살인과 과실치사, 간단히 말해서 감정전염병이 있다. 모든 사람이 자연스러운 성욕구에 방해받지 않고 산다면 성문제에 대해 거의 이야기하지 않을 것이다. 그렇다면 "다른 관심사도 있다"고 정당하게 주장할 수 있을 것이다.

성경제학의 엄청난 노력은 이른바 '**다른**' 것들이 **제 역할을 하도록** 돕는 데 정확하게 집중되어 있다. 오늘날 모든 것이 성적인 것을 중심으로 돌아가고 있다는 사실은 인간동물의 성에너지 흐름과 생체사회 기능에 심각한 교란이 있다는 가장 확실한 신호이다. 성경제학은 인간동물의 생물학에너지 흐름의 밸브를 열어 명확한 사유, 자연스러운 품위, 즐거운 일과 같은 '**다른**' 중요한 것들도 기능할 수 있도록 하고 포르노 형태의 성이 더는 오늘날처럼 **모든** 사유를 장악하지 않도록 노력한다.

방금 설명한 에너지흐름의 교란은 생체사회 기능의 토대 깊숙이 작용하여 인간동물의 제한된 기능과 고급 기능을 모두 지배한다. 나는 이 교란의 근본적인 생물학적 특성을 일부 성경제학자조차도 완전히 이해했다고 생각하지 않는다. 그 생물학적 특성의 깊이에 대해 그리고 성경제학과 다른 과학과의 관계에 대해 다시 한번 예를 들어 빠르게 알아보자.

앞서 언급한 생물학적 근거를 무시하는 자연과학을 철도엔지니어 집단과 비교해 보자. 이 엔지니어들은 열차 가구, 문과 창문의 크기와 재질, 좌석과 침대, 사용된 철과 목재의 특수화학 성분, 브레이크의 강도, 속도 및 시간표 순서, 모든 선로의 가장 정확한 정보가 포함된 역 등에 대해 가장 정확한 방식으로 수천 권의 책을 썼다. 이 같은 엔지니어들은 이제 한결같이 **한 가지** 일정한 세부사항을 생략한다. 증기에너지를 언급하지 않는 것이다. 자연과학자들은 기능적 생명 연구에 익숙하지 않다. 따라서 그들을 그러한 엔지니어와 비교해야 한다. 성경제학자는 자신이 살아있는 장치의 엔지니어라는 것을 완전히 이해하지 못하면 자신의 작업을 수행할 수 없다. 우리는 **살아있는 장치의 엔지니어**가 되는 것을 우리의 사업으로 삼지 않았으며, 살아있는 장치의 엔지니어로서 무엇보다도 먼저 생체성적 에너지를 다루어야 한다는 것을 분명히 하지 않았다. 이 때문에 우리는 뒤로 물러설 이유가 조금도 없으며, 반대로 우리의 어려운 작업을 자랑스러워할 충분한 이유가 있다.

어떻게 그렇게 거대한 풍토병을 그렇게 오랫동안 철저하게 간과할 수 있었는지 놀랍다고 생각할 것이다. 감정전염병의 본질을 꿰뚫어 본 사람이라면 누구나 은폐가 그 본질의 일부라는 것을 이해한다. 감정전염병에 접근하여 그것을 파악하고 꿰뚫어 볼 수 없게 하는 것이 감정전염병의 의도이자 성과이다. 나는 앞서 전염병의 거대함이 너무 명백해서 눈에 띄지 않는다고 강조했다. (히틀러: 거짓말이 클수록 믿기 쉽다.) 성격분석 이전에는 감정전염병을 발견하고 밝혀낼 수 있는 과학적 방법이 없었다. 정치와 정치적 견해표현은 특별한 종류의 이성의 이미지 아래 나타났을 뿐만 아니라 정치적 전염병의 비합리적 성격을 의심하는 것과는 거리가 멀었다. 오히려 전염병은 가장 중요한 사회장치를 마음대로 사용하여 자신의 존재를 인식하지 못하게 막을 수 있었다.

우리는 생체병리를 치료해야 하거나 교육자와 의사를 재구조화해야 하는 모든 경우에 감정전염병을 다룬다. 감정전염병은 이미 이 교육과제를 수행하는 데 있어 성격저항 반응형식으로 우리를 방해하고 있다. 이것이 우리가 임상에서 감정전염병을 알게 되는 방법이다. 이러한 경험을 바탕으로 우리는 감정전염병이 단 한 사람도 상처를 입히지 않은 채 놔두지 않았다고 주장한다.

우리가 감정전염병의 본질을 알게 되는 또 다른 방법은 성경제학의 과학적 발견에 대한 환경[주변]의 반응을 통해서이다. 감정전염병 전파자들은 우리의 과학작업 결과에 직접 영향을 받지 않았을 것이다. 하지만 그들은 이 문제에 멀리 떨어져 있거나 익숙하지 않을지라도 성격분석가와 생장치료사의 조용한 작업실에서 감정전염병이 노출되는 것을 예측하고 위협으로 느꼈다. 심지어 단 한 명의 성경제학자조차도 자신이 의사와 교육자가 싸워야 했던 가장 어려운 싸움에 뛰어들었다는 사실을 알기 훨씬 전부터, 감정전염병 전파자들은 직접 영향을 받지 않고 명예훼손과 특정한 전염병반응으로 대응했다. 이에 대해서는 의사와 교육자의 교육을 다룰 다른 곳에서 자세히 논의할 것이다. 여기서는 모든 사람이 자신 안팎에서 쉽게 알아볼 수 있도록 일반적인 특징을 잘 제시하는 것이 중요하다. 전염병은 잘 은폐되고 합리화된 행동으로 폭로될 가능성을 미연에 방지했다. 마치 마스크를 얼굴에서 벗어버리고 고상한 옷을 입은 살인자처럼 행동했다. 전염병은 10년 이상 성공했고, 앞으로 몇 세기 동안 방해받지 않고 자신의 존재를 유지하는 데 거의 성공할 뻔했다. 독재와 대중오염 형식으로 너무 파괴적이고 너무 명백하지 않았다면 성공했을 것이다. 전염병은 전례 없는 규모의 전쟁을 일으켰고 만성적이고 일상적인 살인을 추가했다. 전염병은 큰소리로 외쳐대는 '국가이익'과 '새로운 질서', '밀레니엄[천년]제국'과 '인종적 주장' 뒤에 숨으려고 했다. 수년 동안 전염병은 정신적으로 아픈 세계에서 신빙성을 얻었다. 그러나 전염병은 자신을 너무 많이 배신했다. 전염병은 가족도 직업도 건드리지 않은 채 놔두지 않았기 때문에 모든 사람의 자연스러운 삶의 느낌을 모욕하였다. 성격분석가이자 생장치료사가 조용한 작업실에서 오랫동안 잘 조사하고 싸우는 법을 배웠던 것이 한꺼번에 세계 대재앙 현상과 하나가 되었다. 기본원칙은 작은 것과 큰 것에서 모두 같다. 따라서 전염병은 몇몇 정신과의사와 교육자의 자연과학 연구에 도움이 되었다. 세계는 전염병의 본질에 관해 묻고 답을 요구하기 시작했다. 우리는 최선을 다해 지식과 믿음을 바쳐야 한다. 모든 양심적인 사람은 자신 안에서 전염병을 발견하여 세계를 계속해서 불행에 빠뜨리는 것이 무엇인지 더 잘 이해하게 될 것이다. '새로운 질서'는 언제나 자신의 집에서 시작된다.

타락한 삶의 이러한 비밀 활동과 기제에 대한 폭로는 두 가지 목표를 지니고 있다. 첫째 공동체 의무를 완수하는 것이다. 화재로 인해 상수도공급이 중단되고 그 결함의 위치를 아는 사람을 찾을 수 있다면 그의 이름을 알려주는 것이 그 의무다. 둘째 감정전염병으로부터 성경제학과 오르곤 생체신체학의 미래를 보호해야 한다. 1930년 오스트리아, 1932년과 1933년 독일, 1933년 덴마크, 1934년 루체른, 1934년과 1935년 덴마크와 스웨덴, 1937년과 1938년 노르웨이에서 인간구조에 대한 정직하지만 전혀 예견하지 못한 나의 작업이 갱단식의 습격을 받았다. 되돌아보면 이러한 습격이 나의 선량한 순진함을 없애고 살인적인 명예훼손 및 박해체계에 눈뜨게 해주었기 때문에, 그 습격에 감사하다고 말하고 싶은 유혹이 느껴지기도 한다. 도둑이 너무 거칠어지고 부주의해지면 잡혀서 해롭지 않은 사람이 될 위험에 처할 수 있다. 불과 10년 전만 해도 전염병 보균자와 전파자는 안전하다고 느꼈다. 그들은 승리를 너무 확신했고 수년 동안 실제로 성공한 것처럼 보였다. 실험 및 과학 작업에 뿌리를 둔 대단한 인내와 그러한 작업의 여론으로부터의 독립만이 그들이 성공할 수 없게 만들었다. 전염병은 위대한 업적을 파괴하고 인간의 근면, 탐구, 진리찾기의 열매를 먹을 수 없게 만들 때까지 결코 긴장을 풀거나 쉬지 않았다. 나는 전염병이 이번에 성공하거나 앞으로 성공할 것이라고 믿지 않는다. 감정전염병이 품위 있는 성향 뿐만 아니라 삶과정에 필요한 지식과도 충돌한 것은 처음이며, 이 지식은 더욱 분명하게 점점 더 강해지고 있다고 입증되고 있다. 감정전염병의 심각하고 생명을 위협하는 타격으로부터 회복할 수 있게 해주는 것은 성경제학적 자연과학의 힘과 일관성일 것이다. 이것이 가능했다면 나에게 가장 어려운 것은 극복된 것 같다.

나와 내 노동에 관해서는 우리 문헌의 독자들에게 간단한 사실을 고려해달라고 요청하고 싶다. 신경증 정신분석가들은 나를 미쳤다고 선언했고, 파시스트 공산주의자들은 나를 트로츠키주의자라며 제압하려 했고,

성적으로 천박한 사람들은 나를 무허가 매춘업소 주인이라고 비난했고, 독일 비밀경찰은 나를 볼셰비키주의자라며 박해했고, 미국 비밀경찰은 나를 독일 스파이라며 박해했다. 오만한 어머니들은 나를 아동유혹자로 후손에게 물려주려 했고, 정신과의사들은 나를 사기꾼이라고 불렀으며, 미래의 인류구원자들은 나를 새로운 예수나 레닌이라고 불렀는데, 이것은 모두 만족스러울 수도 있고 그렇지 않을 수도 있다. 하지만 내가 **한 사람의** 매춘업소 주인, 스파이, 트로츠키주의자, 정신분열증 환자, 구세주가 동시에 될 수 없다는 것은 분명하다. 이러한 각 활동은 당연히 인성 전체를 채운다. 내가 한꺼번에 이 모든 것이 될 수 없는 이유는 이미 증명된 것처럼 비합리적 인간구조에 대한 연구와 몇 년 전에 발견한 우주 삶[생명] 에너지, 즉 성경제학과 오르곤 생체신체학을 이해하는 데 온 힘을 쏟아야 하는 또 다른 직업도 있기 때문이다. 아마도 이러한 논리적 고찰이 나에 대한 오해를 푸는 데 도움이 될지도 모르겠다.

위대한 작가들과 시인들은 감정전염병이 창궐한 이래로 이를 묘사하고 퇴치하기 위해 노력해 왔다. 이 위대한 여성과 남성의 작품을 읽고 진정으로 이해한 사람들은 현재 우리가 감정전염병이라는 개념으로 분류하고 있는 영역에 대해서도 잘 알고 있다. 거기에 **이러한 위대한 성취[업적]는 사회에서 본질적으로 비효율적인 상태로 남아 있다**는 것을 추가해야 한다. 이 업적은 조직되지 않았으며, 사회행정부에 의해 삶을 확보하는 사회제도의 기초로 만들어지지 않았다. 그 업적이 조직되고 사회제도의 기초로 만들어졌다면, 이러한 업적 이후 전염병이 1933~1945년의 대재앙 규모에 도달할 수 있었다는 것은 상상할 수 없을 것이다. 위대한 문학가장들을 위한 기념비가 세워졌지만, 감정전염병이 거대한 박물관을 지어 모든 업적을 **거짓** 찬사로 **차단하고 가리는** 데 성공한 것처럼 보이는 경우가 너무 많다. 그 업적을 개별적으로 진지하게 받아들였다면 각각의 개별 성취는 세계를 현명하게 건설하기에 충분했을 것이다.

감정전염병을 파악하고 퇴치하려고 시도한 것은 내가 처음이 아니다. 다만 나는 오르곤의 발견을 통해 감정전염병을 **이해하고 퇴치**할 수 있는 확고한 근거를 확보한 최초의 **자연탐구자**라고 믿는다.

예상치 못하고 이해할 수 없는 다양한 재앙이 발생한 지 5년, 8년, 10년, 14년이 지난 오늘날 내 관점은 다음과 같다. **세균학자가 전염병퇴치에서 자신 삶의 내용을 찾는 것처럼 성경제학자는 감정전염병을 밝혀내고 세계인구[주민]의 풍토병이라고 보고 맞서 싸워야 한다**는 것이다. 세계는 점차 이 새로운 종류의 의료활동에 익숙해질 것이다. 사람들은 자신 안팎의 감정전염병을 이해하는 법을 배우고, 경찰, 검사 또는 당지도자에게 달려가는 것이 아니라 과학센터로 달려갈 것이다. 경찰, 검찰, 심지어 인류의 구원자들도 자신 안팎의 감정전염병을 관리하는 데 관심이 있다. 결국 경찰과 검찰은 생체병리 범죄를 다루고, 인류구세주는 국민의 무력감과 대중 생체병리를 다루어야 한다. 이제부터 우리는 누군가가 경찰과 정치적 박해 때문에 토론을 수행하는지 아니면 과학적 대결을 위해 토론을 수행하는지 명확하게 구분하고 싶다. 이런 식으로 우리는 전염병에 걸린 사람과 그렇지 않은 사람을 구별할 수 있을 것이다. 우리가 정치토론과 경찰토론에 참여하지 않을 것임을 지금 당장 강조하고 싶다. 반면 우리는 어떤 종류의 과학토론도 할 준비가 되어있으며 더 나아가 그것을 기다리고 있다.

감정전염병에 직면하여 생겨난 무력감이 사라지기 시작할 때가 왔다고 믿는다. 지금까지는 통나무가 쓰러지거나 돌이 지붕에서 떨어지는 것처럼 감정전염병의 공격을 느꼈다. 그런 일이 발생하면 운이 좋아서 도망치거나 운이 나빠서 맞아 죽었다. 이 시점에서 우리는 나무가 우연히 쓰러지지 않고 돌이 지붕에서 저절로 떨어지지 않는다는 것을 알고 있다. 이제부터 우리는 두 경우 모두 정신에서 혼란스러운 인간이 은밀히 나무를 쓰러뜨리고 돌을 떨어뜨린다는 것을 알고 있다. 이것으로부터 다른 모든 것이 자동으로 따라온다.

따라서 어떤 의사가 어떤 성경제학자에 대해 이런저런 '불법행위'로 불만을 제기할 때, 어떤 정치인이 '세금사기' 또는 '아동유혹' 또는 '트로츠키주의식 반대'를 이유로 어떤 성경제학자에 대해 경찰에 불만을 제기할 때,

이 또는 저 성경제학자가 미쳤다거나 여성환자를 유혹하거나 불법 매춘업소를 운영한다는 소문을 들을 때, 우리는 과학이 아니라 경찰토론이나 정치토론을 다루고 있다는 것을 알고 있다. 오르곤연구소의 훈련규정과 일상노동의 요구사항은 앞서 언급한 감정전염병의 기본특성에 예리하게 맞서 싸우는 것이 바로 우리라는 것을 공개적으로 보장한다.

우리는 생물학, 정신의학, 교육과학이 보편적인 감정전염병을 장악하고 전염병 쥐와 싸우는 것처럼 무자비하게 맞서 싸우지 않는 한 인간존재가 만족할 수 없다는 사실을 숨기지 않는다. 우리는 광범위하고 신중하며 가장 성실한 임상연구를 바탕으로 **어린이, 청소년, 성인의 자연스러운 사랑생활의 회복**만이 성격신경증을 그리고 성격신경증과 더불어 다양한 형식의 감정전염병을 세상에서 근절할 수 있다고 확신하게 되었다는 사실을 숨기지 않는다.

5장
악마 영역

　모든 참된 종교는 인간의 우주적 '대양' 경험에 해당하며, 어디에나 존재하는 힘과의 일치 그리고 동시에 이 힘으로부터 일시적이고 고통스러운 분리의 경험을 포함한다. 자신의 근원으로 돌아가고자 하는 영원한 갈망('자궁으로 돌아가기', '좋은 고향 땅으로 돌아가기', '하느님의 품으로 돌아가기' 등), '영원한 것'에 다시 안기고자 하는 갈망은 모든 인간의 갈망에 퍼져 있다. 이러한 갈망은 인간의 위대한 지성적 예술적 창조의 뿌리에 있고 청소년기 인간이 지닌 갈망의 방향이며, 사회조직의 모든 위대한 목표에 스며들어 있다. 마치 인간은 우주의 바다에서 자신이 분리된 것을 이해하고자 갈망하는 것처럼 보인다. '죄'와 같은 관념은 분리를 설명하려는 시도에서 생겨난다. '신'과 결합되지[하나가 되지] 않은 데에는 반드시 이유가 있을 것이다. 다시 결합하고, 돌아오고, 집으로 돌아갈 방법이 반드시 있을 것이다. 우주적 기원과 인간의 개별존재 사이의 이 투쟁에서 어쨌든 '악마'라는 개념이 생겨났다. '지옥'의 '연옥[천국과 지옥의 중간]'이라 부르든 '황천'이라 부르든 그것은 같은 기본경험이다.

　인류는 물리적 의미에서 '에테르'에 대해 아무것도 몰랐다. 인류는 에테르를 '신', '프라나', '엔텔레키' 등으로 인식했다. '더 나은 미래'나 '낙원'이라는 생각은 '신과의 일치' 개념을 중심으로 이루어졌다. 그러나 인간의 마음속에 살아있는 것의 대표자인 신은 도달할 수 없었고 영원히 접근할 수 없는 상태로 남아 있었다. 동물인 인간은 우주 오르곤바다의 아주 작은 부분에 불과하므로 만유를 포함한 창조주에게 도달하기를 바랄 수 없었다. 그러나 인간이 할 수 있는 것은, 자신을 죄에서 해방하고 자신의 영혼을 우주 오르곤바다('열반', '신에게로 돌아가는 것')와 다시 결합할 메시아의 부활을 통해 구원을 바라는 것이었다. 우리는 왜 인간이 처음부터 신과 결합한 느낌이 들지 않았는지 물어야 한다. 인간은 왜 죄책감을 느꼈는가? 기독교에서처럼 속죄가 필요하거나 유대교에서처럼 가혹한 처벌이 필요한 이유는 무엇인가?

'**악마**'라는 생각과 유사한 인간정신의 환상적인 산물에는 어떤 종류의 현실이 깔려 있는가?

대부분 종교철학과 종교에 관한 과학적 조사연구는 지배적인 인간사유 영역에서 벗어나지 않고 그 안에서 움직였기 때문에 악마를 설명할 수 없었다. 그리고 우주환경의 관점에서 인간의 성격을 묘사하거나 조사연구하지 않고 오히려 인간본성의 관점에서 우주를 설명했다. 따라서 악마와 같은 존재가 존재하거나 신과 대등한 다른 유형의 악의적 존재가 존재하게 된 것이다. 신은 선이었고 악마는 악이었다. 신은 도달할 수 없고 알 수 없으며 인간의 마음을 넘어서는 존재였지만, 인간의 영혼은 악마의 손아귀에 잡혔다. 신과 악마는 절대적인 대립물이었다. 두 관념 모두 큰 오류에서 비롯된 것으로 인간의 성격구조 안에서 태어났으며, 인간이 자신의 진정한 본성을 이해하고 자신을 깨닫는 데 가장 강력한 장애물이었다.

이 단순한 삶기능은 접근할 수 없는 것으로 남아 있었다.

인간 사이의 자연스러운 노동관계, 이것은 실제로 인간존재의 기반이지만 인간은 이것을 알지 못했다. 더욱이 인간은 그것에 대해 들었을 때 이해하지 못하고 이상하다고 생각했다. 다른 한편 정치가, 기사, 왕, 악에 대항하는 신의 대리자 등 인간의 실존에 근거하지 않은 것이 오랜 세월 인간의 마음을 점령하였다. 일하는 사람[노동자]은 다리를 건설하거나 기차를 운전하거나 아이들을 교육할 때 무거운 책임을 짊어졌다. 그는 실제로 자신의 몸[신체]의 모든 움직임에 이러한 책임을 지고 있었지만 그렇다는 것을 알지 못했다. 그는 자신이 보잘것없는 사람이고, 자신의 상사, 판사, 경찰서장만이 사회적 책임을 지는 사람이라고 생각했다.

일하는 사람은 수천 년 동안 수백만 명의 자녀를 낳아 키우며 자연[본성]이 작동하고 성장하는 것을 보았다. 그는 자녀들이 성기와 타고난 갈망을 가진 작은 동물로 태어나는 것을 보았다. 그러나 그는 이것을 이해하지 못했고 아이들을 동물이라는 이유로 처벌했다. 사실, 신은 모든 것을 창조했고 성기 또한 창조했으며 아이들이 태어난 것은 분명히 성기 기능작용 때문이었지만, 성기를 갖고 있다는 것은 어쩐지 악마적인 제도 때문에 부끄러운 일이었고 성기를 만지는 것은 큰 죄였다. 수천 년 동안 엄청나게 많은 조직이 성기결합 쾌락이 죄라고 설교했다. 그리고 인간은 그것을 믿었고 자신의 몸과 자신의 감각을 믿지 않았고 자신의 기원을 무시했고 자신의 생식력의 열쇠를 잃어버렸다. 일하는 사람은 진정으로 자유로워지는 데 필요한 모든 힘을 손에 쥐고 있었지만, 그 힘을 알지 못하고 주인에게 넘겨주었다. 그는 인류 역사상 모든 전쟁을 막을 수 있었지만, 자신이 그렇게 할 수 있다는 것을 몰랐다. 그의 실제 삶이 여기[현실]에 있었고 그의 삶에 관한 생각은 저기[저 너머]에 있었다. 육체노동, 청소년의 사랑, 어린이의 성기놀이 등 삶의 기쁨과 같은 삶의 자연스러운 과정이 경멸당하였다. 황제, 예수회, 살인전문가 등 삶을 죽이기 위해 마련된 것은 매우 영예로운 일이었다. 정치문제에서 어느 정도 성숙해졌을 때, 인간은 비서[대표]를 뽑기 위해 투표했으나 전쟁에 찬성하거나 반대하기 위해 투표하지는 않았다. 인간은 성 호기심과 비참함으로 가득 차 있었고 사교파티와 신문가판대와 꿈은 '섹스'로 넘쳐났지만, 대학에서 오르가즘 혈장맥동과 삶에 대한 지식을 금지했다.

이 모든 것은 무엇을 의미하는가? 이 말도 안 되는 소리에 무슨 의미가 있단 말인가? 모든 유형의 비합리적 행동에서와 마찬가지로 여기에는 어떤 의미가 있어야 한다. 이 사람 탓, 저 사람 탓을 해서는 인간의 존재를 개선할 수 없다. 미국 속어[남 탓하지 마라]에 따르면 '남 탓하는 것(passing the buck)'은 도움이 되지 않는다. 사회문제의 현상유지를 올바르게 비판하지만 이러한 현상유지를 생성하는 무장하고 생물학적으로 파괴된 인간구조라는 공통분모로 돌아가지 않는 내 친구들과 나는 대립한다. '일방적'이거나 '광적으로 공격적'인 것처럼 보일 위험을 무릅쓰고 나는 인간의 불행에 대한 대부분의 철학이 본질적인 것을 회피하는 데 기반을 두고 있다고 말하고 싶다. 더 나아가 나는 감히 살아있고 아직 태어나지 않은 모든 인간은 온갖 불행이 어디에서 유래하는지 정확히 알고 있거나 알게 될 것이라고 감히 주장하고 싶다. 그러나 미국 농부가 자신을 보잘 것 없는 사람이라고 생각하고 전직 부통령인 엉뚱한 신비주의자를 대단한 사람이라고 생각하는 것처럼, 모든 인간은 자신과 자신의 세계에 대한 진실을 알고 있음에도 자신을 중요하지 않다고 생각한다.

악마 영역은 악순환이다. 악마 영역에서 벗어나려고 열심히 노력할수록 당신은 더욱더 악마 영역에 갇히게 된다. 이것은 명언이나 농담이 아니며 매우 심각한 문제이다. 악마는 무장한 동물인 인간의 필수기능이다. 무장한 사람의 기본특성을 다시 살펴보자. 무장한 사람은 자연, 사람, 과정과의 즉각적인 접촉이 차단되어 있으므로 대체접촉을 개발하는데, 대체접촉의 기본특성은 진정성이 없다는 것이다. 도시가 클수록 그 안에 있는 개인은 더 외로워진다.

모든 사랑충동은 갑옷이라는 장벽을 만나고 자신을 드러내기 위해서는 단단한 벽을 힘으로 밀어내야 하며 그래서 필연적으로 잔혹함과 증오로 변한다.

원래의 사랑충동은 나중의 증오충동과 결합하여 구제나 긴장해방을 약속하는 모든 것에 대한 주저, 양가감정, 자기혐오 그리고 의존이라는 일반적인 태도로만 나타날 것이다.

신체갑옷은 기본 기관감각작용에 그리고 그와 더불어 진정한 행복의 느낌에 접근할 수 없게 만든다. 자신의 몸에 대한 느낌을 상실하고 그와 더불어 자연스러운 자신감을 상실한다. 느낌 및 자신감은 한결같이 가짜, 과시적 외모, **거짓** 자부심으로 대체된다.

자연스러운 자기지각의 상실은 사람을 두 개의 상반되고 모순된 실체로 넓게 갈라놓는다. **여기에 있는 몸은 저기에** 있는 영혼이나 정신과 양립할 수 없다. '뇌기능', '지성'을 유기체의 나머지 부분과 분리하고, 유기체의 나머지 부분을 '감정적인' 것과 '비합리적인 것'이라고 하며 '제압한다.' 이 모든 것과 관련하여 안타까운 점은 무장한 인간존재라는 틀 **안에서는** 이 모든 것이 진실하고 논리적이라는 것이다.
　깊고 자연스러운 핵심('신', '예수', '선', '인간영혼' 등)과 표면적인 모습 사이에 악의 층이 삽입되기 때문에 원래의 '선함'은 차단되고 접근할 수 없게 된다. 그러므로 상당히 논리적으로 그리고 진실로 감정은 '나쁘고' 지성은 '좋다.' 건전한 감정과 건전한 지성의 공존과 협력은 생각할 수 없다. 무장한 인간동물이 지배하는 모든 제도는 이 이분법에 맞춰져 있다. 살아있는 기능은 **신비로운** 것으로 변질되고 '두뇌 재료'는 **기계적인** 종류의 존재로 변질된다. '나쁜' 충동은 '좋은' 도덕에 의해 억제된다. 다시 말하지만, 이것은 일정한 사유의 **틀 안에서는** 완벽하게 논리적이고 진실하다. 우리 사회의 도덕구조를 그 속에 있는 논리를 이해하지 못한 채 저주하기만 하는 사람들은 사회와 인민대중을 통치한다면 비참하게 실패할 것이다. 나쁜 충동은 '**악마**'라는 제목 아래 요약되고, 도덕적 요구는 '**신**'이라는 제목 아래 요약된다. 따라서 **신**은 **악마**와 싸우고 있으며, **악마**는 불쌍한 인간이 **신**께 죄를 짓도록 영원히 유혹하고 있다.
　어린 시절 초기의 무장과정은 자신이 만들어내는 수많은 질병과는 별개로 모든 살아있는 표현을 초조하고 기계적이고 경직되게 하고, 살아있는 기능과 과정에 변화·적응할 수 없게 만든다. 자기지각에 접근할 수 없게 된 살아있는 기관감각은 이제부터 '**초자연적인 것**' 주위에 모여 있는 관념들의 전체 영역을 구성할 것이다. 이 역시 비극적으로 논리적이다. 삶은 도달할 수 없으며 '초월적'이다. 그리하여 삶은 구세주, 속죄자, **저 너머**에 대한 종교적 갈망의 중심이 된다. 기관감각작용과 함께 살아있는 것의 영역을 파악하는 지성능력도 소멸된다. 더욱이 봉인된 삶영역은 자기지각이 단단한 장벽을 허물려고 할 때마다 불안형식으로 나타나기 때문에, '저 너머'에 대한 갈망은 곧 두 동맹자를 얻게 된다. 하나는 유기체의 경직성을 돌파하려는 지속적인 노력에서 생겨나는 잔인함이고, 다른 하나는 '잃어버린 낙원'을 떠올릴 때마다 절멸로 경험되는 심층 불안이다. 그러므로 무장한 **정상인이 신비주의, 잔인함, 자연적인 삶기능** 특히 오르가즘의 기능에 **대한 불안**을 하나로 결합하는 것은 다시 한번 아주 논리적이다. 절대자, 영원성, 죄라는 생각도 앞서 논의한 것처럼 이러한 인성분열에서 생겨난다. 절대자는 경직성을 반영하고, 저 너머라는 생각은 생물학적 핵심에 접근할 수 없음을 반영하고, 잔인함은 돌파하려는 끊임없는 시도를 표현하며, 살아있는 것에 대한 뿌리 깊은 두려움[불안]은 무장한 인간이 성기성격의 자연스러운 자기조절 방식으로 기능할 수 없게 되었음을 알려준다.

우리는 기록된 전체 인류역사를 통해, 종교와 도덕을 통해, 법과 범죄 사이의 그리고 절대 권위와 노동대중의 무책임 사이의 영원한 동요를 통해 이러한 분열의 사회적 정박과정을 추적할 수 있다.

인간과 인간사회의 이러한 구조로부터 발전한 우리 문명(그리고 그와 유사한 문명)이 붕괴하고 있다는 사실을 깨닫는 사람은 누구든지, 그 어떤 죄의식이나 도덕이라는 이데올로기도 인간존재의 비극적 모순을 결코 해결할 수 없다는 데 주저 없이 동의할 것이다. 악순환의 두 가지 구성요소 중 어느 하나를 강요해서 악순환을 끊을 수는 없다. 도덕성을 높이려고 하면 도착과 잔혹함이 증가할 것이다. 도덕을 타도하기 위해 잔혹함을 사용한다면, 그 결과는 20세기 제국주의 러시아에서처럼 더욱더 엄격한 도덕이 될 것이다.

인간이 얽혀 있는 악순환의 고리를 끊기 위해서는 다음이 필요하다.

① 주어진 삶과 사유의 틀 안에서(그리고 그 **안에서만**) 비합리적인 것과 쓸모없는 것 안에서 합리적이고 유용한 것을 알아채고 인정하는 것. 그러한 깨달음이 없다면 인간운명을 개선하려는 모든 시도는 실패할 수밖에 없으며, 폐지하려고 했던 것보다 더 나쁜 조건으로 끝날 수밖에 없다.

② 새로운 강령과 새로운 정치방침을 선포하는 것을 중단하는 것. 인

간은 자신의 비참함을 깨닫고 자유를 갈망하기 시작한 이래로 자신에게서 도망쳤다. 그러므로 강령이 차례로 선포되었고 차례로 비참하게 실패했다. 잘못은 강령에 있는 것이 아니라 강령의 진정한 성취에서 도망친 데 있다. 모든 주요 종교운동이나 사회운동은 처음에는 **합리적**이었다. 모든 운동은 조만간 실패하고 타락하였으며 그 과정에서 어느 정도 잔인한 방향으로 발전했다. 각각의 새로운 운동은 인간의 비참함을 다른 누군가의 탓으로 돌리며 그들을 비난했다. 기독교인은 유대인을 비난했고 유대인은 기독교인을 비난했다. 부르주아는 봉건계급을 비난했고 봉건계급은 평민을 비난했다. 프롤레타리아는 부르주아를 비난했고 부르주아는 프롤레타리아를 비난했다. 이제 비난을 멈출 때다. 이 모든 너저분한 생각을 없애기 위한 공통분모를 찾아야 할 때다. 이제 인간의 상태를 개선하려는 인간의 모든 탁월한 시도의 근원으로 돌아갈 때이다. 그러면 생각, 강령, 정치적 이념으로 표현된 이러한 많은 시도가, 모든 사람에게 책임이 있다고 생각하면서 자신에게는 결코 책임이 없다고 생각하는 사람들이 믿는 것처럼 그렇게 멀리 떨어져 있지 않다는 것을 알게 될 것이다.

이 모든 잔혹한 실패의 공통분모는 자신의 본성에서 벗어난 인간 자신이다. 인간이 자신의 생체신체 구조를 최종적으로 공격하지 않는 한 그가 차지하고 있는 것은 무엇이든 무너질 수밖에 없다. 그리고 **이것은 더는 '정치' 문제가 아니라 인간동물의 무장해제 문제, 우리의 신생아들이 어떻게 자라는가 하는 문제이다.**

20세기의 20년대 초반에 초기 성경제학 연구는 자기조절을 관리하고 보호하는 유아의 자연스러운 기능을 명확하게 보여주었다. 그 핵심은 성기발달이 절정에 달하는 생체성적 기능이다. 사회적 과정 영역에서 자치는 전적으로 그리고 기본적으로 각 신생아의 자연스러운 자기조절에 달려 있다. 인간은 이 단순하고 분명하며 결정적인 사실로부터 반복해서 실험심리학의 인위적 환경으로, 정신분석의 '문화적응'으로, 사회대중운동의 계급사기 속으로 도망쳤다.

알렉산더 닐[69]은 수십 년 동안 어린이의 자연스럽고 자기조절하는 발달이 가능하다는 나의 주장을 실제로 증명하는 데 커다란 역할을 해왔다. 말리노프스키는 트로브리안드 사회에 관한 연구를 통해 같은 주장을 확증했다. 자기조절 기능은 더는 문제가 되지 않는다. 이제 주요 문제는 어린이의 이러한 자연스러운 성장을 어떻게 보호할 것인가, 무장하고 경직되고 생명이 없고 겁이 많고 희망이 없는 동물인 **정상인**이 만들어내는 여론 유형에 맞서 어린이의 자연스러운 성장을 어떻게 보호할 것인가 하는 문제이며 앞으로도 오랫동안 그럴 것이다.

인간은 자신으로부터, 자신의 강령, 방침, 의도, 능력으로부터 도망치는 것을 멈춰야 한다는 것은 분명하다. 사람들은 자신의 내면 공허함을 피하고 주요 문제인 **큰 회피 즉 도망의 이유**를 피하려고, 너무 많이 말하고 너무 많이 쓰고 너무 많이 다툰다.

③ 신과 악마, 선과 악, 지성과 감정의 절대적 대립, 그리고 절대자, 영원한 가치라는 **사유 틀에서 벗어나**, 바깥으로 나가서 신선한 공기를 마시며 기본적인 방식으로 사태를 다시 생각하는 것. 이 방향전환, **기본적**이고 **고통스러운** 이 방향전환 과정에서 숙련된 외과의사나 훌륭한 정신과의사가 행동하는 것처럼 행동하는 것이 필요하다. **정상인** 세계의 비합리적인 미로와 혼돈에서 벗어나기 위해서이다. 홀로코스트[대량학살]를 벗어나 자신의 입장을 확립하고 나면 사태가 단순해진다. 예를 들어 혼전순결이나 성에서 순진한 어린이라는 생각, 어린이의 불행한 악몽과 같이 이전에는 억압적이었던 것이 병적인 것으로 보이고, 온전한[제정신] 것처럼 보였던 것이 온전하지 않은[미친] 것으로 보인다.

④ 일정한 사회·도덕 배치 바깥에 선다는 것은 무정부상태나 단순히 부정적인[소극적인] 냉담함을 의미하지 않는다. 반대로 **그것은 벌어지는 일, 이데올로기, 당강령, 방침을 살아있는 것의 전망에서 바라보는 것을**

---

69) 알렉산더 닐(Alexander Neill)은 학생들이 자기조절과 자기규율을 통해 성장한다고 주장하였으며, 의무교육과 권위주의의 병폐를 해소하기 위해 서머힐 스쿨(Summerhill school)을 건립하였다. 닐은 라이히와 편지를 주고받으며 어린이 교육에 뜻을 같이하였다. [옮긴이 주]

의미한다. 이런 관점에서 보면 더 많은 표를 얻기 위해 자신이 얼마나 '대중적이고' '민주적'인지 과시하기 위해 전당대회에서 노래를 부르는 상원의원은 완전히 우스꽝스러워 보인다. 러시아가 1918년에 새생활을 위해 고군분투했을 때가 아니라 잔인하고 악랄하며 교활한 독재자(그를 "끔찍한 이반"이라고 부르자)가 2억 명의 주민을 완전히 피폐화시킨 이후 1948년에 러시아를 발견한 신비주의자도 마찬가지이다. 문제는 일하는 사람들에게 자신들의 존재에 대한 모든 책임을 지우지 않고 무책임하게 지상낙원을 약속하는 모든 유형의 '후보'와 그를 추종하는 수천 명의 어리석음으로부터 신생아의 새로운 삶을 향한 우리의 노력을 어떻게 보호할 것인가 하는 것이다. 문제는 현재 사유의 경계를 넘어서는 방법과 영토를 조사하고, 인간과 사회를 성가신 범죄자, 무익한 정치인의 국가관에 맞추지 않고 살아있는 원칙에 맞추는 방법과 수단을 찾기에 충분할 만큼 안전하게 외부를 유지하는가 하는 것이다. 문제는 늙고 좌절한 방랑자, 신경질적인 고위직, 붉은 파시스트, 자신이 할 일이 아닌 것을 '조사연구'하는 자칭 공무원에 맞서 이 위대한 기획을 어떻게 지켜낼 것인가 하는 것이다. 그 공무원은 이 기획에 대해 아무것도 모르고 수백만 명에게 결정적인 삶의 중요한 일에서 수개월 동안의 고통스러운 결과를 초래한다. 문제는 일하는 주민을 정치, 부정한 사업, 신경증적 교육, 비겁한 의학세계에서 그리고 무수히 많은 나쁘고 역겹고 파멸적인 일에서 해방하기 위해, **어떤 종류의 조직적 노력을 통해** 그들을 다시 자신들에게로 되돌리려 하는가이다. **새로운** 독재자, **새로운** 끔찍한 정치인, **새로운** 괴짜 또는 이데올로그의 희생양이 되지 않고 스스로 통치하는 방법을 배우도록 조직하는 것이다. 이것들이 문제이며 더 많은 문제가 있다. 따라서 문제는 무엇을 할 수 있고 무엇을 해야 하는지 – 이것은 비교적 쉬울 것이다 – 가 아니다. **진짜 문제는 그 일을 시작하는 방법이다.** 우리는 우연히 정신시설의 장이 되어 충격치료법을 시행하는 외과의사를 발견할 것이다(성욕에 굶주린 정신분열증 환자가 간호사를 공격했을 때, 그러한 공격의 보편적인 이유를 깨닫지 못하고 그는 "환자에게 쇼크를 가해라!"라고 말한다). 우리는 삶이나 사랑, 자녀, 일이나 성취에 대해 아무것도 모르면서 인간의 죄책감을 부추기고 그것을 오용하여 더욱더 강력하고 잔인하게 억압하는 종교적 파시스트를 우리의 앞길에서 발견할 것이다. 우리는 표를 얻기 위해 선거운동을 할 때만 자신이 일하는 사람들의 유급 하인이라고 말하는 신경질적이고 염탐하고 사찰하는 국가공무원을 우리의 길에서 발견할 것이다. 우리는 평생 청소년의 사랑생활과 같은 '뜨거운 감자'를 건드린 적이 없음에도 그것에 대해 비참하긴 하지만 정해진 의견을 가진 전문적 권위자를 우리의 길에서 발견할 것이다. 그리고 마침내 우리는 어머니와 아버지와 교사와 의사와 간호사 등의 지위에서 삶과 사랑에 대한 불안과 자연스러운 기능작용의 장엄한 단순함을 우리의 길에서 발견할 것이다. 우리는 새로운 강령을 만드는 것이 얼마나 쉬운지, 그리고 일부 교육부 쪽의 범죄방치로 인해 임신하게 된 한 사춘기 소녀의 사건을 처리하는 것이 얼마나 어려운지 보고 경험할 것이다.

간단한 해답에 이르는 어려운 길을 찾는 이 과정, 즉 교육자, 의사, 사회복지사, 부모, 청소년, 어린이 등 모든 사람이 저 너머를 넘어서고 저 너머에 머무르지만 저 너머에서 사라지지 않는 이 실천적 도약은 우리 삶과 우리 아이들과 그 아이들의 삶에서 가장 위대하고 급진적인 혁명이 될 것이다. 이것은 몇몇 대도시의 몇몇 '복도'에서 인간의 생명을 가지고 게임을 하는 공포 이반[독재자]의 어리석은 행위가 아니다. 그런 괴물과 어리석은 것을 목격할 수 있고 목격하고도 이 행성 영역에서 꺼내서 그들 자신이 창조한 제10제국[70]으로 보낼 수 없는 시대이다.

…그것들을 꺼내서 보낼[제거할] 수 없다는 것…, 이것이 모든 사회문제 가운데 가장 큰 걱정거리이다. 인간동물의 세계는 해결을 기다리고 있는 불타는 실천적 쟁점들, 언젠가는 성취할 수 있고 성취할 정당한 기대, 우리의 세계를 현재의 가장 높은 차원의 상상을 훨씬 뛰어넘어 가져갈 갈

---

70) 나치정권을 제3제국이라고 불렸는데, 그 이후의 또 다른 제국을 말하는 것 같다. [옮긴이 주]

망으로 가득 차 있다. 그러나 이른바 정부와 교육기관은 사소한 형식들로 바쁘다. 지옥(연옥)의 공통기반이 있어야 한다. 인간은 자신이 가장 진심으로 바라는 것에 도달할 수 없게 되었다. '신', '선', 평화, 협력, 국제 형제애, 행복은 도달할 수 없는 목표이다. '**악마**'가 세계를 지배하고 있다. 생체정신의학이 답을 줄 수 있을까? 나는 줄 수 있다고 생각한다. 그러나 여기서 다시 악마는 이 대답이 살아있는 현실이 되는 것을 막을 것이다. 수천 년 동안 많은 사람이 정답을 여러 번 제시했다. 잘못은 답에 있는 것이 아니라 악마에게 있었다. 답은 명확하고 간단하며 실제 적용할 수 있다. 문제는 길을 막는 장애물, 악마와 악마 영역, 무장한 인간동물의 둔탁함이며, 인간의 갑옷을 뚫고 합리적으로 생각하고 행동하게 만드는 것이 현재로서는 불가능하다는 것이다.

이제 '**악마**'를 '**선**'에 대립하는 것이라고 말할 때 우리는 무엇을 의미하는가? 내가 "**악마**"라고 말할 때 나는 기독교인이나 신비주의자가 **악**을 묘사할 때 말하는 것과 정확히 같은 것을 의미한다. 문제의 핵심은 인간에게 자신과 자신의 열망을 깨닫지 못하도록 하는 유기체의 심층 불안, 이른바 오르가즘불안이다. 우리는 인간을 합리적인 생체사회적 삶의 길에서 벗어나게 한 것이 인간동물의 무장이라는 것을 알고 있다. 그러나 우리는 인간이 왜 이것을 오래전에 깨닫지 못했는지, 자신의 무장이 도전받을 때마다 왜 난폭해지는지 아직 이해하지 못한다. **합리적인 삶을 가로막는 장애물은 무엇인가? 무장해제 과정을 그토록 어렵고 위험하게 만드는 것은 무엇인가?**

그것은 갑옷 자체일 수 없다. 사람들은 일반적으로 '성격경직성'과 '근육무장'에 대해 말할 때 무엇을 의미하는지 이해한다. 그들은 이 지식을 다른 어떤 정신의학교육보다 더 잘 이해하고 평가한다. 내 작업이 여러 번의 재난과 수많은 파괴위협에서 살아남을 수 있었던 것은 주로 무장한 인간 쪽에서의 이러한 공감과 이해 덕분이다. 따라서 갑옷 자체가 우리 노력의 주요 장애가 될 수 없다. 그렇다면 주요 장애는 무엇일까?

우리 진료실에서 답을 찾아보자. 이 매우 중요한 질문에 대한 답을 찾기 위해 무장한 인간에 대한 가장 빛나고 가장 인상적인 경험을 조사해 보자.

환자, 학생, 동료, 일상 환경에 있는 사람들을 조사연구하고 가장 공통적이고 전형적인 반응, 우리 환자와 그 친척이 일반적으로 비참한 인간행동과 공통으로 보이는 반응을 생각하면서, 우리가 **혈장흐름이라고 부르는 생물학적 핵심과 접촉할 때 무장한 개인을 공격하는 테러**만큼 우리에게 충격을 주는 것은 없다. 오르곤 생체신체학은 이 반응을 "**오르가즘블안**"이라고 불렀다. 오르가즘불안이 인간의 다른 불안 중 하나일 뿐이며 지난 25년 동안 현대 생체정신의학에 잘 알려진 여러 가지 독특하며 삶과 관련된 반응 중 하나일 뿐이라고 가정한다면 상황을 과소평가하는 것이다. 오르가즘불안은 말하자면 단순한 공포증이나 신경증 불안발작보다 훨씬 더 많으며 그와는 아주 다르다. 수백만 에이커의 농지를 침수시키고 수천 명의 목숨을 앗아가는 홍수가 우리 집 수도관의 파손과 맺는 관계는 오르가즘불안이 단순한 신경증 불안반응과 맺는 관계와 같다.

단순한 공포증은 단일 대상이나 단일 상황에, 칼이나 어두운 방에 제한된다. 오르가즘불안은 모든 생물학적 경험에 걸쳐 나타나는 것으로 피할 수 있는 탈출구가 없다. 단순한 공포증은 사람들을 괴롭히고 아픈 개인의 활동을 제한할 수 있다. 오르가즘불안은 한결같이 자신의 인성과 삶의 방향이 완전히 상실되는 경험과 함께 진행된다. 무장의 주요한 벽이 그대로 있다면 단순한 불안발작에서 자살은 드물다. 다른 한편 오르가즘불안은 너무 견딜 수 없어 자살 외에 다른 방법이 없는 완전한 붕괴 위험을 한결같이 동반한다. 보호무장이 그와 같이 갑작스럽고 압도적으로 파괴될 때 많은 자살이 발생한다. **잘 훈련된** 오르곤치료사가 증상과 관련 과정을 잘 알고 한 걸음 한 걸음 신중하게 그 개인을 치료한다면 위험이 최소화되고 상황을 온전히 안전하게 만들 수 있다. 그러나 갑옷이 전반적으로 부서지고 있는 개인을 혼자 내버려 두면, 자살, 살인 또는 정신병적 붕괴가 발생할 가능성이 크다. 생체체계의 심층 힘에 대한 통제력을 갑자기 상실하는 것은 위험을 불러온다. 더욱이 또는 우선 무엇보다도 이런 경우 상황을 매우 위험하게 만드는 것은 유기체가 자연스러운 생체에너지의 온전

한 힘을 다룰 수 없다는 것이다. 어린 시절부터 강한 감정에 익숙하며 강한 이차적 충동이 없는 사람은 강한 감정이 발달해도 위험하지 않다. 그러나 평생 무장하고 있고 강한 감정을 느껴본 적이 없거나 신경증과 증상이라는 에너지 방출의 출구만 지니고 있던 개인은, 갑자기 자신의 생체에너지의 풍부한 활력을 마주하게 되었을 때 완전한 방향감각상실과 절망에 빠진다. 반면 정기적인 성기포옹으로 자신의 생체에너지를 방출하는 건강한 개인은, 급증하는 에너지충격으로 인해 억눌린 막대한 양의 감정에 갑옷붕괴 위험을 추가하는 에너지 울혈의 양을 결코 발달시키지 않는다.

요약하자면, 무장한 생체체계가 강력한 생체에너지의 양에 전혀 대처할 수 없다는 점, 평생의 울혈로 인한 에너지의 양이 엄청나게 많다는 점, 무장한 개인의 표면적인 일상생활과 비교하여 심층 생체신체 기능의 성격이 상당히 다르다는 점이 위험을 이룬다. 따라서 갑옷은 실제로 병리적인 기능만큼이나 매우 중요한 기능을 수행한다. 무장하지 않은 인간에게는 자연스러운 상황이지만 만성으로 무장한 인간에게는 방향감각상실에 해당하는 상황에 대한 보호기능을 한다. 우리가 "자유현기증"이라고 부르는 것은 무장한 유기체가 자연스럽게 기능할 수 없기 때문에 생긴다. 완전히 무장원칙에 따라 기능하는 환경에서 자연스러운 자기조절원칙에 따르는 환경으로 너무 갑자기 옮겨간 어린이와 성인에게서 자유현기증이 나타난다. 오늘이나 내일 갑자기 권위주의 국가조직이 폐지되어 사람들이 마음대로 할 수 있다면 자유가 아니라 혼란이 올 것이다. 인류가 자연스러운 자기조절원칙에 따라 사는 법을 배우기까지 수년 간의 온전한 혼란이 지나가야 할 것이다.

인간의 이 뿌리 깊은 생체병리 조직은 인간행동을 주의 깊게 연구하는 사람에게 인간의 자유를 확보하려는 이전의 모든 시도가 실패한 가장 두드러진 원인으로 보인다. 이 사실은 아주 무책임한 방식으로 자유와 지상천국을 약속하는 정치인에게는 알려지지 않으며, 정치인은 자신이 약속한 일이 실제로 이루어진다면 가장 먼저 도망갈 사람이다. 이것은 진보적이든 아니든 평범한 교육자에게는 상당히 낯선 것이다. 알렉산더 닐이 사용하는 것과 같은 어린이 양육방법이 다른 교육자들이 사용할 수 없고 따라서 서머힐학교와 같은 자치 섬에 국한되는 진짜 이유이다. **올바른 사람만이 올바른 일을 할 수 있고 잘못된 사람만이 잘못된 일을 할 수 있다.** 자유로운 구조를 가진 인간만이 자기조절하고 진정으로 자유로운 방식으로 살 수 있다. 무장한 인간에 의해 자란 어린이가 자유로운 분위기로 옮겨가면 곧 **사회적 자치는 자기조절적 성격구조를 필요로 한다**는 것을 확신하게 될 것이다.

    내가 이러한 사실을 강조하는 것은 자유에 반대하기 때문이 아니라 오히려 전적으로 자유를 옹호하기 때문이다. 집을 짓고자 한다면 **어떤 종류의 땅**에 짓고 있는지 알아야 한다. 깊은 곳에 바위가 있는가 아니면 진흙만 있는가? 밑에 진흙이 있다는 것을 안다면 그 지역을 배수하고 바위 위에 집을 지을 수 있다. 그러나 건물의 토대를 알지 못할 정도로 무책임하다면 완전히 실패할 것이다. 교육영역에서 이러한 상황은 권위주의 교육자가 압박하고 훈련하는 자신의 방법을 계속할 수 있는 좋은 핑계를 제공하기 때문에 특히 위험하다. 그는 나의 자유로운 방법이 작동하지 않는다고 당연히 주장할 것이고, 나는 그 반대의 증거를 제시할 수 없다. 하지만 수천 년 동안 사회생활을 지배해 온 감정전염병의 깊이와 범위에 눈을 감는다면 모두가 처한 상황을 해결할 수 없다. 우리는 모두 자유주의를 지지하며 자유주의자이다. 그러나 우리는 자유주의자들이 인간 타락이라는 쟁점에 정면으로 마주하기를 꺼린다는 것을 심히 유감이라고 생각해야 한다. 여론은 인간이 "완전히 선하다"고 주장하는 사람들과 인간이 "철저히 [처음부터 끝까지] 악하다"고 주장하는 사람들로 극명하게 나뉘어 있다. 나는 인간구조에 대한 우리의 잘 정립된 지식이 더 나은 변화를 가져올 수 있다고 진실로 믿는다. 우리는 인간의 심층 자기조절 기능에 대한 지식이 부족하다고 해서 권위주의자처럼 모든 희망을 포기하지 않으며, 자유롭게 살 수 없는 인간의 뿌리 깊은 무능력을 본다고 해서 쉽게 실망하지도 않는다. 다시 본론으로 돌아가자.

    인간동물이 자유, 행복, 번영이라는 자신의 목표에 도달하지 못하는 것은 무장 자체가 아니다. 인간동물이 단지 무장 자체 때문에 그렇게 많은 고통을 겪었다면 자신의 무장을 제거하는 방법을 오래전에 배웠을 것이다. 아니, 무장제거는 개인적으로 뿐만 아니라 사회적으로 인간의 전 존재가 완전히 방향감각을 상실하고 위협 속에 완전히 붕괴하는 것이다. 무장은 완전히 다른 종류의 삶에 직면하는 것에 대한 인간의 불안이며, 평화와 선함이라는 인간의 목표와 인간 사이에 놓여 있는 잔인함과 증오의 층이다. 무장은 생물학적 삶지향을 완전히 상실하고 불안에 휩싸이게 하는 장애물이다. 종교와 신비주의는 악마 영역이 존재한다고 주장한 것에서 잘못된 것은 아니다. 종교와 신비주의는 **악마 너머**를 보지 않고 영원하고 알 수 없고 도달할 수 없는 **신**이 **악마**로 도착된[변질된] 실재라는 것을 인식하지 못한 것이 잘못이다. 단테의 『**신곡**』은 악마 영역에 대한 묘사에서 타의 추종을 불허한다. 그러나 이 위대한 작품도 인간 자신을 넘어서 인간의 자연적 기원의 광범한 영역에서 자신의 뿌리를 찾는 것이 아니라 수천 년의 경계들 안에 갇혀 있다. 우리는 여기서 저지른 큰 오류에 대해 궁금해 해서는 안 된다. 악마 영역은 너무 끔찍하고 인간구조의 심층이 철저하게 반사회적이고 범죄적인 충동으로 가득 차 있어서, 이 영역을 다루는 사람은 누구든지 이 영역을 인간 삶의 마지막이자 가능한 가장 심층이라고 생각했다.

 오르고노미는 특별한 영감이나 초자연적인 감각 때문이 아니라 오로지 오르가즘의 기능에 대한 충실하고 성실한 연구 덕분에 악마 영역을 넘어서는 데 성공했다. 오르가즘의 기능은 우주의 오르고노미 법칙에 뿌리를 두고 있으며, 따라서 인간을 훨씬 넘어서 살아있는 영역 전체를 지배할 뿐만 아니라 진정한 종교인이 "도달할 수 없는 신"이라고 부른 것을 정확히 나타낸다. 오르고노미는 악마 영역, 즉 무의식적인 이차적 충동 영역을 초월하는 모든 개인의 앞길에 쌓여있는 무시무시한 장애물들을 제압하는 것을 배웠기 때문에 성공적으로 '악마'를 넘어섰다. 일단 사람이 생체체계에서 또는 오르가즘경련으로 표현되는 자연스러운 오르고노미 기능에서 발판을 찾아내고, 심층 생체신체 기능작용과 무장영역에서의 삶왜곡을 날카롭게 구별하면, 악마는 자신의 끔찍한 측면의 대부분을 잃기 시작한다. 그러면 우리는 악마를 저 너머 '위에서' 예를 들어 국가나 교회의 이익이라는 관점에서가 아니라 '아래에서' 바라보며, 참된 기독교인의 언어로 말하면 '악마'는 신비스러워지지 않으면서도 '신'이나 '예수'의 기능에 의해 쫓겨난다고 말할 것이다.

나는 그러한 종교 가르침이 비록 무장한 인간동물에 의해 왜곡될지라도 위대한 진리를 지니고 있다는 것을 독자들에게 확신시키려고 의도적으로 이렇게 표현하고 있다.

'악마'는 기독교 사상에서 잘 알려진 지옥창조로 의인화되고 괴테에게서 메피스토펠레스의 모습으로 매우 훌륭하게 구현된 절대적 '악'을 의미했다. 인간은 '악'을 **유혹적**이라고 느꼈다. 왜 인간은 신을 '유혹적'이라고 생각하지 않았는지 우리는 질문해야 한다. 악마는 왜곡된 본성을 나타내고 신은 본래의 참된 본성을 나타낸다면, 사람이 신보다 악마에게 훨씬 더 끌리는 이유는 무엇인가? 신의 아름다움, 조화, 생명향상 능력이 그토록 명백하고 설득력 있다고 한다면, 왜 인간을 '죄'에서 (즉, 악마의 시험에서) 구원하려는 위대하지만 영원히 좌절시키는 노력을 하는가?

대답은 다시 이전과 같다. 악마는 쉽게 접근할 수 있는 이차적 충동을 나타내고 신은 무장 때문에 대다수가 접근할 수 없는 삶의 핵심을 나타내기 때문에, 악마는 유혹적이고 따르기 쉽고 신은 너무 지루하고 멀게 느껴진다. 그러므로 신은 도달할 수 없는 위대한 목표이고 악마는 어디에나 있고 모든 것을 집어삼키는 실재이다. **신**을 살아있는 실재로 만들기 위해서는 무장을 파괴하고 신과 원초적 삶의 동일성을, 악마와 왜곡된 삶의 동일성을 확고히 실질적으로 확립해야 한다. 불행하게도 신은 오르가즘방전에서처럼 어디에서도 그렇게 명확하게 표현되지 않는 살아있는 기능작용과 같다. 신에 대한 이러한 접근이 막히면 악마만이 통치할 수 있다. 그리고 악마가 어떻게 통치했는지! 인간의 이 오류는 얼마나 커다란지! 운명적으로 돌이킬 수 없는 악마 영역에 착륙한 채 접근할 수 없는 신의 경험에 대한 이 끝없는 탐색은 얼마나 비극적인가!

자연스러운 삶의 힘[생명력], 인간의 **생체에너지** 표현으로서 '**신**'과 인간의 이러한 삶의 힘의 도착과 왜곡의 표현으로서 '**악마**'는 인간본성에 관한 성격분석연구의 궁극적인 결과로 나타난다. 이러한 결론으로 내가 이 책(『**신, 악마, 에테르**』)에서 내세운 기본과제는 달성된 것 같다. 이제부터 오르곤 신체학이 넘겨받아야 한다. 이제 우리가 가장 관심을 기울여야 할 것은 에테르 문제이다. 이것은 모든 물리 이론과 자연철학의 가장 기본적인 문제이다. 그러나 자연의 관찰자인 인간의 **성격구조**와 그것의 생체신체 핵심인 **오르가즘의 기능**은 이 살아있지 않은[무생물] 자연의 영역으로 안내하는 게시물로 남아 있다. 이를 결코 잊어서는 안 된다.

가짜 다리(위족) pseudopodium 일시적으로 또는 반영구적으로 세포질이 확장된 부분으로 모든 육질충류와 몇몇 편모충류가 이동운동을 하고 먹이를 잡는 데 사용한다. 가짜 다리는 고등동물의 백혈구와 같은 일부 세포나 아메바에 의해서도 생기는데, 아메바가 먹이를 먹을 때 가짜 다리를 뻗어 먹이를 감싸거나 가늘고 끈끈한 그물을 만들어 잡으며 움직이는 데도 사용한다. 이러한 움직임을 위족운동 또는 아메바운동이라 부르며, 동물이 이동하는 가장 원시적인 형식으로 여겨진다.

감각과 감각작용

감각 Sense 외부의 물리적 자극으로 의식에 변화가 생기는 것을 의미한다. 감각 기관이 외부의 물리적 자극을 전기적 신호의 한 형태인 활동전위로 바꾸면 신경을 통해 뇌까지 활동전위가 전달된다. 이렇게 전달된 활동전위는 뉴런의 말단에서 신경전달물질이 뇌 속으로 분비되도록 한다. 그러면 뇌 속에 변화가 생기게 되며 의식에 변화가 생기게 된다. 감각의 종류로는 시각·청각·후각·미각·촉각 등 **오감**이 있는데, 라이히는 다섯 가지 감각에 여섯 번째 감각으로 **오르고노틱 감각**을 제안한다.

감각작용 Sensation 감각을 느끼는 과정을 감각작용이라고 하는데, 라이히는 혈장흥분이 감각작용을 전달하고 감각작용은 혈장운동으로 표현된다고 보았다.

감정과 감정전염병

감정 Emotion '감정'이라는 단어는 문자 그대로 '밖으로 움직이는' 또는 '밀어내는' 것을 의미한다. 감정은 그 본질에서 기본적으로 혈장움직임이다. 즐거운 자극은 원형질이 중심에서 주변으로 향하는 감정을 유발하는 반면, 불쾌한 자극은 원형질이 주변에서 유기체의 중심으로 향하는 감정 또는 더 정확하게는 '재운동'을 불러일으킨다. 생체신체 혈장흐름의 이 두 가지 기본방향은 정신장치의 두 가지 기본정서인 쾌락과 불안에 각각 해당한다.

'감정'의 의미는 이처럼 움직임을 의미하며, 원형질감정 또는 **표현움직임**의 신체과정은 **움직임표현**으로 나타난다. 즉 원형질의 움직임은 감정의 의미에서 표현되며 유기체의 모든 감정이나 표현은 움직임과 연결되어 있다. 라이히는 감정을 점점 더 유기체 오르곤에너지, 만질 수 있는 **생체에너지**의 표현을 의미하는 것으로 보았다.

감정전염병 emotionale Pest 사회적 맥락에서 신경증성격의 파괴적인 행동을 말한다. 신체갑옷와 성격갑옷은 개인의 정서적 경험능력을 파괴한다. 다른 개인이 성포옹과 같은 행복한 감정경험을 할 때, 갑옷을 입은 사람은 그 행복을 누릴 수 없다. 그 행복은 오히려 그에게 불편함을 불러일으킨다. 대부분 인류는 이러한 불편함에 반응하여 세계에서 행복을 제거하고 금지하고 파괴하려고 한다. 라이히는 이러한 행동을 감정전염병이라고 부른다. 이는 다른 사람에게 행동 규범을 강요하려는 모든 사회조직에서 나타난다. 물론 이것은 공개적으로 이루어질 수 없다. 따라서 속임수와 조작은 감정전염병의 필수 불가결한 특징이다.

에너지 측면에서 감정전염병은 에너지충전이 높고 특히 골반차단이 이루어진 개인의 만성 생체병리이다. 감정전염병을 통해 항상 자아와 조화를 이루고 철저히 합리화되는 이차적인 병리적 충동이 사회적 영역에서 표현된다. 감정전염병은 특히 자연스러운 성활동에 의해 자극되는 반면, 그 자체는 모든 형태의 병리적 성활동(음란물, 도착 등)을 적극적으로 지원한다. 감정전염병은 종종 전염병 형태를 취하는 풍토병(스페인 종교재판, 20세기 파시즘, Ku Klux Klan, 마피아)으로 생체병리 질병으로 간주할 수 있고, 그로 인해 고통받는 사람을 아픈 사람(환자)으로 간주할 수 있다. 그리고 개인의 감정에 그치지 않고 사회적인 집단감정으로서 제도나 단체들을 통해 조직적으로 작용하는 전염병을 **조직화된 감정전염병**이라고 하였다.

특정한 전염병반응 spezifische Pestreaktion 감정전염병의 특히 인상적이고 전형적인 반응이다. 특정한 전염병반응은 성적인 그러므로 도덕적인 명예훼손을 특히 선호하며, 박해망상의 투사기제와 유사한 방식으로 기능한다. 자신의 음탕함과 도착을 다른 사람에게 투사하며, 자신을 방어하기 위해 가학 방식으로 험담을 사용하여 다른 사람에게 전가한다. 윤리적 도덕주의 뒤에 자신의 도착적 음탕함을 완전히 숨길 수 없으므로 이것을 험담중독의 희생자 탓으로 돌린다. 자신의 그러한 특성을 성기적 성격을 지닌 건강한 사람이 지니고 있다고 말한다.

특정한 전염병반응의 기제는 성영역에서 성이 아닌 영역으로 쉽게 옮겨진다. 자신이 한 일, 하고 싶은 일 또는 하려고 생각하는 일을 다른 사람 탓으로 돌리는 것이 독특하다. 정치에서 나타나는 특정한 전염병반응은, 제국주의 독재정부가 새로운 계획을 세울 때마다 자신들이 속에 품고 나중에 수행한 의도를 정확히 피해자의 탓으로 돌리는 것에서 볼 수 있다. 또한 자신의 음모를 다른 사람 탓으로 돌리면서 나중에 그 음모를 실행하는 것(트로츠키 살해사건, 드레퓌스 사건)이다. 감정전염병 활동은 사회생활에서나 개인의 사생활에서나 동일하게 작용한다. 예를 들어 이혼과정에서 자신의 잘못을 상대의 탓으로 돌리거나 자녀에게 상대 험담을 하는 것 등이다. 독재자는 자신의 전염병반응이 한 개인이 아니라 수백만 명의 사람들에게 영향을 미친다는 점에서 전염병에 걸린 개인과 다르지만 작동기제는 같다.

강직과 경직

강직 Starre은 단순하게 몸의 어딘가가 뻣뻣해지는 것을 의미하며 그것이 굳어지면 **경직 Rigor**이라고 한다. 영어본에서는 구분하지 않고 경직(rigidity)으로 번역하였다.

갑옷과 무장

갑옷 Panzer 갑옷이란 개인이 자신의 감정을 억제하기 위해 개발하는 모든 태도의 합계이다. 정신적 갑옷(성격갑옷)과 신체적 구조(근육갑옷)를 모두 말한다. 갑옷을 입고 있는 상태를 **무장 Panzerung**이라고 하였다. 라이히는 『성격분석』 1권에서는 정신적 갑옷과 무장에 초점을 맞추었다면, 2권에서는 오르곤이론[오르고노미]에 입각한 **신체갑옷**과 **신체무장**, 구체적으로는 **근육갑옷**과 **근육무장**에 초점을 맞추어 나간다.

교감신경과 부교감신경

우리 몸에는 말초신경계통에 속하며 몸속의 장기와 심장, 외분비샘, 내분비샘을 통제하여 몸의 환경을 일정하게 유지하는 역할을 하는 자율신경계가 있다. 자율신경계는 대뇌가 아니라 뇌간에서 나오므로 생각대로 움직이지 않고 스스로 작동하며, 심작박동, 소화, 호흡, 혈압 등을 조절한다. 자율신경계는 교감신경과 부교감신경으로 나눌 수 있는데, **교감신경 Sympathikus**은 위급한 상황에 빠졌을 경우 빠르게 대처(싸움 또는 대피)할 수 있도록 도와주는 역할을 하며, **부교감신경 Parasympathikus**은 위급한 상황에 대비하여 에너지를 저장해두며 진정효과를 촉진하는 역할을 한다. 예를 들어 교감신경은 심장박동을 촉진하고 부교감신경은 심장박동을 억제한다. 이처럼 교감신경과 부교감신경은 서로 반대 작용[길항작용]을 하면서 몸의 환경을 일정하게 유지하는 역할을 한다. 부교감신경 중 하나인 **미주신경 Vagusnerv**은 스트레스나 감정에 민감하게 반응한다. 체내에 스트레스가 쌓이거나, 긴장, 분노, 우울 등의 부정적인 감정 상태를 오랫동안 유지하면 그 기능이 점점 약해진다.

근육

근육 Muskel 몸의 골격을 이루는 뼈에 부착되어 운동을 가능하게 해주는 기관이다. 신체의 근육은 크게 골격근, 심장근, 내장근으로 구분할 수 있고 수축과 이완 기능을 지니며, 기능에 따라 자신의 의사로 수축을 조절할 수 있는 수의근과 수축을 조절할 수 없는 불수의근으로 나눌 수 있다.

근육조직 Muskulatur 근육조직은 근세포가 굳게 접착된 조직으로 수축과 이완을 한다. 근육을 구성할 뿐 아니라 신축이 필요한 다른 부위에도 있다. 근육조직은 몸을 지탱하고 주로 운동에 관여하는데 수축성 세포로 이루어져 있다.

라이히는 오르고노미에 입각해 설명하면서 근육과 근육조직의 기능을 강조하며 **성격무장** 뿐만 아니라 **근육무장**을 해소해 나가는 것이 치료과정에서 중요하다고 본다.

기계론적 사유 mechanistisches Denken 모든 현상을 물질운동의 조합으로 환원하여 설명하려는 입장을 기계론이라고 한다. 라이히에 따르면, 기계론자는 자연스럽고 자발적인 표현을 두려워하여 생물학적 핵심과의 접촉을 잃었으며, 근육무장과 성격무장 때문에 세계와 자신을 단편적인 그림으로 그리며, 공통의 기능적이고 통일된 원리로 연결되지 않은 부분적인 기계체계의 합으로 인식한다.

기능적 사유 funktionelles Denken 공통점이 없어 보이는 살아있는 현상의 공통분모(공통 기능원리)를 찾는 것에 해당하는 사유 방식이다. 라이히는 『성격분석』 1권에서는 변증법적 유물론 방법 또는 사유라고 하였으나, 2권에서는 오르고노미에 입각한 기능적 사유 또는 기능적 관점이라고 하였다.

맥동과 경련

맥동 Zuckung 팽창과 수축의 리드미컬한 교대를 말한다. 맥동은 모든 생명체의 기본기능이며, 인간유기체에서 에너지 흡수와 방출의 지속적인 교대로 표현된다. 햇빛, 호흡, 음식을 통해 신체는 운동, 감정표현, 대사과정과 같이 스스로 활기차게 충전하고 방전한다. 이 활기찬 맥동은 생장신경계의 맥동에서 유기체의 물질수준에 반영되며 예를 들어 심장박동, 호흡, 소화로 표현된다.

경련 Krampf, Konvulsion 자신의 의지와 상관없이 전신 또는 신체 일부가 마비되거나 떨리는 증상을 말한다.

무기물과 유기물

무기물 anorganische Materie 일반적으로 물, 공기, 광물 등 생명이 없는 것으로 분류된 물질과 그것을 원료로 해서 인공적으로 만들 수 있는 물질을 말한다. 탄소와 수소가 없는 물질로 불에 타지 않으며 생명과 관련 없는 것으로 정의된다.

유기물 organische Materie 생물체를 이루며 그 안에서 기관을 조직하고 생명력에 의하여 만들어지는 물질을 말한다. 화학적으로는 탄소를 포함하는 화합물이다. 유기물은 다양한 단백질, 지방, 탄수화물로 구성되어 있고 석유·석탄·식물 같은 천연 공급원으로부터 만들어진다.

유기적인 것과 무기적인 것의 관련
라이히는 비유기적[무기적] 존재에서 유기적 또는 생장적 삶으로의 발달과 유기적-생장적인 것에서 정신장치(의식)의 발달을 언급한다. 유기물은 무기물에서, 정신은 생장에서 성장함에 따라 두 발달의 산물은 기능과 과정에서 모체의 기본법칙을 이어받는다. 유기물에서 원칙적으로 무기물에서와 같은 화학·물리 법칙을 발견하고, 정신적인 것에서 생장적인 것에서처럼 긴장과 이완, 에너지 울혈과 방출, 과민성(흥분가능성) 등의 같은 근본반응을 발견한다. 성격발달에서 관찰할 수 있는 해리와 새로운 형성의 대립[병치]이라는 변증법적 현상은 무기물에서 유기물로, 유기적-생장적인 것에서 정신적인 것으로라는 두 가지 포괄적이고 일반적인 발달을 지배한다. 유기체 안에서는 유기적인 것이 무기적인 것과 대립하고 마찬가지로 정신적인 것은 생장적인 것과 대립한다. 즉 무기적인 것과 유기적인 것은 통일적이고 동시에 대립한다. 라이히는 오르곤 생체신체학이 **유기적** 영역에서 탐지할 수 있었던 것이 **생체병리**인데 이는 심리학 영역에서 프로이트의 **정신신경증**의 상관물이라고 한다.

분절 Segmente 라이히는 신체를 눈, 턱, 목, 가슴, 횡격막, 복부, 골반과 같은 신체 축을 가로지르는 7개의 고리 모양의 **분절**로 나누었다. 이러한 각 분절에는 신체 축을 따라 발생하는 오르곤에너지의 흐름을 방해하는 근육 및 결합조직의 긴장이 있을 수 있다. 그리고 차단된 분절들이 **갑옷**을 형성한다. 각 부위의 분절에 해당하는 갑옷과 무장이 있으며 이 갑옷과 무장도 **분절배열**되어 있다고 한다.

병리학 Pathologie 병의 원인과 발생과정 그리고 병에 걸린 조직의 형태변화와 기능장애를 연구하여 질병과정의 본질을 규명하는 의학분야이다.

비온[바이온] Bione 비온은 1936년 라이히가 발견한 오르곤에너지로 충전된 매우 미세한 수포이며, 가열과 팽창을 통해서 비유기적 물질로부터 생겨난다. 비온은 무생물에서 생물로 전환하는 이행형태를 나타내며 단세포유기체로 에너지소포인데, 광학현미경을 통해 매우 높은 배율(약 4000배)로만 볼 수 있다. 라이히는 비온이 오르곤, 즉 생명에너지로 충전되어 있으며 특정 조건 아래에서 원생동물로 발전할 수 있다고 보았다.

살아있는 것[생물]과 움직임

살아있는 것[생물] Das Lebendige 살아있는 것[생물]은 **생명**을 지닌 물체이다. 생물도 생명이 없어지면 **무생물**이 된다. 생물이 나타내는 특이한 성질을 생명현상이라고 한다. 살아있는 생명체는 모두 움직이고 활동하고 뛰고 달리고 혹은 날기도 한다. 라이히는 생물이라는 물체를 강조하기보다는 '살아있는' 상태를 강조하여 **살아있는 것**이라는 용어를 쓰고 있다.

살아있는 것은 생물학적 긴장과 욕구를 만족시키는 기능을 지닌 일차적인 혈장감정에 따라 작동하며, 살아있는 것의 존재는 성별이 다른 두 가지 **오르고노틱 기관의 합성(성합성)**에 뿌리를 두고 있다.

살아있는 것은 **살아있지 않은 것[무생물]**으로부터 생겨나고 살아있지 않은 것은 우주에너지로부터 생겨나므로 살아있는 것 속에 **우주에너지기능**이 있다고 라이히는 결론짓는다. 따라서 성합성에서 오르가즘반사의 번역할 수 없는 표현움직임은 우주오르곤기능을 나타낼 수 있다고 본다.

움직임 Bewegung 라이히는 살아있는 것은 **움직임**으로 자신을 표현하므로 **표현움직임**이라는 개념을 쓰자고 한다. 표현움직임은 원형질과 엄밀하게 연관된 속성이며 살아있는 것을 모든 무생물체계와 구별한다. 표현움직임은 살아있는 체계에서 무언가가 '표현' 또는 '밀어내기'를 통해 '움직인다'는 것을 말하며, 원형질의 팽창 또는 수축을 의미할 뿐이라고 한다.

살아있는 것은 고유한 **움직임표현** 형식을 지니고 있는데 그러한 형식을 통해 **감정**을 드러낸다. 예를 들어 음악[소리]은 살아있는 사람의 **움직임**을 표현하고 듣는 사람에게 **감정**을 불러일으킨다.

생리학 Physiologie 생리학은 생물이 지닌 **기능**, 즉 서로 다른 기관 간의 전기적, 기계적, 화학적인 상호작용을 연구하는 학문분야이다. **생명현상**이 어떻게 나타나며 어떤 요소들이 기능적으로 상호작용하여 나타나는가를 파악하는 **생물학**의 한 분야이다. 이에 반해 생물의 구조-형태 측면을 주로 연구하는 것이 **해부학**이다.

생물학 Biologie 생명현상과 살아있는 생명체의 물리적 구조, 화학적 과정, 분자적 상호작용, 생리적 메커니즘, 발생 및 진화에 관해 연구하는 자연과학이다. 과학의 복잡성에도 불구하고 그것을 하나의 일관성 있는 분야로 통합하는 특정한 공통개념들이 있다. 생물학은 세포를 생명체의 기본 단위로, 유전자를 유전의 기본 단위로, 진화를 생물 종들의 출현과 멸종을 추진하는 수단으로 인정하고 있다. **살아있는 생명체**는 항상성으로 정의되고, 생명 유지에 필수적인 상태를 유지하기 위해 에너지를 변환시키고, 부분적으로 엔트로피를 감소시킴으로써 생존해 가는 개방계이다. 생물학의 하위분야로 기관이나 조직을 연구대상으로 삼는 것이 **생리학**이다.

라이히는 **오르곤에너지**는 바로 살아있는 것의 **생물학적 에너지**라고 보았으며, 오르곤치료법은 바로 정신신체에서 나타나는 다양한 병리현상을 분석해 나가면서 **생물학적 심층**(또는 핵심)과의 접촉을 만들어감으로써 즉 오르가즘능력을 확립해감으로써 병리증상을 물리칠 수 있다고 보았다.

생장, 생장에너지, 생장치료법

생장 Vegitative 생명과학에서 개체 일부의 증가 현상 또는 생명체의 양적·질적인 증가현상을 **생장**이라고 하고, 식물의 기관 중 잎·줄기·뿌리처럼 양분을 만들거나 흡수·저장하는 기관 즉 영양기관을 **생장기관** vegetative Organ이라고 한다.

생장에너지 vegitative Energie 라이히는 초기의 정신분석에 입각한 정신신체 설명에서 점차 신체가 지닌 이러한 생장 측면을 강조하게 되며, 생명현상의 움직임을 나타내는 에너지를 **생장에너지**라고 하고 나아가 생장흐름과 생장움직임을 통해 이루어지는 것들을 생장적인 것으로 생각한다. 결국은 생리적인 현상을 생장적인 것으로 파악하는 것이다. 오르곤치료법으로 넘어가면서는 생장적인 것을 **오르곤에너지**라고 파악한다.

라이히는 정신적인 것의 양 요소를 강조하면서 정신적인 것과 생리적인 것 즉 생장적인 것의 관계를 확립할 수 있었다. 신경증 설명과 관련하여 오이디푸스 콤플렉스를 강조하는 정신분석의 관점에서 벗어나, 자녀부모 갈등 자체는 자녀의 **성경제**가 방해받기 때문에 병원성이 될 뿐이며, 따라서 성인기에 리비도경제의 질서능력의 내부 장애를 가져온 것 즉 성기성적 **에너지 울혈**에서 신경증은 자신의 에너지를 끌어낸다고 보았다. 이런 식으로 강조점은 경험 내용(기억)에서 생장에너지 경제로 옮겨갔다. 따라서 진료에서는 생장에너지적 **힘농축**으로 작동하는 경험을 처리하는 것이 결정적으로 중요해졌다. 이러한 생장에너지에 대한 강조는 **오르고노미**로 나아간다.

생장치료법 Vegetotherapie 성경제의 원리에 기반한 치료기법으로 치료목표는 자율신경계(생장체계)의 묶인 에너지를 풀어주고 환자의 생장 평형을 회복시켜 오르가즘능력을 확립시키는 것이다. 성격분석기법이 정신장치에 대한 작업을 했다면 생장치료법은 신체장치의 생리적 영역을 강조하게 된다. 라이히는 정신장치와 신체장치에 대한 작업을 하나로 결합하기 위해 **성격분석적 생장치료법**이라고 말하였다. 그런데 이 용어는 너무 길었고 '야채'(vegetable)를 연상시키는 '생장'(vegetative)이라는 단어가 포함되어 있었다. 그리고 유기체를 정신 부분과 신체 부분으로 구분하기 때문에 유기체를 통일적으로 파악하려는 오르고노미의 개념과 모순되었다. 그래서 오르곤의 발견과 더불어 살아있는 유기체에서 특정한 생물학적 에너지로 기능하는 **우주오르곤에너지**(kosmische Orgonenergie) 개념에 입각한 치료로서 **오르곤치료법**으로 넘어갔다. 오르곤치료법에서 비로소 라이히는 정신의학이 생겨난 이래 처음으로 자체 수단을 통해 객관적인 자연과학적 과정에 뿌리내렸다고 생각하였다.

생체병리, 생체에너지

생체병리[생체병증] Biopathie 신체의 에너지 분포의 부조화로 인해 나타나는 질병에 대한 성향을 말한다. 무장으로 인해 유기체 혈장체계의 생체에너지 맥동의 교란[장애]을 나타내기 위해 라이히가 고안한 용어다. 라이히에 따르면, 성울혈은 생물학적 맥동의 근본적인 교란을 나타내며, 성능력의 만성장애는 생체병리와 일치한다. 따라서 생체병리의 중심 메커니즘은 생체성적 흥분배출 장애라고 보았다. 그는 생체병리가 유기체의 정신영역에서 나타나는지 또는 신체 영역에서 나타나는지에 따라 정신과 신체로 구분했다. 따라서 신경증, 정신병, 태도문제 등은 정신적 생체병리에 속하고, 임상병리의 전체 스펙트럼에서 많은 만성 질환(이른바 정신신체적 장애, 대표적인 것으로 암을 꼽았다)은 신체적 생체병리에 속하는 것으로 보았다.

생체에너지 Bioenergie 일반적으로 **생체에너지**는 바이오매스를 연료로 하여 얻어지는 에너지로, 생물자원의 물질로 사용할 수 있도록 만들어진 대체에너지다. 이러한 일반적인 용어사용과는 달리, 라이히는 생체에너지라고 할 때 신체가 지닌 운동에너지를 강조한다. 그리고 생체라는 용어와 신체라는 용어를 붙여서 **생체신체, 오르곤 생체신체학**이라는 용어를 만들어서 사용한다. 라이히는 자신이 추구하는 정신의학에 대해서 생체 개념을 붙여 **생체정신의학**이라고 하였으며, 생명현상의 중요한 움직임으로 오르곤을 강조하게 되면서 결국 생체에너지 개념을 사용하면서도 점차 **오르곤에너지**라는 용어를 사용한다. 그래서 **생체에너지**에 따라 진행하는 **오르곤치료법**을 강조하고, 생체에너지를 연구하는 **오르곤 생체신체학**을 제시하기에 이른다.

선과 악

선 Gut 도덕적으로 올바른 덕목을 이르는 말이다. 사회의 각종 현상이나 사람의 행위에 대한 도덕적 평가에서, 사회가 도덕적 가치로 인정하면서 그것의 확대를 추진하는 것을 의미한다. 선은 착하고 올바르며 헌신하는 것이라고 여겨진다.

악 Schlecht 도덕적 또는 종교적 관점에서 부정적인 것을 가리킨다. 악은 좁게는 인간의 의지·태도·행위가 도덕적 규범에 어긋남을 뜻하며, 넓게는 사물이나 행위가 인간이 추구하는 가치에 대립하는 경우에 적용되는 말이다. 보통 선과 정반대라고 생각한다.

선과 악 Gut und Schlecht 라이히는 기존의 선악이론은 우주를 인간 본성의 관점에서 설명했고 따라서 악마와 같은 존재가 존재하거나 신과 대등한 다른 유형의 악마적 존재가 존재한다고 보았다고 한다. **신**은 **선**이었고 **악마**는 **악**이었다. 신은 도달할 수 없고 알 수 없으며, 인간의 마음은 파악할 수 없었지만, 인간의 영혼은 악마의 손아귀에 잡혔다. **선과 악, 신과 악마**는 절대적인 대립물이었고 모두 인간의 성격구조 안에서 태어났으나, 인간이 자신의 진정한 본성을 이해하고 자신을 깨닫는 데 장애물이었다고 라이히는 보았다.

자연스러운 자기지각의 상실은 인간을 두 개의 상반되고 모순된 실체로 크게 갈라놓는다. **여기[현세]**에 있는 몸은 **저기[내세]**에 있는 영혼이나 정신과 양립할 수 없다. 뇌기능, 지성은 유기체의 나머지 부분과 분리되고, 유기체의 나머지 부분을 감정적이며 비합리적이라고 하며 제압한다. 깊고 자연스러운 핵심(신, 예수, 선, 영혼 등)과 표면적인 모습 사이에 **악**이 삽입되어서 원래의 선함은 차단되고 접근할 수 없게 된다. 무장한 인간동물의 모든 제도(시설)는 **선악 이분법**에 맞춰져 있다. 살아있는 기능은 신비로운 것으로 변질되고 나쁜 충동은 좋은 도덕에 의해 억제된다.

신과 악마

신 Gott 신은 인간과 자연의 자연스러운 생명력이 구체화된 모습이라 할 수 있으며, 갑옷을 입은 (무장한) 인간의 세계에서 모든 도덕적 요구를 실현한 대상이다.

악마 Teufel 인간과 자연에 존재하는 자연 생명력의 왜곡과 왜극의 화신이다. 죽고 유독한 생명에너지이며 도착적 충동[욕구]의 총칭이다.

신과 악마 Gott und Teufel 인간이 지닌 유기체의 자연스러운 흐름과 그 왜곡이라는 틀에서 보는 이분법은 신의 세계와 악마의 세계로의 일반적인 기본분열의 핵심이다. **신**과 **악마** 모두의 공통된 기능작용 원리는 **유기체의 기본적인 생체신체 기능작용** 즉 '생물학적 핵심'이며, 그것의 가장 중요한 표시는 혈장흐름과 사랑의 녹아내리는 느낌, 불안 또는 증오와 같은 주관적인 지각이다. 유기체에서 가장 갈망하는 경험인 달콤하고 '녹는' 기관감각작용을 **정상인**은 **잔인한 살**이라고 여기고 정신병자들은 '사악한 힘들'이나 '악마'라고 두려워하고 맞서 싸운다.

신이라 불리는 것은 오르가즘 방전에서 명확하게 표현되는 **살아있는 기능작용**인데, 바로 이 살아있는 기능의 왜곡 즉 '신의 부정'에 의해 **악마**로 변한다. 인간동물은 자신의 생체성적 감정의 완전한 느낌과 실현을 갈망하는 동시에 그 도착적 왜곡으로 인해 그 감정을 거부하고 싫어한다. **신**은 전자를 나타내고 **악마**는 후자를 나타낸다. 고귀함, 신과 같은 것은 도달할 수 없게 되었고 악마로만 돌아온다. 지각이 생체에너지 흥분과 분리되면, 신체감각작용은 생체에너지 흐름을 외계적인 것으로, 초자연적 능력에 의해 악하거나 악마적인 것으로 경험한다. 이 혼돈 속에서 생체체계는 악마로부터 자신을 보호하기 위해 파괴충동을 일으킨다. **정상인**은 자신 안에

신을 지니고 있지만 신을 악마로 바꾸었다. 신은 도달할 수 없게 되었고 헛되이 찾아야만 하는 존재가 되었다.

신과 악마가 대립한다고 할 때, 문제의 핵심은 인간에게 자신과 자신의 열망을 깨닫지 못하도록 하는 유기체의 깊은 불안, 이른바 **오르가즘불안**이다. 오르가즘불안을 가져오는 인간의 무장은 인간을 합리적인 생체사회적 삶의 길에서 벗어나게 하여 **비합리적인 왜곡된 갈망**에 휩싸이게 한다.

따라서 **악마**는 쉽게 접근할 수 있는 **이차적 충동**을 나타내고 **신**은 무장 때문에 대다수가 접근할 수 없는 **삶의 핵심**을 나타낸다. 악마[이차적 충동]는 유혹적이고 따르기 쉽고 신[삶의 핵심]은 너무 지루하고 멀리 있다. 그러므로 신은 도달할 수 없는 위대한 목표이고 **악마**는 어디에나 있고 모든 것을 집어삼키는 실재[현실]이다. 나쁜 충동은 악마라는 제목 아래 요약되고 도덕적 요구는 **신**이라는 제목 아래에 요약된다. 따라서 **신**은 **악마**와 싸우고 있으며, **악마**는 가난한 사람들을 영원히 유혹하여 **신**께 죄를 짓도록 하고 있다.

신을 살아있는 실재로 만들기 위해서는 무장을 허물고 신과 **일차적 삶**의 동일성을, **악마와 왜곡된 삶**의 동일성을 확고하고 실질적으로 확립해야 한다. 신에 대한 이러한 접근이 막히면 악마만이 통치할 수 있다.

악마 영역 인간은 악마 영역에서 벗어나려고 열심히 노력할수록 더욱더 **악마 영역**에 갇히게 된다. 악마는 무장한 인간의 필수적인 기능이다. 그런데 무장한 인간은 자연, 사람, 과정과의 즉각적인 접촉이 차단되어 있으므로 **대체접촉**을 개발하지만 대체접촉의 기본특성은 진정성이 없다. 그래서 무장한 인간은 생체에너지[신]에 접촉하지 못하고 **왜곡된 생체에너지[악마]**에 집착한다.

신비주의 Mystik 자연기관의 감각과 기계적인 사고방식만으로는 현실을 이해하기에 충분하지 않다는 철학적 사유체계이다. 종종 신과 동일시되는 **초월적 존재와의 신비로운 결합**을 경험해야만 물질적 현실과 비물질적 현실을 모두 완전히 이해할 수 있다고 본다. 신비주의자는 자신의 생물학적 핵심과 접촉을 유지하지만 특별한 무쟝 때문에 핵심의 자연스러운 표현을 왜곡하고 잘못 해석하여 **초자연적 힘**으로 돌린다. 신비주의는 말 그대로 감각 지각과 기관 감각이 비현실적이고 초월적인 것으로 바뀌는 것을 의미한다. 따라서 신비주의는 본질적으로 현상 간의 관계의 진정한 본질에 접근할 수 없다.

신체

신체 Körper 정신분석은 심리적 작용메카니즘을 주요 분석과 연구의 대상으로 하였다. 라이히도 프로이트의 주장들을 많이 받아들여 의식-전의식-무의식 틀이나 이드-자아-초자아 틀을 사용하여 정신분석과 성격분석을 해 나갔다. 그런데 환자를 치료해 나가면서 오르가즘능력을 갖추어 나가는 것이 치료성공을 가져온다는 것을 발견하고 생장흐름과 생체에너지에 점점 더 관심을 갖게 되었다. 더 나아가 오르곤이론(오르고노미)에 이르러서는 위의 두 틀을 벗어나 **생체에너지 핵심**(혈장체계), **주변**(피부표면), 신체표면 너머의 **오르곤에너지 장**이란 기능영역에 따른 전체 유기체기능의 **생체신체적 배열**이라는 틀에서 분석해 나간다.

라이히는 이러한 과정에서 무엇인지 설명되지 않았던 이드를 **오르곤**이라고 특정화하면서, 정신현상을 정신 측면에서가 아니라 오히려 **신체** 측면에서 파악하고 병리적인 정신현상을 신체적 기능회복(오르가즘능력 확립)을 통해 치유해 나갈 것을 제안했다. 그러면서 치료과정에서 정신보다 신체를 강조하는 **정신신체 관계**를 정립해 나갔다.

신체갑옷 Körperpanzer 『성격분석』 1권에서는 **성격갑옷**과 **성격무장**을 강조했다면, 2권에서는 **신체갑옷**과 **신체무장**을 강조한다. 오르곤에너지의 건강한 흐름과 맥동은 근육과 결합조직의 긴장으로 인해 방해를 받아 유기체가 느끼는 능력을 감소시킨다.

언어

언어 Sprache 인간이 일반적인 **의사소통 수단**으로 사용하는 체계를 의미하며, 음성 등의 청각적인 수단 혹은 손을 비롯한 신체 부위를 움직이는 시각적인 수단을 사용한다.

문자언어 Schriftsprache 언어는 **문자**라는 시각적인 기호로 표기할 수 있다. 의사소통하기 위한 다양한 언어수단이 있는데 문자언어가 사회생활에서 점점 더 압도해 왔다. 이러한 영향 속에서 정신분석도 문자언어로 과거를 기억하는 것을 강조하였다. 라이히는 문자언어에 의한 의사소통을 금지하고 오히려 태도나 행동을 관찰하는 방향으로 나갔다.

신체언어 Körpersprache(body language) 비언어적 의사소통의 한 종류로, 몸짓(제스처)으로 입 이외의 신체 부위를 이용해 표현하는 언어이며, 넓은 의미에서 보면 수어도 여기에 속한다. 주로 서로 언어가 달라 말이 안 통할 때 사용한다. **몸짓언어**라고도 한다.

에테르 Äther 물리학에서 빛의 매질이라 상상했던 가상의 물질로 빛이 파동이라고 가정할 때 우주공간에서 빛이 전달되려면 매질이 있어야 할 것이라는 이유에서 우주공간을 가득 채우고 있는 물질로 가정되었다. 자기력도 전달한다고 여겨졌다. 라이히는 **오르곤에너지** 장을 에테르라고 하였다. 라이히는 사람들이 에테르를 '신', '프라나', '엔텔레키' 등으로 이해해 왔다고 한다.

오르곤

오르곤 Orgon 유기물질을 충전할 수 있는 에너지를 말한다(따라서 오르곤이라고 할 때 오르곤에너지를 의미한다). 오르곤이란 **유기체**(Organismus)와 **오르가즘**(Orgasmus)이란 단어에서 충동, 흥분을 의미하는 오르그(org)와 오존(ozone, 중립미립자)을 합하여 만든 말이다. 라이히는 **비온**(Bione)이 쌓여있는 지하실 어두운 방에서 희미한 푸른색 빛을 발견하고 그것을 추적·조사하였고, 유기체에서 빛의 흐름으로 나타나는 이러한 에너지를 발견하고 그것을 오르곤이라 하였다.

라이히는 오르곤은 우주 어디에서나 발견되고 모든 현상의 근간이 되는 원초적이고 근원적인 에너지(**우주오르곤에너지**)이며, 전기현미경과 가이거-뮐러 계수기를 사용하여 시각적으로, 열로 그 존재를 증명했다고 믿었다. 모든 생명체는 오르곤으로 충전되어 있으며 오르곤은 **감정과 성의 에너지**인데 이 에너지흐름의 교란은 인간에게 정신적 신체적 질병(생체병리)으로 나타난다고 보았다.

오르곤방사 Orgonstrahlung 라이히는 오르곤이 드러나는 방식을 실험으로 확인하고 세 가지 광선으로, 푸른 회색의 안개 같은 증기, 짙은 푸른 보라색의 팽창하거나 수축하는 빛의 점들, 희고 노란색의 빠르게 움직이는 점과 선의 광선으로 **방사**된다고 했다. 이러한 오르곤을 환자에게 쐬는 것을 **오르곤 조사**라고 하였다.

오르곤에너지 Orgonenergie 우주의 보편적 에너지로서 살아있는 유기체 속에 그리고 생명을 지닐 수 있는 비온(Bione) 주위에 존재한다고 한다. 모든 곳에 퍼져 있으며 원초적이고 질량이 없는 소립자 **우주생체에너지**이다. 온도 차이, 전기 측정, 시각적 확인, 가이거 카운터 및 기타 방법을 통해 입증할 수 있다. 유기체 혈장경련 연구에서 전기와 달리 유기물을 충전하는 특정 유기체 에너지로 발견되었다. 라이히는 살아있는 유기체에서 이 에너지를 생체에너지 또는 생명에너지라고 불렀고 이 에너지가 대기층 어디에나 있다고 보고 **대기(우주)오르곤에너지**라고 하였다. 라이히는 초창기의 성격분석이나 생장치료법에서 더 나아가 이제 오르곤에너지 흐름을 막는 무장(신체무장)을 해결함으로써 오르가즘능력을 확립해 나가는 **오르곤치료법**을 발전시켰다.

무오르곤상태 Anorgonie 유기체의 에너지전하가 감소하거나 없는 상태 또는 오르곤이 신체의 특정 부위에서 철수하거나 일부에 흥분이 부족할 때 발생하는 유기체의 상태를 말한다. 환자에게서는 생체에너지기능이 정지하는 증상인데, 라이히는 이 증상을 암성 수축성 생체병리에서 처음 발견하였으며, 나중에는 긴장발작 중에 있는 정신분열증 환자에게서도 발견하였다. 대부분 긴장성 발작증상은 유기체 **주변**에서 생체에너지 기능작용이 다소간 완전히 정지하였기 때문이라고 보았다.

오르곤축적기 Orgonakkumlator 오르곤에너지 축적기는 지구 대기에 존재하는 생명에너지를 수집, 축적하여 과학적, 교육적, 의학적 목적으로 사용할 수 있도록 조립되고 물질적으로 배열된 기기이다. 한 사람이 들어가 앉아 있을 정도의 사각통으로, 바깥쪽은 나무로 만들어져 있으며 안쪽은 유리, 강철, 함석, 암면을 차례로 배치했다. 그 속에는 푸른색 광채를 내는 특수한 전구가 달려있다. 그렇게 되면 오르곤에너지는 통속에서 반사될 뿐 바깥으로 나오지 않는다. 금속과 부도체의 조합으로 인해 집적기와 유사한 기능을 하여 내부에 오르곤에너지를 축적한다. 그 안에 앉은 생명체는 에너지장이 정상 수준 이상으로 증가하며 그 효과는 에너지 충전과 같다. 즉 환자는 이 에너지를 흡수하여 에너지흐름 장애를 제거할 수 있다고 한다.

충분히 예민한 사람은 작동 중인 축적기의 내벽에 손을 가까이 가져가면 따뜻함이나 따끔거림을 느낄 수 있다. 중무장했거나 체력이 약해진 사람은 보통 축적기 안에서 어느 정도 시간을 보내야만 느낄 수 있다. 작은 축적기는 연구용으로, 사람이 앉을 수 있는 큰 축적기는 치료목적으로 만들어졌다.

오르곤치료법 Orgonetherapie 성격 경직성, 근육의 경직현상에 대한 공격을 통해서 간헐적 경련이나 흐름이라는 신체감각의 경험으로 표현되는 생체에너지 이완 효과를 얻는 치료법을 말한다. 오르곤치료법에는 신체 **오르곤치료법**과 정신 오르곤치료법이 있다. 신체 오르곤치료법은 병에 대항해 유기체의 자연적인 생체에너지 흐름을 증가시키기 위해서 오르곤에너지축적기에 집적된 신체오르곤에너지를 적용하는 방법이다. 정신 오르곤치료법은 유기체 안에 오르곤에너지를 활성화하는 것으로 오르가즘 능력을 이끌어내기 위해서 성격무장과 근육무장을 풀어 생체신체 감정을 해방하는 것을 말한다.

물론 이 두 가지는 서로 관련되어 있으며, 라이히는 환자의 상태와 반응에 따라 이 두 가지를 적절하게 바꿔가면서 또는 동시에 사용하였다.

자유연상으로 환자가 무의식적 기억을 의식화함으로써 치유된다는 **정**

신분석 치료법을 넘어서 라이히가 발전시킨 **생장치료법**이 오르곤치료법으로 발전했다. 라이히는 프로이트의 리비도 해방이라는 문제설정에 착목하여 점차 신체에너지를 해방하는 방향으로 나아가서 최종적으로 **오르곤 치료법**에 이르게 되었다. 이러한 과정을 거쳐 생체신체를 연구해가는 오르고노미를 **오르곤 생체신체학**이라고 하였다.

기법 측면에서 오르곤치료법은 주로 문자언어 사용을 중단함으로써 환자가 자신을 **생물학적으로** 표현하도록 장려한다. **진정한** 생물학적 움직임표현에 도달하기 위해서는 삶과정에서 병리적이고 부자연스러운 표현 움직임을 많이 거쳐야 한다. 인간의 생체병리는 살아있는 것의 자연스러운 표현형식의 모든 왜곡의 합계에 지나지 않으므로, 병리적인 표현형식을 드러냄으로써 인간의 생체병리를 알게 된다. 따라서 오르곤치료는 더는 심리학에 따라 진행하는 것이 아니라 **생체에너지에 따라** 진행한다. 그리고 오르곤치료법은 오르곤 축적기와 같은 의학적으로 효과적인 장치의 사용도 포함한다.

그러나 라이히는 오르곤치료법에 성격분석과 생장치료법을 포함시킬 것을 제안하였다. 오르곤치료법은 성격특성, 근육, 혈장기능 등으로 나누어 파악하지 않고 **생물학적 심층**, **혈장체계** 또는 유기체의 **생물학적 핵심**에 작업을 집중한다. 결국 유기체의 차단된 에너지(오르곤)를 흐르게 하여 근육무장 및 성격무장의 해체를 통해 억압된 감정의 자유롭고 자발적인 표현을 통해 오르가즘능력의 확립을 추구한다.

오르고노미

오르고노미(오르곤이론) Orgonomie 라이히는 오르곤에너지의 기능을 파악하고 오르곤에너지를 이용해 치료해 나가는 것을 통털어 오르고노미라 이름붙였다. **오르고노미**는 기존의 자연과학과 사회과학을 아우르는 과학이 아니라 오르곤에너지의 흐름 과정을 통해 자연적이고 사회적인 과정과 구조를 모두 이해하는 근본적으로 새로운 패러다임이자 자연과학이라고 하였다.

오르고노미 기능주의 orgonomischer Funktionalismus 기능주의 관점의 주요 사유특징은 사유체계가 자연이 기능하는 방식과 조화를 이룬다는 것이다. 이 관점은 인간의 성격형성을 연구하는 동안 개발되었으며 유기체와 대기오르곤을 발견하여 생명체와 무생물 모두의 기본적인 자연기능에 접근할 수 있었다. 기본원리는 두 가지의 근간이 되는 공통된 기능적 원리에서 대립물의 동일성을 찾는 것이다. 즉 기능의 공통 원리를 찾는 유기체학에 대한 사유 및 연구 방법을 말한다. **에너지 기능주의** 또는 **생체신체 기능주의**라고도 한다.

오르고노틱

오르고노틱 orgonotisch 오르곤에너지의 양적 및 질적 상태를 말한다.

오르고노틱 감각 orgonotisch Sense 보고 듣고 냄새 맡고 맛보고 만지는 능력 외에, 건강한 사람에게 틀림없이 존재하는 **기관기능 감각** 말하자면 **오르고노틱 감각**이 있는데, 이 감각은 생체병리에서는 완전히 부족하거나 방해받았다. 강박신경증 환자는 이 여섯 번째 감각을 완전히 잃는 반면, 정신분열증 환자는 이러한 감각을 '힘', '악마', '목소리', '흐름', '뇌 또는 내장 속의 벌레' 등과 같은 일정한 망상체계 유형으로 변형했다. 라이히는 **오르고노틱 감각작용**과 기관 지각은 **자아** 또는 **자신**이라고 불리는 것의 큰 부분을 이루는 것으로 보았다.

오르고노틱 체계 orgonotische System 모든 생명체는 **에너지 중심부**와 생물학적 막으로 둘러싸인 **주변부**로 구성되며 **오르곤에너지 장**으로 둘러싸여 있다. 이러한 구도에서 개별 생명체를 **오르고노틱 체계**라고 하였다.

오르고노틱 합성 orgonotische Überlagerung 두 개의 오르고노틱 체계가 결합(성기 포용)하고 서로를 관통하며 두 개의 생체에너지 전류가 합쳐지는 생물학적 수준의 기능이다.

이인화 Depersonalization 스스로가 스스로의 몸과 마음에서 분리되어 있거나 스스로의 관찰자가 되는 듯한 증상을 느끼는 것을 말한다. 피험자는 스스로가 변화했다고 느끼며, 세계가 막연해지고, 현실감을 상실하며, 유의성을 잃었다고 느낀다.

접촉, 비접촉성, 생체접촉, 대체접촉

접촉 Kontakt 어떤 사람이 다른 사람과 만나거나 교섭하는 것을 뜻한다. 다른 유기체에 대해 정서적, 지각적으로 반응하는 능력이며, 생물학적 각성을 정확하게 인식하는 능력에 기반한다.

비접촉성 Kontaktlosigkeit 비접촉성이란 생명에너지의 흥분이 감소하거나 존재하지 않아 다른 사람이나 사물과 접촉하지 않는 것을 말하며, 주관적으로 외로움, 내면의 공허함, 관심상실, 좌절감으로 느껴진다. 정신측면에서의 접촉성 부족을 말하기 위해 라이히는 무장의 하나로 **정신적 비접촉성**이라는 개념도 제시하였다.

라이히는 비접촉성을 억압된 요구와 억압하는 방어력 사이의 정신구조층이라고 하였다. 언뜻 보기에 역동적인 힘 구조처럼 보이지 않고 정신유기체의 벽처럼 단단하고 정적인 형성처럼 보이는데, 이것은 반대 방향으로 당기는 두 가지 리비도흐름의 모순의 결과라고 보았다. 두 개의 대립하는 힘의 층들 사이의 층이 아니라 대립 및 해리의 **집중지점** 또는 특수한 **밀도**에 해당하는 현상이라고 파악하였다.

생체접촉 Biokontakt 라이히는 생체에너지에 근거한 능동적 접촉을 **생장접촉** 또는 **생체접촉**이라고 하였다. 세계와의 즉각적인 생장접촉이 어느 정도 파괴되면 남은 잔재가 더는 외부세계 관계를 적절하게 유지하기에 충분하지 않을 때 **대체기능** 또는 **대체접촉**을 하려는 시도가 발생한다.

대체접촉 Ersatzkontakt 생장접촉을 이루기 어려운 사람이 다른 접촉으로 대체하는 것을 말한다. 이러한 대체 메커니즘은 접촉에서만이 아니라 다양한 것에서 나타날 수 있으며, 대체관계, 대체기능, 대체삶, 대체노동 등에 대해 말할 수 있다. 완전한 접촉을 잃은 사람은 피상적이고 거짓이며 보상적인 방식으로만 다른 사람과 관계를 맺을 수 있다. 대체접촉은 에너지를 동원하고 행복감을 높이는 대신 에너지를 고갈시키고 불행을 고착화하는 인위적으로 원하는 종류의 접촉으로 현재 우리가 갇혀 있는 삶의 토대이다.

접촉불안 Kontaktangst 타인이나 대상에 대해 접촉하려 할 때 나타나는 불안을 말한다. 정신적인 측면에서 나타나는 것은 **정신적 접촉불안**이라고 하며, 오르가즘능력을 지니고 있어도 **성기 접촉불안**이 있으면 오르가즘만족을 이룰 수 없다.

접촉공포 Haphephobia 타인이 자신에게 접촉하는 것조차 싫어하는 것을 말한다. 대개 자신만의 개인 공간을 오염 및 침범으로부터 보호하려는 성향이 과장되어 나타나며, 때로는 자신과 친밀한 관계에 있는 사람에게까지 영향을 미치기도 한다.

정상인과 정신분열증 환자

정상인 Homo Normalis 무장된 사회의 평균적인 개인의 패러다임이다. 필수적인 접촉을 회피하고 대체접촉을 사회적 상호작용의 대리인으로 삼아 자신의 생활방식을 만들어간다. 살아있는 핵심과의 접촉이 끊겨 자기조절이 불가능하며, 행동은 강제적인 도덕적 규제의 적용을 받는다. 오르가즘능력이 없고 반응성 방식으로 일하며 사랑하고 미워한다. 자유를 갈망하면서도 동시에 자유를 두려워하며, 온갖 파괴성을 드러내는 감정전염병을 품고 있다. 정상인은 낮에는 잘 적응하고 사회적 심성을 지닌 상인이나 점원이며 겉으로는 멀쩡하다. 그는 집과 사무실을 떠나 머나먼 도시를 방문하면 이차적이고 도착적인 충동을 표출하며 이따금 가학적이거나 난잡한 성교에 빠지기도 한다. 정상인은 이렇게 **분리된 경험**을 아무렇지도 않게 해 나간다. 주일 설교에서 사제들에게 '죄'라고 비난받는 행동이나 몇몇 교활한 짓을 할 때는 신을 믿지 않는다. 악마가 과학의 어떤 명분을 내세울 때는 악마를 믿지 않으며, 가족을 부양할 때는 도착행위를 하지 않으며, 악마를 매춘업소에 풀어놓을 때는 아내와 아이들을 잊는다.

정신분열증 환자 schizophrenic Patient는 **정상인**이 힘들게 분리하여 유지하는 것을 하나의 경험에서 뒤섞는다. 잘 적응한 정상인은 정신분열증 환자와 정확히 같은 유형의 경험을 하지만, 정상인에게는 경험작용의 기능이 다르게 배열되어 있다는 점에서만 정신분열증 환자와 다르다.

직접 표현한다는 점에서 정신분열증 환자가 평균적으로 정상인보다 훨씬 더 정직하다. 분열증 환자는 일반적으로 **심층**이라고 불리는 것, 즉 사건과 접촉하기도 한다. 분열성 인간은 위선을 꿰뚫어 보고 사실을 숨기지 않으며 정상인과 뚜렷이 반대로 감정현실에 대한 탁월한 이해력을 지니고 있다. 그래서 정상인은 이러한 정신분열증 특성을 지닌 분열 정신을 그토록 싫어한다.

정상인은 단단한 무장을 통해 기본적인 오르고노틱 기능작용에 대한 지각을 완전히 차단한다. 반면 정신분열증 환자의 경우 무장이 실제로 깨졌기 때문에 그의 생체체계는 대처할 수 없는 생체신체적 핵심으로부터의 심층 경험으로 넘쳐난다. **정상인**은 **현실**에서 분열되어 있지만 자아 속에서는 표준적인 사회적 특성과 어긋나는 특성을 억누르며 **통합**적인 척한다. **정신분열증 환자**는 이러한 현실의 분열을 감당할 수 없어 스스로 정신이 **분열**된다.

정신분열증(조현병) Schizophrenia 망상, 환청, 와해된 언어, 와해된 행동, 정서적 둔감함 등의 증상이 주로 나타나고 사회적 기능에 장애를 일으킬 수도 있는 질환이다. 이러한 증상을 나타내는 병명으로는 '조발성 치매'(dementia praecox)'를 사용했는데, 1908년 독일정신의학회에서 새로운 병명으로 정신과 마음이 분열된다는 의미를 지닌 **정신분열증**이라는 명칭을 제시하여 이것이 사용되었다. 한국에서도 정신분열병이나 정신분열증으로 불리거나, 아예 조발성 치매가 그대로 쓰이기도 했다.

그런데 '정신분열'이라는 명칭이 환자에 대한 차별, 인권침해, 질병에 대한 부정적인 인식을 형성하여 원활한 치료와 복귀를 방해할 수 있다는 비판이 제기되었다. 게다가 비교적 흔한 질병임에도 불구하고 '정신이 망가졌다'와 같은 부정적인 어휘를 직접적으로 표기하는 것이 편견을 일으킬 수 있어, 병에 대한 인식의 측면 뿐만 아니라 의료 접근성의 측면에서도 반인권적이라고 지적되었다. 이에 따라 2011년부터 정신분열병 대신 **조현병**으로 병명을 개정하여 사용해 오고 있다. 여기서 한자어 '조현(調絃)'이란 '현악기의 줄을 고른다'는 뜻으로, 뇌의 신경구조의 이상으로 마치 현악기가 제대로 조율되지 않은 것처럼 혼란을 겪는 상태를 말한다. 정신이 분열되었다는 것보다는 잘 조율해 나가려고 한다는 의미를 강조하고 있다. 물론 이러한 명칭변경은 한자권에 속하는 동아시아 나라들에서 이루어지는 것으로 영어권이나 유럽언어에는 변화가 없다.

하지만 이 책에서는 정신의 균열을 강조하며 분열양상을 탐구해 나가면서도 생체에너지조절을 통한 오르가즘능력 확립을 통해 현실접촉성과 자기통합성을 달성해 갈 수 있다고 주장하고 있어서 **정신분열증**이란 명칭을 사용한다. 이는 또한 라이히의 정신의학을 이어받은 가타리(와 들뢰즈)가 **분열분석**을 발전시켜 나간 것과 연결고리를 강조하기 위해서다.

제동 Bremsung 외부세계로부터의 금지를 **부정**이라고 한다면 **제동**은 자아 내부로부터의 금지를 말한다. 외부세계의 부정이 내면세계의 제동을 만들어낸다.

지각과 의식

지각 Wahrnehmung 감각기관의 자극으로 생겨나는 외부 사물의 전체상에 관한 의식을 말한다. 객관적인 실재의 직접적·감성적인 모사로서 인식의 기초 단계로 정의하기도 한다. 라이히의 생각에 지각이란 모든 생명체가 자신과 접촉하는 기능이며 갑옷은 지각기능을 방해한다.

자기지각 Selbstwahrnehmung 자신을 보고 자신을 규정하는 것이라고 할 수 있다. 라이히는 자기지각 기능은 흥분과 흥분지각 사이의 균열의 발달정도에 따라 방해받는 것으로 파악하였다. 전체적으로 **자기지각 기능**은 객관적 흥분과 흥분의 주관적 느낌 사이의 접촉에 달려있다고 한다.

자기지각이 완전하면 **의식**도 명확하고 완전하며, 자기지각 기능이 저하되면 의식 일반의 기능도 저하되고 그와 함께 말하기, 연상, 방향감각 등의 모든 기능이 저하된다. 자기지각이 제거되고 희미한 기관흥분을 반영할 때 의식은 저 너머에 있다는 생각이나 외계적이고 이상한 힘이라는 생각을 발전시킨다.

의식 Bewußtsein 비록 자기지각이 자기인식을 구성하고 자기지각의 종류가 의식유형을 결정한다고 해도 마음의 이 두 가지 기능은 동일하지 않다. **의식**은 자기지각보다 훨씬 늦게 유기체에서 발달한 더 고도한 기능으로 나타난다. 의식의 명료성과 하나됨[단일성]의 정도는 정신분열증 과정에 관한 관찰에서 판단하자면, 자기지각의 강력함이나 강도에 들려있는 것이 아니라 자기지각의 수많은 요소를 **자신** Self이라는 하나의 **단일 경험**으로 어느 정도 **통합**하느냐에 달려있다.

투사와 투영

투사 project 프로이트의 자아방어기제 중의 하나로 사람들이 받아들일 수 없는 충동이나 태도 및 행동을 무의식적으로 타인이나 환경의 탓으로 돌리는 과정을 말한다.

투영[영사] projection 투사작용

내사[내부투사] introjection 투영과 반대로 사회의 가치나 부모 인물과 그 가치를 내면화하는 것을 말한다.

파시즘 Faschismus 일반적으로 **민족주의**의 가장 극단적인 형태로, 군국주의적이고 권위주의적인 방법을 통해 민족의 결속과 생존권의 확립을 추구하는 것으로 여겨지는 전체주의 사상 혹은 그러한 지배 체제이다. 라이히에 따르면 파시즘은 대중의 모든 **비합리적 반응**의 합계이다. 특히 자유에 대한 열망과 동시에 달성할 수 없는 자유와 지도자에 대한 갈망이라는 특징을 지니며, 조직화된 **감정전염병**의 기초가 된다.

생체에너지(오르곤에너지) 흐름에 따른 감정과 사유를 합리적인 반응이라고 하는 반면, 무장에 의한 생체에너지의 블록과 차단으로 나타나는 감정과 사유를 비합리적 반응이라고 한다. 이러한 비합리적 반응의 합계가 파시즘이라고 보며, 그래서 파시즘이 지닌 사유구조의 특징을 **파시즘적 비합리주의**라고 한다.

합성

합성 Überlagerung 물질과 생명이 발생하는 기본기능으로, 암수 두 성의 **결합**, 더 넓은 의미에서는 성별이 다른 두 가지 오르고노틱 체계의 결합을 말한다. 생물학적 수준에서 뿐만 아니라 우주적 수준에서도 일어난다. **살아있는 것**은 성별이 다른 두 가지 **오르고노틱 체계의 합성**에 뿌리를 두고 있다.

성합성 sexuel Überlagerung 암수의 두 성이 성적으로 결합하는 것을 이르며, 라이히는 **성합성**은 두 개의 오르고노틱 에너지 체계를 하나의 기능단위로 상호 침투하고 융합하는 신체세포의 발광을 동반한다고 보았다. 하나가 된 오르곤 체계(포옹)는 흥분(발광) 수준의 간대성 경련에서 에너지를 방출한다. 이 과정에서 에너지에서 높게 충전된 물질인 정자세포가 방출되어 상호흥분, 인력, 상호침투, 융합, 에너지방출 기능을 계속 수행한다. 이를 통해 **새로운 생명체**가 탄생한다.

우주적 합성 kosmische Überlagerung 여성과 남성의 성기포옹에서처럼 **은하계**에서 두 기관의 **에너지흐름**이 상호 끌어당기고 **융합**하는 것을 말한다. 두 개 이상의 팔을 가진 나선형 성운의 형성과 함께 두 개 이상의 우주오르곤에너지 흐름이 합해지는 것이다. 이 과정은 우주에서 물질이 **생성**되고 **생명체**가 번식하는 데 관여한다.

혈장

혈장 Plasma 척추동물의 혈액에서 적혈구, 백혈구 등의 유형성분을 제외한 액체성분을 말한다. 혈장은 물과 단백질, 지방, 무기물 등으로 구성되고 혈액의 대부분을 차지하며 적혈구, 혈소판, 백혈구를 실어 나른다. 따라서 혈장은 신체 내부의 흐름에서 주요한 역할을 한다. 라이히는 혈장을 생체에너지로 본다.

혈장흐름 plasmatische Strömung 비무장 상태에서 자발적으로 맥동하는 생명체를 통해 자유롭게 흐르는 **혈장 에너지흐름**을 말한다. 주관적인 지각은 생체 혈장흥분의 객관적인 전달을 반영한다. 라이히는 이러한 흐름이 세포질(**원형질**), 즉 자연의 모든 생물에게 공통적인 매우 깊은 생물학적 수준에서 비롯된다고 생각했다.

혈장 에너지흐름 plasmatische Energieströmung 라이히는 혈장흐름을 에너지흐름으로 파악하였다. 치료결과 일정량의 오르곤에너지가 무장에서 방출되어 유기체에서 다시 순환할 때 환자가 감지하는 신체내부 흐름이다. 따라서 이것은 객관적인 생물학적 과정에 해당한다.

횡격막 Zwerchfell(diaphragm) 가로막이라고도 하며 배와 가슴 사이를 분리하는 근육이다. 횡격막(근육)이 이완과 수축을 통해 흉강과 복강의 호흡과정을 관장한다. 호흡을 강조하는 라이히에게 횡격막이 자유롭게 수축과 이완을 하여 날숨과 들숨을 자연스럽게 하는 것이 중요하다.

횡격막블록 Zwerchfell Bloc 치료에서 호흡을 원활히 하도록 하려면 횡격막이 자유롭게 작동해야 한다. 횡격막이 갑옷을 입고 무장하고 있으면 **횡격막 블록**과 **횡격막 차단** Zwerchfell Sperre이 일어나 호흡이 부자연스럽거나 어려워지며 심신장애를 가져온다. 그래서 오르곤 신체치료에서 횡격막 블록과 횡격막 차단은 주요한 치료대상이 된다.

성격분석

❷ 성격분석에서 오르곤 생체신체학으로

초판1쇄 찍은 날 | 2024년 2월 20일
초판1쇄 펴낸 날 | 2024년 2월 23일

지은이 | 빌헬름 라이히
옮긴이 | 윤수종
펴낸곳 | 문학들
등록 | 2005년 8월 24일 제 2005 1-2호
주소 | 61489 광주광역시 동구 천변우로 487(학동) 2층
전화 | 062-651-6968
팩스 | 062-651-9690
전자우편 | munhakdle@hanmail.net
블로그 | blog.naver.com/munhakdlesimmian
값 25,000원

ISBN 979-11-91277-88-3 94180
　　　979-11-91277-86-9 (세트)

· 잘못된 책은 바꿔드립니다.
· 이 책 내용의 전부 또는 일부를 재사용하려면
　반드시 저작권자와 문학들의 동의를 받아야 합니다.